信息安全法研究

第二版

马民虎　方婷　著

Study on
Cybersecurity
Law

法律出版社 LAW PRESS · CHINA ｜ 北京

图书在版编目(CIP)数据

信息安全法研究 / 马民虎，方婷著. -- 2 版. -- 北京：法律出版社，2023
ISBN 978 - 7 - 5197 - 8418 - 8

Ⅰ. ①信… Ⅱ. ①马… ②方… Ⅲ. ①信息安全-法律-研究-中国 Ⅳ. ①D922.174

中国国家版本馆 CIP 数据核字(2023)第 190394 号

信息安全法研究(第二版)
XINXI ANQUANFA YANJIU (DI-ER BAN)

马民虎 方 婷 著

策划编辑 赵明霞
责任编辑 赵明霞
装帧设计 汪奇峰 臧晓飞

出版发行 法律出版社
编辑统筹 法商出版分社
责任校对 晁明慧 李景美
责任印制 胡晓雅
经 销 新华书店

开本 710 毫米×1000 毫米 1/16
印张 25 字数 415 千
版本 2023 年 11 月第 1 版
印次 2023 年 11 月第 1 次印刷
印刷 永清县金鑫印刷有限公司

地址：北京市丰台区莲花池西里 7 号(100073)
网址：www.lawpress.com.cn
投稿邮箱：info@lawpress.com.cn
举报盗版邮箱：jbwq@lawpress.com.cn

销售电话：010 - 83938349
客服电话：010 - 83938350
咨询电话：010 - 63939796

书号：ISBN 978 - 7 - 5197 - 8418 - 8
定价：98.00 元

凡购买本社图书，如有印装错误，我社负责退换。电话：010 - 83938349

前　言

一

随着全球信息化的发展和深入推进，网络与经济社会各领域深层次融合，促使构建于信息技术之上的社会关系成为一种独立的调整对象，并使网络安全问题上升为指涉国家、产业和个人的综合性议题。由信息技术革命引发的社会变革使网络安全议题成为迄今为止“最具魅力”的法律关注。网络安全法的兴起，毫无疑问地成为这个时代法治发展的一个重要标志。

不可否认的是，在过去相当长的一段历史时期内，我国网络安全法治建设的重点始终未能突破“机房思维”的限制，立法关注点集中于计算机信息系统安全，这与我们今天理解的网络安全相去甚远。当然，这与当时的技术发展水平是相适应的，也是由法律自身的“稳定性”与“滞后性”所决定的。随着“安全观”内涵的不断丰富，以及网络空间安全的“相互依赖性”日益增强，仅以信息系统安全为关注焦点的传统安全观已无法适应现实需求，网络空间安全的概念随之产生。基于此，本书在信息安全与网络安全的关系探讨方面认为，网络安全是信息安全扩展和延伸至网络空间的客观产物，二者在内涵和外延上不存在本质区别，都是为了实现和维持保密性、完整性和可用性的安全属性，因此在具体章节的论述中不对二者进行区分适用。

但值得注意的是，由于网络与信息技术处于不同发展阶段的特殊性存在差异，传统信息安全的“三性”已无法完全满足当前安全保障的需求，为了应对边界威胁、虚假信息攻击等，网络安全的概念将可恢复性（弹性）等属性纳入其中。国际标准 ISO/IEC 27032 也规定，“网络安全”或“网络空间安全”是指“保护网络空间中信息的保密性、完整性和可用性。同时，其还涵盖真实性、可靠性、抗抵赖性和可核查性等特征”。

本书秉持理论研究与实践探索的紧密结合，采取与现实立法、安全管理、实践需求紧密互动的建构研究路径，这极大地扩展了网络安全法学溯本求源的视野，也使网络安全法治研究更贴近技术进路的客观现实,同时秉持比较法的开放研究思路,探寻可供借鉴的“先验经验”。本书研究探讨的信息安全法律问题聚焦于以下几个方面:

一是个人隐私与网络监控的法律议题。在当今社会,隐私权已经发展为一项重要的权利,在不同法系国家得到了普遍尊重和法律保护。新兴技术所催生的网络监控的尖锐性,颠覆了长期以来稳定的国家司法合作关系,在这一格局下,隐私权益保护不当会导致国家安全利益上的冲突。国家如何管理“安全漏洞”以确保网络空间的隐私期待利益,国家如何明确法律界限平衡个人隐私保护和国家安全需要,在唤醒世人网络安全觉醒的“斯诺登”事件之后,已经发展为网络空间治理的矛盾焦点。

二是开放包容与安全审查的法律议题。我国建设网络强国需要吸收借鉴国际先进技术,包括管理技术,但保护本土技术发展也应当成为不容忽视的战略抉择。“闭关锁国”,最终害国。盲目引进,也最终误国。因此,如何处理开放包容与安全审查引发的国际关系冲突成为当前值得探讨的重要议题。与此同时,关于建立国家网络安全审查制度的“热议”似乎更加凸显了冲突的持续存在。

三是技术领先与法规滞后的法律议题。网络空间仰赖技术支撑,网络空间安全更离不开技术保障。法规的滞后性是法的“天性”,新的利益关系产生法律保护需求,法律也在很大程度上维系着这种利益关系的稳定。跨境数据流动源于数据处理、存储等需求,这种需求必然导致法律对不同国度法域的遵从,如跨境数据传输的国家安全管控,数据存储服务器是否应当设立在本国境内以及政府、公共云等信息服务是否应当符合特殊的安全要求。

四是综合执法与责任追究的法律议题。传统应对风险的法律重视责任追究,而面对网络空间安全的综合复杂性,特别是国家关键信息基础设施面临日益严重的传统安全与非传统安全的各种“极端”威胁,网络空间安全风险“不可逆”的特征进一步凸显,因此传统上将风险预防寄托于责任的法治理念遇到了挑战,亟须在“监测预警到灾难控制恢复和责任追究”中,树立综合防控的法治理念,实施综合执法。但是综合执法理念与传统惩治理念之间的冲突是亟待解决的难题。

五是常态法治与特殊时期法治构建的法律议题。常态下的信息安全法治与特殊时期的信息安全法治体系构建,应如何将社会管制、经济管制、战时动员等因素纳入考量范围,值得进一步探讨。

二

既然本书名为《信息安全法研究》(第 2 版),那么笔者想首先谈一谈《信息安全法研究》(第 1 版)的研究背景与主要内容。《信息安全法研究》(第 1 版)的研究基础来源于 2003 年原国信办的委托课题《信息安全基础法律问题研究》,该课题针对我国在 1994 年国务院 147 号令颁布之后信息安全立法滞后和不完善的突出问题进行了总体研判,笔者当时组织国内部分信息安全法律专家,围绕信息安全基础法律问题的理论研究与实践探索展开了系统研究,《信息安全法研究》(第 1 版)即是该项研究的最终成果。

这一成果在各部委中产生了良好的社会反响,书中多章内容得到了各部委与信息安全领域专家较高的评价和认可。第一章从概念的"安全观"解析了信息安全法的调整范围;第二章从"公害"角度探究了计算机病毒防治的法律对策;第三章从美国法令的开放视角探究了网络安全监控的正当性与必要性;第四章基于"职能扩展"观,探索了网络信息安全监管的法律体系;第五章探讨了打击网络空间恐怖活动的网络信息安全共享法律制度;第六章提出了政府采购法针对网络信息安全技术的价值目标的新定位;第七章研判了网络信息安全应急响应的立法价值与法律对策;第八章重点探讨了密码法律问题;第九章对违反网络信息安全的法律责任进行了系统研究。2008 年,为了执行学校 985 项目,笔者开始组织规划出版《信息安全法研究》(第 2 版),但在广泛征询本领域专家学者的意见之后,均建议对第 1 版的框架体系不做调整,同时近年来不断承担相关立法研究任务和其他研究工作,导致《信息安全法研究》(第 2 版)的出版计划一再推迟,但令我欣喜的是,在各方的共同努力下,本书得以最终出版。

三

回顾历史,我国已经在网络安全法这一新兴法学领域探索耕耘了 40 余年,这期间,我国在国际国内网络安全法律治理方面取得的成绩有目共睹。党的十八大以来,我国网络安全法治建设高速发展,以《网络安全法》为核心,《数据安全法》《个人信息保护法》《密码法》《关键信息基础设施安全保护条例》等基础性法律法规为支撑,涵盖《网络安全审查办法》《数据出境安全评估办法》《互联网信息服务算法推荐管理规定》等的网络安全法律保障体系构建已基本完成。作为最初一批的网络安全法学学者,笔者亲历并见证了我国网络安全法律体系从无到有、由弱到强、从碎片化到体系化、变被动应对为主动治理的发展历程,深切地体会到这一过程的不易与坎坷,也由衷地为我国网络安全法治事业当前取得的成就倍感欣慰。

当前,数字技术在社会生活各领域的全方位渗透,促使网络安全治理体系的数字化转型趋势凸显。一方面,在"技术脱钩""逆全球化"环境下,国际社会围绕数据资源的争夺与博弈日趋激烈,有关供应链安全、数据主权等方面的规则体系构筑演变为全球利益博弈与主权斗争的利器。另一方面,网络信息科技的迭代应用视域下,5G、物联网、人工智能、区块链、量子计算等新兴颠覆性前沿技术引发国内新技术、新业态的战略性变革,技术特性、数据资源与法律规则的融合程度不断加深,推动网络安全法治体系建设逐步迈入2.0阶段,即通过建构过程来塑造"安全阶梯"的时代。

作为信息化发展带来的重大时代性课题,网络安全法治研究具有极大的挑战性,呈现出显著的跨学科特征,须进行战略性、整体性和前瞻性创新思考。本书在《信息安全法研究》(第1版)有关信息安全法的理论研究和国内外实践探索的基础上,重点围绕当前网络安全法治领域的前沿与热点问题展开研究与探讨,以期将笔者所在研究团队在网络安全领域深耕30余年的一点感悟、未来趋势预判及合规遵从意见传达给同仁们,以供社会各界共同思考、交流与探讨。

本书的研究主题呈现出丰富性、回应性与前瞻性,从不同维度勾勒了我国网络安全法治图景,选取了笔者所在研究团队对网络安全信息共享、密码管理政策立法、网络安全审查、数据出境、云计算平台责任、"白帽子"漏洞挖掘、网络信息内容治理、关键信息基础设施保护立法、数字时代的保密管理政策立法、数据主权治理等网络安全法律问题的一些研究成果。希望通过一种与时代发展同步甚至略有超前的现实研究视角,去探索或揭示网络安全法这一新型法域形成与发展的必然性、原因、过程及发展趋势,并及时回应该领域的重大法治需求和理论挑战。值得注意的是,上述研究主题并非作者随意选择的,而是客观反映了网络与信息安全法的研究领域和关注焦点,其共同作为信息技术应用场景下社会秩序重构的路径探索,属于对社会重大现实需求的基础理论和实践研究。

本书由马民虎教授主编,各章撰稿人为参与相关课题的研究人员。西北大学法学院讲师、西交苏州信息安全法学所信息安全法律研究中心主任方婷博士参与编写第一章、第二章内容,西北政法大学讲师、西交苏州信息安全法学所密码法研究中心主任马宁博士参与编写第三章、第八章内容,西安交通大学法学院博士研究生张若琳参编第四章内容,西安交通大学法学院博士研究生赵婧琳参编第五章内容,西交苏州信息安全法学所郝静雯助理研究员和赵金金研究员参编第六章内容,山东科技大学文法学院副院长赵丽莉教授参编第七章内容,公安部第三研究所何治乐副研究员、西交苏州信息安全法学所谢永红助理研究员参编第九章内容,西交苏州信息安全法学所汪丽研究员和郑蕾助理研究员参编第十章内容,西交苏州信息安全法学所副所长朱莉欣博士、西安交通大学法学院博士研究生冯潇洒参编第十一章内容。公安部第三研究所网络安全法律研究中心主任黄道丽研究员、西安交通大学法学院副教授王玥博士对书稿的框架设计做出了积极探索,方婷通读了书稿的全部内容。

四

成书之际,特别感谢西安交通大学985项目的支持和学校多年来提供的研究保障,同时感谢西交苏州信息安全法学所为相关研究工作提供的支持。也要感谢承担网络信息立法预研或起草任务的相关部门和机构,委托笔者进行相关专题研究,或者邀请笔者参与立法,使笔者获得了与立法同步研究的机会和便利;相关管理部门、司法实务部门以及部分平台企业,为笔者所在团队的研究提出了需求指引和一线经验、素材,体现了产学研合作的诸多优势。经国家密码管理局批准,由江苏省国家密码管理局、西安交通大学苏州研究院、苏州工业园区管委会、苏州市国家密码管理局四家机构联合共建的全国首个国家级密码法治研究高端智库和服务平台——密码法治实践创新基地,为团队的研究提供了高端和便利的平台支持。还要特别感谢全国人大常委会法工委、国家互联网信息办公室、国家密码管理局,以及苏州网信办、密码局等相关领导长期以来对信息安全法学研究的鼎力支持;并对法律出版社赵明霞编辑的大力支持和帮助予以诚挚的谢意。最后,学力有限,谬误和不足难免,敬请读者批评指正。

目录

1　网络安全信息共享制度

1.1　研究背景

网络风险社会与“网络空间命运共同体”的共识背景下，网络安全信息共享是指为了保障网络安全，政府部门、企业等相关主体之间对网络安全信息进行交换、交流与利用的过程，其中，网络安全信息是指可用于识别、预防、评估、监测、响应网络安全风险和网络安全威胁的任何信息，包括但不限于信息系统的漏洞信息、计算机病毒信息、网络攻击的技术细节和事件信息、预警信息、缓解措施信息、企业最佳实践信息、态势感知信息等。从广义上来讲，网络安全信息共享是指国家、国内各级政府部门、企业等相关主体之间对网络安全信息的交换、交流与利用活动。相较而言，政府部门与企业之间的网络安全信息共享因存在较大的理论争议而成为各国网络安全信息共享立法的重点和难点，其中不仅涉及企业参与网络安全信息共享的法律激励如何建立，还涵盖共享信息利用过程中政府部门、企业、个人之间有关国家安全和社会公共安全与产业发展、个人隐私保护之间的利益平衡问题。尤其是在后斯诺登时代，网络安全信息共享法律制度的建立一经提出即面临制度正当性的拷问，围绕安全与隐私的网络安全信息共享立法博弈持续存在，并促使企业的发展价值对个人隐私保护的依存度不断加深，正如苹果公司在美国参议院对《2015 年网络安全信息共享法案》（Cybersecurity Information Sharing Act of 2015，以下简称 CISA 2015）进行投票的前几天向《华盛顿邮报》提交的反对该法案的公开声明所指出的，“客户的信任对我们意味着一切，我们不相信安全应该以牺牲他们的隐私为代价”[1]。这就对如何设置企业参与网络安全信息共享的法律激励和共享信息利用的法律规范提出了更为全面的价值考量和利益权衡要求。值得注意的是，我国国内的现有研究成果针对政企之间的网络安全信息共享法律问题及其制度构建缺乏系统化和专门性的研究与关注。

---

〔1〕 Juli Clover, *Apple Speaks Out Against Cybersecurity Information Sharing Act*, https://www.macrumors.com/2015/10/20/apple-speaks-out-against-cisa/.

1.2 网络安全信息共享制度的理论基础

总体而言,网络安全信息共享制度的建构以协同安全观为其制度本源和法理念基础,其不仅充分认可政企之间的网络安全信息共享构成协同保障网络安全的一种重要方式,还旨在构建、保障和修复政企之间的网络安全信息共享协同关系,其是将协同安全观应用于网络安全法治领域的具体体现。

1.2.1 协同安全观的理论渊源及其可适用性

协同保障安全的理念最早可追溯至古希腊时期的正义观念,在古希腊人看来,弱肉强食的丛林法则是不正义的,因为其在本质上是一种自私自利的规则,其与构建良好的城邦安全合作秩序背道而驰。作为对前述正义观念的理论延续,古典自然法学者和启蒙思想家们对协同保障安全的理念展开了系统的论证。其中,斯宾诺莎基于理性主义的视角提出"自我保存的正义需要通过人与人之间的互相扶助得以实现"[1],普芬道夫基于社会化构建的"自我保存安全义务"表明人类之间只有团结互助才能最终实现彼此的生存需要,即"为了安全,社会化对他而言是必要的"[2]。在霍布斯看来,"人民的安全乃是至高无上的法律"[3],其宣称正义的目的在于结束"人对人是狼一样关系"的自然状态所导致的"安全困境",此外,洛克和卢梭基于社会契约论对"人们通过缔结契约联合组成国家这一政治共同体以实现个体安全利益的保障"展开了进一步的理论言说,[4]这都表明主体协同(合作)保障安全一度成为人类社会的主流意识和观念而获得人们普遍的关注和认可。

从语义学分析的角度来看,协同是指同心合力,相互配合。例如,《后汉书·刘焉袁术吕布列传》中"将军宜与协同策谋,共存大计"[5]。协同在本质上反映了系统内各要素或各子系统之间保持合作性与协调性的状态与趋势。协同的英文单词"Synergy"源于古希腊语"Synergos",意指一起工作,亦涵盖协调与合作之意,其中"syn"表示"together",意指一起、共同;"ergy"表示"work",意指组织结构与功能。作为系统科学的重要分支,"协同学"(Synergetics)一词同样源于希腊语,意为"协调合

[1] [荷兰]斯宾诺莎:《神学政治论》,温锡增译,商务印书馆2017年版,第214~215页。

[2] [德]塞缪尔·普芬道夫:《人和公民的自然法义务》,鞠成伟译,商务印书馆2009年版,第59~62页。

[3] [美]E.博登海默:《法理学:法律哲学与法律方法》,邓正来译,中国政法大学出版社2017年版,第323页。

[4] [英]洛克:《政府论》(下篇),叶启芳、瞿菊农译,商务印书馆2017年版,第59页。

[5] 夏征农、陈至立主编:《辞海》(第6版),上海辞书出版社2009年版,第2527页。

作之学"[1],其创立者是著名的理论物理学家、联邦德国斯图加特大学的赫尔曼·哈肯教授,他在进行激光理论的研究中发现,任何复杂系统内部既存在独立的运动,又存在相互影响的整体运动。协同学强调协同效应,其是指在一个复杂开放的系统环境中,系统内部各要素或各子系统之间相互协调、相互影响、相互合作而形成整个系统的整体效应和联合效应,促使系统从混沌无序转化为稳定有序的结构和状态。[2]

基于上述有关协同保障安全的古希腊正义观念、古典自然法思想和协同学的共同启示,笔者认为,协同安全观作为一种理念,是指针对某一安全问题,从系统论的视角研究其内部构成要素(子系统)之间相互配合、相互影响、相互协调以实现安全目标的一种意识和观念。在此基础上,协同安全观作为一种法理念的内涵是指,某项安全立法或法律制度建构,以保障和促进其内部构成要素之间为实现共同的安全目标而形成的相互配合、相互影响、相互协调之协同关系为其最高价值目标,其是协同安全理念在法治领域的具体化适用。总体而言,网络安全信息共享制度的建构以协同安全观为其制度本源和法理念基础,其不仅充分认可政企之间的网络安全信息共享构成协同保障网络安全的一种重要方式,更为重要的是,其将政企之间网络安全信息共享协同关系的构建、保障和修复作为制度构建的最高价值目标,旨在使网络安全保障的协同效应得以最大限度的发挥。

在社会连带主义法学思想的理论框架下,政企之间存在同求合作与分工配合的网络安全社会连带关系。诚如狄骥所认为的,社会连带间接构成人们行为规则或社会规范的基础。因此,人们必须遵守以下 3 项原则:第一,尊重旨在达到社会连带关系的一切行为,决不妨碍其实现并尽可能地促使其实现;第二,不应从事任何有悖于社会连带关系的行为;第三,在实现社会连带关系中进行合作。[3] 根据狄骥的社会连带主义法学思想,社会连带性构成了社会的本质,作为当代信息技术革命和信息化发展的直接产物,人们相互之间形成了较之以往更为密切的社会连带关系,从实证主义角度分析,这正是人类社会发展与技术发展相适应的客观规律和必然趋势。在风险社会与信息社会效应持续发酵的现实背景下,政企之间逐渐形成了具有相似性和互补性的社会连带关系,具体表现为政企双方具有共同的网络安全保障需要,只能共同

[1] [德]赫尔曼·哈肯:《协同学——大自然构成的奥秘》,凌复华译,上海译文出版社 2005 年版,第 5 页。
[2] [德]赫尔曼·哈肯:《协同学——大自然构成的奥秘》,凌复华译,上海译文出版社 2005 年版,第 94、118 页。
[3] 沈宗灵:《现代西方法理学》,北京大学出版社 1992 年版,第 255 页。

地加以满足;同时其各自还具有不同的网络安全保障能力和需要,只有通过相互服务才能使各自的不同需要得以满足。

一方面,政府、企业、个人等社会主体共同的网络安全保障需求这一社会连带关系较之以往的安全社会连带关系而言更为紧密,具体表现为:第一,网络与信息技术“潜在的副作用”促使人们被迫进入网络风险社会,网络安全风险的复杂性与不确定性作为时代特征使人们陷入一种困境,即“危险的一次证实就将意味着无可挽回的自我毁灭”[1]。易言之,“我害怕”作为网络风险社会的驱动力,表明人们在网络风险社会中其需求的共同性逐渐为焦虑的共同性所代替。第二,行为的数据性使得社会主体的各种行为充分暴露于外,尤其是以大数据技术为支撑的数据收集、分析和整合能力得到空前增强,这在很大程度上打破了原有的数据碎片化状态,社会主体之间的社会连带关系因行为数据关联分析而呈现出更强的匹配性和直接对应性,导致社会主体之间的安全关联程度进一步加深。第三,社会主体的权利边界模糊化,传统的安全边界被打破,这导致政府部门和企业等社会主体之间的安全相互依赖性和关联性程度不断加深,同时也充分印证了传统的社会各方主体“自扫门前雪”的安全边界防护和应对思路回应乏力。第四,网络空间命运共同体已然形成。实践中,“震网”病毒、“心脏出血”漏洞、勒索病毒攻击肆虐全球等网络安全事件的相继爆发充分印证了网络安全风险和威胁已经成为全世界的公敌,基于对人类当前共同的网络安全保障需要的充分识别,国家主席习近平在第二届世界互联网大会上提出了“共同构建网络空间命运共同体”的主张。从国家层面来讲,政府部门、企业等已经日益融合成为一个休戚相关的国家网络空间命运共同体,在这一共同体当中,政府部门和企业任何一方都无法置身事外、独善其身,保障网络安全成为其共同的责任,需要其共同参与。[2]

另一方面,网络风险社会的共识背景下,网络安全信息共享法律制度的建构还基于对政企之间有机的社会连带关系的客观认识,承认并尊重双方在网络安全保障方面具有不同的能力和需要,并强调其只有通过彼此交换服务,才能使各自的不同需要得以满足。从政企双方不同的需要层面来看,政府部门推动和实施网络安全信息共享在于满足其履行网络安全风险治理职责的需要,企业参与网络安全信息共享则是基于保障自身网络安全、优化内部资源配置、增加网络安全投资的有效性,以及降低

---

〔1〕 [德]乌尔里希·贝克:《风险社会》,何博闻译,译林出版社2004年版,第60页。

〔2〕 Andrea M. Matwyshn, *CYBER!*, Brigham Young University Law Review, Vol. 2017:5, p. 1109 – 1195 (2017).

在网络安全保障方面的交易成本等方面的综合考量。从政企双方各自所具有的不同能力层面来看,政府部门作为网络安全风险治理的主体,必然能够通过法律授予的权力获得相对强大的网络安全情报信息收集和分析能力;相较而言,企业作为网络安全风险的直接受害者和网络安全保障的第一责任人,其在建设、运营、管理其网络与信息系统,以及应对网络安全风险的实践过程中也逐渐积累了大量的人员、技术、信息等资源优势,这些实践优势在一定程度上削弱了政府部门原有的信息垄断地位,并使得企业在网络安全信息收集和分析方面的综合实力不断增强,客观上促使政府部门积极主动地寻求与其建立有效的合作关系。可见,建立政企之间的网络安全信息共享法律制度,能够为整合政企双方在网络安全风险识别、预防、评估、监测和响应方面的技术能力和资源优势提供制度支持,以满足其各自的不同需要。综上所述,网络安全信息共享法律制度体现并旨在实现政企之间基于网络安全保障共同需要和分工配合而形成的社会连带关系,诚如狄骥所言,"不做任何损害社会相互关联性的事情,可以做任何本质上用于实现并发展机械与有机相互关联性的事情。合理的人为法则应该是对该原则的表述、发展与实施"[1]。

1.2.2 网络安全保障协同效应的实现及其价值权衡

网络安全信息共享制度建构下,网络安全信息共享协同关系的构建、保障和修复以国家安全和社会公共安全、产业发展、个人隐私保护之间的利益协调为其核心内容,即关注安全价值与发展价值、自由价值之间的动态平衡。

(1)以安全价值为其首要价值

在功利主义大师边沁看来,政府活动与立法旨在实现的"最大多数人的最大幸福"中,安全构成其最为重要的目的。[2] 网络风险社会的共识背景下,网络安全信息共享制度承载的安全价值体现为国家安全与社会公共安全的融合法益。如前所述,随着网络与信息化发展程度不断提高,人们的社会生产生活,政府机关、企事业单位和组织的社会管理、服务与日常运营,对计算机网络与信息系统的依赖程度不断加深,网络与信息系统已逐步发展成为一国政治、经济、文化和社会活动的基础平台和神经中枢,尤其是在关系国家核心利益和国计民生的关键基础设施领域,信息系统与物理设施的融合程度不断加深,促使网络安全对于国家安全和社会公共安全的冲击

---

[1] [法]莱昂·狄骥:《宪法学教程》,王文利等译,辽海出版社、春风文艺出版社 1999 年版,第 11 页。
[2] 沈宗灵主编:《法理学》(第 2 版),高等教育出版社 2004 年版,第 60 页。

和影响不断升级。实践中,“震网”病毒、“心脏出血”漏洞、勒索病毒攻击肆虐等网络安全事件的相继爆发充分印证了网络安全风险和威胁正在集中向工业控制系统、能源、交通、金融、电力等关键领域的信息系统快速蔓延,如果不加以妥善的治理,将会严重影响国家关键基础设施的持续正常运行,甚至会造成国家金融体系崩溃,国家通信系统中断,国家交通、能源系统瘫痪,国家社会医疗保障系统无法正常运转等危及社会公共安全甚至国家安全的严重后果,进一步加剧对社会不特定公众以及国家安全造成的现实威胁,这就足以说明网络与信息系统安全已经承载了社会公共安全以及国家安全的法益。美国域名系统服务商网络动态服务(Network Dynamic Service, NDS)遭遇分布式拒绝服务攻击导致美国东海岸大面积断网,乌克兰电网遭受攻击导致公民的电力供应中断,〔1〕勒索病毒攻击肆虐导致全球金融、能源、医疗等行业严重受损即为典型例证。〔2〕

在此背景下,网络与信息系统安全保障所承载的社会公共安全法益促使其成为政府当前行政管理的核心任务。正如哈贝马斯所指出的,法治国家时期政府的主要任务在于维持秩序,福利国家时期政府的主要任务在于对社会补偿的公正分配,安全保障国家时期政府的主要任务即为应付集体性的危险情况。〔3〕 全球化融合背景下,预防和响应网络安全风险,降低网络安全事件的发生概率并减轻事件发生造成的不利影响等,成为各国政府在网络安全风险泛化态势下履行社会公共安全保障职能的优先考虑事项。可见,网络安全信息共享法律制度的建立实质上是根据当前国家安全利益需求的凸显程度及对其加以维护的紧迫性所做出的理性选择,尤其是在网络攻击、网络犯罪、网络恐怖主义等行为日益猖獗的现实背景下,国家安全保障迫切需要和依赖网络安全信息共享予以应对。〔4〕

(2)兼顾企业利益的发展价值

如前所述,网络安全信息共享制度的建构以承载国家安全与社会公共安全法益的安全价值为其首要价值,同时其将对企业甚至网络安全产业的发展价值带来的直

〔1〕 2015 年乌克兰电网遭受网络攻击,导致 3 ~ 6 小时的电力中断供应,约 140 万人受到影响。

〔2〕 2017 年 5 月,“想哭”(WannaCry)勒索病毒软件发生了对全球关键基础设施的广泛攻击,该攻击关闭了英国国民健康服务中心及其多家医院的病人档案,并对俄罗斯内政部、德国铁路系统、欧洲电信公司和中国航空公司造成了广泛影响。

〔3〕 [德]哈贝马斯:《在事实与规范之间——关于法律和民主法治国的商谈理论》,童世骏译,生活 · 读书 · 新知三联书店 2003 年版,第 537 页。

〔4〕 Austen D. Givens & Nathan E Busch, *Information Sharing and Public-Private Partnerships: The Impact on Homeland Security*, The Homeland Security Review, Vol. 7:2, p. 1 - 28(Summer 2013).

接或间接影响作为制度的重要价值予以考量。这主要体现在以下两个方面:

一方面,企业市场竞争利益的综合考量。第一,政府部门基于履行政府信息公开义务的法定要求可能将企业共享的网络安全信息依职权或依申请向社会公开披露,但是,威胁信息、漏洞信息,甚至有关企业遭受网络攻击的事件信息一旦公开披露将导致企业被贴上“不安全”的标签,从而对企业商誉产生负面影响,并直接影响用户对企业的信任。申言之,商誉“作为企业的良好名声、声誉和往来关系带来的惠益和优势”〔1〕,其能够为企业长期获得市场竞争利益提供优势交易机会和交易条件,一旦关系企业商誉的威胁信息、漏洞信息、事件信息等被公开披露,就将导致其丧失市场竞争优势。多项学术研究指出,网络安全事件信息的公开将对网络攻击受害企业的企业商誉、股票市值等产生负面影响,〔2〕例如,国际商业机器公司(IBM)波耐蒙研究所(Ponemon Institute)于 2017 年发布的一份报告,对 113 家上市公司的股票市值在数据泄露事件公开前 30 天及公开后 90 天进行了持续追踪,经实证分析研究得出:这些公司的股票市值在其数据泄露事件被公开当日即平均下跌 5%,客户流失率高达 7%。〔3〕第二,对于网络攻击的受害企业而言,其与政府有关部门共享的漏洞信息、网络攻击事件信息等一旦披露给有关监管部门,则该信息可能作为证据被监管部门用于实施对企业不利的行政执法和监管措施。第三,缓解措施信息、态势感知信息、战略分析信息等网络安全信息通常构成企业耗费人力、物力、资本等产生的企业经营成果,甚至是创造性智力劳动成果,企业对其享有知识产权、商业秘密等合法权益,一旦与政府部门共享的此类信息被不当披露给竞争对手,将削弱该企业原有的市场竞争优势。〔4〕基于上述对企业市场竞争利益的综合考量,网络安全信息共享制度应通过对企业共享信息的政府信息公开规则适用豁免,对企业的匿名共享请求,共享信息使用的目的限制及其二次共享和披露限制,〔5〕以及违反前述规定的法律责任和监督制

---

〔1〕 梁上上:《论商誉和商誉权》,载《法学研究》1993 年第 5 期。

〔2〕 Griselda Sinanaj & Jan Muntermann, *Assessing Corporate Reputational Damage of Data Breaches: An Empirical Analysis*, 26th Bled eConference, Bled, Slovenia, June 9 - 13, 78 - 89(2013).

〔3〕 Ponemon Institute, Centrify, *The Impact of Data Breaches on Reputation & Share Value: A Study of U. S. Marketers*, IT Practitioners and Consumers(July 2017), https://www. centrify. com/media/4737054/ponemon_data_breach_impact_study. pdf.

〔4〕 SA Lafen. *U. N, Regulation-The Best Approach to Effective Cyber Defense?*, Syracuse Journal of International Law & Commerce, Vol. 45:2, p. 249 - 274(2018).

〔5〕 Jonathan Bair, Steven M. Bellovin, Andrew Manley et al. *That Was Close! Reward Reporting of Cybersecurity "Near Misses"*, Colorado Technology Law Journal, Vol. 16:2, p. 327 - 364(2018).

度等内容进行规范,以兼顾企业利益的发展价值作为安全价值的约束价值,促使网络安全保障的协同效应得以实现。

另一方面,企业合规成本的考量。网络安全信息共享协同关系的构建和保障还需要企业付出相应的合规成本,其中不仅包括企业为履行网络安全信息共享义务额外投入的成本,例如加入信息共享组织应缴纳的会费,还包括管理共享信息的技术和管理等经济成本,其中,技术成本包括实施共享所需耗费的软硬件配置的调整和更新成本,例如建立自动化信息共享系统的成本、共享信息格式的标准化成本等;管理成本包括实施共享的人员、机构和信息管理成本等。在这方面,网络安全信息共享制度通过引入税收优惠措施、财政补贴、政府优先采购等经济激励机制,旨在实现政企之间网络安全信息共享协同利益和成本的合理分配,以更好地促成共享协同关系的构建和保障。

(3)兼顾个人隐私保护的自由价值

西塞罗曾言:为了得到自由,我们才是法律的臣仆。康德将自由界定为"每个人据其人性所拥有的唯一原始权利"[1]。不可否认,围绕安全与隐私之争的网络安全信息共享立法博弈构成网络安全信息共享法律制度正当性的重要评判标准,这是因为,正当性不仅包括理性层面对某项法律制度是否符合某种规范或客观标准的评判,还涵盖经验层面对其能否获得社会公众的普遍认同之评判。[2] 斯诺登泄密事件爆发之后,以美国为代表的政府背负严重的"信任赤字",同时,该事件促使企业的发展利益向用户个人隐私保护利益倾斜,即表现为企业通过对其保护用户隐私的公开宣示,旨在实现自身经济和发展利益,正如苹果公司的首席执行官蒂姆·库克(Tim Cook)在2015年初美国白宫网络安全峰会上所公开指出的:"用户隐私对苹果公司而言是'生死攸关'的大事,用户的信任对我们而言至关重要,在此方面我们花费了数十年的时间来赢得此种信任。"[3]同时,苹果公司还在美国参议院对《2015年网络安全信息共享法案》进行投票的前几天向《华盛顿邮报》提交了其不支持S. 754的公开声明,其中重申了其对用户隐私保护的承诺,并进一步表明"客户的信任对我们意味着一切,

---

〔1〕[美]E. 博登海默:《法理学:法律哲学与法律方法》,邓正来译,中国政法大学出版社2017年版,第301页。

〔2〕刘杨:《正当性与合法性概念辨析》,载《法制与社会发展》2008年第3期。

〔3〕Jose Pagliery, *Tim Cook: Privacy is a matter of "life and death"* (Feb. 13, 2015), https://money.cnn.com/2015/02/13/technology/security/tim-cook-apple-cybersecurity/index.html.

我们不相信安全应该以牺牲他们的隐私为代价"[1]。基于此,共享的网络安全信息能否涵盖个人隐私和个人信息?如果必须涵盖,针对涵盖个人隐私和个人信息的共享信息利用行为如何进行有效规范和监督都被纳入网络安全信息共享制度建构的价值考量因素。[2] 一言以蔽之,承载个人隐私保护法益的自由价值构成后斯诺登时代构建、保障和修复政企之间网络安全信息共享协同关系的约束价值。

网络安全信息共享法律制度将安全价值与自由价值的冲突与协调作为网络安全信息共享协同关系构建、保障和修复的重要考量因素,这是因为"安全价值的实现,本身受到既对个人有益又对社会有益这个条件的限制"[3]。在当前网络安全保障承载国家安全、社会公共安全的法益凸显之时,网络安全信息共享法律制度所保障的安全法益将主要偏向于作为国家利益和社会利益出现的安全,而相对忽视对个人隐私利益的保护。但是,如果从长远来看,社会利益和个人利益在本质上是趋于一致的,即如密尔所说的"公众的永久利益是同个人权利结合在一起的"[4],为了防止网络安全信息共享制度陷入以安全为名肆意践踏个人隐私基本权利的窠臼当中,对兼顾个人隐私保护的自由价值之关注为打破国家、社会与个人之间的二元对立结构提供了良好的契机,并且为重新审视个人隐私的绝对属性提供了融合的分析视角。[5] 换言之,承载国家安全与社会公共安全法益的安全价值与以个人隐私保护为核心的自由价值之间在一定条件下有必要并且是可以妥协的,因为"采取一种妥协或互相调整形式可能要比'二者取其一'的方法更为可取"。事实上,网络安全信息共享法律制度围绕共享的信息范围界定、共享信息利用的行为与程序规范以及监督制度等方面的规定即为典型例证。由此可见,网络安全信息共享法律制度在处理安全与自由的价值冲突时,确立了安全优先的原则,但同时又对这一原则加以限制和补充,在个人隐私的保有与让度之间划出一条分界线,使得出于安全需要而牺牲的利益被限制在必要的限度内,即"个人隐私的适度让渡"。正如庞德所认为的,这便是"尽可能多地满足一些

---

[1] Juli Clover, *Apple Speaks Out Against Cybersecurity Information Sharing Act* (Oct. 20, 2015), https://www.macrumors.com/2015/10/20/apple-speaks-out-against-cisa/.

[2] Jay P. Kesan & Carol M. Hayes, *Bugs in the Market: Creating a Legitimate, Transparent, and Vendor-Focused Market for Software Vulnerabilities*, Arizona Law Review, Vol. 58:3, p. 753 - 830(2016).

[3] [美]E. 博登海默:《法理学:法律哲学与法律方法》,邓正来译,中国政法大学出版社 2017 年版,第 323 页。

[4] [英]霍布豪斯:《自由主义》,朱曾汶译,商务印书馆 1996 年版,第 53 页。

[5] Kenneth Einar Himma, *Privacy versus Security: Why Privacy is not an Absolute Value or Right*, San Diego Law Review, Vol. 44:4, p. 857 - 919(2007).

利益,同时使牺牲和摩擦降低到最小限度”[1]。由此可见,网络安全信息共享法律制度基于对兼顾个人隐私保护的自由价值予以考量,旨在实现政企双方网络安全保障协同的整体倍增效应。

1.3 域外网络安全信息共享制度的考察与评析

1.3.1 美国网络安全信息共享制度

(1)关键信息基础设施(Critical Information Infrastructure,CII)私有化:美国网络安全信息共享制度的产生与发展

20 世纪 90 年代后期,美国已充分认识到信息共享在预防和控制网络安全风险和威胁以及反恐等方面的重要性和迫切性,其不仅通过总统指令[2]和行政命令[3]来倡导和促进信息共享,还将有关信息共享的要求和规则提升至国家战略层面。自 2011 年以来,美国持续将鼓励和促进联邦政府与私营部门之间的网络安全信息共享作为国会立法的优先事项之一,并经过各方长期博弈,最终于 2015 年底通过了《网络安全信息共享法》(Cybersecurity Information Sharing Act of 2015, CISA),其中对共享信息的类型和范围、共享参与主体、共享参与企业的法律责任豁免、个人隐私保护及其监督制度等都进行了具体规定,该法成为美国当前规范网络安全信息共享的一项专门性立法。[4]

同时,为了指导 CISA 的具体实施,国土安全部等相关部门联合制定了 CISA 实施指南,其中包括美国国土安全部和司法部于 2016 年联合发布的《根据 2015 年〈网络安全信息共享法〉协助非联邦实体与联邦实体共享网络威胁指标和防御性措施的指导意见》(以下简称美国《网络安全信息共享指导意见》)(Guidance to Assist Non-Federal Entities to Share Cyber Threat Indicators and Defensive Measures with Federal Entities under the Cybersecurity Information Sharing Act of 2015)、《联邦政府接收网络威胁指标和防御性措施的最终程序》(Final Procedures Related to the Receipt of Cyber

---

[1] [美]罗斯科·庞德:《法理学》(第 1 卷),邓正来译,中国政法大学出版社 2004 年版,第 26 页。

[2] 总统指令,又称为总统决策指令(Presidential Decision Directives, PDD),奥巴马政府将其称为总统政策指令(Presidential Policy Directive, PPD),是指一种行政命令的形式,由美国总统发出建议,并经国家安全理事会同意。总统指令具有完全的法律效力,但是因为涉及美国的国家安全,因此其在很多情况下是涉密文件。

[3] 行政命令,是指美国总统通过发布行政令以帮助行政机关管理联邦政府的内部事务。行政令具备充分的法律效力,与政府部门颁布的法规或条例一样,行政令将受到司法审查,如果其被法院认为不符合法规或宪法的规定将不能获得通过。

[4] Eric McKeown & Emily Storm-Smith, *New Legislation Strengthens Legal Protections for Cybersecurity Information Sharing*, Intellectual Property & Technology Law Journal, Vol. 28:5, p. 17 – 19(2016).

Threat Indicators and Defensive Measures by the Federal Government)、《隐私和公民自由最终指南：2015 年〈网络安全信息共享法〉》（以下简称美国《隐私和公民自由最终指南》）(Privacy and Civil Liberties Final Guidelines: Cybersecurity Information Sharing Act of 2015)，并联合美国国家情报总监办公室和国防部共同制定并发布了《根据 2015 年〈网络安全信息共享法〉联邦政府共享网络威胁指标和防御性措施》(Sharing of Cyber Threat Indicators and Defensive Measures by the Federal Government under the Cybersecurity Information Sharing Act of 2015)。

(2)美国网络安全信息共享的适用范围

首先，针对共享的信息类型和范围，CISA 规定，共享的信息范围应当与网络安全威胁直接相关，包括"网络威胁指标"(Cyber Threat Indicator, CTI)和"防御性措施"(Defensive Measure, DM)两大类，其中 CTI 是指"对于描述或识别下列网络数据而言必要的信息，即①恶意扫描探测，包括异常模式的通信，其目的旨在收集与网络安全威胁或安全漏洞相关的技术信息；②破坏安全控制措施或者利用安全漏洞的方法；③安全漏洞，包括表明存在安全漏洞的异常活动；④导致用户在对信息系统或其中存储、处理或传输的信息进行合法访问时不经意地破坏安全控制措施的方法；⑤恶意的网络命令和控制；⑥事件造成的实际或潜在的损害(包括因描述网络安全威胁而引发的信息泄露)；⑦网络安全威胁的任何其他特性。同时，DM 被界定为"以信息系统及其中存储、处理或传输的信息为保护对象，所采用的用于防止、减轻已知或可疑的网络安全威胁或安全漏洞的行动、设备、程序、签名、技术或其他措施，但不包括对信息系统或其中存储、处理或传输的信息进行破坏、销毁、提供未经授权的访问或造成实质性损害的措施"。

其次，针对共享的信息类型和范围，美国《网络安全信息共享指导意见》做出了更为详尽的界定和举例说明，其一方面指出，CTI 的共享实例包括：①制造商报告在其网上发现的未执行的恶意软件；②遭受网络入侵的工程公司描述其已遭泄露的工程文件类型，作为对其他拥有类似资产的公司的一种警告方式；③研究人员报告与僵尸网络命令和控制服务器相关的域名或 IP(Internet Protocol)地址；④遭受 DDoS 攻击的网站报告发送恶意流量的 IP 地址；⑤公司报告其网络服务器日志文件，其中显示特定的已发送网络流量的 IP 地址，以测试该公司的内容管理系统是否尚未更新以弥补最新漏洞；⑥软件发布者报告其发现的软件漏洞；⑦安全研究人员报告其发现的允许未经授权访问工控系统的技术；⑧安全服务公司报告其认为对应恶意软件感染的域名查找模式。另一方面,美国《网络安全信息共享指导意见》还规定,DM可能像保护或限制访问公司计算机基础设施的安全装置那样简单,也可能像检测和防范公司信息系统上的异常和未经授权的活动而使用的复杂软件工具那样复杂。与CTI一样,DM也不包括特定个体的个人信息或可识别特定个体的信息(Personally Identifiable Information,PII),其由能够用于检测或应对网络安全威胁的技术信息构成。DM的实例包括:①用于识别流入一个组织的网络流量中的恶意活动模式的计算机程序;②为了检测具有特定特征的钓鱼活动可以加载到公司入侵检测系统中的签名;③禁止一种恶意流量进入网络的防火墙规则;④可以通过网络流量缓存搜索来发现可能表示恶意活动的异常模式的算法;⑤一种以自动方式快速匹配组织传入的简单邮件传输协议(SMTP,通常用于电子邮件的协议)内容的技术。

最重要的是,美国《网络安全信息共享指导意见》还对共享的信息范围做出了例外规定,即受美国其他隐私法保护且与网络安全威胁不直接相关的信息不得共享,这些信息包括:①受保护的健康信息(PHI),例如医疗记录、实验室报告或医院账单等,包括与个人的过去、现在或未来的身体或精神健康状况相关的信息;为个人提供医疗保健的信息;为个人提供医疗保健的过去、现在或未来的付款信息,每个文档中包含的与健康数据内容相关联的患者姓名或其他可识别信息。②人力资源信息,即员工人事档案中包含的信息,如招聘决策、绩效评估和纪律处分。③消费者信息/历史,即与个人购买、偏好、投诉甚至信用相关的信息。④教育历史,如成绩单、培训、专业认证等。⑤财务信息,包括银行报表、贷款信息、信用报告等。⑥确定有关财产所有权的信息,虽然关于财产所有权的一些信息可能是公开的,例如物业购买记录,但其他信息如车辆识别号码本身就更加敏感,通常由州法律管辖。⑦识别13岁以下儿童的信息受美国《儿童在线隐私保护法》(Online Privacy Protection Act, OPPA)的要求约束。美国CISA界定的共享信息范围如图1-1所示。

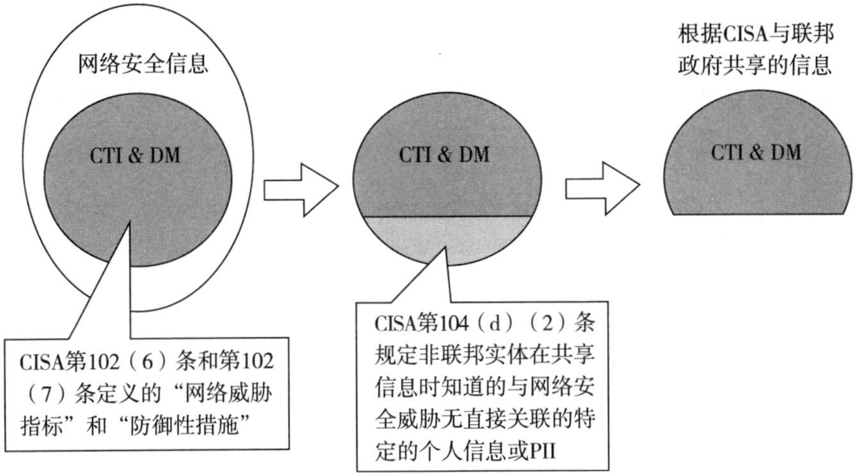

图 1-1 美国 CISA 界定的共享信息范围

(3)美国网络安全信息共享的企业激励机制

CISA 对私营主体参与网络安全信息共享的激励和法律责任豁免做出了具体规定。第一,根据 CISA 共享的 CTI 和 DM 不受美国联邦政府,各州、部落或地方政府信息自由法、政府公开法、会议公开法、记录公开法、阳光法或类似公开信息或记录的法律规制而免于向社会公众披露。[1] 第二,CISA 规定私营主体基于网络安全目的监控信息系统及其中存储、处理或传输的信息的行为可免于被法院起诉,无须追究其法律责任。最重要的是,CISA 确立了自愿参与信息共享的原则。其中明确规定,联邦实体不得强制要求某一非联邦实体向联邦实体或其他非联邦实体提供信息;联邦实体不得以共享 CTI 或者授予联邦拨款、签订联邦合同或确定联邦政府采购为条件,要求该非联邦实体提供 CTI,针对任何不参与共享的实体不追究其任何法律责任。

(4)美国针对共享信息利用的规范

首先,CISA 一方面对政府部门使用共享信息的目的进行了明确限定,即联邦实体只能基于以下目的披露、存留和使用其接收的 CTI 和 DM:①网络安全目的;②识别网络安全威胁及其来源和安全漏洞;③应对、防止或减轻因恐怖活动或使用大规模杀伤性武器而造成的特定死亡威胁,严重的人身伤害或经济损失威胁;④响应、减轻或

[1] JM Paulson, *Cyber Insecurity: Constitutional Rights in The Digital Era*, Southern Illinois University Law Journal, Vol. 41:2, p. 261-284(2017).

防止针对未成年人的严重威胁,包括性剥削和对人身安全的威胁;⑤阻止、调查、打击或起诉特定的犯罪,其中包括严重的暴力犯罪,欺诈和身份盗窃,间谍罪,以及侵犯商业秘密的犯罪。同时,CISA 规定,依据该法规定向联邦政府提供的 CTI 和 DM,不得被任何联邦、州、部落或者地方政府直接用于监管非联邦实体的合法活动,包括与监控信息系统和信息、实施 DM 或共享 CTI 相关的活动。

另一方面,CISA 还对个人隐私和私营企业合法权益的保护做出了具体规定。在个人隐私保护方面,CISA 针对参与共享的联邦政府和私营部门均设置了共享 CTI 之前的个人信息移除义务和程序,其中要求联邦和私营实体在共享 CTI 之前实施审查措施,以评估此类 CTI 是否包含任何其在共享时已知的、与网络安全威胁不具有直接关联但属于特定个体的个人信息或 PII,如果包括上述信息,联邦实体和私营实体则应当采取适当的技术措施将其移除。为了对此实施监督,CISA 还针对移除个人信息的独立报告做出了明确规定,其中要求美国总审计长在法定的期限内向国会提交报告,详细说明联邦政府从 CTI 或 CM 中移除个人信息所采取的行动,并针对解决有关隐私和公民自由事项的政策、程序和指南的充分性进行评估。同时,CISA 要求美国司法部部长和国土安全部部长与相关联邦实体的负责人等进行磋商,联合制定、公布并向国会提交有关隐私和公民自由保护指南。在私营企业合法权益保护方面,CISA 明确规定,其向联邦政府提供 CTI 和 DM 不构成对其任何特权或法律保护的放弃,包括商业秘密保护;参与共享的非联邦主体的商业、金融和财产性信息仍受保护;共享的信息不适用联邦、各州、部落和地方政府信息自由法公开披露的规定;不受行政程序法的禁止行政单方接触原则的限制。[1]

其次,针对联邦实体接收、存留、使用和传输 CTI 的隐私和公民自由保护要求,美国《隐私和公民自由最终指南》做出了更为细化的规定。一方面,联邦实体接收、存留、使用和传输 CTI 应当遵守《公平信息实践准则》(Fair Information Practice Principles, FIPPs)有关信息保护的原则,具体包括:①透明度原则。要求联邦实体根据 CISA 的规定接收、存留、使用和传输 CTI 的过程应当是透明的;联邦实体应根据 2002 年美国《电子政务法》(Electronic Government Act of 2002,EGEA)的规定完成和发布隐私合规文件,如隐私影响评估(PIA),并酌情制定机构内部的隐私政策,以充分

---

〔1〕 Saxby Chambliss, *An Initial, But Positive, Step in the Realm of Cybersecurity*, University of Pennsylvania Journal of Law & Public Affairs, Vol. 1:1, p. 25 - 35(2016).

描述其根据 CISA 对 CTI 的接收、存留、使用和传输情况;并且联邦政府已制定程序规范,指导联邦实体在违反 CISA 共享个人信息时及时通知任何相关的美国公民。②个人参与原则。通过限制对 CTI 的接收、存留、使用和传输,联邦实体限制了对个人隐私和公民自由的影响。③目的明确原则。这一原则要求联邦政府机构接收、存留、使用和传输 CTI 仅限于网络安全目的,即保护信息系统及其中存储、处理或传输的信息免受网络安全威胁或安全漏洞的影响。④数据最小化原则。这一原则要求联邦政府及时销毁其已知的与 CISA 授权的相关用途无直接关联的包含特定个体的个人信息或 PII 的 CTI。⑤使用限制。这一原则要求联邦政府使用其接收的网络安全信息仅限于前述 CISA 规定的 5 种情形。⑥数据质量和完整性。为了避免使用过时或质量差的信息,只能在特定期限内存留 CTI,或截至其与 CISA 授权的使用目的不再直接相关时删除或更新。⑦安全。联邦实体应对涵盖与网络安全威胁直接相关的特定个体的个人信息或 PII 进行保护。⑧问责和审计。违反 CISA 相关规定,联邦政府官员、雇员或代理人的活动将受到法律制裁。

另一方面,美国《隐私和公民自由最终指南》规定,联邦实体接收、存留、使用和传输 CTI 和 DM 应遵循以下规定。第一,在信息接收阶段,联邦实体必须及时删除与 CISA 授权的用途无直接关联的特定个体的个人信息或 PII;针对已知或确定为共享错误或违反 CISA 规定,联邦政府应当在可行的范围内尽快通知传输主体,从该联邦实体处接收 CTI 或 DM 的其他联邦实体和非联邦实体,原始信息发送者以及美国国土安全部,由美国国土安全部告知信息的原始发送者该信息是错误的,并要求其更新或删除共享的错误信息。通知内容应包括:①确定为 CTI 和 DM 的信息;②确定错误或违反相关规定共享的信息;③与传输主体更正错误相关的其他信息。第二,在信息使用阶段,联邦政府使用共享信息存在特定的目的限制,其重申了 CISA 的相关规定。第三,在信息存留阶段,联邦政府存留信息必须与其使用目的相一致,并及时删除或销毁与网络安全威胁不具有直接关联的特定个体的个人信息或 PII。同时,联邦实体应采取适当的安全防护措施,包括内部用户访问控制;数据的物理和/或逻辑隔离;遵循美国《联邦信息安全现代化法》(Federal Information Security Management Act, FISMA)规定的要求和 NIST 800－53 第 4 版规定的隐私保护要求,以保护涵盖与网络安全威胁具有直接关联的特定个体的个人信息或 PII 不受未经授权的访问或获取。第四,在信息传输阶段,CISA 针对参与共享的联邦政府和私营部门均设置了共享 CTI 之前的个人信息移除义务和程序,其重申了 CISA 的相关规定。

(5)美国网络安全信息共享的管理协调机制

美国国土安全部及其分支机构主要负责协调美国的网络安全信息共享事项,其中由美国网络安全与基础设施安全局(Cybersecurity and Infrastructure Security Agency)下属的网络安全司(Cybersecurity Division)履行具体职能,美国国家情报总监办公室负责有关共享网络威胁情报的分析工作,其中由美国网络威胁和情报整合中心(Cyber Threat Intelligence Integration Center, CTIIC)履行具体职能。同时,美国各州、地方、部落和区域(State,Local,Tribal and Territorial Governments,SLTT)政府之间及其与联邦政府机构之间以跨州的信息共享与分析中心(MS-ISAC)为信息共享平台和通道,促进公私之间的信息共享。目前,美国金融、能源、通信、交通等16个关键部门(行业)已分别建立了基于特定部门(行业)的ISAC,旨在协调、促进各行业内部的公私网络安全信息共享;非关键部门的企业也通过建立并加入非基于特定部门(行业)的信息共享与分析组织(ISAO),进一步扩展了网络安全信息共享的组织机构体系。总体而言,美国已经建立了涵盖联邦政府机构、各地区、各行业分工配合的网络安全信息共享组织机构体系,其中的典型代表机构包括国家网络安全和通讯整合中心(National Cybersecurity and Communications Integration Center, NCCIC)、CTIIC、ISAC和ISAO,并且其相互之间能够实现网络安全信息共享职能分工的补充与整合。[1]

1)NCCIC

美国国土安全部于2009年10月在其内部建立了NCCIC。目前,NCCIC是隶属于美国网络安全与基础设施安全局下属的网络安全司(Cybersecurity Division)的分支机构。NCCIC的主要职能在于促进网络安全信息共享,其不仅为美国联邦政府、情报机构和执法部门提供了一个国家级的网络和通信连接点,而且旨在为公私网络安全信息共享提供支持,以实现全天候的网络安全态势感知。值得注意的是,美国国家级计算机安全应急响应小组(US-CERT)已被纳入NCCIC的组织机构体系,因此US-CERT有关网络安全风险监测、预警、应急、响应的主要职能也同时由NCCIC履行。如图1-2所示。

---

〔1〕 Connor Gilbert, *Scalable Security*: *Cyber Threat Information Sharing in the Internet Age* (Ph. D. diss., Stanford University, 2014), p. 15-28.

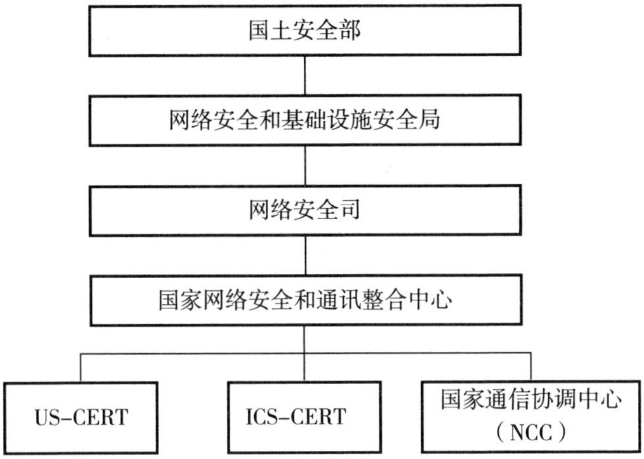

图1-2 美国网络安全信息共享的组织机构体系

根据2014年美国《国家网络安全保护法》(National Cybersecurity Protection Act of 2014)的相关规定,NCCIC的职能主要包括:①协调跨联邦政府的网络安全风险和事件的信息共享;②促进跨部门协调以应对网络安全风险和事件;③针对系统漏洞、安全事件、预警分析等网络安全信息的共享提供全国统一且跨部门的联邦民用通道;④整合与分析跨部门的网络安全风险和事件信息,并与联邦和非联邦实体共享上述分析结果;⑤提供共享态势感知能力,确保跨联邦政府和非联邦实体、及时采取应对网络安全风险和事件的联合行动;⑥为联邦或非联邦实体响应网络安全风险和事件提供及时的技术协助和风险管理支持;⑦将网络安全风险预防和响应的信息和建议共享给联邦和非联邦实体。[1]

2)CTIIC

时任美国总统奥巴马于2015年2月要求美国国家情报总监(DNI)建立CTIIC作为美国全国性的网络威胁情报中枢,旨在协调整合美国国土安全部、联邦调查局、国家安全局、中央情报局等多部门的情报力量,以提升美国对网络安全风险和事件的预防和响应能力。然而,CTIIC本身并不参与情报收集、网络安全风险和事件管理等应对工作,也不直接实施调查或代替目前现有机构或履行政府网络中心的其他职能。值得注意的是,CTIIC将为相关机构提供履行网络安全管理职能所需的一切情报,例

〔1〕 袁春阳、杜跃进、周威、李欣:《美国政府〈国家网络应急响应计划〉及其借鉴意义》,载《保密科学技术》2012年第5期。

如为 NCCIC 履行网络安全风险预防和事件响应的职能提供支持,为美国国家网络调查联合工作组(National Cyber Investigative Joint Task Force, NCIJTF)对美国国内网络威胁调查相关信息的协调、整合和共享提供协助;配合美国网络司令部抵御网络空间的重大攻击等。

3)ISAC

为了促进公私之间的网络安全信息共享,关键基础设施的所有者和运营者基于成员关系建立了特定行业的 ISAC 这类非营利性组织。虽然 NCCIC 期望与所有的 ISAC 密切配合,但只有部分 ISAC 始终保持与 NCCIC 的合作,包括通信行业的 ISAC、金融服务信息共享与分析中心(FS-ISAC)、航空信息共享与分析中心(A-ISAC)。根据美国国土安全部的指定,MS-ISAC 作为 SLTT 政府的网络安全 ISAC,其主要职能在于提供 SLTT 的网络安全信息共享,以显著提高 SLTT 政府对网络安全风险和威胁的预防和响应能力,以及从网络攻击事件中尽快恢复的能力。

4)ISAO

时任美国总统奥巴马于 2015 年签署《改善私营领域网络安全信息共享行政令》,旨在鼓励非营利社区组织、会员组织或单一企业建立 ISAO,其与 ISAC 一样旨在收集、分析和传播网络威胁信息,以扩展美国现有的网络安全信息共享组织体系。然而,相较于 ISAC,ISAO 并不是基于特定行业或部门建立的,这是因为有些机构并不完全适合加入某一特定行业或部门的 ISAC 或者其本身具有独特的需求。当然,这些企业也需要从新的 ISAO 成员关系中获得有价值的网络威胁信息,这一新的非基于特定行业的 ISAO 模式不仅能够弥补和扩展 NCCIC 与私营部门现有的信息共享程序和能力,还能够为公私之间的网络安全信息共享创造更多的机会和条件。

1.3.2 欧盟网络安全信息共享制度

(1)公私合作驱动:欧盟网络安全信息共享制度的产生与发展

在网络安全保护和产业发展层面,欧盟始终致力于建立公私合作伙伴关系,其中网络安全信息共享即为公私合作伙伴关系在网络安全保障领域的具体体现。2013 年欧盟《网络安全战略》中强调各机构在网络安全中的责任,提倡多方合作,要求为能源、金融、交通等关键行业提供信息系统及相关服务的私营企业以及重要的互联网服务运营商,应当向各国的网络安全主管机构报告重大的网络安全事件,并运用经济杠杆原理激励私营企业积极主动地投身网络安全建设。例如,为私营企业提供将安全性转化为竞争力的方案,促使其优先获得政府采购订单,获取国家税收和保险费方面的减免优惠等。现阶段,2016 年《欧洲议会和欧盟理事会关于欧盟高水平网络和信息系统安全措施的第 2016/1148 号指令》[Directive(EU)2016/1148 of the European Parliament and of the Council of 6 July 2016 concerning measures for a high common level of security of network and information systems across the Union,以下简称《NIS 指令》]从欧盟立法层面建立了网络安全事件强制报告制度,其中明确规定了网络安全事件的报告主体及其法定义务。一言以蔽之,公私合作的需求驱动了欧盟网络安全信息共享制度和实践的不断完善。

(2)欧盟网络安全信息共享制度的适用范围

如前所述,欧盟成员国之间的经济水平和社会发展程度参差不齐,网络与信息技术发展程度和网络安全监管水平也存在较大差异,其在建立和实施网络安全信息共享制度的过程中面临重大的挑战,因此欧盟的首要目标是为成员国建立一个网络安全信息共享的基线标准,以尽可能实现欧盟层面最低程度的统一。具体而言,欧盟《NIS 指令》对欧盟的基本服务运营者和数字服务提供者设定了强制性的网络安全事件报告义务。

1)报告的内容

欧盟《NIS 指令》界定了欧盟网络安全事件报告的内容,其中包括三大类信息:一是防御措施信息,包括与风险相关的静态防御措施和与事件处理相关的动态防御措施,其中,与风险相关的静态防御措施包括:①抵御破坏网络和信息系统中存储、传输、处理的数据的真实性、可用性、完整性和机密性的任何行动,或妨碍网络和信息系统提供相关服务的任何行动;②管理网络和信息系统的安全风险,以确保网络和信息系统的安全水平足以有效应对风险,并将影响网络和信息系统安全的事件冲击降至最低程度。此外,与事件处理相关的动态防御措施是指支持事件的检测、分析、控制和响应的所有程序。二是网络安全风险信息,是指对网络和信息系统安全具有潜在负面影响的任何合理可识别的情况或事件。三是事件信息,是指对网络和信息系统安全产生实际不利影响的事件,其中包括:①事件的性质,例如安全漏洞的类型、严重性或持续时间;②支持事件有效处理的信息;③帮助该国主管部门或计算机安全事件响应小组(Computer Security Incident Response Teams, CSIRTs)确定事件跨境影响的信息,其中包括因基本服务受到干扰而影响的用户数量,事件的持续时间以及受到事件影响的地理区域分布;④基本服务运营者的其他参数。

2)报告的主体及其义务

欧盟网络安全事件报告的义务主体主要包括两大类:一类是“基本服务运营者”(Operators of Essential Services, OES),其是指“提供维续关键社会活动和/或经济活动基本服务的公共或私营实体,此类服务的提供依赖于网络和信息系统,并且网络安全事件将对服务的提供产生重大的破坏性影响”。具体包括在能源、运输、银行、金融市场基础设施、医疗卫生领域、饮用水供应及分配、数字基础设施等领域运营的公共或私营主体。另一类是“数字服务提供者”(Digital Service Provider, DSP),其是指提供数字服务的任何法人,主要包括在线市场、在线搜索引擎、云计算服务提供者。值得注意的是,欧盟《NIS 指令》规定的 DSP 还包括提供上述数字服务的外国公司的分支机构,只要其总部或代表处设在欧盟及其成员国境内,则其也应当履行为 DSP 设定的网络安全事件报告义务。上述内容究其原因在于欧盟整体的信息与通信技术(Information and Communication Technology,ICT)产业缺乏竞争力,而提供数字服务的企业多为美国企业,例如谷歌为欧盟及其成员国提供在线搜索引擎服务,为了避免谷歌等成员国以外企业逃避欧盟的司法管辖,欧盟《NIS 指令》将成员国以外的数字服务提供者纳入网络安全事件报告制度的规制范围。

(3)欧盟网络安全信息共享的分类与激励机制

欧盟《NIS 指令》规定,OES 应当向国家主管机构或 CSIRT 及时通知对其所提供的基本服务的连续性产生重大影响的网络安全事件。在确定网络安全事件是否对其所提供的基本服务的连续性产生重大影响时应考虑以下因素:①因基本服务受到干扰而影响的用户数量;②事件的持续时间;③事件影响的地域范围。DSP 应当针对其在欧盟提供的服务产生实质影响的网络安全事件及时通知国家主管机构或 CSIRT。在确定网络安全事件对其所提供的服务是否产生实质影响时应考虑以下因素:①受该事件影响的用户数量;②事件的持续时间;③事件影响的地域范围;④对其所提供服务运行的影响程度;⑤对经济和社会活动的影响程度。

最重要的是,欧盟针对参与共享的企业也建立了相应的法律责任豁免和激励机制。具体而言,欧盟《NIS 指令》明确规定不得加重报告主体的法律责任。同时,OES 和 DSP 以外的其他主体可基于自愿选择,决定是否将对其服务持续性产生重大影响的网络安全事件向其主管部门报告。各成员国建立的自愿报告制度,不得使自愿报告主体因报告行为而被追究法律责任。

(4)欧盟网络安全信息共享的管理协调机制

1)欧盟网络和信息安全局

欧盟网络和信息安全局(The European Union Agency for Network and Information Security, ENISA)于2004年成立,其宗旨在于统筹协调欧盟机构、成员国和企业界的网络安全合作,其具体工作包括收集和分析网络安全威胁并向相关方提供分析结果。[1] ENISA在促进欧盟公私之间的网络安全信息共享方面发挥着重要的作用,《关于欧盟网络和信息安全局的第526/2013号条例》[Regulation (EU) No 526/2013 of the European Parliament and of the Council of 21 May 2013 concerning the European Union Agency for Network and Information Security (ENISA) and repealing Regulation (EC) No 460/2004]指出,ENISA的任务包括提升和促进成员国之间、联盟内机构、团体、机关和单位与成员国之间的自愿合作,增强对网络与信息安全事件的预防和响应能力;支持欧盟计算机应急响应小组(CERT-EU)的运行;支持提高国家/政府和联盟CERTs的能力,通过促进对话和信息交流,确保每个CERT都能具备共同标准下的最低能力;协助联盟机构、团体、机关、单位和成员国努力收集、分析并根据成员国的安全要求,传播相关的网络和信息安全数据;促进国家和政府CERTs,联盟机构、团体、机关、单位的CERT或CSIRTs之间的合作;促进开展和交流最佳实践方案的对话和努力。

2)CERT-EU

CERT-EU于2012年9月建立,其由欧盟主要机构——欧盟委员会、理事会总秘书处、欧洲议会、地区委员会、经济与社会委员会的信息技术(Information Technology, IT)安全专家组成,其与成员国内外的其他CERT以及专业的IT安全公司密切合作。

3)欧盟层面的网络安全信息共享网络——计算机安全事件响应小组(CSIRTs)网络

为促进成员国之间建立信任和信心,形成快速有效的合作,欧盟《NIS指令》要求建立一个欧盟层面的CSIRTs网络。CSIRTs网络由成员国的CSIRTs和CERT-EU的代表组成。CSIRTs网络的任务包括:①交换关于CSIRTs的服务、运行和合作能力的信息;②应可能受事件影响的成员国CSIRT的代表请求,交换并讨论与该事件和相关风险有关的非商业敏感信息;③在自愿的基础上交换和提供关于个别事件的非机密

[1] 周秋君:《欧盟网络安全战略解析》,载《欧洲研究》2015年第3期。

信息;④应成员国 CSIRT 代表的要求,确定成员国对已确认事件的协调响应能力;⑤在自愿互助的基础上,针对跨境事件为成员国提供解决方案;⑥讨论和确定有关风险和事件的类型、早期预警、互助、合作的原则和形式等;⑦向合作小组通报其活动情况以及进一步合作的形式,并要求在此方面获得指导;⑧讨论从网络和信息系统安全演练中吸取的经验教训;⑨应个别 CSIRT 的要求,讨论 CSIRT 的能力和准备情况;⑩发布相关指南。

1.3.3 英国网络安全信息共享制度

(1)情报部门驱动:英国网络安全信息共享制度的产生与发展

英国于 2013 年建立"网络安全信息共享合作机制"(Cybersecurity Information Sharing Partnership, CISP),促使政府和企业在一个安全平台上共享有关威胁和管理事件的信息。作为一项政企联合行动,CISP 的目的是在安全、保密和动态的环境中实时交换网络威胁信息,增强国家整体的态势感知能力,减少对英国企业的影响。自 2013 年 3 月建立 CISP 以来截至 2016 年 5 月,已有超过 2225 家机构和 6150 人签署参与了此项免费服务。最重要的是,CISP 这一合作机制的协议条款涉及会员资格、会员责任、隐私控制、信息处理的等级划分及其具体要求、相关人员的权限、信息披露限制和责任豁免等问题。易言之,英国建立了契约式的网络安全信息共享机制,目前通过具体的《网络安全信息共享合作关系条款 V5.0》(Cybersecurity Information Sharing Partnership Terms and Conditions V5.0)(以下简称英国《条款 V5.0》)明确了网络安全信息共享参与主体(企业和个人)的资格、信息共享的范围、组织机构、目的及其程序等要求。

(2)英国网络安全信息共享制度的适用范围

英国《条款 V5.0》明确规定了 CISP 参与主体的范围、取得主体资格的法律要件,以及丧失主体资格的具体情形。首先,受英国《条款 V5.0》约束的当事方主要涉及两大类主体,一是英国政府机构,即英国国家网络安全中心(NCSC),二是 CISP 的会员,其中既包括会员组织也包括其推荐的代表会员组织利益的个人。其次,英国《条款 V5.0》规定,组织取得会员资格应具备以下条件:(1)负责管理英国境内、英国皇室属地或英国海外领地的电子通信网络;(2)在英国注册的公司或其他法律实体;(3)获得政府部门、现有 CISP 会员、区域网络警察或行业拥护者赞助,但其任何相关或联营公司除外。此外,个人取得会员资格应具备以下条件:①该个人在会员组织内发挥重要作用,其参与 CISP 合作环境旨在促进网络安全目的的实现;②该个人已成功通过

CISP 合作工具操作程序中定义的安全背景调查;③同意遵守英国《条款 V5.0》的具体规定;④同意 NCSC 按照法律规定和条款约定处理其个人数据。最后,英国《条款 V5.0》对会员资格的终止也做出了规定。一方面,会员有权自行终止会员资格,退出 CISP,即在会员向服务中心发送终止会员资格通知的 5 日之后,会员资格终止;另一方面,会员资格的延续取决于会员的互动和贡献,持续取得会员资格的条件基于其定期使用会员账户,不活跃账户将按照相关程序暂停其会员使用资格。

(3)英国网络安全信息共享的企业激励机制

英国政府同样关注在其现有法律法规的框架下建立网络安全信息共享的激励机制,英国《条款 V5.0》中明确规定了网络安全信息共享主体的法律责任豁免和激励机制,具体包括知识产权保护、公众披露豁免和法律责任豁免等。

首先,针对知识产权保护,英国《条款 V5.0》规定任何信息的原始发送者披露信息不代表对与信息有关的任何形式的权利转让或授予许可,包括但不限于专利、版权、商标等任何知识产权或商业秘密。其次,针对公众披露豁免,英国《条款 V5.0》规定,作为政府通信总部(GCHQ)[1]组成部分的 NCSC 不受英国 2000 年《信息自由法》(Freedom of Information Act, FOIA)的披露要求的限制。如果会员收到第三方根据英国 2000 年《信息自由法》提出的与 GCHQ 或 NCSC 有关,或者与 CISP 上披露的 GCHQ 或 NCSC 信息有关的披露要求,则会员应通知 NCSC,并且其在未经 NCSC 的书面明示同意或未获取 NCSC 的指示时不得进行任何此类披露。最后,英国《条款 V5.0》针对信息的原始发送者、NCSC 及每个会员做出了相应的法律责任豁免规定,一方面,信息的原始发送者在法律允许的最大范围内排除与信息有关的所有陈述、保证、义务和责任,即信息的原始发送者对于信息中的任何错误或遗漏不承担任何责任,也不对由于使用而引起或与之相关的任何损失、伤害或损害承担责任;另一方面,在法律允许的最大范围内,NCSC 及每个会员根据英国《条款 V5.0》对由于 CISP 合作环境的运行而产生对与之相关的任何人造成的任何损失或损害不承担任何责任,包括由于信息中的错误或遗漏而造成的损失和损害,这些信息通过 CISP 合作环境提供或与之相关。

---

[1] GCHQ 是英国的情报机构和国家安全机关,其向外交大臣负责但不隶属于英国外交部,其与英国安全局(MI5)、秘密情报局(MI6)一同受到联合情报委员会(JIC)的领导,其主要职责是向英国政府和军队提供信号情报和信息保障。

(4)英国针对共享信息利用的规范

1)英国 NCSC 及其工作人员利用共享信息的规范

英国 NCSC 作为英国网络安全信息共享的一方参与主体,其内部工作人员在管理 CISP 合作环境的过程中享有一定的权利,并应当履行相应的义务。一方面,由英国 NCSC 选定的负责管理 CISP 合作环境的工作人员被授予相关的访问权限和管理权限,其有权对 CISP 合作环境中存储的内容进行更改,以履行其管理职责并审核相关内容。但是,具有管理访问权限的工作人员必须根据英国《条款 V5.0》的规定严格使用其管理和访问权限并审核内容,并接受定期审计。另一方面,CISP 融合中心内部的 NCSC 分析师拥有"高级查看权限"(Elevated Viewing Privileges),但其不能更改存储的内容,并应当遵守附加的非披露限制规定。值得注意的是,上述人员存储和使用会员及其个人参与者的身份档案等个人数据应当符合下列规定:①将其接收的个人数据存储在一个名为客户关系管理(Customer Relationship Management,CRM)的数据库中,并按照规定仅将其用于实现网络安全目的;②遵守会员的要求,存取、更新、更正或删除其持有的任何个人数据。

2)CISP 会员利用共享信息的规范

CISP 会员有权根据信息处理的规定,在 CISP 合作环境内外共享信息中设置隐私控制和信息处理等级。同时,CISP 融合中心内部的企业会员同样拥有前述"高级查看权限"。此外,CISP 会员应当履行下列义务:①会员必须采取适当措施(包括组织措施和技术措施)保护通过 CISP 合作环境接收的任何信息的机密性;②会员必须在更换其个人参与者,或任何个人参与者离职,或其个人数据有任何更改的情形下尽快通知服务中心;③未经相关原始发送者的事先书面同意,会员不得随意披露共享信息,如果信息未经授权而被披露或使用,会员应立即通知相关原始发送者未经授权的使用或披露情况,并采取措施(包括信息的原始发送者合理要求的任何步骤)以防止披露信息的进一步传播以及未经授权地使用或披露;④会员应确保通过 CISP 合作环境提供和接收信息以及信息的使用和披露遵守约定条款的规定;⑤会员不得提供关于自己或其他会员的价格、折扣或有关将来的价格变化,近期或预测的销售数字,市场份额,建议对招标的回应或商业营销策略等机密信息;⑥会员应确保共享的网络事件相关信息仅仅关于技术指标和缓解措施,而不涉及影响或损害评估;⑦会员不得在 CISP 合作环境中为自己,其他会员或任何第三方索取、宣传、支持或反对某一产品或服务;⑧会员不得利用 CISP 平台进行员工招聘或为其自己、其他会员或任何第三方谋取任何商业利益；⑨会员应努力确保在 CISP 合作环境中共享的任何信息准确无误；⑩会员不得披露其他会员的信息，除非根据适用的信息处理等级或事先征得信息的原始发送者的书面同意。值得注意的是，有关信息披露和使用限制的权利和义务自会员资格终止之日起 5 年后才失效，针对特定信息，由相关的信息原始发送者以书面形式逐案确定一个更长的期限（一般不超过 20 年）。

（5）英国网络安全信息共享的管理协调机制

英国将网络安全信息共享纳入国家情报部门的组织管理体系当中，具体而言，英国 GCHQ 下设的 NCSC 吸收并取代了英国通信电子安全小组（Communications-Electronics Security Group, CESG）[1]，英国网络评估中心（the Centre for Cyber Assessment, CCA）、计算机应急响应小组（CERT-UK），以及国家基础设施保护中心（Centre for Protection of National Infrastructure, CPNI）与网络相关的部分职责，负责维护并运行英国政企之间的 CISP 及其网络运行平台，统筹指导政企之间的网络安全信息共享，增强国家整体的态势感知能力，减少网络安全风险对英国企业造成的不良影响。一言以蔽之，英国将网络安全信息共享的主管部门纳入国家情报部门的组织管理体系，能够充分利用情报部门掌握的信息和资源优势，极大地提升共享信息的情报价值。

NCSC 于 2017 年 2 月 14 日经英国女王伊丽莎白二世揭幕宣告正式成立，并于 2016 年 10 月开始正式运行，其总部位于伦敦，作为英国的网络安全主管机构，NCSC 旨在为英国中小企业、大型组织、政府机构和部门提供单一的联络点，同时，NCSC 还与其他执法部门、国防部门、英国情报和安全机构以及国际合作伙伴进行合作。NCSC 的职责包括：①理解网络安全，并将相关内容融入公开的实用手册当中；②响应网络安全事件，以减少事件对组织和英国造成的损害；③利用产业和学术界的专业知识来培养英国的网络安全能力；④通过保障公共和私营部门的网络，降低对英国产生的安全风险。

第一，CESG。CESG 是英国政府在信息安全保障方面的技术权威机构，其从组织结构上原隶属于 GCHQ。CESG 类似于一个咨询机构，作为政府与企业之间的桥梁，促进相关信息的共享，提供通信与网络安全的建议与帮助；同时 CESG 负责确保安全和可信知识共享，以帮助中央政府部门和机构、武装部队、执法机关实现共同的网络

[1] 原为英国 GCHQ 的信息保障部门。

安全目标。第二,CCA。CCA 于 2013 年 4 月成立,由国家网络安全计划资助,旨在为英国政府部门进行决策提供"网络威胁评估"信息。第三,CERT-UK。在英国 2011 年《网络安全战略——保护与促进数字世界中的英国》(The UK Cyber Security Strategy Protecting and promoting the UK in a digital world)的指导下,CERT-UK 的成立被提上议事日程,2014 年 3 月该机构开始正式运行。CERT-UK 与信息共享相关的职责包括:①为英国产业、学术界和公共领域提供网络安全态势感知和信息共享服务;②提供单一的国际联络点,与其他国家 CERT 进行协调与合作。第四,CPNI。CPNI 通过为英国国家基础设施提供安全保护方面(包括物理安全、人员安全和网络安全三个方面)的咨询,旨在帮助降低国家基础设施易受恐怖主义威胁和其他威胁的脆弱性。CPNI 是一个跨部门的政府组织,拥有来自企业界、学术界和许多政府部门和机构的资源。CPNI 与信息共享的主要职责包括:安全漏洞公告;提供最佳实践信息;保证信息在第三方与承包商之间不被窃密。

1.3.4 域外网络安全信息共享制度的评析与借鉴

综观美国、欧盟、英国的网络安全信息共享法治实践可以看出,其分别建立了不同模式的网络安全信息共享制度。其中,美国基于其军事和国防部门、信息与通信技术产业,以及情报部门各自具备的主导力量,建立了"公私平等共享"的网络安全信息共享制度。作为汇总和分析网络安全信息的 NCCIC,其任务主要在于排除公私之间网络安全信息共享的阻碍因素。相较而言,欧盟因军事和情报能力不足,整个 ICT 产业缺乏市场竞争力,并且成员国数量众多导致其面对问题的综合性和复杂性较强,这就决定了欧盟目前只能按照分阶段的方式,逐步建立完善"整合公私共享"的网络安全信息共享制度,并将基线标准的设定作为整合共享的第一步。相较于美国和欧盟,英国则建立了"情报部门主导"的网络安全信息共享制度,其中情报部门的主导地位源于英国悠久的情报历史。

虽然,美国、欧盟、英国分别建立了不同模式的网络安全信息共享制度,但是,为了增强政企双方共同应对网络安全风险和事件的能力,实现网络安全保障的最终目标,围绕共享的信息类型和范围、共享的参与主体及其权利义务、共享的企业激励与责任豁免、共享过程中的个人隐私保护,以及共享的管理协调机制等方面进行网络安全信息共享制度的建立和完善,已经在欧美等国达成了基本共识。因此,域外网络安全信息共享制度在建立的背景、理念、内容、利益考量等方面共同的法治探索与实践经验能够为我国相关制度的构建提供有益的参考和借鉴。(如表 1 - 1 所示)

表 1－1 域外网络安全信息共享制度的内容比较

对比项	美国	欧盟	英国
共享模式	公私平等共享	整合公私共享	情报部门主导
共享主体/资格准入	相关联邦实体美国商务部、国防部、能源部、国土安全部、司法部、财政部、国家情报总监办公室;非联邦实体(私营实体,州、部落、地方政府等)/无	基本服务运营者和数字服务提供者(强制报告);其他企业主体(自愿)/无	NCSC;CISP 的会员机构、企业和个人/资格准入:英国境内运营电子通信网络的英国注册公司;资格终止:定期不活跃会员用户
共享的信息范围/例外	网络威胁指标(7 类); 防御性措施/个人隐私	防御措施信息; 网络安全风险信息;事件信息	无明确的具体描述
企业共享的强制性	自愿	强制/自愿	自愿
共享的企业激励	政府信息公开法律适用豁免 经授权监控的法律责任豁免 共享信息的知识产权保护	法律责任不得加重(强制共享企业); 法律责任豁免(自愿共享企业)	政府信息公开法律适用豁免; 合规共享造成第三方损害的法律责任豁免; 共享信息的知识产权保护
共享信息利用的程序规范	共享信息接收、存储、使用、传输的程序规范	无	共享信息的分类分级
主管机构/管理协调机制	国土安全部下设的网络安全与基础设施安全局(CISA)为主导/情报部门下设的 CTIIC 为支撑,包括行业和地方 ISACs、ISAOs 等	ENISA 为主导/CERT-EU、欧盟层面的 CSIRTs 为支撑	GCHQ 下设的 NCSC 为主导
监督机制	国会监督	无	无
信息共享的实施指南	美国国土安全部、司法部联合发布的 3 项实施指南; 美国国土安全部、司法部、国家情报总监办公室、国防部联合制定的 1 项实施指南	无	无

(1)关注国家安全保障与产业发展、个人隐私保护之间的利益平衡

通过考察欧美等国家和地区网络安全信息共享的立法和实践可以看出,维护国家安全作为网络安全信息共享制度所追求的核心价值目标,其与个人隐私保护、产业发展之间的利益协调都在制度设计和建立的过程中得以充分体现。一方面,通过科学合理的制度安排可以实现“安全优先、兼顾隐私”的价值理念。[1] 例如,美国网络安全信息共享制度的建立和完善正是多方利益主体围绕安全与隐私的争议不断进行利益博弈的结果。共享什么、共享给谁、如何共享、共享信息如何利用等作为制度构建的核心内容,无疑都涉及安全与隐私的利益冲突与协调问题。因此,为了将网络安全信息共享对个人隐私的侵犯限定在最小范围内,美国长期以来通过科学合理的制度设计和论证,针对安全与隐私之间的利益协调做出了较为可行的制度安排。具体而言,一是对共享的信息范围做出了例外规定,将与网络安全威胁不具有直接关联的特定个体的个人信息或PII排除在外,并通过立法的配套实施指南对受到美国隐私法保护的此类信息进行了细化列举和举例说明;二是对参与共享的美国政府部门做出了限定,其中对美国国防部、国家安全局等国家安全、情报部门参与共享的方式进行了严格的程序性规范;三是在美国政府部门和企业对共享信息利用的程序方面做出了具体的限制性规定;四是其制度在如何共享方面明确了共享主体在收集、存储、传输、处理共享信息等阶段的个人信息保护、个人信息审查和移除、个人信息违法共享的通知义务和程序等内容,并在此基础上建立了个人隐私保护的美国国会监督制度。此外,欧盟和英国分别在其正式立法和信息共享合作协议的条款中都对维护国家安全与个人隐私保护之间的利益协调问题予以关注,其在这方面的认识和制度建设经验是我国建立相关制度时应当重点吸收和借鉴的有益内容。

另一方面,欧美等国家和地区在实现国家安全保障的核心价值目标的同时,也通过制度安排尽可能避免网络安全信息共享的实施对产业发展带来的不利影响。这是因为,企业在网络安全风险、威胁监测预警和网络安全事件应急响应的过程中已逐渐积累了成熟的实践经验,尤其是对于互联网安全公司和网络安全服务机构而言,其长期以来制定、研发的应对网络安全威胁的防御措施、策略等信息很大一部分构成企业

---

[1] Niva Elkin-Koren & Eldar Haber, *Governance by Proxy: Cyber Challenges to Civil Liberties*, BrooklynLaw Review, Vol. 82:1, p. 105 - 162(2016).

对其创造性智力劳动成果所享有的知识产权或商业秘密等,一旦遭到非法披露将导致对企业本身乃至整个互联网产业发展的不利影响。因此,欧美等国家和地区的网络安全信息共享制度都明确规定了对企业知识产权和商业秘密等合法权益的立法保护。例如,美国 CISA 规定,本法的任何规定不得解释为剥夺任何非联邦实体或联邦实体享有的知识产权或商业秘密。同时,英国《条款 V5.0》规定,任何信息原始发送者披露信息不代表对与信息有关的任何形式的权利转让或授予许可,包括但不限于专利、版权、商标等任何知识产权或商业秘密。由此可见,针对参与网络安全信息共享的企业进行有关知识产权和商业秘密等进行保护的制度安排是兼顾产业发展的明智之举。

(2)强化关于关键信息基础设施保护的网络安全信息共享

通过对欧美网络安全信息共享相关制度内容的比较分析,其都将关于关键信息基础设施保护的网络安全信息共享作为其政策立法重点规范的内容。究其原因在于,关键信息基础设施的安全保护对国家安全、国计民生和公共利益而言至关重要,这种至关重要性通常会导致关键信息基础设施容易成为网络攻击的核心目标,而关键信息基础设施一旦遭到破坏、丧失功能或者数据泄露,又将对国家安全、国计民生、公共利益造成严重的危害后果。例如,美国的网络安全信息共享制度在建立之初便与关键(信息)基础设施保护产生了密不可分的联系,有关网络安全信息共享的具体规定大多体现在关键(信息)基础设施保护的政策立法当中,例如克林顿政府时期的 1998 年《第 63 号总统令》和 2000 年《信息系统保护国家计划 v1.0》,小布什政府时期的 2002 年《关键基础设施信息法》和 2006 年《国家基础设施保护计划》,以及奥巴马政府时期的《改善关键基础设施的网络安全行政令》等,其中都明确指出网络安全信息共享对于关键信息基础设施保护的重要作用。更重要的是,美国要求私营企业建立基于关键行业/部门的 ISAC,并在实践中重点推行涉及关键行业/部门的信息共享计划,例如美国国防工业基地(Defense Industrial Base, DIB)的网络安全(CS)计划、美国能源部的网络安全风险信息共享计划(Cybersecurity Risk Information Sharing Program, CRISP)等,以增强联邦政府与私营部门之间的网络安全信息共享,上述共享机构和共享计划实际上更为关注关键(信息)基础设施网络安全信息共享制度的建立和实施。同时,欧盟在《NIS 指令》中针对 OES 和 DSP 建立了不同程度的网络安全事件报告制度,其中履行报告义务的条件存在标准差异,基于对数字服务提供者的“轻监管”思路,欧盟《NIS 指令》禁止成员国对其施加其他更为严格的网络安全事件报告要求。但不可否认的是,针对关键信息基础设施保护的网络安全信息共享进行重点关注并不意味着对网络安全信息共享的适用范围进行限定,例如美国 CISA 鼓励所有非联邦实体参与网络安全信息共享,欧盟针对没有被认定为基本服务运营者和数字服务提供者的其他主体也明确规定其可以自愿向主管部门报告网络安全事件。

(3)建立体系化的网络安全信息共享管理协调机制

从欧美等国家和地区网络安全信息共享的实践来看,其相继建立了较为体系化的网络安全信息共享管理协调机制,旨在有效落实网络安全信息共享的制度要求。一方面,欧美等国家和地区均明确了网络安全信息共享的主管部门及其职责,并对主管部门与其他行政部门之间的关系予以明确,尤其是与国家安全和情报部门之间建立了密切的网络安全信息共享合作关系。例如,美国国土安全部作为网络安全信息共享的主管部门,其职责在于统筹协调全国范围内的网络安全信息共享相关事宜,建立并为公私之间的网络安全信息共享提供国家级平台,并联合美国司法部、国防部、国家情报总监办公室等制定和发布网络安全信息共享的相关程序、实施指南等。同时,美国能源部、国土安全部、司法部、国家情报总监办公室等部门进行网络安全信息共享合作,美国国家情报总监办公室配合负责有关共享信息的情报分析工作。在此方面,欧盟以网络和信息安全局作为网络安全信息共享的主管部门。而英国建立了国家网络安全中心,负责推动网络安全信息共享合作关系的实施,制定和更新网络安全信息共享合作关系的条款,负责 CISP 合作环境下网络安全信息共享平台的建设、日常运维、管理等工作,旨在为英国中小企业、大型组织、政府机构和部门提供单一的联络点,并与其他执法部门、国防部门、英国情报和安全机构以及国际合作伙伴进行网络安全信息共享合作。特别值得注意的是,欧美等国也都建立了国家级网络安全信息共享与分析中心,其为政企之间的网络安全信息共享提供了统一平台和国家连接点,例如美国国土安全部内部新建的 NCCIC、欧盟层面的 CSIRTs 网络、英国 NCSC 和 CISP 网络运行平台。

(4)重视对企业参与网络安全信息共享的法律激励

第一,欧美等国家和地区为了鼓励企业积极参与网络安全信息共享,其都在相关立法与合作协议的条款中对企业参与网络安全信息共享的法律适用豁免和法律责任豁免情形做出了明确规定,以消除企业参与网络安全信息共享的后顾之忧。例如,美国 CISA 明确规定了政府信息公开法律适用的豁免,即政府部门不得基于政府信息公开法律法规的要求将企业共享的信息向社会公众公开。第二,政府部门不得将企业向其共享的网络安全信息用作行政监管的证据而实施对企业不利的行政执法或监管。第三,企业基于主观善意向政府有关部门共享网络安全信息可获得法律责任豁免资格,包括共享信息存在遗漏或错误,或采取措施监测其所有、运营或管理的网络与信息系统的运行情况及其中存储、处理和传输的信息而导致企业或公民的合法权益遭受侵犯,或共享导致企业商业秘密、公民个人隐私泄露,造成公民、法人和其他组织的合法权益遭受损害的情形。在此方面,欧盟为了激励 OES 和 DSP 报告网络安全事件,其在欧盟《NIS 指令》中明确规定不得加重报告主体的法律责任,并且不得使报告主体因报告行为处于任何法律上的不利地位。英国《条款 V5.0》规定了企业参与网络安全信息共享的政府信息公开法律适用的豁免,同时也对共享的法律责任豁免做出了规定,即共享信息的原始发送者对于信息中的任何错误或遗漏不承担任何责任,也不对由于该信息使用而引起或与之相关的任何损害承担法律责任。

1.4 我国网络安全信息共享制度的立法回应与现存问题分析

1.4.1 我国网络安全信息共享制度的法治化进程

我国政企之间网络安全信息共享的正式提出最早源于习近平总书记于 2016 年 4 月 19 日在网络安全和信息化工作座谈会上的重要讲话,这一制度随后在政府有关部门的各项政策文件、国家战略和相关立法当中予以重述并得以落实体现。习近平总书记在“4・19 讲话”中强调,面对复杂严峻的网络安全形势,应当全天候全方位感知网络安全态势,这就要求建立政府与企业之间的网络安全信息共享机制,充分利用企业掌握的网络安全信息。在政府有关部门发布的各项政策文件中,政企之间网络安全信息共享制度的建立得到了进一步关注。2016 年 7 月 27 日,《国家信息化发展战略纲要》要求建立政府、行业与企业网络安全信息有序共享机制。2016 年 12 月 27 日,国务院发布《“十三五”国家信息化规划》(国发〔2016〕73 号)在主要任务“健全网络安全保障体系”中提出要“建立政府和企业网络安全信息共享机制”,再次重申全天候全方位感知网络安全态势的基本理念,并在专栏 15“网络安全监测预警和应急处置工程”中进一步要求建立政府、行业、企业之间的网络安全信息共享机制,研究和制定有关网络安全信息共享的实施指南、技术标准和规范,建设国家网络安全信息共享平台和网络安全威胁知识库。在国家战略层面,我国《国家网络空间安全战略》和《网络空间国际合作战略》都重点关注并提出建立关键信息基础设施保护领域的网络安全信息共享制度,要求建立政府、行业与企业的网络安全信息有序共享机制。

2019 年,世界互联网大会组委会发布《携手构建网络空间命运共同体》概念文件,其中明确将“及时共享网络威胁信息”作为构建网络空间命运共同体的具体要求之一。

在立法层面,我国也充分认识到网络安全信息共享对于实现关键信息基础设施安全保障的必要性和迫切性。2016 年 11 月 7 日正式通过的《网络安全法》第 39 条第 3 项明确规定了关键信息基础设施保护领域的网络安全信息共享,其中要求国家网信部门统筹协调有关部门、关键信息基础设施的运营者以及有关研究机构、网络安全服务机构等之间的网络安全信息共享。作为《网络安全法》的配套规定之一,于 2021 年 9 月 1 日起正式施行的《关键信息基础设施安全保护条例》(以下简称《关保条例》)第 23 条重申了《网络安全法》的上述规定。

1.4.2 我国网络安全信息共享制度的现行规定

(1)网络安全信息共享制度的适用范围

根据相关规定可以看出,我国目前倡导构建的网络安全信息共享制度仅适用于关键信息基础设施保护领域,其中《网络安全法》第 39 条第 3 项将促进网络安全信息共享作为保障关键信息基础设施运行安全的重要举措之一;同时,《关保条例》也明确要求建立关键信息基础设施网络安全信息共享机制。根据我国《网络安全法》第 31 条和《关保条例》第 2 条的规定,我国的关键信息基础设施是指公共通信和信息服务、能源、交通、水利、金融、公共服务、电子政务、国防科技工业等重要行业和领域的,以及其他一旦遭到破坏、丧失功能或者数据泄露,可能严重危害国家安全、国计民生、公共利益的重要网络设施、信息系统等。

(2)网络安全信息共享的类型和范围

总体而言,我国目前并未对网络安全信息共享的类型和范围做出明确规定,只是在《网络安全法》第 26 条以概括列举的方式规定了网络安全信息涵盖的相关内容,其中包括系统漏洞、计算机病毒、网络攻击、网络侵入等,这一原则性规定是从网络安全信息的技术类型角度所做出的界定,体现了网络安全信息承载网络安全风险和网络安全威胁的基本功能。因此,网络安全信息共享的范围即为网络安全信息,根据我国现行规定,相关的系统漏洞、计算机病毒、网络攻击、网络侵入等网络安全信息都属于我国相关立法界定的共享信息类型和范围。但是,我国目前旨在构建的网络安全信息共享制度仅适用于关键信息基础设施保护领域,由此推定,我国网络安全信息共享的范围限定为与关键信息基础设施保护相关的系统漏洞、计算机病毒、网络攻击、网络侵入等网络安全信息。

长期以来，我国在实践中已经逐步建立了网络安全信息通报制度。其中最为典型且较为成熟的则为互联网领域的网络安全信息通报制度，即工业和信息化部(以下简称工信部)于2009年制定的《互联网网络安全信息通报实施办法》(以下简称《网络信息通报办法》)，其明确界定了通报的信息类型、通报方式和具体要求。《网络信息通报办法》规定，通报的信息主要包括事件信息和预警信息两大类，其中，事件信息是指已经发生的网络安全事件信息；预警信息是指存在潜在安全威胁或隐患但尚未造成实际危害和影响的信息，或者对事件信息分析后得出的预防性信息。同时，信息通报分为自下而上的信息报告(报送)与自上而下的信息通报(通告)。一方面，自下而上报送的事件信息包括：①事件发生单位的概况；②事件发生的时间；③事件的简要经过；④初步估计的危害和影响；⑤已采取的措施；⑥其他应当报告的情况等。报送的预警信息包括：①信息的基本情况描述；②可能产生的危害及程度；③可能影响的用户及其范围；④截至信息报送时，已知晓该信息的单位/人员范围；⑤建议应采取的应对措施及建议等。此外，《网络信息通报办法》对基础电信业务经营者，互联网域名注册管理、服务机构，以及增值电信业务经营者、中国互联网协会、国家互联网应急中心(CNCERT)、通信管理局应当报送的信息进行了较为细化的列举说明。另一方面，自上而下通告的事件信息主要包括事件统计情况、造成的危害、影响程度、态势分析、典型案例。通告的预警信息主要包括：受影响的系统、可能产生的危害和危害程度、可能影响的用户及范围、建议应采取的应对措施及建议。上述有关信息通报具体类型和范围的规定对于互联网领域网络安全信息通报机制的实施具有较强的可操作性。基于此，陕西省通信管理局、江苏省通信管理局、浙江省通信管理局、上海市通信管理局先后分别制定了《陕西省互联网网络安全信息通报实施办法》《江苏省互联网网络安全信息通报管理办法》《浙江省互联网网络安全信息通报实施办法》《上海市互联网网络安全信息通报实施办法》等地方政府规章。然而，根据工信部《关于废止〈互联网网络安全信息通报实施办法〉的通知》(工信部网安〔2018〕298号)，《网络信息通报办法》已于2019年1月1日起正式失效。此外，工信部于2017年制定的《公共互联网网络安全威胁监测与处置办法》对公共互联网网络安全威胁的界定和范围做出了明确规定，网信办2019年发布的《网络安全威胁信息发布管理办法(征求意见稿)》第 12 条对网络安全威胁信息做出了明确界定。[1]

(3)网络安全信息共享的参与主体

《网络安全法》第 39 条第 3 项明确规定了关键信息基础设施保护领域的网络安全信息共享参与主体,包括国家网信部门、有关部门、关键信息基础设施的运营者以及有关研究机构、网络安全服务机构等。同时,《关保条例》第 23 条再次确定了与《网络安全法》上述规定相一致的共享参与主体涵盖有关部门、保护工作部门、运营者以及网络安全服务机构等,其中明确增加了保护工作部门[2],且并未概括列举有关研究机构。具体而言,国家网信部门作为网络安全信息共享的统筹协调机构,其职责在于推动、促进有关部门、关键信息基础设施的运营者以及有关研究机构、网络安全服务机构等之间的网络安全信息共享,为其相互之间建立共享合作机制提供平台和便利条件,清除共享实施的障碍等。鉴于我国目前旨在构建的网络安全信息共享制度仅适用于关键信息基础设施保护领域,因此,参与共享的有关部门可推定为除国家网信部门、保护工作部门以外的有关军事机关和情报机构。保护工作部门是指负责关键信息基础设施安全保护工作的部门,根据《关保条例》即为公共通信和信息服务、能源、交通、水利、金融、公共服务、电子政务、国防科技工业等重要行业和领域的主管或监管部门。关键信息基础设施的运营者是指所有、运营或管理关键信息基础设施的独立企业法人。有关研究机构主要是指上述有关部门内部设立的从事网络安全科研等相关事项的科研单位,例如作为工信部直属事业单位的中国信息通信研究院,作为公安部直属事业单位的公安部第一研究所、公安部第三研究所等,以及企业和高校内部建立的相关科研机构。网络安全服务机构主要是指具有法律法规规定的相关资质,能够提供网络安全相关认证,以及网络安全风险检测、评估服务的第三方机构,例如我国的中国网络安全审查技术与认证中心、中国信息安全测评中心等。

(4)共享信息的后续使用限制

国家网信、公安、工信等部门,以及保护工作部门在与关键信息基础设施的运营

---

〔1〕《网络安全威胁信息发布管理办法(征求意见稿)》第 12 条规定,本办法所称网络安全威胁信息,包括:(1)对可能威胁网络正常运行的行为,用于描述其意图、方法、工具、过程、结果等的信息。如计算机病毒、网络攻击、网络侵入、网络安全事件等。(2)可能暴露网络脆弱性的信息。如系统漏洞,网络和信息系统存在风险、脆弱性的情况,网络的规划设计、拓扑结构、资产信息、软件源代码,单元或设备选型、配置、软件等的属性信息,网络安全风险评估、检测认证报告,安全防护计划和策略方案等。

〔2〕《关保条例》第 8 条规定:"本条例第二条涉及的重要行业和领域的主管部门、监督管理部门是负责关键信息基础设施安全保护工作的部门(以下简称保护工作部门)。"

者、网络安全服务机构、有关研究机构进行网络安全信息共享的过程中将不可避免地获取有关企业和个人的相关信息,这些信息可能涉及企业的知识产权、商业秘密和个人隐私,一旦泄露将对该企业、个人的合法权益造成损害。为了避免政府有关部门在网络安全信息共享的过程中滥用职权,不当披露和使用其获取的网络安全信息,《网络安全法》第30条明确要求网信部门和有关部门在履行网络安全保护职责中获取的信息,只能用于维护网络安全的需要,不得用于其他用途,即针对有关信息的后续使用限制做出了原则性规定。此外,《关保条例》第30条针对网信部门、公安机关、保护工作部门等有关部门,网络安全服务机构及其工作人员在关键信息基础设施安全保护工作中获取的信息进一步做出了后续使用的限制性规定,即上述信息只能用于维护网络安全,并严格按照有关法律、行政法规的要求确保信息安全,不得泄露、出售或者非法向他人提供。这一规定将义务主体细化为网信部门、公安机关、保护工作部门等有关部门,网络安全服务机构及其工作人员,并将适用范围限定为"在关键信息基础设施安全保护工作中获取的信息"。由此可见,我国目前已对政府部门,以及共享中处于相对强势地位的主体(例如网络安全服务机构)所获取共享信息的后续使用做出了限制性规定。

1.4.3 我国网络安全信息共享制度的现存问题

(1)网络安全信息共享制度适用的主体范围不明确

《网络安全法》第39条第3项明确规定了关键信息基础设施保护领域的网络安全信息共享主体,包括国家网信部门、有关部门、关键信息基础设施的运营者以及有关研究机构、网络安全服务机构等。同时,《关保条例》第23条再次确定了与《网络安全法》上述规定基本相一致的共享主体范围。由此可见,我国现行相关立法从原则上确定了共享的主体范围,但是,囿于我国现行相关立法对共享适用范围的限制,共享的主体不包括一般的网络运营者以及网络产品和服务提供者。同时,我国现行相关立法对特殊主体参与共享的适格性缺乏明确规定,尤其是在欧美跨境执法管辖不断扩张的立法趋势下,针对外国公司在我国设立的分支机构,以及我国公司在境外设立的分支机构两大特殊主体能否加入我国政企之间建立的网络安全信息共享体,并成为参与共享的适格主体等问题缺乏明确规定。此外,我国现行相关立法对企业参与特定行业内部的网络安全信息共享的主体资格、共享涉密网络安全信息的资格和条件等缺乏明确的法律规范和指引。

(2)网络安全信息共享制度适用的信息范围界定不清

总体而言,我国目前并未对网络安全信息共享的类型和范围做出明确规定。如前所述,我国只是在《网络安全法》第26条以概括列举的方式规定了网络安全信息涵盖的相关内容,其中包括系统漏洞、计算机病毒、网络攻击、网络侵入等。然而,这种基本法层面较为原则性的界定方式难以为政企之间的网络安全信息共享提供法律上的确定性指引。同时,根据我国相关立法对共享制度适用范围的限定可以分析得出,我国网络安全信息共享的范围限定为与关键信息基础设施保护相关的系统漏洞、计算机病毒、网络攻击、网络侵入等网络安全信息,这一限定实际上制约了网络安全信息共享制度功能的有效发挥。

如前所述,工信部于2009年制定的《网络信息通报办法》中明确规定,通报的信息主要包括事件信息和预警信息两大类,然而,随着网络与信息技术的快速发展,上述有关信息通报具体类型和范围的界定已无法全面跟踪和描述快速变化的网络安全威胁态势,因此,《网络信息通报办法》已于2019年1月1日起正式失效。此外,工信部于2017年制定的《公共互联网网络安全威胁监测与处置办法》对"公共互联网网络安全威胁"做出了明确界定,其是指公共互联网上存在或传播的、可能或已经对公众造成危害的网络资源、恶意程序、安全隐患或安全事件,并对其范围作出了概括列举式规定;同时,《网络安全威胁信息发布管理办法(征求意见稿)》第12条界定了网络安全威胁信息的范围包括:(1)对可能威胁网络正常运行的行为,用于描述其意图、方法、工具、过程、结果等的信息。如计算机病毒、网络攻击、网络侵入、网络安全事件等。(2)可能暴露网络脆弱性的信息。如系统漏洞,网络和信息系统存在风险、脆弱性的情况,网络的规划设计、拓扑结构、资产信息、软件源代码,单元或设备选型、配置、软件等的属性信息,网络安全风险评估、检测认证报告,安全防护计划和策略方案等。由此可见,漏洞信息、威胁信息、事件信息、缓解措施信息等基本都已被纳入网络安全信息共享的范围内,但是其中并未有效涵盖态势感知信息、最佳实践信息、战略分析信息等,这些网络安全信息对于综合全面地识别、预防、评估、监测和响应网络安全风险和网络安全威胁而言具有更大的价值。此外,我国现有相关规定并未对共享的信息范围做出例外界定。

(3)网络安全信息共享的分类分级与激励机制尚未建立

一方面,我国现有相关立法仅对适用于关键信息基础设施保护领域的网络安全信息共享机制建立进行了原则性规定,而对非关键信息基础设施保护领域的网络安全信息共享缺乏应有的关注，这就导致参与共享的企业主体范围受限，无法满足网络安全信息共享制度对信息交换与交流的广度性要求。尤其是在当前网络与信息系统不断融合，其相互关联性和相互依赖程度不断加深的发展趋势下，将网络安全信息共享制度的适用范围限定于关键信息基础设施安全保护领域，将严重制约网络安全信息共享制度功能的有效发挥，并将导致网络安全信息共享制度建立的科学性、全面性与合理性不足。另一方面，针对所有企业而言，我国现有相关立法并未对企业参与网络安全信息共享提供明确的法律激励，尚未建立特定条件下的法律责任豁免制度，也未明确规定相应的经济激励措施。实践中，企业基于名誉受损、竞争劣势、利润损失、股东派生诉讼和其他诉讼，以及政府有关部门滥用共享信息对其产生不利影响等方面的综合考量，通常不愿意与政府部门共享有价值的网络安全信息。同时，在参与共享企业的知识产权、商业秘密等合法权益保护，以及对政府信息公开等法律法规的豁免适用方面缺乏应有关注。

(4)共享信息利用的规则与监督机制缺位

网络安全信息共享的核心在于对共享信息的利用，然而，共享信息利用过程中将不可避免地引发政府部门、企业和个人之间有关国家安全和社会公共安全、产业发展、个人隐私保护之间的利益冲突问题。长期以来，我国在实践中逐步发展的网络安全监测预警信息通报制度和网络安全事件报告制度出于对网络安全保障的优先考虑，并不关注其对企业知识产权、商业秘密，以及个人信息和个人隐私等私主体合法权益的保护问题，也不重视对共享信息利用的规范与利益调控问题。虽然我国《网络安全法》和《关保条例》对网信部门、公安机关、保护工作部门等有关部门在履行网络安全保护职责中获取的信息的后续使用做出了限制性规定，即其只能用于维护网络安全，并严格按照有关法律、行政法规的要求确保信息安全，不得泄露、出售或者非法向他人提供，上述信息间接涵盖了政府部门在网络安全信息共享过程中获取的相关信息，但是，这一规定在网络安全信息共享领域的适用情形缺乏更为明确且细化的规定，无法有效地控制和规范政企双方作为网络安全信息共享体在网络安全信息共享过程中权力行使的恣意和滥用，极易引发有关商业秘密泄露、个人信息和隐私侵权等法律争议。此外，我国现有相关立法多为行政法规和地方政府部门规章，立法层级较低，其通常将关注点聚焦于网络安全信息共享的具体实施工作，而缺乏对政企双方的共享信息利用行为的法律监督，尤其在政府有关部门及其工作人员的共享信息利用方面缺乏相应的监督机制，难以有效限制共享信息利用过程中可能出现的权力恣意行使和滥用的情况。

(5)网络安全信息共享的管理协调机制尚不完备

我国《网络安全法》第8条第1款前半句规定"国家网信部门负责统筹协调网络安全工作和相关监督管理工作",《网络安全法》第39条、《关保条例》第23条都明确规定了国家网信部门作为网络安全信息共享的统筹协调机构,其职责在于促进有关部门、保护工作部门、关键信息基础设施的运营者以及有关研究机构、网络安全服务机构等之间的网络安全信息共享。然而,在实践中,规范国家网信部门与公安、工信等其他有关部门之间网络安全监管职责划分的行政体制机制尚未建立,这将导致网络安全信息共享工作的具体实施缺乏完备的管理协调机制予以保障。同时,值得注意的是,《关保条例》第23条将有关部门与保护工作部门以并列的方式进行概括列举,是否表明我国已充分认识到国家有关军事机关、情报机构等在网络安全信息共享过程中发挥的重要作用,这仍然有待于进一步跟踪和观察。

此外,我国目前尚未建立国家级的网络安全信息共享与分析中心,且对于国家级中心建立的必要性的分析与研判较为不足。但不可否认,我国目前在网络安全信息共享平台建设方面取得了一定的工作进展:第一,建立行业层面的网络安全信息共享平台。例如,我国已通过建立工信部网络安全威胁和漏洞信息共享平台[1]、金融业网络安全态势感知与信息共享平台[2]对行业网络信息安全风险、威胁和事件进行监测预警、信息通报和应急处置,能够为本行业、本领域的特殊网络安全风险、威胁及其应对措施提供具有行业特定性、针对性的行业解决方案共享渠道和策略分析支持。第二,建立企业层面的网络安全信息共享机制。例如,微步在线建立了国内首个综合性的威胁分析平台和情报分享社区——X情报社区;腾讯安全应急响应中心(TSRC)

---

〔1〕 为贯彻落实《网络安全法》《公共互联网网络安全威胁监测与处置办法》《网络产品安全漏洞管理规定》的有关要求,工信部网络安全管理局组织建设的工信部网络安全威胁和漏洞信息共享平台(https://www.nvdb.org.cn)于2021年9月1日正式上线运行。该平台主要面向电信主管部门、基础电信企业、互联网企业、网络安全企业、网络安全专业机构等用户,旨在建立网络安全威胁和漏洞信息上报、认定、处置、共享的管理体系,构建国家公共互联网网络安全威胁和漏洞信息资源库。该平台由中国信息通信研究院会同国家工业信息安全发展研究中心、中国软件评测中心、中国汽车技术研究中心等国家网络安全专业机构共同建设,包括中国信通院、赛迪、中国电信、中国联通、中国移动、阿里云、腾讯、启明星辰、奇安信、绿盟科技、京东、360、百度、安恒信息、亚信科技等33家合作单位。该平台将威胁数据划分为恶意网络资源、恶意程序、安全隐患、安全事件四大类。其中,恶意网络资源包括恶意IP地址、恶意域名/URL、恶意码号、恶意社交网络账号;恶意程序包括计算机恶意程序、移动恶意程序和其他恶意程序;安全隐患包括产品漏洞和系统漏洞;安全事件包括主机受控、数据泄露、网页篡改、网页仿冒。

〔2〕 2020年12月,金融业网络安全态势感知与信息共享平台初步建成,其是贯彻落实习近平总书记"全天候全方位感知网络安全态势"的重要指示精神和总体国家安全观的具体举措。

协助腾讯安全开展的“网络安全威胁信息共享计划”；奇安信、360等网络安全企业构建的网络安全威胁情报生态联盟。第三，建立会员制网络安全信息共享平台。例如由CNCERT发起成立的中国互联网网络安全威胁治理联盟(CCTGA)〔1〕主持并建设的网络安全威胁信息共享平台〔2〕。第四，建立政企合作与社会共治的国家级网络安全信息开放共享平台。例如，国家网络空间威胁情报共享开放平台(CNTIC)〔3〕和国家信息安全漏洞共享平台(China National Vulnerability Database, CNVD)〔4〕。

由此可见，我国目前正在尝试构建条块结合、纵横联通、协同联动的网络安全信息共享、网络安全监测预警与信息通报机制，前期取得的一系列工作进展也将为国家网络安全信息共享机制的建立健全奠定坚实的基础。但是，未来能否建立国家层面统一的跨部门、跨区域的网络安全信息共享平台，以避免“信息孤岛”“信息壁垒”等现象的持续存在仍有待进一步跟踪观察。

(6)与国家数据安全风险机制的关系不明确

《数据安全法》第22条规定，国家建立集中统一、高效权威的数据安全风险评估、报告、信息共享、监测预警机制。国家数据安全工作协调机制统筹协调有关部门加强数据安全风险信息的获取、分析、研判、预警工作。可以看出，这一规定与《网络安全法》第39条第3项、《关保条例》第23条规定的“网络安全信息共享机制”，以及《网络

---

〔1〕 该联盟是一个非营利性组织，由国家互联网应急中心主办。

〔2〕 该平台以方便企业共享威胁信息为出发点，以建立网络安全纵深防御体系为目标，汇总基础电信运营企业、网络安全企业等各渠道提供的网络安全威胁信息数据，建立公开透明、公平公正的信息评价体系，利于各企业之间的网络安全威胁信息共享。平台坚持自愿、公平、可信、可控、保密的五项基本原则，包括国家互联网应急中心、中国信息通信研究院、中国互联网络信息中心、中国电信、中国联通、中国移动、阿里巴巴、百度、360、启明星辰、华为、腾讯、网易、Microsoft、新浪等53家成员单位。CCTGA联盟将共享的网络安全威胁信息数据分为25类，并明确了网络安全威胁信息数据披露与交换机制，以及网络安全威胁数据交换过程的评分机制，即其围绕网络安全威胁信息数据提交的数据属性、新颖性、活跃度及共享范围4个方面来综合评定企业上传的网络安全威胁信息的数据积分。

〔3〕 该平台是政企合作的国家级网络空间威胁情报平台，经国家发改委批复和相关部门组织验收，由中国科学院信息工程研究所联合国内相关机构与安全公司建设与运营。CNTIC全面兼容威胁情报的国家标准、STIX与TAXII规范，提供云端威胁情报聚合检索、本地情报全生命周期管理、全链条网络威胁分析、多形式情报订阅与预警等功能，支持用户侧上下联动、横向协同的威胁情报平台本地化构建，已为相关部门与行业机构网络安全事件的分析、发现、研判、处置等工作提供了高效支撑。

〔4〕 该平台是由CNCERT联合国内重要信息系统单位、基础电信运营商、网络安全厂商、软件厂商和互联网企业建立的国家网络安全漏洞库。建立CNVD的主要目标即与国家政府部门、重要信息系统用户、运营商、主要安全厂商、软件厂商、科研机构、公共互联网用户等共同建立软件安全漏洞统一收集验证、预警发布及应急处置体系。CNVD用户包括政府高校，基础电信企业与搜狐、新浪、百度、腾讯等增值电信企业，华为、中兴等网络设备企业，工业控制企业，邮件系统、电子政务相关企业；其合作方包括乌云网站、漏洞盒子、补天漏洞响应平台、360漏洞云。

安全法》第51条规定的“国家网络安全监测预警和信息通报制度”形成了一定的对应与衔接,并且可能是前述机制与制度在数据安全领域的扩展和延伸。但是,《数据安全法》所关注的数据安全不仅涉及对数据的保密性、完整性和可用性的安全保障,其更加关注对数据汇聚、融合、分析之后的数据动态利用的安全保障,以确保数据在使用、加工、传输、提供、公开、交易等环节的依法有序自由流动。因此,数据安全风险评估、报告、信息共享、监测预警机制与网络安全信息共享、网络安全监测预警和信息通报制度之间存在一定的关联关系,但其是否应当纳入网络安全信息共享机制的框架下进行统一规范,还是作为一项与网络安全信息共享机制并行的独立机制运行,目前仍不明确。

结合《关保条例》第23条和第24条,从目前有关网络安全信息共享、监测预警与信息通报的实践探索来看,我国正在尝试构建以公安机关国家网络与信息安全信息通报机制为核心,电信、金融、互联网等各行业内部网络安全信息共享机制为支撑,涵盖政府之间、政企之间、企业之间信息共享,以及网络安全信息开放共享在内的网络安全信息共享、监测预警与信息通报机制,并且尝试将数据安全风险评估、报告、信息共享、监测预警机制纳入其框架体系,例如公安机关明确表示要依托国家网络与信息安全信息通报机制,加强数据安全监测、通报、预警和应急处置工作,防范数据安全事件和威胁风险。

1.5 完善我国网络安全信息共享制度的建议

1.5.1 明确网络安全信息共享的主体范围及其适格性

基于网络安全风险泛化的态势,以及信息系统之间融合与关联程度逐渐加深的客观现实,从总体上将网络安全信息共享制度的适用范围和主体范围予以扩大不失为一种合乎时宜的制度完善方案,针对不同类型的共享企业只需构建相应的分类共享与激励机制。因此,首先,我国应当从总体上扩大网络安全信息共享的企业主体范围,将所有网络运营者纳入网络安全信息共享的主体范围。易言之,我国网络安全信息共享的企业主体不仅应包括关键信息基础设施的运营者,还应当涵盖一般的网络运营者以及网络产品和服务提供者。总体而言,我国应当从总体上明确网络安全信息共享的主体范围包括:国家互联网信息办公室(以下简称国家网信办)、工信部、公安部、国家安全部、国防部、有关军事机关、情报机构,公共通信和信息服务、能源、交通、水利、金融、公共服务、电子政务、国防科技工业等行业和领域的主管或监管部门,县级以上地方政府的网信部门、公安部门、工信部门及其他有关部门,以及关键信息基础设施的运营者、一般的网络运营者、网络产品和服务提供者、网络安全服务机构、有关研究机构。

其次,基于对欧美等国家和地区有关数据跨境执法管辖的立法现状分析与趋势研判,结合我国《数据安全法》对重要数据加强保护的立法思路和要求,我国应当进一步明确外国公司的分支机构、我国公司的境外分支机构这两大特殊主体参与网络安全信息共享的适格性。具体而言,针对外国公司的分支机构,我国应根据拟共享的网络安全信息属性确定其参与共享的适格性。当拟共享的网络安全信息涵盖与关键信息基础设施保护相关的系统漏洞、安全防护等信息时,例如关键信息基础设施网络安全防护信息,反映关键信息基础设施网络安全方案、系统配置信息、核心软硬件设计信息、系统拓扑、应急预案等情况的数据;关键信息基础设施规划建设信息、运行维护数据、网络安全检测报告、评估报告、安全审计记录等,我国应当基于重要数据加强保护的立法思路和国家安全保障的综合考量,明确规定外国公司在我国设立的分支机构不得作为我国网络安全信息共享的主体,尤其是考虑到以美国"云法案"(Clarifying Lawful Overseas Use of Data Act,the CLOUD Act)为代表的基于数据控制者模式的跨境执法管辖制度现状,以及美国企业在互联网技术领域的优势地位,应当禁止其获得进入我国政企之间网络安全信息共享体的法律资格,以保障我国国家安全和数据主权不受侵犯。同时,当拟共享的网络安全信息并未涵盖与关键信息基础设施保护相关的系统漏洞、安全防护等国家核心数据和重要数据时,我国可以选择将该外国公司的分支机构纳入我国网络安全信息共享的主体范围,但是在其进行有关网络安全信息的数据跨境传输前,应当按照我国数据出境安全评估的法律法规和技术标准对其实施相应的数据跨境传输安全评估。

再次,针对我国公司在境外设立的分支机构能否作为我国网络安全信息共享的适格主体也应当进行具体分析和判断。具体而言,根据我国《信息安全技术数据出境安全评估指南》的征求意见稿的规定,网络运营者集团内部数据由境内转移至境外被视为数据出境的一种情形,基于此,我国企业将内部数据从我国境内转移至其在外国境内设立的分支机构时应当遵从我国现行数据出境安全评估的制度要求。结合国家网信办2023年发布的《数据出境安全评估办法》,在共享的网络安全信息传输至我国公司在境外设立的分支机构时,该公司作为数据处理者应事先开展数据出境风险自评估,重点评估以下事项:①数据出境的目的、范围、方式等的合法性、正当性、必要性;②境外接收方所在国家或者地区的数据安全保护政策法规和网络安全环境对出境数据安全的影响;境外接收方的数据保护水平是否达到中华人民共和国法律、行政法规的规定和强制性国家标准的要求;③出境数据的规模、范围、种类、敏感程度,出境中和出境后遭到篡改、破坏、泄露、丢失、转移或者被非法获取、非法利用等的风险;④数据安全和个人信息权益是否能够得到充分有效保障;⑤数据处理者与境外接收方拟订立的法律文件中是否充分约定了数据安全保护责任义务;⑥遵守中国法律、行政法规、部门规章情况;⑦国家网信部门认为需要评估的其他事项。如果共享的网络安全信息涵盖前述与关键信息基础设施保护相关的系统漏洞、安全防护措施等重要数据时,则应当由该企业通过所在地省级网信部门向国家网信部门申报数据出境安全评估,重点评估数据出境活动可能对国家安全、公共利益、个人或者组织合法权益带来的风险。易言之,未能经过评估的,即数据出境可能影响国家安全、损害社会公共利益、个人或者组织合法权益时,禁止此类数据出境。

最后,我国应当要求获取和接收涉密网络安全信息的企业及其内部人员根据《保守国家秘密法》及相关规定经过相应等级的保密审查,并取得接触和知悉相应等级或更低密级类型的涉密网络安全信息的主体资格。同时,应当明确规定将企业是否具备实施网络安全信息共享的专业技术能力和专业人员等作为认定其网络安全信息共享主体资格的考量因素之一。

1.5.2 明晰共享的网络安全信息类型和范围

通常而言,共享信息的类型和范围是建立网络安全信息共享制度所需确定的核心内容。正如前文所述,我国对于共享信息范围的界定应当采用“概括 + 列举”的立法模式,以兼顾社会和技术发展过程中法律制度适用的灵活性和确定性。基于此,将共享信息的类型界定为“网络威胁指标”和“防御措施”两大类对我国目前而言是一种较为合适的方案。其中,网络威胁指标是指能够有效描述或识别网络安全威胁的信息。根据工信部《公共互联网网络安全威胁监测与处置办法》对公共互联网网络安全威胁的界定,可以将“网络威胁指标”进一步界定为能够有效描述或识别网络与信息系统存在或传播的、可能或已经对公众造成危害的网络资源、恶意程序、安全隐患或安全事件的信息,其描述或识别的网络安全威胁具体包括但不限于以下内容:①被用于实施网络攻击的恶意 IP 地址、恶意域名、恶意 URL、恶意电子信息,包括木马和僵尸网络控制端,钓鱼网站,钓鱼电子邮件、短信/彩信、即时通信等;②被用于实施网络攻击的恶意程序,包括木马、病毒、僵尸程序、移动恶意程序等;③网络产品和服务中存在的安全隐患,包括硬件漏洞、代码漏洞、业务逻辑漏洞、弱口令、后门等;④网络产品和服务已被非法入侵、非法控制的网络安全事件，包括主机受控、数据泄露、网页篡改等。同时，我国应当将“防御措施”界定为“以信息系统及其中存储、处理或传输的信息为保护对象，所采用的用于防止、减轻已知或可疑的网络安全威胁或安全漏洞的行动、设备、程序、签名、技术或其他措施”，其中包括缓解措施信息、态势感知信息、战略分析信息等。目前，实践中难以将共享信息的范围进行穷尽列举，为了保障社会和技术发展过程中制度的灵活适用性，通过概括式列举的方式界定共享信息的范围是合乎时宜的立法模式，并可以在之后通过制定相关的配套规定和实施指南等对其予以细化。

值得注意的是，在我国构建网络安全信息共享制度的过程中还应当明确共享信息范围的例外情形，这是因为在共享的实施过程中将不可避免地涉及个人信息和个人隐私。因此，个人信息和个人隐私在原则上应当被排除在共享信息的范围之外，但是，如果该个人信息或个人隐私与网络安全风险和网络安全威胁具有直接关联，即其对于识别、预防、评估、监测、响应网络安全风险和网络安全威胁而言具有必要性时，则政企双方可以共享这一信息，这种情况实质上属于共享信息范围的例外情形之例外情形。总体而言，我国应当在网络安全信息共享的专门立法中明确对个人信息和个人隐私的共享坚持“以不共享个人信息为原则，以共享个人信息为例外”的基本原则，并根据我国《网络安全法》、《个人信息保护法》、《电信和互联网用户个人信息保护规定》、《信息安全技术　个人信息安全规范》(GB/T 35273－2020)等有关个人信息范围的界定做出例外规定，同时在网络安全信息共享专门立法的配套规定中针对不得共享的个人信息范围和类型做出尽可能详细、具体而明确的列举说明。

1.5.3　建立网络安全信息共享的分类分级与激励机制

(1)明确政府部门对网络安全信息的分级共享规则

针对我国目前而言，国家网信部门，公安、工信、国家保密行政管理、国家密码管理等政府有关部门，国家安全机关和有关军事机关，以及公共通信和信息服务、能源、交通、水利、金融、公共服务、电子政务、国防科技工业等行业和领域的主管或监管部门都是我国网络安全信息共享的政府参与主体，其应当与关键信息基础设施的运营者及相关主体及时共享相应级别的网络安全信息，其中，相关主体包括为关键信息基础设施的正常运行提供支持的网络产品和服务提供者，以及为关键信息基础设施运行的安全性和可能存在的风险进行检测评估的网络安全服务机构。政府有关部门对网络安全信息的分级共享行为规范具体包括：第一，涉密信息的共享。我国上述政府有关部门应当与具有适当安全资质的关键信息基础设施运营者及相关主体及时共享涉密的网络安全信息,并且其应当对参与国家秘密信息共享的网络产品和服务提供者、网络安全服务机构进行安全背景审查,具体要求上述政府有关部门在共享、传输、披露国家秘密信息之前对作为信息接收方的企业主体进行安全资格和信息获取必要性的双重审查。第二,非涉密信息的共享。我国上述政府有关部门应当与关键信息基础设施运营者及相关主体及时共享不涉及国家秘密的网络安全信息以及经过解密处理的网络安全信息。第三,定向的网络安全信息共享。定向的网络安全信息共享主要包括两种情形:一种是在适当的情况下,我国上述政府有关部门应当与关键信息基础设施运营者及相关主体及时共享其所掌握的与这些企业主体本身有关的网络安全信息,帮助其预防或减轻网络安全威胁造成的不利影响;另一种是定期共享网络安全最佳实践,即我国上述政府有关部门应当通过出版或定向宣传的方式向特定的企业定期共享网络安全最佳实践,以帮助中小企业应对网络安全风险和网络安全威胁。

(2)设置企业对网络安全信息的分类共享规则

企业强制共享的方式和自愿共享的方式均有优劣,对我国而言,单纯采用其中一种方式对所有企业向政府部门共享信息的行为进行统一规制不是目前的最优解决方案。针对关键信息基础设施的运营企业而言,根据侵权行为法的风险控制理论,法律义务的分配及其责任配置,以公平、能力和机会为原则,即作为社会成员,谁有能力、机会处理风险,谁就应当承担这样的责任,化解风险。基于此,我国应当根据企业所处的网络安全环境及其掌握信息敏感程度的不同,以及该企业是否掌握、知悉或有能力掌握、知悉与关键信息基础设施保护有关的网络安全信息,针对不同类型的企业设置分类的网络安全信息共享规则。一方面,针对处于高风险,最可能受到网络攻击摧毁且隐私、商业秘密等争议较小的关键信息基础设施运营者及相关主体设置强制共享的规制方式,其中,相关主体包括为关键信息基础设施的正常运行提供支持的网络产品和服务提供者,以及为关键信息基础设施运行的安全性和可能存在的风险进行检测评估的网络安全服务机构。因为上述 3 类企业已掌握、知悉或有能力掌握、知悉与关键信息基础设施保护有关的网络安全信息,因此其应当按照法律规定的方式和程序向政府部门共享其掌握或知悉的与关键信息基础设施保护有关的网络安全信息。另一方面,针对处于低风险且拥有大量低敏感信息的一般的网络运营者,以及其他的网络产品和服务提供者、网络安全服务机构应当设置自愿共享的规制方式,因为其尚未掌握、知悉或没有能力掌握、知悉与关键信息基础设施保护有关的网络安全信息,因此其有权自主选择是否向政府部门共享网络安全信息。值得注意的是,基于对受害企业合法权益保护的考虑,避免其因为共享自身存在的网络安全风险和已发生的网络安全事件而面临名誉受损、竞争劣势、利润损失等不利影响,应当明确规定履行强制共享义务的企业有权要求接收其共享信息的政府部门对信息来源和企业身份进行匿名化处理。此外,我国网络安全信息共享的制度设计在明确强制性网络安全信息共享义务的同时,也应当关注对企业参与共享的法律激励,包括明确法律适用和法律责任豁免的规则,以及建立相应的经济激励机制。

总体而言,我国应当建立企业对网络安全信息的分类共享机制。其中,针对关键信息基础设施的运营者及前述相关主体应当采取"匿名化强制共享+法律责任豁免"的规制模式,针对一般的网络运营者及其他的网络产品和服务提供者、网络安全服务机构应当采取"自愿共享+经济激励"的规制模式。

1)"匿名化强制共享+法律责任豁免"模式

我国应当明确规定,关键信息基础设施的运营者、为关键信息基础设施的正常运行提供支持的网络产品和服务提供者,以及为关键信息基础设施运行的安全性和可能存在的风险进行检测评估的网络安全服务机构这 3 类企业应当履行强制性的网络安全信息共享义务。

首先,针对关键信息基础设施的运营者而言,其应当按照法律规定的方式和程序向国家网信部门,公安、工信,及其运营和管理的关键信息基础设施所属行业和领域的主管或监管部门及时共享其掌握、知悉的与关键信息基础设施保护相关的漏洞信息,网络入侵或攻击的事件和威胁信息,以及缓解措施信息、态势感知信息和战略分析信息。如果关键信息基础设施的运营者违反法律规定,不履行上述共享义务,具体表现为没有与上述政府有关部门共享或没有及时共享其掌握、知悉的与关键信息基础设施保护有关的网络安全信息,其应当承担相应的行政责任,由其所属行业和领域的主管或监管部门责令改正,给予警告;拒不改正或者产生危害网络安全等后果的,处以一定数额的罚款,同时对直接负责的主管人员和其他直接责任人员处以相应数额的罚款。

其次,针对网络产品和服务提供者而言,在其为关键信息基础设施的正常运行提供网络产品和服务的过程中,如果其发现与关键信息基础设施保护相关的安全缺陷、漏洞等信息,其应当向国家网信部门,公安、工信等政府有关部门或主管部门报告上述其已掌握、知悉的信息。如果其没有与政府有关部门或主管部门共享或没有及时共享其掌握、知悉的与关键信息基础设施保护有关的上述网络安全信息,应当承担相应的行政责任,由其主管部门责令改正,给予警告;拒不改正或者产生严重危害网络安全等后果的,处以一定数额的罚款,同时对其直接负责的主管人员和其他直接责任人员处以相应数额的罚款。

最后,针对网络安全服务机构而言,经关键信息基础设施运营者委托,在为其所有、运营和管理的关键信息基础设施的安全性和可能存在的风险进行检测评估的过程中,如果其发现支撑关键信息基础设施运行的网络产品、服务以及关键信息基础设施系统本身的漏洞、安全缺陷以及其他网络安全风险,应当及时向国家网信部门,公安、工信、国家密码管理部门报告其已掌握、知悉的上述信息。如果其没有与政府有关部门共享或没有及时共享其掌握、知悉的上述网络安全信息,其应当承担与前述网络产品和服务提供者相同的法律责任。

值得注意的是,基于对企业相关合法权益的保护,我国应当明确规定,履行强制共享义务的上述3类企业有权要求接收其共享信息的政府部门对信息来源和企业身份进行匿名化处理。在法律责任豁免方面,关键信息基础设施运营者及相关主体按照法律规定向国家网信部门,公安、工信、国家保密行政管理、国家密码管理等政府有关部门,以及公共通信和信息服务、能源、交通、水利、金融、公共服务、电子政务、国防科技工业等行业和领域的主管或监管部门共享网络安全信息,对于共享信息存在遗漏或错误,导致公民、法人和其他组织的合法权益遭受损害的;导致企业知识产权、商业秘密、公民个人隐私泄露,造成公民、法人和其他组织的合法权益遭受损害的;依法采取措施监测其所有、运营或管理的网络与信息系统的运行情况及其中存储、处理和传输的信息,并采取相应的防御措施而导致公民、法人和其他组织的合法权益遭受损害的,只要其实施网络安全信息共享的行为基于主观善意并符合法律规定,即使对其他私主体的合法权益造成损害,我国应当明确规定对其适当减轻或免除由此产生的法律责任。

2)"自愿共享+经济激励"模式

针对一般的网络运营者、没有为关键信息基础设施的正常运行提供支持的网络产品和服务提供者,以及没有为关键信息基础设施的安全性和可能存在的风险进行检测评估的网络安全服务机构而言,其均享有是否参与网络安全信息共享活动的自主选择权,即其在选择不参与共享或不主动向我国上述政府有关部门共享网络安全信息时,都不应当承担任何法律上的不利后果。值得注意的是,针对上述自愿参与共享的企业而言，在其自愿主动地向我国上述政府有关部门共享网络安全信息且取得适当的安全资质时，其可适用的法律责任豁免规定与关键信息基础设施的运营者及相关主体相同。

在经济激励机制方面，我国应当对一般的网络运营者、没有为关键信息基础设施的正常运行提供支持的网络产品和服务提供者，以及没有为关键信息基础设施的安全性和可能存在的风险进行检测评估的网络安全服务机构采取的经济激励措施进行原则性规定，其中包括：相应的税收减免激励；由政府给予一定的财政补贴支持；在政府采购中优先选择积极参与网络安全信息共享的企业提供的网络产品和服务；最重要的是，建立企业信息共享信用激励机制，规定国家网信部门应当根据企业向政府部门共享网络安全信息的准确性、可执行性、相关性、及时性等评价标准[1]对企业信誉做出相应评价，并将评价结果与上述税收减免、财政补贴、政府采购等其他经济激励措施有机结合，以此作为是否提供税收减免、财政补贴、政府采购的依据。

1.5.4 细化共享信息利用的规则及相关监督机制

(1)细化共享信息利用的规则

共享信息的利用是网络安全信息共享的核心要素，为了最大限度地实现国家安全和社会公共安全、产业发展、个人隐私保护之间的利益平衡，我国应当细化基于信息处理过程控制的共享信息利用行为与程序规则，这一规则应当涵盖共享信息的接收、存储、使用和传输的信息流动全过程，但其中最值得关注的是共享信息使用和传输的规则。

1)细化共享信息使用的规则

针对共享信息的使用，我国应当细化政企双方对共享信息的使用与分析及其目的限制。一方面，政企双方有权在原始信息发送者的授权范围内对其获取和接收的网络安全信息进行研究分析和战略研判，同时，我国政府有关部门还可以委托CNCERT、中国信息通信研究院等专业机构对企业共享的网络安全信息进行认定和研究分析，并根据分析结果选择做出相应的网络安全风险预警和信息发布、网络安全事件应急处置等决策。另一方面，我国应当对政企双方使用共享信息的目的做出明确的限定，以确保对产业发展、个人隐私保护等私主体合法权益的损害降至最低，具

[1] 例如，我国网络安全威胁信息共享平台根据成员单位共享网络安全信息的数据属性、新颖性、持续性(活跃度)、完整性和共享范围等评定给予企业的积分奖励。

体而言,政企双方使用共享信息的特定目的应当限于以下情形:①保障网络安全的需要;②识别网络安全威胁或网络安全漏洞等的需要;③应对、防止或者减轻对公民生命财产安全可能造成或已经造成重大威胁和严重损害的需要;④应对、调查、追诉、防止与国家安全、恐怖主义、未成年人保护、电信诈骗、身份盗窃、商业秘密保护等相关的严重犯罪行为的需要。同时,针对网络攻击受害企业而言,政府部门不得将从该企业处获取的共享信息作为实施对其不利的行政执法或监管措施的证据。值得注意的是,我国国家网信、工信、公安以及其他负责关键信息基础设施安全保护的工作部门等应当依申请向参与网络安全信息共享的特定企业公开其使用网络安全信息的过程,充分描述其使用共享信息的具体情况,包括使用共享信息的具体用途、数量、适当性证明等,并接受有关部门的定期审查和监督,提交具体的共享信息使用情况报告,其中针对未经过安全调查的企业和个人,我国政府有关部门只需依申请公开相关的非涉密信息。

2)细化共享信息传输的规则

针对共享信息的传输,我国应当细化有关个人信息的审查和移除程序,以及原始信息发送者标识信息的二次共享和披露限制。一方面,政企双方在传输网络安全信息之前,应当主动采取人工审查或技术措施对即将传输的信息进行审查和评估,审查内容应当包括:①该信息是否与网络安全风险和网络安全威胁具有直接关联;②该信息中是否涵盖个人信息。经过审查后,共享主体在其知悉共享信息中包括与网络安全威胁不具有直接关联的个人信息时,其应当采取相应的技术措施移除此类信息,否则其将承担相应的法律责任。但需注意,基于国家安全和社会公共安全优先的利益考量,针对共享信息的审查仅为形式审查。另一方面,我国相关立法应当要求原始信息发送者以明显方式标明共享信息的二次共享和披露范围,以此为限定,信息接收者应当根据标识信息的授权范围对其接收的网络安全信息进行二次共享和披露。

(2)建立对政府有关部门及其工作人员的监督机制

为了确保我国国家网信部门,公安、工信、国家保密行政管理、国家密码管理等政府有关部门,以及公共通信和信息服务、能源、交通、水利、金融、公共服务、电子政务、国防科技工业等行业的主管或监管部门等按照立法授权对共享信息进行利用,防止其因不作为、恣意行使或滥用职权而在共享信息利用的过程中对企业知识产权和商业秘密,以及个人隐私等私主体合法权益的侵犯,我国应当建立对政府有关部门及其工作人员共享信息利用活动的审查监督制度。

具体而言,我国参与网络安全信息共享的政府有关部门应当在全国人大及其常委会进行执法工作检查时针对网络安全信息共享的实施情况进行报告,报告内容包括但不限于:1)我国政府有关部门按照法律法规授权向企业共享网络安全信息的情况统计;2)政府有关部门从企业接收网络安全信息的情况统计;3)现行网络安全信息共享程序规范对实时网络安全信息共享实践的阻碍分析和有效性评估;4)其他有关网络安全信息共享实施的重要事项等。

此外,国家网信部门作为网络安全信息共享的统筹协调机构,应当针对以下内容进行评估,并在全国人大及其常委会的执法工作检查时进行报告:1)政府有关部门已经制定的有关个人信息保护的配套规定在协调网络安全信息共享与个人信息保护利益之间的充分性和有效性。2)政府有关部门是否及时、准确地与适当的企业共享其掌握的网络安全信息情况。3)政府有关部门对获取的网络安全信息的后续使用和传输的情况。4)政府有关部门获取的网络安全信息情况统计,其中包括政府有关部门违反法律法规授权共享的与网络安全风险、威胁和事件不具有直接关联的个人信息情况;政府有关部门根据获取的共享信息起诉犯罪行为的次数;政府有关部门实施的网络安全信息共享行为对个人信息保护的定性和定量影响,包括无法删除个人信息时发出的通知数量及其为降低对个人信息的不利影响而采取的各类措施。5)现有网络安全信息共享的阻碍因素及相应的改进建议等。

1.5.5 健全网络安全信息共享的管理协调机制

(1)健全我国的网络安全信息共享管理协调机构体系

我国应当按照横向分工协调、纵向分层的双层权力配置模式持续推动我国网络安全信息共享的管理协调机构体系的健全。换言之,我国应当健全以国家网信部门为核心,统一领导、统筹协调全国网络安全信息共享工作,公安机关、工信部门、国家安全机关、国防部门、有关军事机关和情报机构分工负责,关键信息基础设施的保护工作部门协同配合,县级以上地方政府有关部门共同参与的网络安全信息共享管理协调机构体系,消除现存的多头管理、职能交叉、权责不一、效率不高等弊端给参与网络安全信息共享的企业带来的额外负担。

具体而言,我国国家网信部门作为网络安全工作和相关监督管理工作的统筹协调机构,应当是我国统一的网络安全信息共享管理协调机构,其具体职责主要包括以下 3 个方面:第一,依法单独制定或与公安部、工信部等其他政府有关部门联合制定、发布网络安全信息共享的行政法规、部门规章,积极推动网络安全信息共享技术标准的制定和完善,并提出有关网络安全信息共享的立法建议。第二,统筹协调、统一领导全国范围内的网络安全信息共享工作。国家网信部门主要负责统一领导、统筹与协调全国范围内政企之间的网络安全信息共享和分析工作,并始终致力于与公安机关、工信部门、国家安全机关、国防部门、有关军事机关和情报机构、关键信息基础设施的保护工作部门等在网络安全信息共享事项上的沟通与协调。第三,建立国家级网络安全信息共享与分析中心。国家网信部门有权并应当筹划建立国家级网络安全信息共享与分析中心,以充分整合全国范围内政府有关部门与企业各自掌握的网络安全信息和资源优势。同时,国家网信部门应当基于必要性、建设成本等考量因素选择建立我国国家级网络安全信息共享与分析中心的适当方式。

在国家网信部门的统筹协调下,工信部、公安部、国家安全部、国防部、有关军事机关、情报机构应当作为协同部门具体负责协助国家网信部门指导和监督全国范围内的网络安全信息共享工作的开展与实施。其中,公安部作为计算机信息系统安全保护、计算机病毒等防治管理、网络违法犯罪案件查处的网络安全监管机构,应当通过汇总、研判、共享其内部的国家网络与信息安全信息通报中心、信息安全等级保护评估中心、计算机信息系统安全产品质量监督检验中心、计算机病毒防治产品检验中心等获取、收集和分析的网络安全信息,在其上述所列职责范围内履行其对网络安全信息共享事项的管理协调职责。同时,工信部作为国务院电信主管部门,主要承担互联网行业管理、信息通信领域网络与信息安全保障体系建设以及网络安全防护、应急管理和处置等职责,其应当在上述所列职责范围内履行其对公共互联网领域网络安全信息共享事项的管理协调职责。此外,国家安全机关、有关军事机关、情报机构应当充分发挥其在网络威胁情报收集、整合与分析等方面的独特优势,为参与共享的政府有关部门提供有价值的情报分析和技术支持。

根据《关保条例》第24条[1]的规定,公共通信和信息服务、能源、交通、水利、金融、公共服务、电子政务、国防科技工业等重要行业和领域内被认定为关键信息基础设施的主管或监管部门有权制定本行业、本领域有关网络安全信息共享的部门规章,并应当依法在其职权范围内推进本行业、本领域的网络安全信息共享实施工作,及时掌握本行业、本领域的关键信息基础设施运行状况、安全态势等,并主动采取措施与

---

〔1〕《关保条例》第24条:保护工作部门应当建立健全本行业、本领域的关键信息基础设施网络安全监测预警制度,及时掌握本行业、本领域关键信息基础设施运行状况、安全态势,预警通报网络安全威胁和隐患,指导做好安全防范工作。

本行业、本领域的网络运营者、网络安全服务机构共享网络安全威胁、风险、漏洞、事件、缓解措施、最佳实践等信息。同时其也应当接受国家网信部门的指导，及时报告本行业、本领域有关网络安全信息共享的实施情况，并在此过程中接受国家网信部门的监督和检查。

县级以上地方政府的网信部门、公安部门、工信部门以及其他有关部门应当按照属地化监管原则履行本行政区域内的网络安全信息共享管理协调职责，具体包括制定本行政区域内网络安全信息共享的部门规章，及时掌握本行政区域的网络与信息系统整体运行状况、安全态势等，并积极与相关的网络运营者、网络安全服务机构建立网络安全信息共享合作伙伴关系，确保网络安全信息的双向及时交换。

(2)建立我国的网络安全信息共享与分析中心

1)建立国家级网络安全信息共享与分析中心

如前所述，国家级网络安全信息共享与分析中心的筹划与建立是国家网信部门应当履行的网络安全信息共享管理协调职责。基于我国国情，本章认为，我国国家网信部门应当集合资金、技术、人员、信息等资源优势建立一个专门的国家级网络安全信息共享与分析中心，负责汇总、整合、分析政府有关部门，公安部国家网络与信息安全信息通报中心、信息安全等级保护评估中心、计算机信息系统安全产品质量监督检验中心、计算机病毒防治产品检验中心，CNCERT，中国网络安全审查技术与认证中心，中国信息安全测评中心等网络安全监测预警和应急处置机构，以及互联网企业、网络安全企业等掌握的系统漏洞、网络威胁、安全事件、缓解措施等信息，为政企之间的网络安全信息共享提供一个全国范围内统一的数据交换所、网络和通信整合的国家级连接点。具体而言，该中心的主要职责在于研发相应的网络安全信息交换技术，制定类似美国结构化威胁信息表达式(STIX)和可信自动化指标信息交换(TAXII)的网络安全信息共享技术标准，定期公布企业的最佳实践，为企业参与网络安全信息共享提供实施指南和遵从建议。

由于我国目前有关网络安全信息共享制度的构建及其实践仍处于初期探索阶段，我国目前适宜将国家级 CERT 作为国家级网络安全信息共享与分析中心，并将其纳入国家统一的网络安全信息共享管理协调机构的组织管理体系中。具体而言，应当将我国的 CNCERT 纳入我国国家网信部门的组织管理体系，将其暂时作为国家级网络安全信息共享与分析中心，充分利用和发挥其信息资源获取与业务能力优势，协助国家网信部门统一指导和统筹协调全国范围内的网络安全信息共享工作，待网络安全信息共享制度与实践不断成熟再考虑建立独立的国家级网络安全信息共享与分析中心。同时,按照 CNCERT 原先的机构管理体制,将其在 31 个省、自治区、直辖市设立的分中心作为国家级网络安全信息共享与分析中心在上述 31 个省、自治区、直辖市派驻的分支机构,这些分支机构应当接受国家级网络安全信息共享与分析中心和省级网信部门的双重领导。

2)健全体系化的网络安全信息共享与分析平台

如前所述,各个行业或领域因其业务和运营范围的差异也将面临不同类型的网络安全风险和威胁,且其具有不同的专业知识,在应对相同的网络安全风险和威胁时,其采取的防御措施或缓解措施也可能存在一定的差异。基于对我国行业 ISAC 的建设和管理成本,以及我国现行的行政管理体制等综合考量,本章认为,我国目前适宜建立部门隶属型行业信息共享与分析中心,且在实践中已取得一定的工作进展,应继续推动构建公共通信和信息服务、能源、交通、水利、金融、公共服务、电子政务、国防科技工业等重要行业和领域的网络安全信息共享与分析中心,并充分发挥企业层面的网络安全信息共享与分析平台、会员制网络安全信息共享平台,以及国家级网络安全信息开放共享平台的协同效应。

1.5.6 明确网络安全信息共享机制与国家数据安全风险机制的关系

从国家核心数据、重要数据重点保护的总体思路来看,《数据安全法》强调建立集中统一、高效权威的数据安全风险机制,即在国家层面建立自上而下的数据安全风险治理机制,其必将与核心数据、重要数据识别与保护制度、数据分类分级制度相结合,并依赖各行业、各地区的数据应用场景予以细化。

在国家数据安全风险机制下,数据安全风险涵盖两方面内容:一方面是指由网络安全风险引发的数据安全风险(例如数据被篡改、假冒、泄露、窃取、丢失等所导致的数据的保密性、完整性和可用性可能遭到破坏的安全风险);另一方面是指数据在流动和动态利用的过程(包括但不限于数据的使用、加工、传输、提供、公开等环节)中可能产生的安全风险,例如数据被非法利用(滥用),数据违规出境,数据因汇聚、融合、分析而可能引发的安全风险等,并且在此种情形下,基于数据处理活动的特殊属性、数据的重要程度及数据的具体应用场景,数据安全风险可能呈现的内容也会存在差异。由此可见,网络安全信息共享机制难以全面涵盖数据安全风险机制的规制要求。

此外,如何确保国家数据安全风险机制的集中统一、高效权威,关键在于国家数据安全工作协调机制要充分发挥其统筹协调职责。根据《数据安全法》第 5 条,中央国家安全领导机构负责建立国家数据安全工作协调机制。在此基础上，国家数据安全工作协调机制统筹协调数据安全风险信息的获取、分析、研判、预警。也就是说，各地区、各行业数据安全主管部门将结合各行业、各部门数据应用的特定场景进行具体的数据安全风险信息的获取、分析、研判、预警，公安机关、国家安全机关，以及国家网信部门将在其职责范围内负责数据安全风险信息的获取、分析、研判、预警。相较而言，网络安全信息共享机制的统筹协调机构是国家网信部门，因此可以预见的是，《数据安全法》的各项配套规定将在国家数据安全工作协调机制的统筹协调下，对各地区工业、电信、交通、金融、自然资源、卫生健康、教育、科技等主管部门，以及公安机关、国家安全机关、国家网信部门开展的数据安全风险信息的获取、分析、研判、预警工作机制予以明确和细化。综合上述两方面原因分析，网络安全信息共享机制与数据安全风险机制应当是并行的两个独立制度，其相互之间存在差异但又紧密关联。此外，网络安全审查制度与数据安全审查制度的类似关系也是在实践中经历了一个逐渐清晰的过程，因此网络安全信息共享与数据安全信息共享之间的关系仍有待于配套规定的进一步明确和细化。

2　通信协助执法与密码管理

2.1　研究背景

数字经济时代,密码作为网络空间安全的“基因”和“信使”,在身份认证、安全隔离、信息加密、完整性保护和抗抵赖性等方面发挥着不可替代的作用。然而,在密码几千年的发展历程中,加密和解密始终处于一种此消彼长式的对抗之中。诚然,安全性越强,技术越不容易受到攻击,先进的加密技术能够提高数据信息、个人隐私保护的安全性,但其泛化利用在客观上可能导致执法活动面临解密障碍,这是因为加密技术是一种既可用于合法也可用于非法目的的双重用途技术。20 世纪 90 年代,数字通信和加密技术可能会干扰合法拦截的担忧已经引发社会关注,政府与隐私倡导者之间有关数据加密的辩论越发激烈,引发了所谓的密码战争。实践中,警方在搜集犯罪嫌疑人的证据时可能会遇到阻碍,因为犯罪嫌疑人可能利用加密技术使其数据和通讯无法被第三方理解、接触或使用,这种加密困境在经常被引用的“苹果诉美国联邦调查局”一案中得到了完美的体现。在该案中,美国联邦执法机构要求法院下达命令,强迫苹果公司创建一个移动操作系统的改进版本,以获取枪杀人质的犯罪嫌疑人的加密手机访问权限,这一案件将加密技术、隐私保护与国家安全的冲突提升至一定的高度。

即使是“五眼情报联盟”,其面对强大的加密技术也无能为力,并意图通过立法(例如联合发布备忘录)设置加密后门的方式,解决执法活动中面临的解密困境。英国、澳大利亚通过国内立法推动相关企业履行强制解密义务。2019 年伦敦召开的“五眼联盟”峰会上提出,科技公司必须允许执法机构访问加密数据,要求移动通讯应用 WhatsApp 等加密通信公司提供特殊的后门访问权限。2020 年 12 月,欧盟通过相关决议,倡导在加密和执法之间取得一种平衡,既能让加密继续发挥保护隐私的重要作用,同时也能保障执法和司法机构以合法且具有针对性的方式获取相关数据的能力。

“加密与执法”的冲突与协调是各国密码管理法律制度中最具争议也是最为核心的问题。数字经济时代,全球网络安全态势产生了深刻变化,为了保护数据安全,越来越多的服务提供者将密码技术作为产品、服务的“默认”设置,甚至采用端到端加密机制,[1]以提升自身或用户安全保障水平,广泛推动和促成了加密技术的商业化使用。这一市场化的加密需求与执法机构之间的冲突更为激烈,新冠疫情的暴发进一步加剧了上述冲突,执法工作面临前所未有的挑战。

2.2 通信协助执法下密码管理制度的理论基础

2.2.1 密码及其功能

密码技术是实现信息安全的有效途径,其通过数据加密、消息认证和数字签名等方式,能在不安全的环境下对通信和存储的数据加以保护,以防止未经授权的访问、篡改、伪造、抵赖等行为。密码技术在系统代价和安全性之间提供了无限选择的空间[2],这种在安全方面的灵活性是其他技术所无法比拟的。现代密码以密码的电子化为标志而区别于手工与机械的密码,其核心理念是形成对信息表现形态的变更,使得除了持有解密密钥的人员以外,信息将不可被识别,这与纸质媒介通信时代通过物理封装来隔绝明文的方法相似。

根据我国《密码法》第 2 条,密码是指采用特定变换的方法对信息等进行加密保护、安全认证的技术、产品和服务。这一定义包含了 4 层含义:一是密码的主要表现形式是技术、产品和服务;二是密码的主要功能是加密保护、安全认证;三是密码保护的对象是信息等相关内容;四是密码的本质属性是特定变换的方法。由此可见,密码技术的两个基本功能是加密保护和安全认证。

(1)加密保护

各国法律监管意义上的密码是指实现信息加密和解密两个相反过程的技术和产品。加密是将明文转化为密文的过程;解密是将密文恢复为明文的过程。整个加密体系包含加密算法[3]、解密算法和密钥[4]生成算法 3 个基本要素,加密算法控制明文向密文的转换过程,解密算法控制密文向明文的转换过程,密钥生成算法控制加、解密过程中使用的密钥。在以密钥为核心的加密方法中,私钥加密方法(也称为对称加密)中的发送方和接收方使用相同的密钥,使用较为便捷,适用于大量数据和应用

---

[1] 例如,2014 年,苹果(Apple)宣布将对使用 iOS 8 移动操作系统的设备进行默认加密;谷歌(Google)将加密设为其安卓(Android)操作系统的默认设置;2014 年,瓦次普(WhatsApp)宣布将使用端到端加密。

[2] 例如,算法和密钥长度的选择。

[3] 密码算法,是指描述密码处理过程的一组运算规则或规程(参见 GM/Z 0001 – 2013《密码术语》)。通常算法越复杂,结果密文越安全。

[4] 密钥,是指控制密码变换操作的关键信息或参数。(参见 GM/Z 0001 – 2013《密码术语》)

的传输和存储。但是这种方法必然会加大密钥共享所产生的密钥泄露风险,支持多参与方信息加密的能力不强,并且该风险会随着参与方的增多而成倍增加。

(2)安全认证

除了加密保护以外,密码的另外一个重要功能就是安全认证,包括:①对信息发送者真实性的验证,即发送者的身份没有被冒用;②对信息内容完整性的验证,即验证信息在传输和存储过程中是否被篡改。安全认证常用的方法包括消息认证和电子签名。

消息认证是指通过对消息或者与消息有关的信息进行加密或签名变换进行的认证,目的是防止传输和存储的消息被篡改,包括消息内容认证(消息完整性认证)、消息的源和宿认证(身份认证)等。消息内容认证常用的方法是通过发送者在信息中加入一个鉴别码(如MAC[1])并经加密后发送给接收者(有时只需加密鉴别码即可);接收者利用约定的算法对解密后的信息进行鉴别运算,将得到的鉴别码与收到的鉴别码进行比较,若二者相等,则接收,否则拒绝接收。

另一种与密码相关的认证方法是电子签名,其也是目前最常用的认证方法。联合国国际贸易法委员会《电子商务示范法》(UNCITRAL Model law on Electronic Commerce)中规定,电子签名是包含、附加在某一数据电文内,或逻辑上与某一数据电文相联系的电子形式的数据,它能被用来证实与此数据电文有关的签名人的身份,并表明该签名人认可该数据电文所载信息;美国《统一电子交易法》(Uniform Electronic Transaction Act, UETA)规定,"电子签名"泛指"与电子记录相连的或在逻辑上相联的电子声音、符号或程序,而该电子声音、符号或程序是某人为签署电子记录的目的而签订或采用的";《欧洲议会和欧盟委员会1999年12月13日关于电子签名共同体框架的1999/93 /EC号指令》(Directive 1999/93/EC of the European Parliament and of the Council of 13 December 1999 on a Community Framework for Electronic Signatures)规定,"电子签名"泛指"与其他电子记录相连的或在逻辑上相连并以此作为认证方法的电子形式的数据"。

从各国相关立法的定义分析,凡是能在电子通讯中起到证明当事人的身份、证明当事人对文件内容的认可的电子技术手段,都可被称为电子签名。这也确立了电子

[1] 消息鉴别码(Message Authentication Code, MAC),公开函数+密钥产生一个固定长度的值作为鉴别标识。

签名的两个基本功能：识别签名人和表明签名人对内容的认可，同时也使电子签名和数字签名存在一定的区别：①法律上在定义电子签名时充分考虑了技术中立性原则，关于电子签名的规定是基于签名的基本功能，任何满足签名基本功能的电子技术手段，都可称为电子签名；②数字签名是从纯粹的技术角度提出的，其是依赖于密码技术的签名方法，主要目的是确认数据来源和数据的完整性。可以认为，电子签名是一种泛化的概念，数字签名是电子签名的一种实现方式，数字签名提供了比电子签名基本要求更高的功能。密码及其功能如图 2-1 所示。

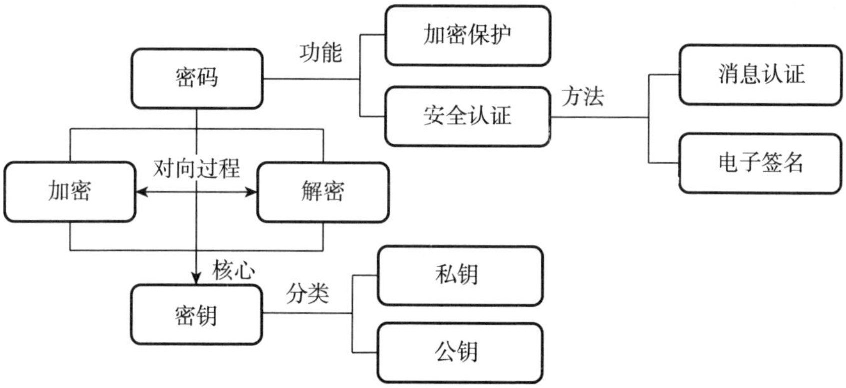

图 2-1 密码及其功能

2.2.2 通信协助执法下密码管理制度的价值

(1)维护国家安全和社会公共利益

犯罪行为的智能化和复杂化无疑为执法机构的合法监听工作带来了更多的挑战。而早在 1999 年，美国联邦调查局的统计数据就显示，大约在每 100 个案件调查工作中，就会有 5 宗案件涉及加密技术的使用，并且这一数字尚不包括其他美国安全机构的调查数据。时至今日，执法机构发现几乎所有的侦听调查工作都会涉及加密，实践中，犯罪分子通常利用密码技术和密码产品隐匿其自身的信息数据和犯罪踪迹。目前，美国联邦调查局在网络犯罪执法调查过程中，尤其是有关危害儿童的犯罪执法调查中，端到端加密技术的广泛普及和应用导致执法调查面临重大的技术阻碍。端到端加密还将导致各种其他形式的严重犯罪，其正在迅速削弱美国联邦调查局侦查和阻止各种犯罪活动的能力，其中包括恐怖主义、大规模毒品贩运、金融欺诈、人口贩运以及跨国帮派活动等，有组织的犯罪团体通常利用加密技术来保护其自身的通信信息和资金交易的转移。而执法机构的调查也越来越多地涉及合法监听犯罪嫌疑人或犯罪团体的通信信息,或通过扣押犯罪嫌疑人的计算机、手机、便携式存储设备等实现数字取证分析,以判断信息网络或设备中存储、传输的信息数据是否包含非法活动的信息数据,进而截获破案情报或犯罪证据的情况。

执法机构通常都会有专门的数字取证人员。然而,即使是数字取证专家也可能需要技术上的支持,例如,所获得的信息数据采用的是其所不熟悉的加密策略或软件,或受计算资源的限制,导致其独立进行密码破解可能会耗费大量的资源和成本。一般而言,执法机构遇到加密信息数据时,通常会采取以下几种方式来获取其原始信息,包括:①利用现有的解密工作对密码进行破解;②通过使用计算功能强大的计算机来尝试所有可能的密码组合,对密码进行“暴力破解”;③依据现有情报对密码进行破解,如犯罪嫌疑人根据自身的生日设置了密码等;④如果上述所有方法都解密失败,则会请求具有专业技术知识和充足计算资源的国家机构或组织提供协助。

然而,随着密码技术的发展,破解密码的难度也日益上升。密码长度每增加一位,就会增加一倍的破解时间。这无疑会阻碍执法机构侦查案件、打击犯罪的效率。因此,密码技术一旦被犯罪分子控制,而执法机构却无法在尽可能短的时间内破解加密数据,获取情报信息,则可能对国家安全和社会公共安全造成不可预估的威胁。由执法机构承担解密责任,无疑会耗费大量的执法资源,使执法资源无法得到最优配置,亦不利于执法机构对犯罪案件的侦破,不利于维护国家安全和社会公共利益。相较而言,由持有或掌握密钥的通信服务提供者(企业)自身承担对其传输或存储的信息数据进行解密的义务,无疑是对执法机构合法监听活动的最佳协助,能够提高执法机构的工作效率,并加大对犯罪的打击力度。

(2)实现合法监听与公民隐私保护的价值平衡

在密码法律制度发展的历史长河中,如何实现国家安全、社会公共利益与公民隐私保护之间的价值平衡一直是其建设和完善之中的争议焦点,而密码法律制度最终的确立,似乎也成为这种“公益”与“私益”较量之后的结果体现。

密码的隐私保障功能使其在公民个人信息和数据保护中具有得天独厚的优势;而密码的两用性,又使其在为国家安全、社会公共利益与公民隐私提供保障服务的同时,也极易成为犯罪分子进行非法活动时的工具。例如,2017 年 5 月,一款名为“Wanna Cry”的蠕虫勒索软件肆虐全球网络,影响了 150 多个国家和地区,超过 30 多万台设备受到感染。因此,各国政府在促进密码商业化应用时,常常会面临一个严峻的挑战,即在鼓励密码合法使用的同时,也需要确保其不被不法分子滥用。于是,各国政府部门都更倾向于对密码进行一定程度的控制,以保障国家安全和社会公共利益,有效打击犯罪;但一旦对密码实施过于严格的控制,就又难以保障公民合法的隐私权益。随着高强度密码技术的广泛使用,为了能够及时有效地打击犯罪,维护国家安全,执法机构通常都会依法要求通信服务提供者和通信设备服务商提供一定的执法协助——对合法拦截的加密信息和数据进行解密。目前,大多数国家只是要求通信服务提供者在合法监听的实施过程中,能够保证在执法机构依照授权提出协助解密要求时,为执法机构提供加密信息的明文即可。

事实上,以维护国家安全和社会公共利益为目的的合法监听与以公民隐私权利的保护之间并不是"非此即彼"这种不可调和的矛盾关系。正相反,一国国家安全的缺失必将导致公民隐私安全的丧失,而公民隐私和数据安全与一国的国家信息安全又密切相关。因此,对用于打击恐怖主义和其他形式的重大犯罪所实施的合法监听及在其实施过程中必要的解密协助,公众是并不反对的,甚至是支持的。公众真正反对的是因执法机构权力滥用或配套的立法保障和司法救济制度缺失所带来的隐私泄露的风险。一方面,通信协助执法下密码管理法律制度对执法机构合法监听的实施和解密协助要求都有严格的程序规定和条件限制,因此能够有效防止执法机构权力滥用所带来的不利影响,保障公民在通信过程中的信息和隐私权利。另一方面,通信协助执法下密码管理法律制度对通信服务提供者和通信设备制造商在合法监听过程中的解密义务要求,能够协助执法机构实现其合法监听目标,防范通信服务提供者或通信设备制造商滥用密码技术或给犯罪分子提供加密协助。因此,通信协助执法下密码管理法律制度在其运行过程中,能够有效实现合法监听与公民隐私保护的价值平衡。

2.2.3 通信协助执法下密码管理的法律机制

如前所述,密码技术的广泛应用在某方面为执法机构使用合法监听截获信息和情报设置了越来越多的障碍。为了监视和打击通信网络犯罪活动,密钥托管和密钥恢复的概念应运而生,并逐步被许多国家以立法形式确立下来,形成了通信协助执法框架下密码管理法律制度的一个重要组成部分。然而,由密钥托管(Key Escrow)机制与密钥恢复(Key Recovery)机制所引发的诸多争议时至今日也仍未停止,因此也有很多国家采用了更为自由的密码管理法律机制——自由放任机制。美国 20 世纪 90 年代"密码战争"的影响最直接地体现在国家对密码技术态度的转变上,可以说,"密码战争"针对国家密码管控在全球范围内提出了一个新的命题:密码技术自由化态势下的管控政策模式选择。随着密码使用自由化趋势的加强,各国政府对于密码技术的控制能力均受到不同程度的削弱,对于国家利益的考量决定了国家对密码技术控制的程度,这也在全球范围内形成了不同的密码控制策略:密钥托管机制、密钥恢复机制与自由放任机制。

(1)密钥托管机制

密钥托管机制最早由美国于1993年提出,是指政府部门要求密码使用者将可恢复明文信息的私有加密密钥备份提供给经授权认证的可信赖第三方(商业密钥托管代理商)进行保管和代理,并在必要时协助国家司法或安全等部门获取原始明文信息,以满足其执法要求的法律机制。

密钥托管代理机构对密码用户的私钥进行操作,负责政府执法机构在其合法监听过程中对加密信息的明文访问,但密钥托管代理的实施却并不参与通信过程。密钥托管代理机构必须建立一个可行的商业模式才能实现密钥托管系统的正常运营。对于执法机构来说,其可以在必要时利用密钥托管代理实现对已加密的信息或数据的解密,并对通信传输或计算机等智能终端存储的明文内容进行强制访问。

(2)密钥恢复机制

密钥恢复机制,是指密码使用者在依照法律要求为其加密数据提供非正常明文访问途径以外的访问途径,从而在执法机构提出协助要求时能够为其提供明文访问的法律制度。这种法律制度与密钥托管机制很相似,但为了规避政府机构权力的滥用,密钥恢复只需要将密钥托管给经过政府认证的第三方。其不同于一般的加密和解密操作,可以在用户的密钥丢失、损毁的情况下,依然能够实现明文访问。

与密钥托管机制相同,密钥恢复机制也可以实现执法机构对犯罪嫌疑人的隐蔽性合法监听。由于密钥托管机制引发的争议过大,部分国家政府选择了密钥恢复机制作为一种妥协,以保障执法机构合法监听活动的有效性。因此,很多国家采取了政策鼓励措施,旨在吸引企业遵循密钥恢复机制。尽管这些鼓励措施引发了研究和开发团队的浓厚兴趣,但是密钥恢复的市场需求很小,实现密钥恢复也十分困难,因而无法建立起同时满足政府执法需求和用户安全需求的密钥恢复系统。与密钥托管机制一样,密钥恢复机制的创立和实施也未能解决商业发展需求与政府执法需求之间的矛盾与冲突。如果没有立法的强制要求,可能很多企业不会对其应用加密技术的产品或服务实施密钥恢复机制。

(3)自由放任机制

所谓自由放任机制,是指一国维持既有密码策略,不对个人、密码服务商或生产商增加任何新的密码应用限制条件或颁布任何新的密码法律法规。与密钥托管机制和密钥恢复机制相比,自由放任机制赋予了通信服务提供者更多使用密码的自由选择权,并允许企业和个人可以以市场为导向自由决定其加密部署。这种模式可以使通信内容更具有保密性,减少执法机构的合法监听活动对公众的隐私侵犯,保障密码的自由使用,促进国内密码技术的快速发展。

然而,自由放任机制亦存在其自身不可回避的局限性,其虽可以避免因为维护国家安全等"公益"而对公民个人隐私等"私益"所造成的侵害,但依然无法解决密码技术被用于非法用途时造成的不利影响,例如在实践中可能导致执法机构无法及时获取有效情报,降低执法机构的执法效率。同时,密码技术一旦为恐怖活动及重大犯罪目的而使用,必将威胁一国或多国的国家安全和社会公共安全。

(4)密钥管理机制的比较总结

密钥托管机制、密钥恢复机制和自由放任机制作为各国主要采用的3种密码管理法律机制,其解密主体和解密义务存在差异,且各有其利弊,具体如表2-1所示:

表2-1 密钥托管机制、密钥恢复机制和自由放任机制的对比

比较项	密钥托管机制	密钥恢复机制	自由放任机制
解密主体	• 密钥托管代理商,即可信第三方	• 企业自身,即使用加密技术的通信服务提供者	• 企业或执法机关
通信服务提供者的义务	• 强制或自愿将密钥托管于可信第三方	• 协助执法机关依法解密或提供明文	• 依法提供解密协助或明文;或无明确法律规定
优势	• 通过认证,增强用户的信任 • 密码使用者可以通过托管的密钥恢复其重要数据 • 可以实现实时监听 • 提高执法机构合法监听的效率	• 通过认证,增强用户的信任 • 密码使用者自己保管密钥备份,降低滥用风险 • 可以帮助用户自行恢复重要数据 • 提高执法机构合法监听的效率	• 密码用户拥有较多自由选择权 • 促进密码技术发展 • 减少公民个人隐私安全威胁

续表

比较项	密钥托管机制	密钥恢复机制	自由放任机制
限制	• 密钥由第三方保管,可能会被非法滥用 • 限制用户隐私权,可能带来安全风险 • 密钥托管的可扩展性和安全性有限 • 对密钥托管系统的风险控制能力要求较高 • 限制企业在国际商务市场上的发展 • 易被规避,引入安全风险	• 限制用户隐私权,并可能带来安全风险 • 最安全、经济的密钥恢复系统,无法实现实时监听 • 提供实时监听服务需要同时连接多个密钥恢复中心	• 降低执法机构合法监听的效率 • 对国家安全和社会公共安全形成潜在威胁 • 可能造成执法机构无法可依或自由裁量权过大 • 无法有效维系国家安全、社会公共安全与个人隐私之间的利益平衡

由表2-1可见,密钥托管机制和密钥恢复机制具有诸多相同的优势与限制。密钥托管机制规定密钥由可信第三方保管,一旦密钥托管系统遭受攻击,其所带来的信息安全威胁是难以估计的,因此通常对密钥托管系统的风险控制能力具有较高的要求,然而其运行成本也十分高昂,同时,密钥托管机制所具有的法律效力也仅限于本国范围内,且极易被规避,从而形同虚设。密钥恢复机制虽由企业自身进行密钥备份的保管,可以减少密钥被滥用的风险,成本也相对于密钥托管机制要低;但其也无法调和政府需求和企业发展需求之间的矛盾。当密钥恢复系统的安全性和经济性都达到最高时,其便无法满足执法机构实时、隐蔽的监听要求;而当其满足执法机构的实时监听要求时,又需要多个密钥恢复系统相连接,会增加其安全风险。因此,政府、企业与公众围绕密钥托管机制和密钥恢复机制的争议从未停止过。

相较而言,自由放任机制虽可避免对个人隐私保护的不利影响,赋予企业和个人更多的选择权,但也无法避免密码技术应用对执法机构的合法监听效率产生的负面影响,可能降低执法机构的有效情报和证据获取能力,并可能对国家安全和社会公共安全形成潜在威胁。

有鉴于此,已建立起密钥托管机制和密钥恢复机制的国家,在对这两种密码管理机制实施对执法机构实现合法监听的重要意义与其对公民隐私保护的侵害风险进行权衡之后,大多数国家都采取了自愿的密钥托管或密钥恢复机制,并对其实施进行了严格的限制。同时,尚未建立密钥托管机制和密钥恢复机制的部分国家,也通常在刑事诉讼法典中简略规定了通信服务提供者具有协助执法机构进行通信侦查的义务。

由此可见,在国家层面对于不同管控模式的选择不可能是单一的,也不可能是一成不变的。密码技术利用中充斥的各方利益博弈,促使政府必须不断适时调整监管策略。密码技术的重要作用使国家密码管控政策更加开放,而且不会拘泥于特定的模式,总体呈现为一种动态的过程。事实上,“密码战争”使各国政府意识到,密钥托管机制和密钥恢复机制会阻碍技术进步,因此其并未成为统一的国际密码管控政策。同时,各国政府开始认真考虑自由化对密码技术发展的重要意义,过于严苛的管控手段可能使国家丧失信息时代获取主动权的机会。但放任自由的机制也将产生密码失控的风险,“收”与“放”的政策和立法冲突变得更为激烈。

2.3 域外通信协助执法下密码管理制度的考察与评析

数字经济背景下,数据全生命周期的加密要求与执法机构数据获取之间的冲突白热化,使得协助解密制度的时代张力凸显无疑。采用加密技术保护数据存储、传输是必然的,但同时,出于国家安全和社会公共利益的需要,网络运营商以及个人对执法机构的解密支持也必然成为密码立法的法益考量。例如,早在20世纪90年代初期,法国《1991年电信法》就规定了协助解密义务,时至今日,多数国家都对协助解密问题进行了宽严迥异的立法规定。

2.3.1 国际组织通信协助执法下密码管理制度的考察与评析

(1)经合组织:灵活的密码管理制度

1997年3月,世界经济合作与发展组织(OECD)发布了《密码政策指南》(Guidelines for Cryptography Policy)及其委员会建议。[1] 虽然该指南对其成员国不具有强制约束力,但其所提出的密码法律政策制定和完善过程中需要考虑并可实现各方利益平衡的八项基本原则,对各国国内密码法律政策的建设和完善具有重要的指导意义和参考价值。

1)可信密码方法原则(Trust in Cryptographic Methods):应当信任加密方法,以便在适用信息和通信系统时实现保密性。

2)密码方法选择原则(Choice of Cryptographic Methods):根据可适用的法律,用户应当享有选择任何加密方法的权利。

---

〔1〕 同时,OECD发布了一系列修订的密码指南,这些指南和建议主要包括:1997年《理事会有关密码政策指南的建议》(“Recommendation of the Council concerning Guidelines for Cryptography Policy” on 27 March 1997);1997年OECD《密码政策:指南和议题》(Cryptography Policy: The Guidelines and the Issues)。

3)市场驱动的密码方法开发原则(Market Driven Development of Cryptographic Methods):加密方法的开发需要满足个人、企业和政府的需求与职责。

4)密码方法标准原则(Standards for Cryptographic Methods):加密方法的技术标准、准则和协议应当在国家和国际层面制定并颁布。

5)保护隐私和个人数据原则(Protection of Privacy and Personal Data):涵盖通信秘密和个人数据保护的隐私基本权利,应当在国家密码政策以及加密方法的实施和使用中得到尊重。

6)合法访问原则(Lawful Access):国家密码政策可以允许合法访问加密数据的明文或加密密钥。这些政策必须最大限度地尊重指南中的其他原则。

7)责任原则(Liability):提供加密服务,持有或访问加密密钥的个人和实体的责任,应当通过合同、国内立法或国际协定予以明确。

8)国际合作原则(International Co-operation):各国政府应当通力合作,协调加密政策。作为合作的一部分,政府应当删除或避免以密码政策的名义建立不正当的贸易障碍。

通过《密码政策指南》以及相关建议,OECD 确定了基本的密码应用通用准则。可以看出,OECD 确定的密码原则较为灵活,其旨在通过一个灵活的框架来促进全球密码政策的合作协调。事实上,由于上述原则的含糊并存在多重解释,各国可以选择"隐私导向型"或"执法驱动型"的密码政策,但最终仍然需要各国综合考虑信息安全、隐私、执法、国家安全等因素,寻求平衡机制。

(2)欧盟:以密码使用自由为导向的协助解密制度

欧盟一直致力于在解密、密钥恢复、可信第三方托管和隐私、用户数据保护、高强度密码开发、密码开放源码(open-source encryption)之间寻求平衡,其要点包括:①出口内外有别;②注重密码应用于电子商务,鼓励密码技术发展;③执法机构的密钥恢复应当严格限定,确保包括程序在内的恢复正当性和有效性;④保护消费者隐私(一方面通过限定执法机构的密钥恢复,保证用户通信自由,另一方面通过发展高强度密码,维护用户合法数据的自由传输)等权利。

1)协助解密义务与密钥恢复机制并行

欧洲理事会《1995 年关于通信合法拦截决议》(Resolution of 17 January 1995 on Lawful Interception of Telecommunications, 96/C329/01)规定网络运营/服务提供者对通信信息进行编码、压缩或加密时,执法机构有权要求网络运营/服务提供者提供拦截通信的解密明文,以履行其协助解密义务。这就表明,网络运营商和服务提供者如果使用了加密技术,则其有义务对执法机构提供合法拦截信息的明文内容。

1995 年 9 月 11 日,欧盟理事会发布《信息技术刑事诉讼法律相关问题建议》[Recommendation No. R (95) 13 of the Committee of Ministers to member states concerning problems of criminal procedural law connected with information technology adopted on 11 September 1995]并声明,"应当考虑能够降低因应用加密技术给刑事犯罪侦查带来的负面影响的措施,但不应对加密技术的合法使用造成不必要的影响"。但是建议本身并未说明应采取何种措施或者如何平衡用户隐私保护与执法机构实现合法监听目的之间的利益冲突。

1996 年至 1997 年,欧盟致力于建立欧洲范围内的可信第三方服务网络(Europe-wide network of Trusted Third Party Services, ETS),其主旨在于建立公众密码加密用途的基础设施(PKI),同时涉及合法访问加密信息的问题,例如密钥恢复。1997 年,作为对 OECD《密码政策指南》的响应,《波恩部长声明》(Bonn Ministerial Declaration)中阐述了强密码的重要性,认为执法机构的合法访问措施应当具备适当性和有效性。

2)以欧盟《网络犯罪公约》为代表的协助解密规范

2001 年 11 月 23 日,欧盟《网络犯罪公约》(Cyber-crime Convention)及其解释性备忘录正式被欧洲理事会通过。虽然该公约并不会被其成员国直接使用,但是公约会被转化为成员国的国内法以发挥效力,因此其对欧盟各国法律制度的构建而言具有重要的影响。欧盟《网络犯罪公约》规定了涉及加密和解密的规则,主要包括:

第一,该公约的第 18 条设置了关于产品令状的规定,要求各缔约国应当采取必要的立法和其他措施,以令状的方式授权其主管机构能够要求:①其管辖范围内的个人提交存储于计算机系统或数据存储介质中的在该个人占有或控制下的特定计算机数据;②管辖范围内的服务提供者提交其占有或控制下的服务用户信息。其中,"用户信息"指服务提供者持有的,与其服务用户相关联的,通过该信息、通信或内容数据方能确立的任何以计算机数据或其他形式存在的信息,包括:①使用的通信服务类型、技术装置及服务期;②基于服务合同或安排的可用的用户身份信息、邮编或居住地、电话号码或其他可用号码、账号和支付信息;③基于服务合同或安排的可用的与通信设备装置相关的任何其他信息。

第二,该公约的解释备忘录第 176 段增加内容:"缔约国可以设定义务,要求特定计算机数据必须以令状规定的方式提供,例如以原文的形式提供数据或信息。”

第三,该公约的解释备忘录第 62 条同时指出,加密技术“原则上应当考虑对隐私的合法保护,并且应当考虑采取权利保护措施”。因此对于加密技术的应用应被视为是一种合法的权利,从而确立了加密技术在隐私保护中的法定地位。

上述规定表明:《网络犯罪公约》允许但不强制参与方制定解密规则,同时不能排除加密技术的使用。

3)数字经济时代加密与执法的动态平衡

从欧盟的相关政策立法可以看出,欧盟的态度倾向于密码使用自由化,在涉及密钥托管问题时,其采取了必要原则和特权最小化原则,在欧盟层面的立法中并未采用密钥托管制度。但是,随着全球网络安全态势的持续恶化,越来越多的服务提供者开始默认使用密码技术作为产品和服务的默认配置,这也在一定程度上提升了执法难度。2020 年 11 月,在奥地利和法国发生恐怖袭击之后,欧盟委员会提议禁止在瓦次普(WhatsApp)和希戈纳(Signal)等现有应用上使用端到端的加密功能,同时提出,立法者、学术界、产业界之间需要采取协调的方法,以提出一个服务于各方的替代方案,从而做到既能禁止在数据传输的每个阶段都对其进行完全加密,又能提供有效安全的解决方案。这表明,欧盟可能开始考虑放弃以往完全“放任自由”的密码管理态度,对潜在的密码滥用问题投入必要的立法关注。

2020 年 12 月 14 日,欧盟理事会最终通过了名为《通过加密保障安全和加密的安全问题》(Council Resolution on Encryption Security through encryption and security despite encryption)的决议。在该决议中,基于加密对保障安全通信的重要意义,欧盟表示将会继续支持强加密的开发和利用,以便更好地保障公民和社会的基本权利。但是,加密技术越来越多地应用于公共和私人生活领域的同时,也给执法当局和司法部门带来了挑战。因此,欧盟倡导在加密和执法之间取得一种平衡,即既能够让加密继续发挥保护隐私的重要作用,同时执法当局和司法部门也能够以合法且具有针对性的方式获取相关数据,打击犯罪。为取得上述平衡,欧盟建议与产业界和学术界联手,加快强加密技术的开发,同时确定执法当局和司法部门获取加密数据的必要条件和合理方式。此外,欧盟还考虑建立一个统一的监管框架,使执法当局和司法部门能够有效地执行其业务任务,同时保护公民隐私、基本权利和通信安全。

2.3.2 域外主要国家和地区通信协助执法下密码管理制度的考察与评析

(1)美国

1)采用密钥托管机制的立法尝试

自密码技术"民用化"进程开始,美国政府在军用品管控思维下的密码政策几乎全面失效,在克林顿总统入主白宫后,美国政府事实上已经无力阻止密码技术的扩散。在这种情况下,美国政府开始寻求一种可接受的制度平衡,积极尝试所谓的"密钥托管"策略,该策略也构成了美国政府第一个阶段的密码管理立法的核心。

如前所述,密钥托管机制在允许通信采用强密码技术的同时,也能保证国家安全机构和执法机构的信息访问能力,这实际上提供了一种更为弹性的框架:一方面,政府可以放松对密码技术的研发、生产、销售、使用和出口等方面的限制,允许强密码技术和足够长度的密钥在通信中自由使用,保护通信安全,满足产业发展需求和用户隐私保护要求。另一方面,密钥托管要求使用密码技术的用户将其通信密钥托管给政府,这在特定情况下能够满足执法需求。

1993 年 4 月,美国正式公布《密钥托管倡议》(Escrowed Encryption Initiative, EEI),并提出了密钥托管机制,开始推广 Clipper 加密芯片的使用,其目的在于确保执法机构能够获取"备用钥匙",以对电子信息进行解密。白宫强调加密芯片是完全自愿的标准,政府机构在无法律依据的情况下不能强迫私营部门使用密钥托管系统。但是美国政府实际想要将密钥托管标准上升为国家标准。该倡议在质询期内,遭到了社会各界的强烈反对,密钥托管机制被广泛地认为是一种不安全的"后门机制",其不仅可能严重侵犯公民隐私,而且很容易被规避(例如,恐怖分子和犯罪分子可以通过选择未进行密钥托管的密码技术来实现其犯罪目的)。

为此,在 1996 年前后,美国对密码管理政策法规展开集中讨论,提出在当时法律框架下实现其与执法需求之间的利益平衡,早期严格的密码管控策略得到缓和。其中比较典型的参众两院立法提案包括:1996 年美国《加密通信隐私法案》(Encrypted Communications Privacy Act of 1996, S. 1587)允许任何州、哥伦比亚地区、波多黎各和美国领土内的任何公民,以及美国境外的任何公民使用任何加密技术(无论选择何种加密算法、加密密钥长度或加密使用的实施技术或方法)。但该法案的规定不得被解释为:①要求使用任何形式的加密技术;②限制或影响任何人使用不具有密钥托管功能的加密技术的能力,或选择使用具有密钥托管功能的加密技术但并不使用密钥。

1997 年美国《通过加密的安全和自由法案》(Security and Freedom Through

Encryption,SAFE,Act, R. 695)建议在美国司法部下创建国家电子技术中心:①作为一个中心,为联邦、州和当地执法机构有关解密和其他访问要求提供信息和协助;②检查加密技术和方法以增强有效获取通信和电子信息明文规定的执法能力;③开发有效的方法并提高现有访问明文方法的效率;④研究技术和科技以促进对通信和电子信息的访问;⑤获取关于最流行的硬件、软件和电信的信息,以及了解如何通过网络访问信息的能力的相关信息。

1998 年美国《保护个人权利在网络空间不受侵犯和滥用的加密法案》(Encryption Protects the Rights of Individuals from Violation and Abuse in Cyberspace Act, S. 2067)包含了通信和电子信息隐私保护、执法协助等规定。

从这一时期的美国立法提案可以看出,尽管在白宫层面仍然具有强烈的执法便利意愿,希望最大限度地限制密码技术的民用化利用,积极推动密钥托管机制在美国,甚至是在全球范围内的落地,[1]但迫于越来越严峻的网络安全风险态势,民权组织、隐私组织和产业界对"密钥托管"这种看似有效的平衡机制并不认可,并全力倡导自由化的密码技术商业化利用。同时,参众两院的立法提案也开始积极反应符合产业发展利益的策略主张,允许将加密技术作为保障通信安全的方法,并开始寻求对政府干预密码商用的限制。

2)以密码使用自由为导向的协助解密义务

最终,在 20 世纪的最后一年,美国白宫正式宣布放弃密钥托管策略。1999 年美国《网络电子安全法》(Cyberspace Electronic Security Act, CESA)规定,执法机构可以访问托管于可信第三方的密钥,不再强制要求通信服务提供者使用采取了密钥恢复机制或密钥托管机制的密码技术。美国政府计划向美国联邦调查局技术支持中心提供8000 万美元的资金支持,以帮助执法机构应对涉嫌密码技术的犯罪。同时为了保证侦查技术和工业贸易的秘密性,当事人的密钥依据法律程序为执法机构使用时,执法机构应通知当事人,并在使用该密钥后,对密钥相关信息加以销毁。

由此,美国的密码管理立法开始进入第二阶段,其民权组织、隐私组织和产业界所积极倡导的"密码自由"在很大程度上得到了实现,美国政府对于密码技术的国内使用几乎不设限制,整个民用密码领域对于国内用户使用本国密码产品和服务呈开

---

〔1〕 例如,美国曾经试图在《瓦森纳协议》中引入可出口的密钥托管规则,但该协议最终并未采用。1996 年6 月,OECD 讨论了各国政府采取密钥托管倡议的可能性。法国和英国是仅有的支持密钥托管的国家。荷兰、日本和北欧代表团直接反对该倡议。

放态势[1]。

同时,这一时期的美国密码管理立法开始转向关注“通过密码强化联邦信息系统网络安全”的议题,强制性的加密要求开始出现,加密策略似乎真正开始成为一项准则,而非例外。例如,2015 年 6 月,美国白宫管理和预算办公室(Office of Management and Budget, OMB)发布题为“要求保障联邦网站和网络服务连接的政策”(Policy to Require Secure Connections across Federal Websites and Web Services)的备忘录(M - 15 - 13)。该备忘录强制要求所有可公开访问的美国联邦网站和 Web 服务仅通过安全连接提供服务,指出目前可用于公共 Web 连接的最强大的隐私和完整性保护方式是安全超文本传输协议(Hypertext Transfer Protocol Secure, HTTPS)。备忘录从加密角度阐述了 HTTP 的不安全性,以及 HTTPS 安全保障方面的优劣势及落实过程中的考虑事项。

这一阶段,美国持续推动协助执法或规范协助解密义务的立法进程,包括美国《通信协助执法法》(Communication Assistance for Law Enforcement Act, CALEA)、美国《爱国者法》(Uniting and Strengthening America by Providing Appropriate Tools Required to Intercept and Obstruct Terrorism Act of 2001, USA PATRIOT Act)、美国《自由法》(The USA Freedom Act)等。

尤其是美国《通信协助执法法》,其中对通信服务提供者提出明确要求,规定通信服务提供者必须在其系统配置符合“通信监听”要求的功能,为执法机关对通信进行监听预留必要的设备“通道”,这是对协助执法义务的明确规定。该法第 103 节“协助能力要求”规定:除运营商提供用户加密通信,运营商需要处理解密所需的必要信息之外,通信运营商无解密或确保政府实现解密的义务。上述规定表明,只有在通信服务提供者对通信进行了加密或持有解密信息时,才有义务对加密通信进行解密,但是该解密能力的要求存在例外,即通信服务提供者对于客户实施的通信加密,不承担解密或确保政府具有解密能力的责任。由此可见,考虑到密钥托管制度可能引发的隐私保护争议,该法更倾向于通过规定通信服务提供者的协助解密义务,以满足其通信

---

[1] 但需要注意的是,美国政府对于密码技术使用的顾虑从来没有消失过。例如,在 2014 年 9 月,美国苹果和谷歌公司宣布将通过修改操作系统软件增强智能手机用户的安全性,此次修改将在默认情况下对用户手机内容进行加密,并且只有用户可以解密。这一做法引起了美国执法机构的关注,其认为无法访问通信数据将会对侦查工作造成阻碍。为此,2015 年 4 月 29 日,美国众议院政府监督和改革委员会的信息技术小组举行了名为“加密技术与潜在政策反应”的听证会,围绕如何促进执法,以及刑事司法系统如何处理加密通信问题展开。

监听执法的技术需要,但是仅以通信服务提供者持有解密信息或解密密钥为限。

3)数字经济时代协助解密规范的再审视

进入数字经济时代之后,美国持续进行协助解密立法的新尝试。2019 年 11 月 21 日,美国众议院引入《2019 年刑事司法技术法案》(Technology in Criminal Justice Act of 2019),旨在帮助州和地方执法机构实现电子证据程序的现代化,并为其配备资源、知识和支持,使其在拥有合法权限时能够访问、解密和使用数据。

2020 年 6 月 23 日,美国参议院引入《合法访问加密数据法案》(Lawful Access to Encrypted Data),旨在通过禁止恐怖分子和其他不良行为者使用"防止搜查"的加密技术掩盖非法行为,以保障国家安全利益。该法案要求,服务提供者和设备制造商应在执法机构需要访问加密设备或数据时为其提供协助,但仅在法院基于犯罪发生的可能原因发出逮捕令后,才能授权执法机构进行搜查和抓取数据。该法案确保执法机构能够合法访问加密数据,一旦获得令状,法案将要求服务提供者和设备制造商协助执法机构访问加密数据,前提是协助有助于令状的执行。该法案还允许美国司法部长向服务提供者和设备制造商发布指令,以报告其遵守法院命令的情况,包括实施时间表。此外,该法案鼓励技术创新,指示美国司法部长设立一个奖项,以奖励那些在加密环境中创造合法访问解决方案,同时使隐私和安全性最大化的参与者。同时,该法案将为美国司法部国家国内通信协助中心(National Domestic Communication Assistance Center,NDCAC)的一项拨款项目提供资金,以增加执法机构的电子证据培训,并创建了一个在调查期间提供咨询和协助的呼叫中心。

该法案获得了执法机构的支持,但也迅速引起了隐私倡导者、互联网自由组织和科技巨头的强烈反对。电子前沿基金会(EFF)资深律师指出,"该法案将使司法部有能力要求加密设备和操作系统的制造商、通信服务商以及许多其他公司必须具有根据请求解密数据的能力,即设置后门"。包括脸书、谷歌、微软、苹果、推特在内的主要科技巨头都呼吁拒绝该法案。

(2)英国

1)密钥托管机制的政策摇摆

英国贸工部(Department of Trade and Industry, DTI)[1]于 1996 年 6 月发布的《关于公共网络加密应用的管制文件》(Paper on Regulatory Intent Concerning Use of

[1] 现为英商业企业与监管改革部(Department for Business, Enterprise and Regulatory Reform, BERR)。

Encryption on Public Networks),建议对可信第三方托管的许可和规制进行立法。随后,政府提出数据加密和电子签名服务提供者必须申请可信第三方所发布的官方许可证。这种许可机制的一个重要条件即为服务提供者被要求保留其客户的私人数据加密密钥副本(不包含签名密钥),因此,执法机构在必要时可以通过拦截令状来访问这些数据。产业界认为,对加密服务提供者的强制许可将阻碍电子商务的发展,同时犯罪分子也可以通过制定对策规避这种控制。

这一政策文件与美国 Clipper 芯片及后续举措有着相似之处。尽管其并未对官方限制用户选择加密产品做出规定,但是其提出的方案通过强制密钥恢复的形式,有效实施了国内的密码使用限制政策。文件规定,任何提供加密服务的组织(例如认证机构、密钥托管机构和其他可信第三方,不包括个人)必须取得一个许可证,每个用户有义务将其私钥存放在这些已获得许可证的机构,这些机构将在集中存储数据库中持有密钥,使得其具有执法恢复的可能,并不会告知用户其密钥已经被披露。实质上,这一制度赋予政府拦截和监听所有数字通信的权力。

1999 年 5 月,英国发布《"建立电子商务信心"咨询文件》(The Consultation Document "Building Confidence in Electronic Commerce"),鼓励服务商提供密码服务,但不再强制要求其提供密钥托管或密钥恢复服务,也不要求授权的服务商存留解密密钥或将其存放于第三方,即密钥托管和第三方密钥恢复不需要许可,在任何情况下都是自愿的。英国的网络权利和网络自由团体主导了对英国政府建议限制加密的反对,其指出,执法权力忽视了"基本人权",例如言论自由和隐私权,并且不符合欧盟 1997 年发布的通讯以及经合组织的《密码政策指南》。

2)协助解密义务的立法尝试:英国《2000 年调查权管理法》

2000 年,因为英国情报机构对于首相的决定表示担忧,在英国《电子通信法》(Electronic Communications Act 2000)中,内政部设置了一项残留的权力,即建立了加密服务的注册登记制度。同时,该法第 14 条做出了"禁止密钥托管要求"的规定:该法不应当被认为是授权政府"向任何保存他人电子数据密钥的第三方进行强制性要求"。

英国《2000 年调查权管理法》(The Regulation of Investigatory Powers Act 2000, RIPA)于 2000 年 7 月 26 日由英国议会批准,其中授权企业和政府机关监听员工电子邮件通信和其他网络通信的使用,要求网络服务提供者配合国家侦查犯罪目的自费安装指定设备,并设置刑事责任强制网络服务提供者提供解密方法。

该法第三部分针对“加密电子信息的监控”作出了具体规定,主要包括以下几个方面的内容:

- 要求披露加密电子信息的通知

该法规定,适当的人员(如执法机构、安全机构或情报机构的人员)有权向合法持有或可能持有加密信息的个人或团体发出通知书,命令其以明文形式披露加密信息。

第一,通过通知书的方式要求披露的加密信息范围。根据该法的规定,只有通过合法途径获取的加密信息,才可以向加密信息持有人发出通知要求其以明文形式披露:①通过司法令状获取[根据英国《1984年警察与犯罪证据法》(Police and Criminal Evidence Act 1984)];②根据该法第一部分第二章或第二部分的规定,经合法授权而获取;③通过特定机构拥有的合法权力(非令状)而获取[根据英国《1979年海关和关税和消费税局管理法》(Customs and Excise Management Act 1979)];④已经合法地被某机构所拥有,但不是通过合法权力而获得的信息(如自愿呈送的信息)。

第二,基于特定条件。该法规定,任何获得令状许可的人员可以向其认为掌握加密密钥的人发出通知,要求其披露加密信息,但是必须满足以下特定条件:①加密信息的相关密钥确实为某人持有;②基于国家安全利益的考虑,或出于打击或侦查犯罪的目的或基于英国经济利益考虑,以及公共权力机构安全有效地实施其合法权力和职责,必须要求披露这些加密信息;③采用强制披露的手段必须与其意图达到的目的相适应;④通过其他合理方式无法获取该加密信息的明文。

第三,该法同时规定了要求披露加密电子信息通知的内容和形式:①必须通过书面形式发布或通过某种已经给出的可以生成记录的方式发布(如果没有书面方式);②详细说明通知下达的原因(基于国家安全利益的考虑,或出于打击或侦查犯罪的目的或基于英国经济利益考虑,以及公共权力机构安全有效地实施其合法权力和职责);③详细说明发布通知人的职务、级别和职位;④详细说明授权人的职务、级别和职位或者无须授权人的权力来源;⑤详细说明完成通知的合理时间;⑥详细说明要求披露信息的形式和方式;⑦对于单纯生成电子签名的密钥无须披露。

第四,当不止一人持有加密密钥时,通知应当向公司或企业的高级职员发布,除非这样做将导致通知的目的无法实现。

第五,通知接收人只能向发送通知或通知中指定的、认为等同的人员披露加密信息的内容。

- 要求披露加密信息通知的效力

该法规定不同情况下通知接收人的义务如下:①持有加密信息并且具有读取信息、解密信息能力的通知接收人收到通知后,可以用其掌握的任何方法将信息解密为可读形式,并且必须根据通知要求将该信息以可读形式予以披露。②通知中要求以明文形式披露加密信息时,通知接收人可以选择按照通知的时间披露明文形式的可读信息,而无须披露相关密钥。③对于不持有加密信息,或者仅凭其自己掌握的密码不足以将加密信息转换为可读形式的通知接收人,或者通知中本身包含要求披露密钥的指示时,持有加密密钥的通知接收人应当按照要求的时间披露其所掌握的足以达到通知目的的密钥,而无须交出其所掌握的其他密钥。④对于不掌握加密密钥的通知接收人,应当披露其所掌握的任何有利于寻找密钥的相关信息。

- 要求披露密钥的条件

该法针对要求披露密钥的条件做出了具体规定:①要求披露加密电子信息的通知可以不包含只需披露密钥的声明,除非批准下达通知的人员已经给出了类似指示。②发出披露密钥指示的人必须具备一定级别,如英国警察总长或相当级别的人员。③有关人员发送的披露密钥的指示应当与其所欲达到的目的是相称的,判断是否相称时,必须考虑此密钥包含的其他信息的安全以及由于披露密钥可能带来的负面影响。④要求披露密钥的指示必须在 7 日内以适当的形式告知英国情报机构局长或总监控局局长。

- 对披露加密信息的补偿

该法规定,根据通知要求而公开加密电子信息的通知接收人,在执行通知时造成损失的,有权获得适当的补偿,只要国务大臣认为通知的要求是适当的,其有责任安排使用国会的拨款来支付这笔费用。

- 犯罪和刑罚规定

该法明确规定:①通知接收人故意不按照通知要求披露加密信息,则构成犯罪。第一,只要能够证明行为人在发出通知前持有该加密密钥,就可以对其进行有罪指控,除非行为人有充足的排他性证据可以证明其在通知发送后至要求披露密钥前,已经不再持有该密钥。第二,被提起诉讼的被告人,可以提出如下辩护理由:要求其在通知指定的时间内披露该加密信息是不合理、不可行的,一旦条件许可,其可以披露该加密信息。第三,构成犯罪的,起诉审可判处 2 年以下有期徒刑,单处或并处罚金(没有最高额限制);简易审可判处 6 个月以下有期徒刑,单处或并处罚金(最高不得超过 5000 英镑)。

②有明确保密要求的通知接收人或者其他知道该通知的人发送通知或者将通知的内容泄露给他人,构成犯罪。第一,发出有明确保密要求的通知,必须经批准发出通知人的授权,或者告知发出人享有该项权利。第二,针对有明确保密要求通知的范围做出明确限定:只有在加密信息已经或者可能被英国警察、关税和消费税局或情报机构所掌握的情况下,为了保证监控的有效性,保障任何人的人身安全、财产利益,可以在通知中标明具有明确的保密要求。第三,构成犯罪的,起诉审可判处 5 年以下有期徒刑,单处或并处罚金(没有最高额的限制);简易审可判处 6 个月以下有期徒刑,单处或并处罚金(最高不得超过 5000 英镑)。

- 保障措施

该法规定,当加密电子信息权利人的合法权利受到侵害时,其有权请求获得司法救济,具体机构在接收通知人呈送的材料时应当履行以下职责,并采取相应的保障措施。①保障条款适用于所有可能处理通知接收人呈送材料的人员,具体包括:英国国务大臣和政府各部门大臣、各警察局局长、关税和消费税局局长及其职员或雇员中有权发送通知的人员。②上述人员的具体职责包括:任何被披露的信息只能用于通知所规定的目的;信息的使用是合理的;使用和保留该信息是适当的;信息的公开使用应当控制在最小范围之内;密钥应当安全保存;信息使用完应当立即销毁。③未采取适当措施保护密钥或没有正确执行保护措施而导致密钥丢失或受到损害时,当事人应当承担民事责任。针对这一情况有权提起诉讼的主体限于通知要求其披露加密信息的人员或者执行通知而导致其自身加密信息或密钥被公开的人员。

2006 年 5 月 10 日,英国内政部部长向议会承诺,在经过质询后将开始适用《2000 年调查权管理法》第三部分的规定,要求公民向授权人员提供加密密钥。同时,《2000 年调查权管理法》起初允许警察在没有法庭令状的情况下获取公民浏览器活动的历史记录,但在随后,有关加密服务的规定全部被删除。

3)协助解密义务的强化与更新

早在 2012 年,英国就公布《2012 年通讯数据法(草案)》(Communication Data Bill of 2012),尽管其遭到社会各界批评且被称为“窃听宪章”(snooper charter),但该法案的演变版《2016 年调查权力法》(Investigatory Powers Act of 2016, IPA)最终于 2016 年 11 月 29 日获得通过。《2016 年调查权力法》是对英国元数据监控、通信内容拦截、通信协助执法及加密技术进行的全面现代化更新。

根据《2016 年调查权力法》,英国国务大臣经司法专员授权和批准后,可以向运营商发送“技术能力通知”(Technical capability notices),该通知可要求运营商删除其自身或其代表对任何通信或数据进行电子保护所采用的加密机制,以协助执法机构执行拦截令状,且其应当以“可理解的形式”向执法机构提供信息,此外,由于“技术能力通知”相关规定的模糊性,其能否在未来服务中直接作为限制端到端加密的法律依据仍然有待于进一步观察。

(3)印度

1)协助解密义务的立法确认

印度 2000 年颁布的《信息技术法》(The Information Technology Act, 2000)第 69 条规定,为维护印度国家主权和领土完整、保障国家安全、促进外交友好关系、维持公共秩序以及防止重大犯罪发生,政府机构对计算机存储或传输的信息可以进行拦截或解密。

但在孟买爆炸案之后,印度政府开始全面升级国家安全与公共安全事项的管控等级,其中就包括更为严格的密码管理策略。[1] 2008 年,印度修订《信息技术法》第 69 条,授权政府官员或者警察可以监听任何电话、阅读任何短信及电子邮件、监视任何访问网站,且无须获得检察官的令状。该规定与印度《宪法》第 21 条关于公民自由的规定相冲突,也引起了利益相关方的强烈不满。在通过前述修正案后不久,印度政府制定了 2009 年《信息技术(截获、监听和解密信息的程序和保障措施)规则》[Information Technology (Procedure and Safeguards for Interception, Monitoring and Decryption of Information) Rules, 2009],其中阐明了解密的参数和所需的协议。例如,解密协助被定义为“仅当中间人控制解密密钥时,允许在可能的范围内访问信息”,这就免除了端到端加密提供者对其网络上的信息进行解密的责任。

2010 年,印度政府要求黑莓制造商提交黑莓公司服务器传输信息的密钥。2011 年,印度再次修订《信息技术法》,其中第 7 条明确规定,任何向政府提供信息的中介机构应该经过合法授权。其所提供的信息是为了对个人身份进行鉴定与核准或者为了预防、调查与起诉网络安全事件或者法律规定的网络犯罪活动,网络服务提供者应向权力机关披露加密信息的内容,这实际上间接明确了服务提供者的协助解密义务。

---

[1] 在孟买爆炸案中,恐怖分子被认为通过加密通信来传递信息。

2)强化协助解密义务的尝试

2015 年,为平衡各方矛盾,并满足《信息技术法》第 84A 条的要求,印度电子和信息技术部(Department of Electronics and Information Technology, DeitY)起草了印度《国家加密政策(草案)》(Draft National Encryption Policy),旨在保障个人、商业、包括国家关键信息基础设施在内的政务信息系统和网络的信息安全环境和交易安全,这代表印度密码法治发展的新阶段。其中倾向于强化加密政策中的执法需求,不仅是对各类主体之间的加密通讯附加了 90 天的存留要求,更是对使用者提供明文的义务进行了额外强调。上述举措可以在放松使用限制的情况下保障执法机构获得必要执法信息的能力,但其规定的执法权力过于广泛,这也导致该草案一经发布,即面临来自印度产业专家、互联网观察员和网民的强烈反对,并最终被撤回。

3)数字经济时代密钥托管机制的再选择

印度的加密政策在"如何平衡个人隐私、数字基础设施安全和政府对个人数据的访问三者之间的关系"方面认识不清。为了提供利益平衡的解决方案,解决强加密和隐私的竞争关系,并满足执法访问的现实需求,2020 年 12 月,印度全国软件与服务公司协会(National Association of Software and Service Companies, NASSCOM)和印度数据安全委员会两个行业机构联合发布了《讨论文件:印度加密的未来道路》(Discussion Paper Series: The Road Ahead for Encryption in India)报告,鼓励寻求一种端到端加密的替代方案,即采用执法机构访问加密信息的本地密钥托管机制,其中要求解密密钥存储在设备本身,这意味着,如果中介机构合法拥有该设备,就可以进行解密。这一方案将限制远程解密,旨在明确违法犯罪和政府越权之间的界限。

(4)俄罗斯

2016 年 6 月 24 日,俄罗斯通过《"反恐法"和在个别法律法规中确立反恐和社会治安补充措施的修正案》(Federal Law No. 374 – FZ "On Amendments to Federal Law 'On Counteracting Terrorism' and to Certain Other Legal Acts of the Russian Federation with regard to Establishing of Additional Measures on Counteracting Terrorism and Ensuring Public Security"),对《反恐法》、俄罗斯联邦《行政处罚法》、《信息、信息技术与信息保护法》、《通信法》等法律予以修订,明确了互联网传播信息的组织者协助解密义务及其违规的法律责任。第一,修订俄罗斯联邦《行政处罚法》,在第 13.31 章增加第 21 条:"在互联网传播信息的组织者,如果其不履行向联邦安全权力执行机关提供对接收、传输、送达和处理的电子信息进行解码的必要信息的义务,将对公民个人或公职人员处以高额的行政罚款。”第二，补充2006年的《信息、信息技术与信息保护法》(Law No. 149 - FZ “On Information, Information Technologies and on the Protection of Information”)第41条，规定在互联网上传播信息的组织者，如果在接收、传输、送达和处理互联网用户电子信息时使用了电子信息附加加密，或者为互联网用户提供了电子信息附加加密的可能性，则其必须提供对应的解码信息。第三，补充《信息、信息技术与信息保护法》第31条，规定在互联网传播信息的组织者必须按照俄罗斯联邦法律规定的情形，向国家侦查机关或者俄联邦安全机关提供该章第3条规定的信息。

(5)澳大利亚

加密技术的普及与广泛应用使全球各国执法机构共同面临所谓“黑暗时代”的挑战，2018年8月，澳大利亚、加拿大、新西兰、英国和美国组成的所谓的“五眼情报联盟”(Five Eyes Nations)在《关于证据获取和加密的原则声明》(Statement of Principles on Access to Evidence and Encryption)中强调，技术供应商应和政府共同承担公共安全责任，因而其有义务协助执法机构。在此背景下，澳大利亚于2018年12月通过了饱受争议的《电信与其他立法修正(协助与访问)法》(Telecommunications and Other Legislation Amendment Assistance and Access Act, TOLA)，对包括澳大利亚《电信法》《刑法典》《行政决定(司法审查)法》《独立国家安全立法监督法》《电信(拦截与访问)法》《安全情报局法》《监控设备法》《海关法》等在内的众多法律进行了一揽子修正，并进一步对情报机关以及执法机关获取“指定的通信提供者”的加密通信信息与数据进行了广泛的立法授权，系统强化了第三方的协助执法义务，旨在为执法和情报机构建立与加密技术有关的自愿和强制性行业协助框架。

根据TOLA的规定，为获取特定使用者的加密信息与数据，澳大利亚情报机关以及执法机关可以通过采用以下3种自愿+强制的技术协助方式之一要求第三方提供执法协助：①技术协助请求(Technical Assistance Request, TAR)。TAR是针对网络服务提供者的一项自愿性质的请求，由澳大利亚安全情报局(ASIO)局长、澳大利亚秘密情报局(ASIS)局长、澳大利亚信号局局长，或者包括澳大利亚联邦警察(AFP)、澳大利亚犯罪委员会(ACC)以及州和领地警察等“拦截机关”的首席长官签发，可以绕过强制性通知的监督规定，请求获取指定的通信提供者的通讯与数据，并由通信提供者自愿决定是否提供协助。②技术协助通知(Technical Assistance Notice, TAN)。TAN属于强制性通知，只能由澳大利亚安全情报局局长或者拦截机关的首席长官签发,要求指定的通信提供者使用现有的拦截或者解密能力,提供获取通信信息的渠道,例如解密通信内容。TAN 应用的对象是特定的网络服务提供者,因此 TAN 不得要求网络服务提供者建设其不具备的技术能力或功能。③技术能力通知(Technical Capability Notice, TCN)。TCN 属于强制性通知,要求指定的通信提供者建设基础设施,以满足后续的技术协助通知的要求。技术能力通知只能由澳大利亚安全情报局局长或者拦截机关的首席长官提出请求,由澳大利亚司法部长经通信部长同意后签发,以书面方式送达通信提供者,例如,执法机构有权强制企业在预期会收到 TAN 或 TAR 的情况下开发新的解密技术能力。

总体而言,澳大利亚执法机构或情报机关可以借助上述 3 种法律工具,达到下列目标:①在"指定的通信提供者"已具备能力的情况下,要求"指定的通信提供者"对特定通信进行解密处理;②要求"指定的通信提供者"提供相关技术信息,包括"源代码、网络或服务设计方案、通信服务中设计的第三方提供者的有关情况、网络设备的配置和加密方案"等。法案赋予了情报和执法机构请求或要求通信供应商协助访问加密通信的权力。尽管澳大利亚政府一再否认这一法案将为政府监控提供后门程序,并且针对加解密在第 317ZG 节还明确禁止要求"指定的通信提供者"建立新的解密能力,或要求"指定的通信提供者"采取系统性的措施以降低认证或加密的有效性。但业界认为,破解加密通信与提供后门程序的效果类似。

(6)欧盟成员国

欧盟成员国也支持在调查网络犯罪等行为中,执法机构可以通过协助解密获取数据。在德国,内阁于 2021 年 9 月 8 日批准了《2021 年德国网络安全战略》(Cyber Security Strategy for Germany),其中授权了安全机构对加密通信的访问。在瑞士,一项关于使用政府软件的具体规定中,允许在设备上安装软件,以便在加密通信之前或在接收设备解密之后访问加密通信。2019 年 3 月 1 日,荷兰《第三号计算机犯罪法》(Computer Crime Act Ⅲ)[1]生效,该法为执法机构获取加密数据和使用技术工具收集加密数字证据提供了合法依据。2020 年 4 月 1 日,瑞典一项关于机密数据读取的法律规定,瑞典管辖范围内在对严重犯罪进行调查时,其执法机关可以在嫌疑人不知

---

〔1〕 荷兰《第三号计算机犯罪法》修订了荷兰《刑法》和《刑事诉讼法》,以改进和加强对网络犯罪的调查和起诉。

情的情况下安装被认为是获取加密数字证据所必需的软件或设备。[1]

(7)新加坡

新加坡1994年《计算机滥用法》(Computer Misuse Act)和2010年《刑事诉讼法》(Criminal Procedure Code 2010)中也涉及通信协助执法的部分规定。根据相关规定，警务人员经检察官授权具有访问解密信息的权力。经授权后，其有权要求任何涉嫌正在或已经使用计算机进行犯罪的人，或者任何管理计算机的人，或者与此计算机操作有关的人，协助执法机构进行技术侦查。同时，警务人员经授权也可以合法访问其拦截信息的明文，并解密其任何相关数据。任何阻碍警务人员或经授权人合法执行监听权力，或者不遵守警务人员或经授权人要求的人，将被单处或并处罚金及3年以下有期徒刑。

综上所述，在密码泛在化使用和强加密环境下，全球各国家及地区的密码政策立法长期致力于寻求加密与执法之间的动态平衡。尽管在不同的历史时期内，针对加密政策会出现不同的价值倾向，导致"宽严迥异"的政策范本，但从全球加密政策的整体发展趋势来看，安全、发展和隐私之间的矛盾仍然未能妥善解决。包括美国在内，尽管其在"密码战争"中最终放弃了"密钥托管"的尝试，承认密码技术的国内使用自由，但在2016年和2020年美国联邦调查局与苹果公司的两次"解密对抗"中，执法便利的诉求仍然是其政府希望实现的核心突破。

2.4 我国通信协助执法下密码管理制度的现状及完善建议

2.4.1 我国通信协助执法下密码管理制度的现状和问题

我国目前已经初步建立了通信协助执法下密码管理制度的雏形，例如《反恐怖主义法》第18条规定，电信业务经营者、互联网服务提供者应当为公安机关、国家安全机关依法进行防范、调查恐怖活动提供技术接口和解密等技术支持和协助。《网络安全法》第28条规定，网络运营者应当为公安机关、国家安全机关依法维护国家安全和侦查犯罪的活动提供技术支持和协助。《数据安全法》第35条规定，公安机关、国家安全机关因依法维护国家安全或者侦查犯罪的需要调取数据，应当按照国家有关规定，经过严格的批准手续，依法进行，有关组织、个人应当予以配合。

从企业通信协助执法义务的性质来看，上述法律普遍设置了企业通信协助执法

[1] *Secret data interception to be permitted for serious offences*, (Feb. 19 2020) https://www.riksdagen.se/en/news/2020/feb/19/secret-data-interception-to-be-permitted-for-serious-offences-juu19/.

的强制性义务,其中《反恐怖主义法》明确规定了电信业务经营者、互联网服务提供者的解密支持和协助的义务,即对协助解密义务首次做出了原则性规范。同时,上述法律还明确了不履行前述通信协助执法义务应当承担的法律责任,分别体现在《反恐怖主义法》第 84 条、《网络安全法》第 69 条、《数据安全法》第 45 条中,但是其中规定的法律责任均限于行政法律责任,且处罚力度普遍较轻,通常多为有限的罚款,仅在情节严重的情况下才可能涉及行政拘留,更不可能涉及刑事责任的承担。反观国外相关立法规定,例如英国《2000 年调查权管理法》明确规定,通知接收人故意不按照通知要求披露加密信息,则构成犯罪,即只要能够证明行为人在发出通知前持有该加密密钥,就可以对其进行有罪指控,构成犯罪的,起诉审可判处 2 年以下有期徒刑,单处或并处罚金(没有最高额限制);简易审可判处 6 个月以下有期徒刑,单处或并处罚金(最高不得超过 5000 英镑)。

从我国企业通信协助执法义务的履行来看,其都受到一定的实体和程序限制。可以看出,《反恐怖主义法》《网络安全法》《数据安全法》等针对企业通信协助执法义务履行的限制性条件都做出了原则性规定。例如,《反恐怖主义法》规定的电信业务经营者、互联网服务提供者应当履行的解密支持和协助的义务并非一般意义上的情报收集活动,因此其不能被用于与反恐怖主义无关的目的。《网络安全法》规定的网络运营者应当履行的技术支持和协助义务同样存在相应限制:一是公安机关、国家安全机关须经法律法规的授权;二是企业履行通信协助义务的范围和程序应当遵守相关法律规定。《数据安全法》规定的有关组织和个人协助配合执法机关调取数据也应当按照国家有关规定,经过严格的批准手续,依法进行。

此外,最高人民法院、最高人民检察院、公安部《关于办理刑事案件收集提取和审查判断电子数据若干问题的规定》第 3 条规定,人民法院、人民检察院和公安机关有权依法向有关单位和个人收集、调取电子数据。有关单位和个人应当如实提供。第 13 条规定,调取电子数据,应当制作调取证据通知书,注明需要调取电子数据的相关信息,通知电子数据持有人、网络服务提供者或者有关部门执行。但我国目前的通信协助执法下密码管理制度总体而言只是框架性的,在实践层面的可操作性有待进一步提升。

2.4.2 完善我国通信协助执法下密码管理制度的建议

(1)明确协助解密义务

从现实情况分析,想要一劳永逸地解决政府执法需求是不现实的,新技术膨胀所产生的执法能力削弱问题很难单靠政府力量解决。为此,各国政府开始考虑寻求有关单位和个人的协助,通过立法确定强制性的协助执法义务。法律意义上的协助执法制度是指,执法机构在进行侦查和刑事调查时,有关单位和个人有义务提供执法便利。这种便利应当做广义理解,即有助于侦查和调查的协助行为都应当包含在协助执法的范畴之内,而围绕密码管理,这一协助要求通常是明确而具体的,即在必要时,执法机构有权要求密钥持有人披露明文或者密钥。

通信服务提供者向执法机构提供的信息通常要求必须是明文的,也就是说,通信服务提供者通常负有协助解密的义务。关于协助解密义务,不同国家的规定有所不同。密码管理法律制度中,协助执法主体的义务通常为协助解密义务,在实践中,一般根据两种原则对此项义务进行限定。

第一,"谁运营,谁解密"原则,通信服务提供者应负责对其运营业务过程中所涉及的所有加密信息和数据进行解密,这通常会加重通信服务提供者的负担,而且在涉及跨国的多方加密主体时,通信服务提供者也很难具备所有加密文件的解密能力。目前,只有少数国家规定了这种严格的协助解密义务,即无论加密服务是否由通信服务提供者提供,都需要对已加密的通信进行解密。例如,2000 年荷兰《互联网流量通信监控功能规范(WAI 功能规范)》(Functional specifications for lawful interception of Internet traffic in the Netherlands)规定,网络运营商或者通信服务提供者应当帮助解除任何应用在通信内容或者监控相关信息上的加密或其他密码服务,用普通文字提供监听结果。[1]

第二,"谁加密,谁解密"原则,即执法机构只要求通信服务提供者对加密信息或部分的加密资源进行解密,这种方法看似会使执法机构的解密过程变得更为烦琐、复杂,实际上在应对多方高强度加密信息和数据的解密时,反而会以较高的效率实现执法机构的执法目的。大多数国家规定,通信服务提供者应当在其能力范围之内协助解密。通常情况下,如果通信服务提供者对通信信息进行编码、压缩或加密的,应当以明文形式向执法机构提供被要求的信息,或提供可将密文转化为明文的工具,即只有在通信服务提供者确实掌握密钥或者其他解密信息的情况下才应履行解密义务,而在用户自行加密的情况下不承担解密义务。

综合对比上述两种原则,建议我国参考美国的立法实践,仅要求密码服务提供者

---

〔1〕 马民虎、果园、方婷:《网络通信监控:法律与技术标准导读》,法律出版社 2013 年版,第 105 页。

解密其所提供加密服务的信息和数据及其他自有资源。

(2)明确协助解密主体的保密义务

通信协助执法对公民权益造成的最大侵害就是对其隐私与通信自由的侵犯。执法机构在要求通信服务提供者实施协助执法时,可能泄露公民的语音通信、即时通信、电子邮件等通信信息,这些信息很可能涉及公民的个人隐私。如果通信服务提供者有意或无意地泄露这些信息,势必会对公民隐私与通信自由造成重大侵害。因此,通信协助执法主体必须履行保守公民隐私的义务,对于在协助执法时涉及的公民个人通信信息,应当严格保密。同时,通信协助执法活动虽然一般规定了保密原则,但是如不明确其参与主体涉密时的刑事责任,在通信协助执法义务尤其是协助解密义务履行过程中难免会降低其公信力。对此,英国《2000 年调查权管理法》规定,有明确保密要求的通知接收人或者其他知道该通知的人发送通知或者将通知的内容泄露给他人,构成犯罪。因此,亦应在我国通信协助执法密码管理法律制度中明确通信协助执法主体及执法机构的保密责任及泄密后的具体处罚措施,从而加强通信协助执法活动的权威性和公信力,保障公民个人隐私不受侵犯。

(3)建立技术协助中心

技术协助中心是对执法能力的一种补强措施,通过建立专门性的研究机构为执法机构和情报机构提供获取加密数据的协助,包括数据获取和解密。技术协助中心通常受政府控制,尽管并没有在各国普遍建立,但已经日益受到各国政府的关注。目前比较成熟的国家技术协助中心以美国和英国的技术协助中心为代表。我国的相关科研单位(包括政府控制和第三方机构)也从事相关的技术协助,可以考虑抽调相关力量成立专门的技术协助中心。

1)美国技术协助中心

2012 年 5 月,美国联邦调查局在弗吉尼亚成立了专门的网络监控部门——国家国内通信协助中心(National Domestic Communications Assistance Center, NDCAC),成员包括来自美国法警署、缉毒局等单位的特工和工程师,职责是针对互联网、移动互联网和 IP 电话等网络通信实施拦截与监控提出更加完备的技术手段和解决方案,并为美国各州、地方和联邦警方提供技术协助。

在解密事项上,DCAC 的授权非常广泛,涵盖的内容包括:①拦截和解密讯佳普会话;②构建特制的无线监听硬件;③分析手机运营商的海量数据;④根据法院裁定要求社交网络提交相关数据等。[1] 此外,虽然美国司法部声称犯罪嫌疑人不能被强迫披露其掌握的密码,[2]但是 DCAC 将通过收集网络口令的方法,破解加密的文件和硬盘。由此可见,美国建立 DCAC 的目的在于为执法机构获取明文提供技术支持。尽管该协助中心不参与密钥管理的内容,但从披露的信息可以发现,该中心提供的技术方法包括对密码技术的规避和解密支持,参与通信的合法拦截、信息共享和技术协助,对执法机构的人员进行相关培训等。

针对解密协助,美国联邦调查局还成立了专门的技术协助机构,即密码分析和诈骗记录组(The Cryptanalysis and Racketeering Records Unit, CRRU)。CRRU 是美国联邦调查局内部的下属机构,其工作包含以下内容:①负责检查非法企业的人工加密文件和记录;②通过密码分析解密在信件、日记、分类账和其他类型的书面通信、记录和电子邮件中发现的人工代码和密文;③负责进行诈骗审查,检查和解密来自高利贷、卖淫、体育赌注和互联网赌博等非法业务的记录;④负责进行药品记录检查,解密药品销售相关记录等。由此可见,破解上述代码或密文是 CRRU 的专业职能,目前,CRRU 是美国唯一负责专门处理人工密码破译的执法机构,其审查专家包括语言学家、数学家和前执法人员。"二战"后,CRRU 不仅为美国联邦调查局处理的案件提供解密协助,还根据联邦、州、地方执法人员的请求提供其所需的培训和协助。

2)英国国家技术协助中心

2001 年,英国国家技术协助中心(National Technical Assistance Centre,NTAC)[3]成立,旨在提供数据解密和分析支持。NTAC 内的法院计算小组负责向英国的执法机关和情报机构提供技术支持,以协助他们获得受保护的数据。自 2006 年 4 月起,英国 GCHQ 负责履行这一机构的职责(NTAC 归入 GCHQ)。因此,英国 NTAC 在内政部的控制下,由英国国家刑事情报局运营,隶属 GCHQ。根据英国《2000 年调查权管理法》第三部分第 49 条的规定,当考虑行使该法第三部分的权力时,所有公共机构应当在早期咨询 NTAC,由其对政府机构能否正当地行使要求披露密钥的权力进行评估。

此外,技术协助中心将代表所有的执法、安全和情报机构 24 小时运营,在适当授权时帮助执法机关从合法拦截的加密通信和合法获得的存储数据中获取情报,负责

---

〔1〕 Declan McCullagh, *FBI quietly forms secretive Net-surveillance unit*(May 22, 2012), http://www.cnet.com/news/fbi-quietly-forms-secretive-net-surveillance-unit/.

〔2〕 也就是"不应自证其罪"的主张。

〔3〕 其作为英国内政部的组成部分而不是一个法定机构。

获得解密密钥。根据英国《2000 年调查权管理法》的规定,通信拦截只能在英国国务大臣签发令状时实施。英国 NTAC 将采取任何必要的处理措施,将拦截信息转化为明文,但其不会对任何拦截的信息内容进行分析。英国 NTAC 赋予执法机关从新的信息和通信技术中获取情报和证据的能力,在信息化时代加强了执法机关打击犯罪的能力,并为处理合法拦截的通信和依法查获的受保护的电子数据提供便利,从而预防和惩治严重的犯罪行为。

3)我国技术协助中心的实践考察和建议

当前,我国相关科研单位(包括政府控制和第三方机构)也具有从事相关技术协助的职能。例如,公安部第一研究所、公安部第三研究所均是从事公安科学技术研究,为公安业务部门和社会公共安全领域提供技术、产品、工程和服务的综合性研究所,业务领域覆盖安全检查、安全防范与警用信息集成、证件与防伪、技术侦查、警用通信与指挥系统集成、特种警用装备、信息安全、标准化与检测等方面。

同时,我国目前在执法取证的技术措施方面已经具备了一定的法律和技术基础,但是尚缺乏各方面技术能力都很强、能够在特定情况下为有关机关提供密码分析和破译服务的专门机构。我国可以借鉴美国和英国经验,抽调相关力量成立专门的技术协助中心,负责为执法机关和情报机关提供执法工作和情报工作所必要的解密技术协助,其中包括密码分析和破译方面的技术协助,以增强相关机构的执法能力。

(4)采取产业激励措施加强研发投入

我国目前在密码技术的研发投入方面与发达国家还存在很大差距。无论是在加密技术还是在分析破译技术上,都存在投入不足、自主可控能力欠缺的问题。而美国,正是由于其长期以来高度重视密码技术的发展,在密码领域始终保持国际领先地位,并牢牢掌控密码国际标准的制定权,才使其有足够自信开放国内密码市场,充分发挥密码技术在保障美国网络安全和信息化发展中的重要作用。因此,我国应当结合自身实际,借鉴美国良好的做法,通过立法明确加强密码研发与投入的产业激励措施。例如政府建立公私合作模式,由产业专家和政府合作解决密码、技术和执法访问等相关问题,加大在密码技术方面的投入,增强国家密码科研能力和水平,进一步提高国内密码产业的国际竞争力,执法机关处理加密数据的技术能力及其调查和提取数字证据的能力,以及情报机关在分析破译密码技术方面的能力。

3　网络安全审查制度

2021年7月2日，国家网信办发布公告称，将对“滴滴出行”实施网络安全审查，并要求“滴滴出行”在审查期间停止新用户注册。仅3天后，国家网信办即再次发布公告，对“运满满”“货车帮”“BOSS直聘”实施网络安全审查，同样要求其在审查期间停止新用户注册。这是我国自2016年《网络安全法》正式建立国家网络审查制度以来，首次公开对外披露相关审查细节，使这一极为“神秘”的安全保障制度进入公众视野，并引发持续热议。然而，在国家网信办发布审查公告时，我国事实上并没有在《网络安全法》项下明确对“CII采购”之外的审查权限，这也导致国家网信办针对“滴滴出行”等企业的审查活动面临“突破法律授权，扩大审查范围”的法理质疑。

为了解决这一矛盾，国家网信办联合国家发展和改革委员会、工信部、公安部、国家安全部、财政部、商务部、中国人民银行、国家市场监督管理总局、国家广播电视总局、中国证券监督管理委员会、国家保密局、国家密码管理局等多部委于2021年11月迅速对一年前刚刚颁布的《网络安全审查办法》进行修订，将“境外上市安全审查”和“数据安全审查”纳入国家网络安全审查的制度范畴。这一立法动议在一定程度上使国家网络安全审查更符合法律概念本身的应有之义，强化了保障国家安全的制度功能。但仅从当前的规范体系来看，我国对于国家网络安全审查的法治演进似乎过于仓促，新引入的两项审查事项与既有的审查结构并不能完全兼容——在审查对象、审查内容和审查程序方面均不能全面适用原有“CII采购审查”的成熟框架——导致制度本身的内在逻辑系统开始变得混乱，产生了一系列的法律适用问题。

为此，本章全面回溯了国家网络安全审查制度的“前世今生”，梳理了制度整体的法治化进程，探寻制度存在及其扩展的正当性基础。通过对现行审查结构的要素甄别，辨明了各审查事项之间“不兼容”的客观矛盾，以期“抛砖引玉”，引发各界反思，持续优化审查制度，真正构筑网络安全领域中国家安全保障的坚实法律盾牌。

3.1 国家网络安全审查的内涵：从制度缘起谈起

全球网络安全审查已有多年的制度实践,但至今并没有形成明确且具有一致性的法定含义,对于“何为国家网络安全审查”这一本源性的制度问题,我们似乎一直将其视为“不证自明”的概念加以适用。但诚如博登海默所言,“概念乃是解决问题所必需的工具。没有限定的专门概念,我们便不能清楚地、理智地思考法律问题。没有概念我们便无法将我们对法律的思考转变为语言,也无法以一种易懂明了的方式把这些思考传给他人”。如果仅从语义学的法解释层面理解,“国家网络安全审查”本身可能并不晦涩,我们大致会有一个倾向性的模糊认知。但如果要科学而周延地界定并描述这一制度内涵,似乎又会面临诸多难以绕过的理论困扰,典型的如各类安全审查制度之间的边界关系。事实上,国家网络安全审查制度的出现及其兴起有其特定的历史渊源,从制度缘起入手,这一问题可能将变得更为清晰。

3.1.1 国家网络安全审查的制度缘起

法律意义上的国家网络安全审查制度肇始于2012年前后美国和英国对华信息技术限制的政策动议。进入21世纪的第二个十年,社会进步和国家发展越来越依赖于信息技术的底层支撑作用,信息技术革命全面向公民生活的纵深发展。从本质上说,“信息技术革命就是资源替代的革命”[1]。信息资源代替物质资源成为主导型的社会可利用资源。现代社会以信息为基础,对信息的整合和利用构成了社会运行的核心内容,信息技术成为支撑社会整体的基础性技术。从历史发展的角度来看,技术革命本身即是“不同历史时期起主导作用的技术以及以主导技术为核心的技术群的更迭过程”[2]。在过去的十几年中,“包括食物、供水、能源、通信、运输、医疗、金融、国防等在内的国家政务和军事基础设施对信息系统和网络的依赖度不断提高”[3]。这导致信息技术从仅供个人和组织使用的通信工具转变为国家的CII,进而发展出与以往截然不同的社会形态。

与以往支配社会发展的技术相比,信息技术向社会生产生活的渗透更为彻底,个人、组织甚至国家均依赖信息技术进行工作、生活和学习,信息技术成为技术创新、社会福祉和公民表达的新领域。面对前所未有的社会转型,各国均在国家战略的高度对社会的信息技术依赖性进行了更为清醒的认识。例如,澳大利亚在2013年的《澳

---

〔1〕 彭斯达:《信息技术革命与经济全球化》,载《湖北大学学报(哲学社会科学版)》2002年第4期。

〔2〕 吕兴焕:《信息技术革命的重新界定》,载《天中学刊》2002年第6期。

〔3〕 OECD, Recommendation on Critical Information Infrastructure Protection, 2008.

大利亚网络安全战略》(Australian Cyber Security Strategy)中指出,数字革命已经在现代世界的各个领域取得了进展,数字基础设施正在成为透明国家和自由社会的支柱,信息通信技术从根本上改变了我们的社会和经济生活。美国在2011年的《美国网络空间国际战略》(International Strategy for Cyberspace)中认为,信息和网络技术在全球范围内提供了创新和繁荣的平台,几乎涵盖了所有人和所有事务。对于所有国家而言,信息关键基础设施将会变为国家财产。日本在2015年的《日本网络安全战略》(Japan's Cybersecurity Strategy)中认为,信息技术的社会化利用催生了交互和融合的信息社会,社会成员能够创造创新性的服务并产生新的价值指数。英国在2011年的《英国网络安全战略》(UK Cyber Security Strategy)中认为,网络和数字技术极大地改变了我们的社会,对我们的生活方式产生了根本性的影响。法国在2015年的《法国数字安全战略》(French National Digital Security Strategy)中认为,数字技术带来了新的产品和服务,成为新的创新要素,数字技术的缺失会导致国家的社会和经济形态被孤立。

在这种态势下,针对信息技术发展主导权的国际博弈日趋激烈。以华为和中兴为代表的中国信息技术企业在该时期内迅速崛起,这令美英等传统技术强国顿感不安,一种以对华"技术限制"为目的的制度雏形开始出现。

(1)美国对华安全审查实践

2011年2月25日,在遭受了一系列在美投资的否决之后,华为向美国政府提交了一份公开信。在信中,华为对美国政府认为华为"利用技术窃取美国机密信息,针对美国发动网络攻击"的种种误解进行了澄清,表明没有证据显示华为违反了安全规则。华为还举例称,其通过聘请诸如电子战协会(Electronic Warfare Associates,EWA)等第三方安全公司在代码层面审计产品,以保证产品的安全性和可靠性;通过建立"可信传送"模式保障网络的安全性。综观全信,华为反复强调其并没有对美国的国家安全构成威胁,并"诚恳地希望美国政府对华为展开针对任何问题的正式调查"[1]。从此封公开信可以看出,华为主动提起审查要求的初衷是改善在美业务的不利局面,希望通过带有类似"自证明"性质的审查活动验证自身产品的安全性和可靠性,澄清美国政府对华为的种种误解。

作为对该份公开信的回应,美国众议院情报委员会于2011年11月启动了对华为

---

[1] Ken Hu, *Huawei Open Lette*, http://pr. huawei. com/en/ news/ hw - 092875 - huawei openletter. htm.

的调查,主要针对中国电信企业在美业务产生的反间谍和安全威胁,该调查同时将中兴纳入其中。该委员会成员分别于 2012 年 2 月 23 日和 2012 年 4 月 12 日访问了华为和中兴在深圳的总部,并参观了产品生产线和厂房。2012 年 9 月 13 日,该委员会就该项调查举行了公开的听证会,华为和中兴均表示其并未对美国的网络安全构成威胁。此次听证会是调查工作的一部分,这也是中国企业首次在美国国会参加类似听证。[1] 2012 年 10 月 8 日,在经历了 11 个月的调查之后,美国众议院情报委员会发布了一份长达 52 页调查报告,详细阐述了调查过程和结果。

调查报告的主要观点认为,"美国的国家安全利益正在受到源自电信供应链脆弱性的威胁,而中国有机会和动机利用电信公司实现恶意目的,缓解措施并不能完全应对中国电信公司向美国关键基础设施提供设备和服务过程中产生的威胁"[2]。为此,调查报告将大量安全性验证过程集中于调查华为、中兴与中国政府的潜在关系。在调查过程中,尽管华为和中兴付出了极大努力,但美国众议院情报委员会始终认定两公司信息不够透明,与中国政府存在实质性的关联,并存在违反美国法律的事实。在调查基础上,美国众议院情报委员会提出了措施非常严厉的 5 点建议[3],对美国政府、相关机构和私营部门提出了限制要求,对华为和中兴的在美业务产生巨大的负面影响。

如果美国众议院情报委员会的调查报告尚且可以认为是建议性或非普遍性的官方态度,对中国信息技术企业的影响具有阶段性。那么自 2013 年美国《合并与持续

---

〔1〕 阳建、王宗凯:《华为与中兴代表出席美国会听证会回应关切》,载新华网,http://news.xinhuanet.com/fortune/2012-09/14/c_113085473.htm.

〔2〕 The House Permanent Select Committee on Intelligence, *Investigative Report on the U.S. National Security Issues Posed by Chinese Telecommunications Companies Huawei and ZTE*, 2012.

〔3〕 该 5 点建议包括:第一,美国应当以怀疑的态度审视中国电信企业向美国市场的渗透。同时要求美国情报委员会(IC)对这种威胁保持警惕;要求美国外国投资委员会阻止涉及华为和中兴的、可能威胁美国国家安全利益的采购、收购和并购活动;要求美国政府系统,特别是敏感系统,不得使用华为和中兴的设备。第二,鼓励美国的私营企业正视与华为和中兴商业合作中存在的长期安全风险,鼓励美国的网络提供商和系统开发商寻求其他合作伙伴。第三,美国国会司法委员会和执法机构应该对中国电信企业的不公平贸易行为进行调查,尤其应当关注中国对关键公司的持续财务支持。第四,中国公司应该迅速变得更加开放和透明,包括提供独立第三方评估机构对于他们财务信息和网络安全进程的评估,遵从美国的信息安全和知识产权立法及标准。第五,美国国会司法委员会应该促进立法,以更好应对与其他国家政府相关的电信公司所带来的风险,否则就不要充分信任他们来建造关键基础设施。这些立法包括增进私营部门的信息共享,将美国外国投资委员会(Committee on Foreign Investment in the United States, CFIUS)的审查程序扩展至采购合同。

拨款法案》[1]开始针对中国信息技术设置的歧视性审查要求则几乎排除了中国信息技术在美国重要部门中进行使用的可能性,并最终将网络安全审查制度化。2013 年 3 月 26 日,经美国国会通过,并由奥巴马签署的《2013 年合并与持续拨款法案》(Mergers and Continuing Appropriations Act of 2013)生效,该法案史无前例地专门针对中国的信息技术规定了严格的安全审查要求,[2]这些要求可以看作 2012 年美国众议院情报委员会调查报告中相关政策的延续。

该法案第 516 条专门针对中国信息技术设置的安全审查要求严重违背了信息技术产业所恪守的"非歧视原则",直接采取了技术来源地标准。美国政府对该条款存在的质疑也给出了相应的辩解,称"相关条款是法案投票前被某几位敌视中国的议员添加进去的,由于该法案长达 200 余页,正式投票前没有被人注意到,仅属个案"[3]。但我们已经清醒地意识到,从美国的立法实践看,该条款确立的限制性规定很可能被今后的立法继续沿用,甚至采取越发紧缩的限制措施。由于世界贸易组织(WTO)的安全例外条款允许各国在维护国家安全的情况下可以背离 WTO 的相关原则,中国依据 WTO 非歧视原则否定该法案效力的努力会相当艰难,除非有极具说服力的理由,否则该限制条款被修订的可能性很小。[4] 其后,在美国《2014 年合并与持续拨款法案》中,该预测不幸言中,其中第 515 条仍然保留了对中国的歧视

---

〔1〕 美国《宪法》规定联邦政府的财政支出必须经过法律的授权,联邦机构的业务运行和相关计划需要由相关法律进行拨款,《合并与持续拨款法案》规定了联邦机构在特定财年内的资金水平,并对拨款的使用进行授权和限制。历年的《合并与持续拨款法案》决定了美国政府财年的预算和拨款计划,美国政府在该财年内的政策制定需要满足该法案的规定,对于美国政府的履职和业务有着举足轻重的引导和规范作用。

〔2〕 该法案第 516 条规定,美国商务部、司法部、国家宇航局和国家科学基金会不得利用任何拨款采购信息技术系统,除非上述联邦机构负责人与联邦调查局或其他适当机构对网络间谍或破坏行为进行了风险评估,该风险包括由中国拥有、管理或资助的一个或多个机构所生产、制造或组装的信息技术系统有关的任何风险。第 b 款规定,上述联邦机构不得利用任何拨款采购根据第 a 款规定需要进行评估的信息技术系统,不得采购由中国拥有、管理或资助的一个或多个机构所生产、制造或组装的信息技术系统,除非第 a 款规定的评估机构的负责人决定并向众议院和参议院的拨款委员会报告,该系统采购符合美国的国家利益。

〔3〕 左晓栋、王石:《中国网络安全审查制度的建设》,载《网络空间安全蓝皮书:中国网络空间安全发展报告》2015 年版。

〔4〕 马民虎、马宁:《技术中立:政府 IT 采购中信息安全审查的法律理性——兼评美国〈2013 年合并与持续拨款法案〉第 516 条款》,载《河北法学》2014 年第 8 期。

性规定,[1]并被此后历年的《合并与持续拨款法案》继续沿用。

从美国《2014 年合并与持续拨款法案》第 515 条的规定分析,在法律表述方面似乎有所缓和,但实质上对源自中国的信息技术产品的安全审查要求更加严格。根据该条款,首先,美国相关机构采购中国信息技术产品需要根据美国国家标准与技术研究院(NIST)的相关标准和相关机构提供的威胁信息审查供应链风险。这里需要注意,该规定设置的是供应链安全审查,比美国《2013 年合并与持续拨款法案》规定的终端产品安全审查的广度和深度都要更为严格,不排除相关人员背景审查的要求。其次,需要经过美国联邦调查局或其他机构对网络间谍或破坏行为进行风险评估。最后,相关负责人需要制定和实施缓解策略,决定采购符合美国国家利益,并向拨款委员会报告。尽管该规定并未禁止采购源自中国的信息技术,但要求机构负责人决定采购活动符合美国国家利益,并向拨款委员会报告的规定实质上完全排除了美国相关机构采购中国信息技术的可能性,“因为机构负责人不会愿意对采购活动是否符合国家利益自行作出判断”[2]。

(2)英国对华安全审查实践

在美国众议院情报委员会的调查报告发布不久,英国情报与安全委员会于 2013 年即发布了名为《外国参与关键国家基础设施:国家安全的影响》(Foreign Involvement in the critical national infrastructure: implications for national security)的报告,该报告直指华为位于班伯里的网络安全评估中心,认为华为进入英国通信市场,特别是涉足关键国家基础设施将严重影响英国国家安全。该委员会援引英国电信(British Telecom,BT)公司与华为的合作事由指出,BT 公司在 2003 年与华为合作时,英国内阁办公室通知情报与安全委员会时称,因为没有有效方法可以阻止华为进入,其不选择将该事由提请部长。直到 BT 公司与华为的合同签署一年后,BT 公司才向

---

〔1〕 该法案第 515 条规定,美国商务部、司法部、国家宇航局和国家科学基金会不得利用任何拨款采购 NIST SP199 中规定的高影响(High-impact)或中度影响(Moderate-impact)的信息技术系统,除非上述联邦机构:(1)根据 NIST 制定的有关标准进行供应链风险审查;(2)通过由联邦调查局或其他相关机构提供的威胁信息审查供应链风险;(3)联邦调查局或其他机构对与系统采购相关的网络间谍或破坏行为进行了风险评估,包括由美国政府认定实施了网络威胁的一个或多个组织生产、制造或组装的信息系统,包括但不限于由中国拥有、管理该法案或资助的组织。第 b 款规定,不得利用任何拨款采购经过第 a 款规定进行审查和评估的高影响或中度影响的信息技术系统,除非评估机构的负责人(1)在咨询 NIST 和供应链风险管理专家之后,实施针对任何可识别风险的缓解策略;(2)决定该系统采购符合美国国家利益;(3)向美国众议院和参议院的拨款委员会报告该决定。

〔2〕 Covington & Burling LLP, *Appropriations Act Provisions on Information System Procurement for Certain Agencies*, Government Contracts National Security & Defense, 2014.

政府进行了报告。英国情报与安全委员会认为这“反映了英国对内投资政策和国家安全政策之间的脱节,也体现出英国在关键国家基础设施中进行设备部署存在很多脆弱点”[1]。在该报告中,英国情报与安全委员会指出了在关键国家基础设施中使用华为设备的风险性,其认为华为与中国政府存在很强的关联性,针对英国的网络攻击有20%被证明可能由国家支持,而中国是被怀疑的国家之一。因此,英国情报与安全委员会建议国家安全委员会尽快组织对华为网络安全评估中心的审查活动。

针对华为在英国关键国家基础设施领域的投资行为,英国情报与安全委员会事实上认为英国政府是失职的,但更为核心的原因是英国在关键国家基础设施领域缺乏必要的审查依据。首先,英国没有要求拥有关键国家基础设施资产的公司在签署合同前应当通知或咨询政府,这意味着英国政府对外国公司的合同签订行为可能根本不知情,也就无法实施有效的国家安全评估和风险识别;其次,即便公司通知了英国政府,英国也没有适当的程序措施保证部长对合同事项拥有决定权;最后,英国没有明确政府是否有权力对类似BT公司与华为进行合作的事项进行干预,例如,英国内阁办公室认为尽管该项权力在1984年《通信法》中进行了规定,但适用该项权力类似于进行司法审查,政府需要对通信公司可能产生的损失进行赔偿,因此并不适宜降低风险。

同时,英国情报与安全委员会建议到,尽管将英国的关键国家基础设施强行与英国本土供应商“捆绑”在一起是不可行的,但考虑到全球供应链的自然属性,对关键国家基础设施提供保护仍然是十分必要的。针对关键国家基础设施的安全问题,英国政府应当采取有效的程序对潜在的外国投资行为进行预警;建立风险评估程序;在整个合同生命周期内建立管理风险的策略;明确政府的相关权力及其职责。

英国GCHQ在2013年7月9日针对情报与安全委员会调查的笔录中证明,华为已经通过与英国签订协议的方式采取了降低风险的措施。例如要求华为进行网络设计时的技术架构应当能够抵御入侵,承担网络安全的相关合同义务,华为成立网络安全评估中心本身也可以视为降低风险的一种措施。同时,英国政府对华为的雇员采取了安全控制措施,其雇员均通过了英国政府的安全审查程序,华为网络安全评估中心的负责人是英国GCHQ的前负责人。但是英国情报与安全委员会仍然认为访问

---

〔1〕 Intelligence and Security Committee, *Foreign involvement in the Critical National Infrastructure: The implications for national security*, 2013.

“防卫追踪系统”(Defect Tracking System)的权限仍然可能被给予第三方,出于商业利益的考虑,华为也有可能将该系统中的数据与其他公司共享。

因此,在该报告的结论中,英国情报与安全委员会认为现有证据不足以提供充足的安全保障,建议国家安全委员会尽快对华为的网络安全评估中心进行实质性的审查。

为了回应英国情报与安全委员会的该份报告,英国国家安全委员会于 2013 年 7 月对华为的网络安全中心进行了安全审查,形成了《华为网络安全中心:国家安全委员会审查》(Huawei Cyber Security Evaluation Centre: Review by the National Security Adviser)的报告,并向英国首相进行了汇报。英国国家安全委员会针对华为的审查重点在于华为网络安全中心运行的独立性问题,包括审查华为的员工、华为的计划和预算监管、华为网络安全中心是如何运作的以及华为设备的安全环境等主要内容。审查方式包括实地考察、主要利益相关者约谈、审查成文证据等。

英国国家安全委员会的审查结论认为,华为网络安全评估中心能够有效进行运营,现有的管理制度保证了华为网络安全评估中心充足的独立性。尽管华为网络安全评估中心的员工受雇于华为的事实会产生利益冲突,但是为保证对华为产品或代码的持续性访问,这样的做法是必要的。[1]

华为网络安全评估中心监管委员会于 2014 年根据英国国家安全委员会的建议成立,其主要任务是保证华为网络安全评估中心的独立性、竞争力和有效性,直接监管涉及英国国家安全的信息技术产品。2015 年 3 月,根据上述审查报告要求成立的华为网络安全评估中心监管委员会即向英国国家安全委员会提交了第一期报告。在这一年中,该委员会审查了华为网络安全评估中心的诸多工作事项,在技术工作、雇员和独立性保障方面给出了最终评价。

根据该审查报告,审查委员会针对华为网络安全评估中心的审查活动非常严格。成立审查委员会的目的在于监管和保证华为网络安全评估中心的独立性、合规性和有效性。监管委员会的职责在于评估华为网络安全评估中心涉及在英国进行产品开

---

〔1〕 在审查报告中,英国国家安全委员会对这一问题进行了进一步的解释:假设华为网络安全评估中心的员工不是华为的雇员,那么根据华为与众多第三方供应商的保密协议,访问华为的产品和软件将会非常困难,华为网络安全评估中心就无法正常运行,也会导致英国政府通信总部承担税收义务或其他商业风险。

发的活动,[1]但不包括日常的运营管理活动。监管委员会每年会举行3次会议,[2]年初的会议会根据合同要求确定华为网络安全评估中心的目标;年中的会议会评估华为网络安全评估中心完成目标的情况;年终的会议会审查管理审计和技术竞争力审查的相关结果,并形成向英国国家安全委员会提交的报告。在审查过程中,所有向监管委员会成员或第三方提交的信息都被视为机密信息,在没有信息所有者事先同意的情况下,禁止以任何方式进行复制、分发和披露。

2014年,英国内阁办公室颁布《采购政策公告——使用网络要素体系认证》(Procurement Policy Note 09/14:Cyber Essentials Scheme Certification),正式将网络安全审查制度化,该公告强制要求在2014年10月1日以后的英国政府信息技术采购中,参与处理个人信息和提供特定信息通信技术产品和服务的提供商必须向英国政府证明符合网络要素体系的具体要求。

(3)中国应对:国家网络安全审查制度的法治化

在英美对华实施安全审查制度之后,我国在2013年便开始着手进行类似制度的塑造,并在相对短的立法周期内迅速将该制度法治化。

早在2013年3月,孙丕恕便向两会提出了《建立信息安全审查制度》的议案,这也是我国首次提出建立国家网络安全审查法律制度的立法动议。该议案明确提出我国应当建立信息安全审查制度,并将"信息安全产品、信息安全相关产品"作为审查对象;将"军事国防信息系统"和"政府信息系统,事关国家公共安全、经济运行、社会稳定的三级以上重要系统"作为审查范围;将"产品来源、可靠性、可监督性和安全性"[3]作为审查内容。

2013年9月,工信部印发了《信息化发展规划》(工信部规〔2013〕362号),在"加强网络与信息安全保障体系建设"中明确提出要确保基础信息网络和重要信息系统安全,其中的具体措施就包括"建立信息安全审查制度",但是该规划作为加快推动我国信息化发展的总体行动纲领,并没有对信息安全审查制度的相关内容作出具体说明。

---

[1] 包括华为在英国开发的产品或根据合同约定将在英国开发的产品,这些产品会对英国的国家安全产生影响。

[2] 根据需要监管委员会可能会增加会议次数。

[3] 该议案对信息安全相关产品的来源、可靠性、可监督性和安全性作出了进一步解释,其中产品来源是指"是否为我国自主知识产权";可靠性是指"国家是否可控和生产单位是否可控";可监督性是指"产品的源代码是否备案,是否经过检查";安全性是指"是否具有漏洞、后门、远程控制等功能"。

2014 年 5 月 22 日,国家网信办发布公告,正式声明我国将实行网络安全审查制度。该公告是我国正式建立国家网络安全审查法律制度的首份官方公告,对于国家网络安全审查的法治化进程具有里程碑式的重要意义。从此次公告的内容分析,国家网信办对建立国家网络安全审查法律制度的准备相对充分,规定较为翔实,明确将"国家安全和公共利益系统使用的重要技术产品和服务"作为审查对象;将"防止产品提供者非法控制、干扰、中断用户系统,非法收集、存储、处理和利用用户有关信息"作为审查目的;将"产品和服务的安全性和可控性"作为审查内容,但是并没有对"安全性"和"可控性"做出进一步说明;同时规定"对不符合安全要求的产品和服务将不得在中国境内使用"。自此,国家网络安全审查开始成为重要的政策法律议题。

2014 年 12 月 30 日,原中央网络安全和信息化领导小组办公室发布《关于加强党政部门云计算服务网络安全管理的意见》(中网办发文〔2014〕14 号),明确规定要建立云计算服务安全审查机制。此前,尽管业界普遍认为云计算领域将是国家网络安全审查的重点,但并未有相关政策立法对该问题予以明确。该意见不仅明确要求党政部门利用云计算服务应当建立安全审查机制,同时对相关审查内容作出了规定。其中,第 4 条规定,对为党政部门提供云计算服务的服务商,应当组织第三方机构进行网络安全审查,重点审查云计算服务的安全性、可控性。鼓励重点行业优先采购和使用通过安全审查的服务商提供的云计算服务。

2015 年 7 月 1 日,《国家安全法》建立了国家安全审查法律制度,其中明确将对网络信息技术产品和服务的安全审查作为国家安全审查的重要组成部分,为后续《网络安全法》中规定的国家网络安全审查法律制度奠定了坚实基础。

2016 年 11 月 7 日,《网络安全法》正式通过,并重申和细化了《国家安全法》中有关国家网络安全审查法律制度的相关规定,要求 CII 的运营者采购网络产品和服务,在可能影响国家安全的情况下,应当通过国家安全审查。其规定与《网络安全法》草案一审稿和二审稿的相关规定基本保持一致。尽管《网络安全法》针对国家网络安全审查法律制度的规定继承和沿袭了《国家安全法》的基本思路,仍然将国家网络安全审查定位于国家安全审查,只有在影响国家安全的情况下才予以启动,但在制度构成方面有所突破,例如将审查对象限定为"CII 运营者采购的网络产品和服务",将审查主体进一步由"中央国家机关各部门"明确为"网信部门会同国务院有关部门"。

2017 年 5 月,国家网信办发布《网络产品和服务安全审查办法(试行)》,该办法是《网络安全法》实施后,我国颁布的首部配套规范。该办法对网络安全审查制度进行了全面规定,涵盖了审查主体、审查范围、审查内容等核心制度要素,使网络安全审查制度具备了真正意义上的可实施性。

2019 年 6 月,我国通过《密码法》。作为我国首部综合性和基础性的密码管理立法,该法特别强调了保障网络与信息安全的立法目的。其中第 27 条第 2 款明确规定,关键信息基础设施的运营者采购涉及商用密码的网络产品和服务,可能影响国家安全的,应当按照《网络安全法》的规定,通过国家网信部门会同国家密码管理部门等有关部门组织的国家安全审查。

2020 年 4 月,国家网信办等 12 个部委联合颁布《网络安全审查办法》(2020 年版),对 2017 年《网络产品和服务安全审查办法(试行)》的内容进行了重大调整,使审查主体、审查范围、审查内容和审查程序等制度要素更为科学合理,进一步增强了制度的可实施性。在该办法正式生效之后,《网络产品和服务安全审查办法(试行)》同时废止。

2021 年 6 月,我国通过《数据安全法》,作为我国数据治理领域的基础性立法,该法聚焦于规范数据处理活动,保障数据安全。其中第 24 条明确规定,国家建立数据安全审查制度,对影响或者可能影响国家安全的数据处理活动进行国家安全审查。依法作出的安全审查决定为最终决定。

2021 年 11 月,国家网信办等 13 部委联合修订 2020 年《网络安全审查》,将“境外上市安全审查”和《数据安全法》项下的“数据安全审查”正式纳入国家网络安全审查的制度范畴,并对审查对象、审查内容和审查程序等制度内容进行了区分调整,扩展了国家网络安全审查的适用范围(如图 3 - 1 所示)。

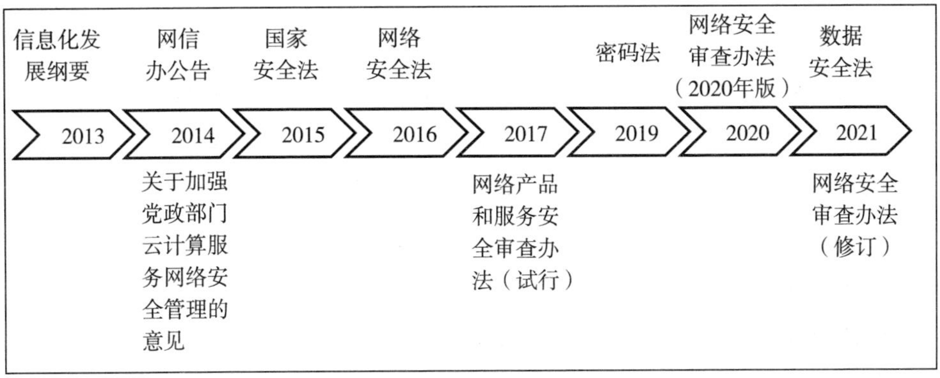

图 3 - 1 我国网络安全审查的法治化进程

应当承认,我国在国家网络安全审查制度创制之初带有明显的“反制色彩”,是面向美英对华安全审查的应对之举。但随着我国国家网络安全审查制度法治化进程的不断深入,这种相对简单的策略逐步得到修正,国家网络安全审查开始更关注制度应有的安全保障功能,聚焦于“风险识别和防控”为核心的制度理念。例如,我国在《网络安全法》实施后迅速制定《网络产品和服务安全审查办法(试行)》,明确了审查主体、审查范围、审查内容等核心制度要素,使网络安全审查制度具备了真正意义上的可实施性,该办法也是我国《网络安全法》项下的首部配套规范,足以看出我国对网络安全审查制度的重视。

从我国网络安全审查制度的法治化进程可以发现,在近几年的立法实践中,我国网络安全审查制度的规范结构不断细化,在 2021 年更是突破性地对制度范围进行了扩展,这深切表明,我国构建网络安全审查制度是基于对内外部安全风险进行的深入考虑。

一方面,我国信息技术产业发展迅速,技术应用和创新层出不穷,这在客观上产生了更为开放的信息技术利用环境,使安全边界相对更加模糊,特别是在存在广泛数据跨境的业务场景下,风险防范和处置的难度进一步加大;另一方面,自 2013 年“棱镜事件”曝光之后,全球数据安全的可信环境跌入“冰点”,特别是随着大数据分析技术的成熟,原本毫无关联或相互割裂的无意义数据,也开始能够产生惊人的“洞察”能力,成为足以窥探国家秘密的有效途径,为大规模的网络监听、网络间谍和网络破坏活动提供便利。例如,美国在 2018 年通过《外国投资风险审查现代化法》(Foreign Investment Risk Review Modernization Act of 2018,FIRRMA)时就认为,外资安全审查应该增加考虑“受管辖交易直接或间接可能暴露美国公民个人可识别信息、基因信息或其他敏感数据的范围”,原因在于“这些信息可能被外国政府或外国主体获取,并以威胁美国国家安全的方式挖掘利用”。此外,数据挖掘提供的“数据洞察”能力强化了各类数据之间的关联性,使某些合法的数据处理活动也可能具备潜在的安全风险。典型的如“开源情报”,即通过公开的资源收集和分析数据,以得出某些可能希望被“掩藏”的重要信息。

上述风险并非“危言耸听”。例如,2020 年初,美国、德国和瑞士媒体就披露出,美国中情局(CIA)与德国联邦情报局(BND)自冷战时期至初期,一直秘密地控制瑞士一家出售加密机的公司,窃取全球超过 120 个国家的加密通信内容。再如,之前我国国家安全机关就公布了一起典型的涉数据国家安全案件。该案内容显示,2020 年以来,多个境外机构在我国境内开设网站,并在微博、贴吧、论坛、QQ群、视频网站等多个平台推送广告,利用我国国内航空和无线电爱好者群体,以免费提供设备、共享航空信息数据等为诱饵,广泛招募志愿者,协助其收集我国各类飞行器航空数据等信息,并非法向境外传输。在该案中,境外机构向我国航空爱好者提供的收集航空数据的设备并不需要人工操作,可以自动进行实时的数据收集和传输,可以跟踪所有配备该系统的航空器,甚至包括军用飞机。这些设备在传输数据的过程中还使用了加密算法,用以规避我国国家安全机关的侦获。

信息技术的泛化利用加深了信息社会对信息技术的依赖性,而这种依赖性又进一步促进了信息技术更为广泛的利用。可以预见,在出现新的技术变革之前,信息技术将始终作为社会运行的支撑技术而成为国家安全和发展进程中最为核心的基础要素。但是,信息技术有其固有的脆弱性,其引入的安全风险往往不可预期且威胁巨大。更进一步,信息技术风险具有明显的非对称性,发展迅速且难于防范,并伴随信息技术发展体现出多元化和能力化趋势,怠于识别和控制信息技术风险将对包括个人隐私、社会稳定、产业发展和国家安全在内的利益诉求产生不可逆的威胁。基于此,国家网络安全审查法律制度作为国家网络安全保障体系中的关键部分,将日益发挥举足轻重的核心作用。

3.1.2 国家网络安全审查制度的概念界定

国家网络安全审查制度的缘起可能对于我国并不友好,美英在全球开创了非常糟糕的审查先例。但我国在该问题上则表现出难能可贵的“制度理性”,并未将国家网络安全审查制度拘泥于单纯“反制思维”,而是基于大国责任逐步将该制度法治化,以在根本上应对和缓解网络空间中日益严峻的国家安全风险,为全球网络安全治理提供了有效的制度范本。

在2021年通过修订《网络安全审查办法》扩展审查范围之后,我国的国家网络安全审查开始更加具有综合性,更为贴近制度的本源内涵。简言之,国家网络安全审查是指“国家审查机构针对网络空间中各类事项、活动所引入的国家安全风险进行识别、防范和控制的过程”,其中需要特别注意3点:一是国家网络安全审查不包含内容审查,对于网络事项和活动中是否含有法律法规所禁止传播的内容信息,不属于国家网络安全审查的内容;二是国家网络安全审查并不专门针对外国主体,本国主体同样需要满足国家网络安全审查的各项强制性要求;三是CII采购审查已经并不是国家网络安全审查的唯一内容,境外上市安全审查和数据安全审查同样被纳入审查范围。

尽管对于国家网络安全审查法律制度内涵的界定可能看似简单,但其中却包含非常复杂的概念结构,需要重点理清“国家安全”和“网络安全”这两大基础性范畴。

(1)对国家安全的理解

“国家安全”是国家网络安全审查法律制度的内涵内核,其既体现了制度实施的终极目标,又表征了制度的基本属性和功能。但作为概念分析对象,国家安全具有不确定性,因为人们几乎可以从所有与之相关的安全意图来阐述国家安全。奥利弗·温德尔·霍姆斯曾经形象地指出,“国家安全恰如一种鲜明的表皮,它所应用的实践和环境不同,其色彩和内容就截然不同”[1]。自 1943 年美国作家沃尔特·李普曼在《美国外交政策》一文中首次使用“国家安全”这一概念开始[2],诸多理论流派尝试在各自的价值主张中构建国家安全的应然含义,但均未能形成确定而固化的国家安全概念。

近年来,国家安全法学研究的逐渐成熟产生了“国家安全法定”的客观需要,因为当国家安全“作为一个国家法学基本范畴和一个法律专门术语出现时,对国家安全概念的理解和解释就不应是随意的,否则就会有损国家法制的严肃性和统一性”[3]。为此,当国家安全作为明确的法律概念时,便成为法律调整、规范和约束的“尺度”,是开展法律活动,进行法学研究的必要前提。为此,我国非常重视国家安全的法治建设工作,也成为全球范围内少数明确规定国家安全概念的国家。我国于 2015 年 7 月 1 日实施的《国家安全法》第 2 条明确规定,国家安全是指国家政权、主权、统一和领土完整、人民福祉、经济社会可持续发展和国家其他重大利益相对处于没有危险和不受内外威胁的状态,以及保障持续安全状态的能力。根据《国家安全法》的内容,本书从以下两个方面理解国家安全的概念。

首先,国家安全是一种状态。我国的《国家安全法》规定,国家安全是一种国家重大利益相对处于没有危险和不受内外威胁的状态,这些重大利益包括国家政权、主权、统一和领土完整、人民福祉、经济社会可持续发展等。该认知同大多数国家安全理论学者的主张保持一致,根据本书前述对国内外研究现状的梳理,国家安全通常即为一种不受威胁的状态。在很多国家安全概念中,对国家安全状态的判断通常基于

---

〔1〕 Gregory D. Foster, *In Search of a Post-Cold War Security Structure*, McNair Paper, 1994.

〔2〕 Samuel Flagg Bemis, *Walter Lippmann on U S. Foreign Policy*, Hispanic American Historical Review (1943) 23 (4), p. 664 – 667.

〔3〕 梁忠前:《“国家安全”概念法理分析》,载《江苏社会科学》1995 年第 4 期。

主客观两个层次,即国家安全"客观上指某一国家不存在外来攻击、侵犯的状态和现实。主观上指没有恐惧感,不担心会有外来的威胁"[1]。也就是说,国家安全是客观现实和主观认知相统一的概念,兼具主观性与客观性。但不可否认,国家安全的主观性和客观性之间某些时候会产生冲突,而使国家安全成为一个内部存在紧张关系的概念。为此,在法律概念下,如何认定"不受威胁"的状态,除考虑客观因素外,同样依赖于国家自身的主观感受。国家安全事关国家的生存和发展,我们必须尊重各国在国家安全事项上的自决权,这也是为何"国家安全例外"成为目前各国相关立法的基本原则。但与此同时,国家对于安全状态的主观判断也不能完全脱离客观实际,一味地怀疑不可能存在的威胁,只会导致"国家安全滥用",加速"安全困境"的形成,并不能对国家安全保障起到实质性的推动作用。

其次,国家安全是一种能力。我国《国家安全法》将国家安全界定为保障持续性安全状态的能力。在学术界,同样有很多学者持国家安全"能力说"的观点。布朗认为,"国家安全是一种能力:保持国家的统一和领土完整,基于合理的条件维护它与世界其他部分的经济联系,防止外来力量打垮它的特质、制度和统治,并且控制它的边界"[2]。诺伯特·阿特认为,"国家安全是国家保卫本国不受攻击、侵略、征服和毁灭的能力"[3]。孙晋平认为,"国家安全就是一国相对稳定和没有威胁的状态,以及维持这种状态的能力"[4]。"能力"直接体现为国家力量,是实现客观安全状态的前提和基础。同时,我国《国家安全法》特别强调保障安全状态"持续性"的重要意义,因为受限于特定时期内的国内和国际安全环境,国家安全总要体现为具体的安全表征。但从历史发展的角度来看,国家安全的动态性是不容忽视的,为了保证法律的稳定性,国家安全的法律概念同时要具备一定的弹性。"持续性"要求安全状态的不间断,甚至在出现国家安全事件时,不会出现安全减损,这就需要在国家安全理论中嵌入动态的威胁评估或态势预测,对未来可能出现的国家安全潜在威胁制定事先的应对策略,进而获得这种持续性的国家安全能力。

在看待国家安全问题时,结合我国总体国家安全观的精髓,需要重点把握两点

---

〔1〕 卢静:《国家安全:理论·现实》,载《外交学院学报》2004 年第 3 期。

〔2〕 Harold Brown, *Thinking about National Security*, Westview Press, 1983.

〔3〕 Robert J. Art. *A Defensible Defense: America's Grand Strategy After the Cold War*, International Security, Vol. 15:4, p. 5 - 53 (1995).

〔4〕 孙晋平:《国际关系理论中的国家安全理论》,载《国际关系学院学报》2000 年第 4 期。

要义:

首先,在安全内涵方面,国家网络安全审查法律制度需要突破传统国家安全以“军事—政治”为核心的桎梏。随着冷战结束和全球化进程的加速,传统国家安全仅用于解释国家生存层面需求的理念不断受到冲击,其片面强调政治和军事能力的局限性逐渐开始暴露,各国在所谓安全领域的投入并没有实质性地增加国家生存和发展的潜在机会。在冷战结束后,特别是全球政治经济新格局的形成,有效缓和了紧张的国际态势,“军事—政治”安全的比重开始下降,国家安全向着更为多元的方向发展,对于国家安全的理解更多地指向了国家经济、文化、科技等非传统安全。例如,根据总体国家安全观,我国的国家安全包含 11 项具体安全内容,而国家网络安全正是国家安全中不可或缺的重要组成部分。由传统国家安全向非传统国家的演进是一个漫长而复杂的过程,受到国际关系中多种因素的影响,国家网络安全审查法律制度需要充分评估这一变化趋势,在强调传统国家安全的基础上,重视非传统安全的价值诉求。

其次,在安全实现方面,安全状态逐渐成为国家间的互动构建过程,而且国家与安全状态之间也存在相互构建的关系,国家间既可能形成棘手的“安全困境”,也可能产生良性的“安全共同体”。为此,国家网络安全审查法律制度不应当单纯作为“国家自助”或“权力均势”的对抗手段,而是应当以网络安全风险防范为宗旨,主张通过合作解决日益复杂化的安全问题,并建立与之相适应的制度和规范体系。在这一过程中,国家甚至可以通过观念将敌对关系变为友善关系,进而实现安全事项上的合作或共赢。对此,我国的总体国家安全观已然给出了明确的安全价值实现路径,建立了国家安全工作的指导思想和基本原则,开创性地提出了五大要素和五对关系。国家网络安全审查法律制度应当积极贯彻五大要素的基本要求,以人民安全为宗旨,以政治安全为根本,以经济安全为基础,以军事、文化、社会安全为保障,以促进国际安全为依托。同时,国家网络安全审查法律制度应当有效协调五对关系,既重视外部安全,又重视内部安全;既重视国土安全,又重视国民安全;既重视传统安全,又重视非传统安全;既重视发展问题,又重视安全问题;既重视自身安全,又重视共同安全。

(2)对网络安全的理解

“网络安全”既明确了国家网络安全审查法律制度的安全适用领域,又表征了制度意欲规范的安全对象,是国家网络安全审查区别于其他国家安全审查的重要制度界分依据。在法学研究领域,网络安全是个相对确定的法律概念,且各国规定存在相当程度的一致性。作为我国网络安全保障领域的基本法,《网络安全法》第 76 条明确规定,网络安全是指“通过采取必要措施,防范对网络的攻击、侵入、干扰、破坏和非法使用以及意外事故,使网络处于稳定可靠运行的状态,以及保障网络数据的完整性、保密性、可用性的能力”。为此,我国将网络安全界定为一种保障能力,这与我国《国家安全法》对国家安全的理解保持一致,客观反映了我国总体国家安全观“将网络安全作为国家安全重要内容”的安全认知。从现有的概念界定来看,我国网络安全的保护客体包括网络[1]和网络数据[2],针对网络,网络安全体现为“稳定可靠运行”的状态,即强调网络的持续性运维,避免因网络攻击、侵入、干扰、破坏、非法使用和意外事故导致的网络中断;针对网络数据,网络安全体现为传统意义上的信息安全要求,强调实现数据的完整性、保密性和可用性。[3]

现存的问题是,在《网络安全法》颁布实施之前,我国相关政策立法多采用“信息安全”[4]的规范表述,即便是在国家网络安全审查法律制度的构建初期,我国政策也多使用“信息安全”作为官方用语。[5] 在《网络安全法》最终确立“网络安全”的法律概念之后,由于缺少必要的术语过渡环节和概念解释过程,客观产生了相关制度概念同一性的减损[6],引发了关于“信息安全”和“网络安全”概念的学术争议。

主流观点认为,信息安全可以等同于网络安全,“除了细微的差别外,信息安全和网络安全是一样的”[7]。二者在行为规制层面,特别是在控制方法和范围方面并无太大差别。这也是为何在很多国家的官方文件中,信息安全和网络安全同时存在,或被等同使用。美国战略与国际研究中心网络安全专家詹姆斯·利维斯认为,“在美

[1] 《网络安全法》第76条第1项规定,网络是指由计算机或者其他信息终端及相关设备组成的按照一定的规则和程序对信息进行收集、存储、传输、交换、处理的系统。

[2] 《网络安全法》第76条第4项规定,网络数据是指通过网络收集、存储、传输、处理和产生的各种电子数据。

[3] 根据我国国家标准《信息安全技术　术语》(GB/T 25069—2022)的规定,完整性是指“准确和完备的性质”;保密性是指“信息对未授权的个人、实体或过程不可用或不泄露的性质”;可用性是指“可由经授权实体按需访问和使用的性质”。

[4] 美国《联邦信息安全管理法》将信息安全定义为“保护信息和信息系统免受未经授权的访问、使用、披露、中断、修改或破坏,以实现完整性、机密性和可用性”。欧盟《关于建立欧盟网络和信息安全局的指令》中将信息安全定义为“网络和信息系统抵御意外事件或非法和恶意行为的能力”。

[5] 例如,2013年工业和信息化部印发的《信息化发展规划》(工信部规〔2013〕362号)明确提出要保障基础信息网络和重要信息系统的安全,其中的具体措施就包括“建立信息安全审查制度”。

[6] 例如,我国《网络安全法》第21条第1句规定,国家实行网络安全等级保护制度。这里所指的网络安全等级保护制度是否与《计算机信息系统安全保护条例》和《信息安全等级保护管理办法》所规定的信息安全等级保护制度是同一制度。在《网络安全法》草案征求意见阶段,这一问题引发了大量讨论,特别是对国内外提供商的法律遵从产生了较大影响。

[7] M Lassiter, *Information Security and Cyber Security: Two Close Related Twins*[R]. Cybrary. IT, 2016.

国,多数学者把信息安全与网络安全二者视为是同义词"[1]。北约组织在阐述信息安全及相关概念的关系时(如图3-2所示),认为信息安全是保护信息"三性"的通用性概念,而网络安全或网络空间安全是网络空间中的信息安全"三性"[2]。根据国际标准《信息技术—安全技术—网络安全指南》(Information technology-Security techniques-Guidelines for cyber security, ISO/IEC 27032)的规定,"网络安全"或"网络空间安全"就是"保护网络空间中信息的保密性、完整性和可用性。同时,认证性、可审计性、抗抵赖性和可靠性也可以包含在内"。

但也有观点认为二者并不是完全重合的,而是存在种属关系。一种观点认为,网络安全意欲保护的法益要比信息安全宽泛的多,例如认为网络安全"不但包括了对信息资源的保护,而且包括了其他资产,例如人本身"[3]。与此相对的观点是,信息安全应当包含网络安全。例如,国际电信联盟(International Telecommunication Union, ITU)认为,网络安全是信息安全的分支。信息安全更关注独立状态下的系统,而网络安全是建立在全球威胁的基础之上,需要考虑跨越司法管辖区的问题,而且在网络环境下,对于攻击者的溯源变得更为困难。因此网络安全是具有不确定性管辖权特征和溯源问题的信息安全。同时,ITU认为信息安全更关注信息的保密性,而网络安全则更关注信息的完整性和可用性。

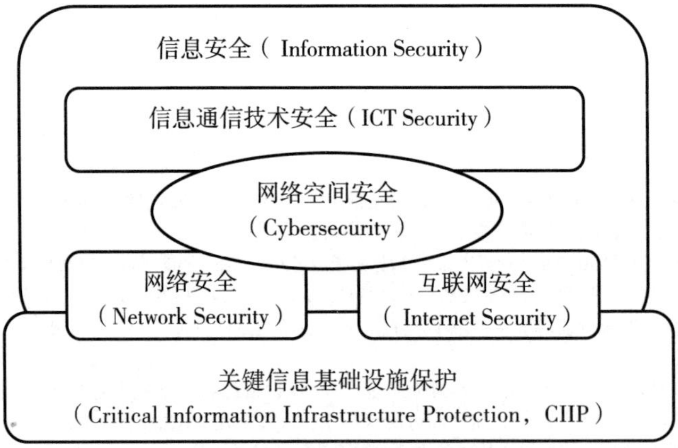

图3-2 信息安全相关概念的关系

---

[1] 俞晓秋:《信息安全与网络安全辨析》,载《中国信息安全》2014年第8期。
[2] A Klimburg, *National Cyber security framework manual*, 2012.
[3] 谢宗晓:《信息安全、网络安全及赛博安全相关词汇辨析》,载《中国标准导报》2015年第12期。

综合上述观点,本书认为,引起上述争议的内在原因是忽视了概念内涵发展的动态性,片面而孤立地机械理解概念本身。随着信息技术的迅猛发展,信息安全的内涵不断丰富,技术进步或外部安全环境的变化导致信息安全在某一时期内会关注特定的风险控制内容,而与该类风险的安全概念相类似。[1] 正如崔光耀所言,“信息安全是时代的产物,信息安全的内涵随着时代的发展而变化,比如最早只是针对信息的截获破译和窃取,涉及信息的保密性、完整性和可用性,后来加入了可靠性、不可抵赖性和可控性等内容;从简单的攻击到各种各样的威胁并存,再到综合风险的全面把握,各种攻击和防范模型随之而生”[2]。摩西·德拉米尼(M. T. Dlamini)等学者通过分析学术期刊中涉及信息安全的相关研究,同样得出结论认为,信息安全是一个动态的目标,从主机时代发展至今天复杂的互联网环境,信息安全的目标变得更为广泛,其中心已经演化为战略治理,目前的安全事件要求国家与国际社会、政府与私营机构采取更为一致和有效的努力。[3] 贝西·冯·索姆斯(Basie von Solms)则通过阐述信息安全的四大浪潮(four waves),开创性地展示了有别于信息安全技术进路[4]的发展阶段,其认为信息安全经历了技术阶段、管理阶段、制度阶段和治理阶段,如今体现为包括信息安全需求的整体过程,并涉及了立法和规范的相关要求。[5]

信息技术构筑了人类继海洋、陆地、天空、太空之后的“第五空间”,网络安全即是信息安全向空间概念的延伸,这一判断可以从各国的网络安全战略中寻得端倪。在2010年前后,众多国家颁布了符合本国利益的国家网络安全战略,定义了内涵丰富的网络安全概念,但其无一例外都嵌入了信息安全“三性”的基本要求,或侧面体现了信息安全保障的策略和方法。从我国《网络安全法》的内容来看,立法者似乎也正是秉承了这一思路,为了适应《网络安全法》整体的治理结构,选取了网络安全作为法律的

---

〔1〕 在特定时期内,受限于当前技术的发展水平,信息安全会与某一类安全概念极为相似,或可以替换使用。早期的信息安全概念与计算机安全(computer security)几乎一样,在第一台大型机出现到互联网问世这一时期内,由于没有信息互联互通的安全保障需要,因此信息安全主要包括物理安全和简单的文档分类框架。至20世纪60年代,美国防御高级研究计划局(Defense's Advanced Research Project Agency)开发了支持军队信息交互的网络通信系统阿帕网(ARPANET),成为今天互联网的原型。

〔2〕 崔光耀:《信息安全内涵与外延的扩张》,载《信息安全与通信保密》2007年第11期。

〔3〕 M. Dlamini, J. Eloff & M. Eloff, *Information security-The moving target*, Computers & Security, Vol. 28: 3-4, p. 189-198(2009).

〔4〕 例如,国内外学者通常将信息安全按照技术发展水平划分为通信保密安全、计算机安全、数据安全、网络安全和信息保障等阶段。

〔5〕 Basie von Solms, *Information Security: The Fourth Wave*, Computers & Security, Vol. 25:3, p. 165-168(2006).

本位概念,但实质上仍然强调了信息安全的本质要求。结合《网络安全法》关于“网络”的界定来看,《网络安全法》针对“网络”本身没有选择空间化的概念内涵,而是将“网络”限定于系统。据此,网络安全实际是指系统安全和数据安全,与信息安全的核心内容完全一致。这也可以解释为何我国《网络安全法》会同时出现“网络安全”和“网络空间安全”这两个概念。这实际上弱化了我国政策立法中“网络安全”新概念对“信息安全”的冲击和影响,增强了对已有信息安全制度的继承性和延续性,同时将突破传统信息安全范畴的治理内容,例如涉及内容管控的相关要求通过网络空间治理的方式予以体现。本书认为,信息安全和网络安全的概念内涵并无本质区别,其均强调信息和信息系统的完整性、保密性和可用性,网络安全可以视为信息安全向网络空间的概念延伸。为此,除特殊语境下的概念表述和使用外,本书不对信息安全和网络安全作严格区分。

3.1.3 国家网络安全审查制度的特征

通过前节概念分析可知,国家网络安全审查法律制度包含两项安全概念,形成复杂的双层安全表达结构,其中既包括以保障“网络安全”为直接目标的表层安全表达,又包含以维护“国家安全”为终极价值的底层安全表达。尽管在传统安全向非传统安全过渡的理论嬗变中,“网络安全”与“国家安全”的内涵具有了相当程度的一致性,但二者在安全表达中的规范性却并不一致,进而使国家网络安全审查法律制度体现出兼具法律性与政治性的特征。我国“总体安全观”亦将“网络安全”作为“国家安全”的重要组成部分,但在进一步的分析中可以发现,“网络安全”具有明显的技术特征,是一个几乎可以被“量化”的法律概念,其对于安全含义的描述具有精确性、规范性和系统性,以此为安全表达的法律制度具备确定性和可预期性。而“国家安全”则具有强烈的政治性,其对于安全含义的描述具有高度抽象性,在法律解释中通常预留充足的自由裁量空间,以此为安全表达的法律制度具有不确定性和不可预期性。在国家网络安全审查法律制度的双层安全表达结构中,不同的安全概念相互影响,“国家安全”作为“网络安全”的上位概念和底层安全表达,对国家网络安全审查法律制度的整体结构起着决定性的作用,影响着“网络安全”的确定性和可预测性;而“网络安全”同样对“国家安全”进行着有限的具象化限定,进而使国家网络安全审查法律制度具有区别于其他法律制度的鲜明特征。

(1)审查制度具有政治性

作为一项明确的法律制度,国家网络安全审查法律制度区别于战略、政策或命令,法律性是国家网络安全审查法律制度的基本属性,其制度构成符合一般法律规范的特征,具有规范性、普适性和强制性。国家网络安全审查法律制度依据“网络安全”的一般原理,通过构建概括性的行为规则,调整关键信息基础设施采购网络产品和服务过程中的社会关系。在目前各国的国家网络安全审查立法中,通常均包含典型的“行为模式+法律后果”的法律规范逻辑结构,审查机构、关键信息基础设施运营者、网络产品和服务提供者以及第三方评估机构在国家网络安全审查活动中依据明确的行为规则履行职责、享受权利、承担义务。国家网络安全审查法律制度不针对特定主体,能够在不同主体之间平等、普遍和反复适用,对一国主权范围内的所有社会主体具有普遍约束力,由国家强制力保证实施,违反行为规范的主体还应当承担不利的法律后果。

在法律性的基础上,源于“国家安全”这一政治内核,国家网络安全审查法律制度同样体现出强烈的政治性。承认国家网络安全审查法律制度的政治性是一个非常艰难的理论抉择,因为在现代法治观念中,政治和法律承担不同的社会关系调整功能,界分逐渐清晰,法律系统开始显现出独立于政治系统的自治性,“法律系统的程序、规则与话语开始表现出自我生产性,开始难以被政治权力任意伸缩”[1]。“法律拒绝政治”在纯粹法学那里获得了法律存在论范畴内的充分阐释,凯尔森将法律界定为“人的行为的一种秩序”[2],并将基础规范作为法律的效力来源,使法律在纯粹规范性的基础上摆脱了对政治的绝对依附。那么,政治性和法律性相分离便成为特定法律制度塑造层面的必要,“政治通常意味着权力和意志,利益的冲突和价值的主观性。相反,法律一直是唯一要求客观性和政治中立化的东西。因此,法学界有一切理由坚持它的自治性”[3]。但是,在“国家安全”这一特殊问题上,我们必须承认政治性存在的必要。

在以现实主义为代表的传统国家安全理论中,国家安全被置于绝对的“权力—利益”关系逻辑中加以认知,对于国家安全的追求本身就是国家特定政治目的予以实现的过程。对此,日本学者星野昭吉直言道,“主权国家的最根本价值体现在国家安全上,因此国际政治与争取国家安全具有同等意义”[4]。在今天看来,现实主义国家安

[1] 伍德志:《欲拒还迎:政治与法律关系的社会系统论分析》,载《法律科学(西北政法大学学报)》2012 年第 2 期。

[2] [奥]凯尔森:《法与国家的一般理论》,沈宗灵译,中国大百科全书出版社 1996 年版。

[3] 墨顿·霍维茨、吴玉章:《法律形式主义的兴起》,载《环球法律评论》1990 年第 5 期。

[4] [日]星野昭吉:《全球政治学——全球化进程中的变动、冲突、治理与和平》,刘小林、张胜军译,新华出版社 2000 年版。

全理论所假设的“无政府状态”和国家间“冲突与对抗”的普遍关系仍然具有强大的现实意义,国家安全决定了国家生存和发展的物质条件基础,任何理性国家对待国家安全都会采取最为审慎的态度——保证政治权力在国家安全问题上的绝对优先性,并在一定程度上使相关制度的法律性对政治性做出让步。例如,在 WTO 的相关协议中普遍存在安全例外条款,允许各成员国在国家安全事项上采取违背一般原则的措施和方法。

此外,国家安全具有主观性,正如个体基于自身能力和经验会对相同的外部环境做出不同的安全判断一样,国家安全所强调的不受威胁的状态同样包含国家依据自身情况所做出的主观认知,“国家既可以理性地评估威胁,也可以偏执地怀疑不存在的威胁”[1],而这通常是一个政治判断的过程。为此,“国家安全审查虽然处于法律的语境之下,但其内核却是一个政治问题,法律化的外在表现形式并不会改变国家安全审查制度的内在政治特质”[2],在此意义上,国家网络安全审查活动既是法律适用过程,也是政治决策过程,国家网络安全审查法律制度除需要实现规范和引导功能外,同样需要满足在国家安全问题上的政治诉求。

政治性对国家网络安全审查的制度结构产生了两项极为重要的现实影响:一是政治因素被纳入安全考量削弱了制度的确定性和可预测性;二是国家安全审查活动被视为政治行为或国家行为,审查活动的实体内容被排除在司法审查范围之外。为此,国家网络安全审查法律制度很容易出现非常危险的全面政治化倾向。以美国 2013 年《综合持续拨款法案》第 516 条确立的安全审查规则为例,其被认为在全球范围内开创了非常糟糕的审查先例,遭受到广泛质疑。2013 年 4 月 4 日,美国主要行业协会[3]共同致信美国国会,请求国会审查该规定对网络安全和市场竞争产生的影响,并就解决这一问题考虑更具有建设性的方法,主张类似条款不应再出现在任何其他法律文件中[4]。2013 年 4 月 8 日,美中贸易全国委员会致信美国国会,认为国家安全是美国的基础,但其不应被用于保护主义,限制采购任何源自中国的信息技术已经超越了任何合理的安全考量。同时,在该份信件中,约翰·傅强恩(John Frisbie)建

---

〔1〕 Arnold Wolfers, *national security as an ambiguous symbol*, Political Science Quarterly, Vol. 67:4, p. 481 - 502(1952).

〔2〕 王东光:《国家安全审查:政治法律化与法律政治化》,载《中外法学》2016 年第 5 期。

〔3〕 包括软件联盟(BSA)、美国贸易应急委员会(ECAT)、信息技术产业协会(ITI)、半导体产业协会(SIA)、软件和信息产业协会(SIIA)、技术首席执行官委员会、通信产业协会(TIA)、美国商会、美国国际事务委员会(USCIB)、美国信息技术办公室(USITO)和美国技术贸易协会。

〔4〕 http://www.bsa.org/~/media/Files/Policy/Trade/MarketAccess/MultiassnletterCRlanguagesection516April42013.pdf.

议,美国政府应当与美国科技公司合作,在技术创新的基础上确定提升网络安全的措施,这些措施不应当建立在对特定国家限制的基础上[1]。

这一颇具争议的立法例客观反映出政治性逾越法律性对制度合理性产生的减损,当法律制度存在的意义仅仅是为国家的政治意图提供合法性基础的时候,其无疑沦为了可悲的政治工具。国家网络安全审查法律制度作为一项法律制度,法律性应当是国家网络安全审查法律制度的第一性属性,其制度的政治表达需要以确保制度的法律正当性为前提,政治活动的恣意性和侵犯性应当受到法律规范性的约束。在对美国《2013 年合并与持续拨款法案》第 516 条的质疑声中,"法律性的回归"成为各方最强烈的诉求,这也体现出法律性对国家网络安全审查法律制度的重要意义——其构成公众所意愿遵从的基础。国家网络安全审查法律制度兼具法律性和政治性的特征确实为制度构建提出了两难选择:一方面,制度的法律性需要以牺牲确定性和规范性为代价,为政治性提供必要的实现途径和制度保障;另一方面,制度的政治性也必须限定在合理的范围内,避免政治性对法律性的过度"入侵"而削弱制度的正当性。

(2)审查标准具有不确定性

审查标准是国家网络安全审查法律制度规则体系中最为核心的内容:审查机构依据审查标准判断网络产品和服务的采购活动是否存在安全风险,并据此作出相应的审查结论;关键信息基础设施的运营者和网络产品和服务的提供者依据审查标准规范和约束自身在网络产品和服务采购过程中的行为,并对相应的行为后果做出预测。为此,在应然层面上,审查标准应当是尽量明确且易于理解的,因为"法律所规定的东西应该摆脱随心所欲……人们能够在一个可以预料的范围内安排自己的事情,能够在这种制度的保护下建设自己的生活"[2],这是法律制度作为一般社会行为规则的内在要求。但是,国家网络安全审查法律制度的双层安全表达结构和兼具法律性和政治性的特征决定了其审查标准仅可能具有有限的确定性。

如前所述,国家网络安全审查法律制度存在复杂的双层安全表达结构,其对于安全的理解既体现为表层一般意义上的网络安全,又包含了作为底层价值意义上国家安全。尽管网络安全和国家安全在非传统国家安全理论中具有了指涉对象的一致性,但其概念外延却并不能完全重合,网络安全仅是国家安全丰富内涵中的一个组成

[1] https://www.uschina.org/sites/default/files/2013%20Letter%20to%20Congressional%20Leaders%20about%20Cybersecurity%20-%20English.pdf.

[2] [德]H.科殷:《法哲学》,林荣远译,华夏出版社 2003 年版。

部分。为此,在国家网络安全审查法律制度中,网络安全是国家安全的主要表现形式——这是国家网络安全审查法律制度区别于其他国家安全审查制度的主要特征——但却不能涵盖国家安全的全部内容。“网络安全”和“国家安全”对于安全状态的限定构成审查标准的主要内容,在各国现行立法中,网络安全具有确定性,而国家安全具有模糊性,这导致审查标准的确定性在双层安全表达结构中存在差异。

作为表层安全表达的“网络安全”具有明显的技术特征,从来没有哪项安全概念能像网络安全这般明确。在目前各国的政策立法中,网络安全是一个几乎可以被“量化”的法律概念,其对于安全状态的描述具有精确性、规范性和系统性。由前述网络安全的概念分析中可知,网络安全威胁主要体现为对信息和信息系统保密性、完整性和可用性的减损,美国审计局(GAO)在 2015 年的报告中对联邦政府面临的网络安全威胁进行了系统的一般性描述,包括计算机资源、资产及资金的丢失和被盗;对敏感信息未经授权的访问、披露、修改和毁坏;对国防和应急基础设施的关键性运维造成破坏;因安全事件而造成的政府公信力减损;利用计算机资源实施未经授权的活动或对其他系统实施攻击;对网络和设备造成破坏等。[1] 我国在 2017 年颁布的《网络产品和服务安全审查办法(试行)》及后续的《网络安全审查办法》(2020 年版)中亦明确规定了基于安全性和可控性的审查标准。同时,目前各国均广泛存在强制性或指导性的网络安全标准,如美国国家网络安全审查法律制度所依据的《系统和组织的网络安全供应链风险管理实践》(Cybersecurity Supply Chain Risk Management Pratices for Systems and Organizations, SP800 - 161),安全审查活动中的各方主体可以据此对网络产品和服务采购活动是否威胁网络安全作出明确的评估和判断。

作为底层安全表达的“国家安全”具有强烈的政治性,其概念内涵具有高度的抽象性和模糊性,即便在专门针对国家安全的安全研究中,至今也未曾出现过内涵相对清晰的国家安全概念。目前盛行一时的建构主义更是将国家安全视为一个具备“主体间性”的构建过程,强调安全价值是一种观念性的推演,安全状态取决于国家在文化、价值和规则方面的集体认同程度。由此可知,国家安全是一个具有历史性和主观性的动态概念集合,正如德里安(Derian)所指出的那样,国家安全不是一个本质上具

---

〔1〕 GAO, *Information security: Cyber threats and data breaches illustrate need for stronger controls across Federal agencies*, 2015.

有争议性的概念,而是一种有待解释的行为,[1]具有稳定性的法律规范便只能对国家安全作出抽象性的概念陈述,而不可能对国家安全威胁作出如网络安全威胁那般明确的限定。因此,网络安全与国家安全重合的部分构成审查标准的确定性内容,而不相重合的部分构成审查标准的不确定性内容,进而导致审查标准在国家网络安全审查的整体制度层面仅能体现出有限的确定性。

审查标准的不确定性导致国家网络安全审查法律制度会存在这样一个威胁判断逻辑:如果相关事项或活动存在网络安全威胁,如网络产品和服务包含恶意程序,其必然导致存在国家安全威胁的判断,并直接产生禁止相关采购活动的法律后果;但相关活动不存在网络安全威胁,其并不必然导致不存在国家安全威胁的判断,国家网络安全审查仍然需要对与网络安全相关的其他国家安全考量做出评估,例如相关活动对国家网络安全保障能力提升的影响,对国家网络安全政策有效性的影响,对国家网络安全核心技术发展的影响等,因此并不直接产生允许相关采购活动的法律后果。为此,审查标准的确定和适用均存在复杂的决策过程,其中既包含对客观威胁事实的识别,也包括对主观威胁感觉的评估。(如图3-3所示)

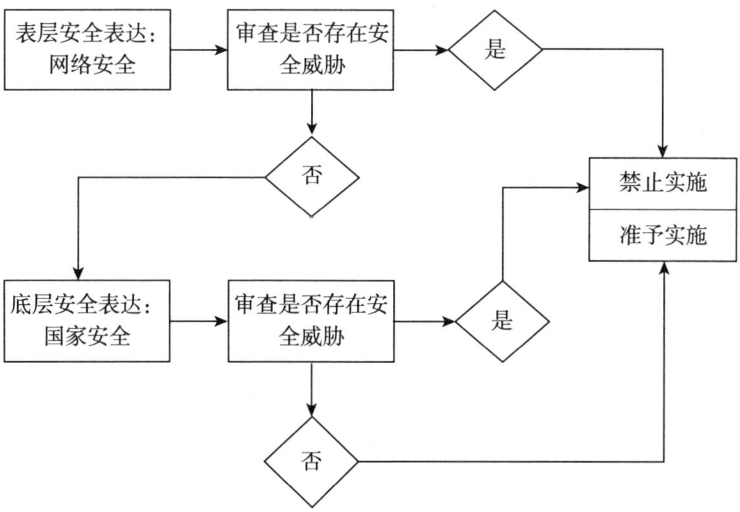

图3-3 国家网络安全审查法律制度的威胁判断逻辑

〔1〕 Der Derian, *The Value of Security: Hobbes, Marxist, Nietzsche and Baudrillard, in Ronnie Lipschutz, On Security*, Columbia University Press, 1995, p. 24-45.

(3)审查结论不具有可诉性

我国《数据安全法》第24条第2款明确规定,“依法作出的安全审查决定为最终决定。”这意味着我国网络安全审查制度明确排除了相关审查活动可诉性,并间接表明网络安全审查活动不接受司法审查。

这一立法规定同样源于“国家安全”这一制度性质,并与国际通行做法保持一致。将数据安全审查排除在司法审查之外的主要法理依据是“政治问题除外原则”,数据安全审查本质上属于国家安全审查,而国家安全问题属于典型的“政治问题”。该原则源自历史悠久的三权分立思想,认为司法权的行使不得干预立法权和行政权的固有领域,司法审查便不应当也不适合对外交或国家安全等政治问题做出判断。例如,美国1950年《国防生产法》(Defense Production Act of 1950)第721条在授权美国外国投资委员会(Committee on Foreign Investment in the United States,CFIUS)和总统基于国家安全考虑对外资并购美国企业进行审查的同时,明确规定审查决定不接受司法审查。我国《外商投资法》同样存在类似规定。

“政治问题除外原则”有一个预设前提,即所争议的事项应当属于纯粹的政治问题。在1962年美国的贝克(Baker)诉卡尔(Carr)案中,大法官布伦南(W. Brennan)首次明确阐述了“政治问题”的内涵,其认为法院可以认定为政治问题的情况包括6个方面:(1)美国《宪法》明文将该问题委诸于其他同等政治部门予以处理;(2)欠缺解决该问题所须之司法上可创获或可操作的标准;(3)需有明显非属司法裁量的先决政策决定,使足以作出司法判断;(4)法院如为独立的解释,势必构成对其他同等政府部门的不尊重;(5)确有特殊需要,须毫不犹豫地遵循已经作成的政治决定;(6)因不同政府部门间就同一问题发表不同意见,而可能发生尴尬局面者。[1] 该6项标准并非需要同时满足,这也导致“政治问题”存在异常广泛的适用环境。

随着“法治国家”思潮的全球兴起,国家安全审查“绝对化”的“政治问题除外原则”也受到了一定的实践挑战。例如,在“罗尔斯公司诉美国外国投资委员会和奥巴马总统案”中,作为上诉法院的哥伦比亚特区地方法院尽管依据“政治问题除外原则”和美国《国防生产法》第721条的规定,认定法院无权审查罗尔斯公司关于“总统越权”的主张,但其同样认为这并不意味着法院无权审查与此相关的程序事项。在判决书中,艾米·伯曼·杰克逊(Amy Berman Jackson)法官指出,第721条禁止法院对总

---

〔1〕 李建良:《论司法审查的政治界限:美国政治问题原则初探》,载《人文及社会科学集刊》1997年第4期。

统决定进行司法审查是事实,但寻求法院决定是否有权知悉总统决定所依据的理由和寻求法院评判这些理由的充分性是两回事。为此,总统令在未向罗尔斯公司提供充分回应机会或提供充足理由阐释的情况下剥夺罗尔斯公司财产权的做法违反第五修正案有关程序正当的规定。[1]

该判决的重要意义在于,区分了国家安全审查活动在实体内容和程序内容方面的差异性,明确"程序正当"是国家安全审查行为的合法性基础,建立了将涉及国家安全活动的程序内容纳入司法审查的有益判例,改变了长久以来国家安全审查"不可触碰"的司法禁忌,为审查相对方提供了司法救济的途径。

我国在现行立法中对于"审查程序的可诉性"问题并没有明确规定,但"程序正义"已经成为各国普遍承认的基本原则,我国近年来亦非常强调"程序正义"对整体法治环境的支撑作用,为此,尽管数据安全审查的实体性审查结论必然需要排除在司法审查之外,但审查程序的司法救济仍然有望获得明确和落实。

3.2 国家网络安全审查制度的正当性基础:基于安全化理论的分析

法治,以法的正当性为前提。法的正当性曾被先哲们赋予了不同的含义——哲学的、政治的或伦理的——但其基本意蕴最终均指向了解释法为什么应当被"承认和遵守"。正如莱因哈特·本迪克斯所言,"如果每一项命令都是随意和随机的,而且不得不以足够的强力为支撑迫使人们服从,那么将无法获得大多数人的承认和遵守"[2]。在此意义上,法的正当性决定了法律权威的来源。根据法律政治学的观点,任何权力的获取都可能基于两种基础,一是暴力基础,二是正当性基础,而理论上只有通过正当性基础获得的权力才是可被接受的。在汉娜·阿伦特看来,"权力和暴力的区别就在于前者是具有正当性的力量,而后者是没有正当性的力量"[3]。也就是说,只有具有正当性的法律,才能摆脱暴力而获得公众的普遍承认和遵守。作为一种社会规范和支配方法,任何法律制度的有效性和可实施性都越来越依赖于暴力之外的正当性证成,其需要首先向公众说明为什么某种规定应当被承认和遵守——"正因为任何一种支配的持续运作,都有着强烈的自我正当化的要求,所以它必须诉诸正当化的原则

[1] UNITED STATES DISTRICT COURT FOR THE DISTRICT OF COLUMBIA Civil Action No. 12 – 1513 (ABJ).

[2] Reinhard Bendix, *King or people: Power and Mandate to Rule*, Berkeley and Los Angeles: University of California Press, 1978, p. 16 – 17.

[3] Hannah Arendt, *Crises of the Republic: Lying in Politics; Civil Disobedience; On Violence; Thoughts on Politics and Revolution*, Harcourt Brace Jovanovich, 1972, p. 151.

来进行,这就是正当性的基础”[1]。国家网络安全审查法律制度亦应如此,其制度正当性尽管鲜有论及,但确是制度研究中必须首先澄清的基础问题。毋庸讳言,国家网络安全审查兼具政治性和法律性的制度特征确实令其正当性证成相对复杂,并在一定程度上弱化了传统法学理论在该问题方面的解释力——例如美国《综合持续拨款法案》采取的歧视性审查方法何以被承认并延续——为此,本书特别选取了国家安全研究中颇具影响力的“安全化”理论,作为国家网络安全审查法律制度正当性的理论分析模型,在正当性来源、正当性基础和正当性构建3个层面深入剖析了国家网络安全审查法律制度的正当性。

3.2.1 “安全化”理论的适用性

“安全化”理论由哥本哈根学派首先提出,是安全研究的重要理论来源。尽管其后的研究学者从社会语用学视域、人类学视域和社会规范视域等不同分析视角发展了各具特色的“安全化”理论,但其基本理论模型和分析逻辑仍然以哥本哈根学派的“安全化”理论为基础。“安全化”理论以“安全”本身为研究对象,面对二战后安全范畴不断扩展的客观事实,其奠基者奥利·维夫尝试解释这样一个本源性问题:是什么促使某一事项成为安全问题?

“安全化”理论对于该问题的回答为国家安全相关事务中的正当性证成提供了一条近乎普适的逻辑路径。该理论认为,“安全往往关乎生存。当一个问题被人们提出,是因为它对一个指涉对象(传统上是国家、合法的政府、领土与社会,但这并不是必然的),造成了存在性威胁。安全威胁的特殊性质,证明了为安全而使用非常措施完全正当”[2]。可见,在“安全化”理论中,对某一事项采取的规范方法或措施的正当性取决于两项基本前提,其一是该事项属于安全事项;其二是该事项具有“存在性威胁”。哥本哈根学派的“安全化”理论因其厚重的政治学和社会学沉淀,在定义和分析国家安全相关问题时具有极强的解释力和说服力。为此,本书尝试将该理论引入国家网络安全审查法律制度的正当性分析中,解释对关键信息基础设施采购网络产品和服务实施安全审查何以正当。但是,跨学科理论的适用通常会面临无法回避的学术质疑,基础理论的适用性决定了相关分析的科学性和合理性。

---

〔1〕 白中林:《诸神之争、法制型支配与正当性——韦伯合法性理论的再认识》,载《南京师大学报(社会科学版)》2014年第2期。

〔2〕 [英]巴瑞·布赞、[丹]奥利·维夫、[丹]迪·怀尔德:《新安全论》,朱宁译,浙江人民出版社2003年版。

本书认为,“安全化”理论与本书拟解决的国家网络安全审查法律制度正当性问题极为契合,不存在任何适用障碍。首先,根据我国《网络安全法》和《网络安全审查办法》的规定,只有在可能影响国家安全的情况下,国家网络安全审查活动才予以启动。也就是说,国家网络安全审查的对象本质上是一项国家安全事项。而“安全化”理论恰是以国家安全为主要研究对象,以定义和分析国家安全为核心内容的理论学说。毫无疑问,将其适用于国家网络安全审查法律制度的正当性分析具有合理性。其次,“安全化”理论并未限制上述“非常措施”的类别,其既可以是政治方法、管理方法、技术方法,当然也可以是法律方法。为此,我们不能囿于“安全化”理论的国际关系理论属性,就否定其对于法学问题的适用性。相反,在国际安全治理的实践中,越来越多的安全化过程以法律制度的形式予以体现,“安全化”理论为国家安全法律制度的正当性提供极为广泛的理论支撑。例如,反恐问题的安全化与我国《反恐怖主义法》、环境问题的安全化与我国《环境保护法》、外商投资问题的安全化与我国《外商投资法》之间均存在这种适用关系。最后,“安全化”理论的核心内容,事实上就是阐述安全化主体通过“言语行为”说服安全化受众达成安全共识的过程,而法的正当性也恰是落脚于“公众的普遍承认和遵守”,二者的证明目的具有高度的契合性。

在明确了“安全化”理论的适用性这一基本前提之后,本书依据“安全化”理论建立了针对国家网络安全审查法律制度正当性的分析框架。根据“安全化”理论,国家安全既不是预设的,也不是既定的,当某一事项被安全化主体认为具有“存在性威胁”,该事项便上升为安全问题。针对该问题,国家便获得了优先解决的特殊权力,可以正当地使用摆脱自由规则的方法去处理该安全问题。那么,如果将“国家网络安全审查法律制度”作为解决“关键信息基础设施采购网络产品和服务”中“存在性威胁”的措施,那么其正当性就需要首先说明“关键信息基础设施采购网络产品和服务”属于国家安全问题,其次需要说明“关键信息基础设施采购网络产品和服务”具有“存在性威胁”。其中,国家安全问题是国家网络安全审查法律制度正当性的来源,而“存在性威胁”是国家网络安全审查法律制度正当性的基础,二者构成国家网络安全审查法律制度正当性分析框架中的核心内容。此外,将“关键信息基础设施采购网络产品和服务”这一问题安全化的过程,即为国家网络安全审查法律制度正当性的构建过程,本书同时将其纳入分析框架,以在制度整体层面观察国家网络安全审查法律制度如何通过安全化过程获得正当性。

3.2.2 国家网络安全审查法律制度的正当性来源:话语安全

“安全化”理论认为,当某一事项被视为安全问题时——该事项被成功的“安全化”——国家便可以正当地采取非常措施去处理该问题。根据该理论,国家只要将“关键信息基础设施采购网络产品和服务”视为一项国家安全问题,便具备了使用国家网络安全审查方法去规范该问题的正当性。但这一主张必须首先解决其在传统主义国家安全理论那里遇到的挑战。在“军事—政治”的语境中,传统主义者所承认和接受的安全范畴极为狭窄。巴里·布赞在看待网络安全问题时也曾表示过担忧,认为传统安全研究针对计算机安全或网络安全的通常回应是,计算机安全或网络安全只是一种“技术”威胁而不是政治的或军事的威胁,尽管在语义上它们与安全或者国家安全有相似的含义,但它们是不稳定的、不实在的安全概念。〔1〕对此,“安全化”理论提出了一种基于建构主义的安全分析路径,认为安全是依赖于话语力量的社会建构过程,当安全化主体认定某一事项属于安全问题时,该事项自然就成了安全问题。话语安全极大地扩展了国家安全的概念内涵,并通过安全化过程使“网络安全”这类非传统安全获得了与政治和军事安全同等的紧迫性或优先级,为国家网络安全审查法律制度提供了充分的正当性来源。

(1)安全的本质

在传统安全研究中,国家安全的内涵是一个被“给定”的范畴——军事、政治、经济、环境——通常我们会先赋予国家安全以特定的内容,再考察新出现的威胁是否符合这些预设的条件,并用以决定该威胁能否纳入既有国家安全框架内予以讨论和规制。正如前文所述,这会削弱将网络安全这类新兴的安全考虑纳入“国家安全”这一特定范畴的可能。相反,建构主义安全理论则强调安全本身是一个基于社会相互作用的建构过程,哥本哈根学派的“安全化”理论进一步将这种构建过程阐述为“言语行为”的基本模式。为此,安全不再被表达为特定的术语,“客观安全和主观安全均被认为是对安全理解的误导”〔2〕,安全的本质被演绎为一种“话语安全”,为重新理解和定义国家安全提供了全新的考察维度。

话语安全是安全化过程的核心机制,安全化主体通过将某一事项描述为威胁或风险,并说服安全化受众接受自己的主张,从而将该事项上升为安全问题。在这一过

---

〔1〕[英]巴里·布赞、余潇枫:《论非传统安全研究的理论架构》,载《世界经济与政治》2010年第1期。

〔2〕[丹]琳娜·汉森、李佳、余潇枫:《非传统安全研究的概念和方法:话语分析的启示》,载《世界经济与政治》2010年第3期。

程中,安全被作为一种特殊的"标签",标注该事项呈现为"一个指明的指涉对象存在的潜在威胁(传统上指的是国家,包括政府、领土和社会),并涉及生存问题"[1]。因此,安全本身是通过话语力量来进行构建的,某一事项的安全化过程是借助言语行为将之与国家安全相关联。通过话语方式将某一事项上升为安全问题包括两个具体阶段,一是通过安全化主体的宣告、主张和描述,将该事项同与生存相关的威胁联系在一起。二是通过说服活动使安全化受众普遍接受该事项成为安全问题的动议。

奥利·维夫认为,国家将一项事项"安全化"就可以使用包括政策、法律、规范措施等特殊手段来保障这一安全问题,并尽可能地获取必要的社会资源。"国家代理人通过宣布一种紧急情况为安全问题,因而来宣告拥有使用任何必要手段的权力以阻止威胁升级。"[2]为此,安全实际上不是被预设的,也不存在既定的安全事项,"安全是把'威胁和脆弱性'作为'存在性威胁'的一个特定的语法建构结果"[3]。巴里·布赞进一步将"安全化"同"政治化"联系在一起,认为安全化的过程是一种基于政治选择的社会构建,其过程可以描述为:公共事件从非政治化,国家没有参与处理——通过政治化,事件成为公共政策的关注点,需要国家的决策和其他形式的公共治理——到安全化,事件本身已经不存在是否属于安全议题的争论,国家使用超越常规社会规则的方式进行处理。[4]为此,当某一事项被安全化主体认定为安全问题时,它自然就成了安全问题。

"安全化"理论的"话语安全"体系为国家解决自身安全问题提供了充分的自决权——这也是目前针对国家安全问题的国际共识,众多国际条约在国家安全事项上的保留也充分地印证了这一主张——对于何种事项可以视为国家安全问题,并不依赖于任何外部的价值判断,而应当由国家自行决定,因为这毕竟涉及国家的生存。为此,只要国家认定"关键信息基础设施采购网络产品和服务"同具有关乎生存的"存在性威胁"相关联,便可将其上升为国家安全问题,从而正当地使用国家网络安全审查去处理该问题。事实上,随着关键信息基础设施对日益明确的战略角色定位,各国均将关键信息基础设施安全同国家安全直接相关,这一点从各国对关键信息基础设施

---

[1] Barry Buzan, Ole Waver, Jaap De Wilde, *Security: A New Framework for Analysis*, Boulder, CO: Lynne Rienner, 1998, p. 46.

[2] Waever, ole, *Securitization and Desecuritization*, *in Ronnie Lipschutz ed. On security*, Columbia University Press, 1995, p. 46 – 86.

[3] Kyle Grayson, *Securitization and the Boomerang Debate: A Rejoinder to Liotta and Smith-Windsor*, Security Dialogue, Vol. 15:9, p. 337 – 343(2003).

[4] Buzan Barry & Eric Hering, *The arms dynamic in world policy*, Lynne Rienner Publish, 1998, p. 55.

的定义便可见端倪。例如,美国在2001年的《爱国者法》(USA PATRIOT Act)中定义了目前最被广泛接受的关键信息基础设施概念,认为关键信息基础设施指对美国重要的物理或虚拟的系统和资产,此类系统和资产的功能丧失或遭到破坏将对国家安全、国家经济安全、国家公众健康与安全或上述事项的任何组合产生削弱影响。欧盟在2004年欧盟《打击恐怖主义活动,加强关键基础设施保护的通讯》(Communication on Critical Infrastructure Protection in the Fight against Terrorism)中规定,关键基础设施是指如果被破坏或摧毁,会对公民的健康、安全、稳定或经济福祉或成员国政府的有效运转造成严重影响的物理和信息技术设施、网络、服务和资产。我国同样在《关键信息基础设施保护条例》中,将关键信息基础设施界定为公共通信和信息服务、能源、交通、水利、金融、公共服务、电子政务、国防科技工业等重要行业和领域的,以及其他一旦遭到破坏、丧失功能或者数据泄露,可能严重危害国家安全、国计民生、公共利益的重要网络设施、信息系统等。在关键信息基础设施安全与国家安全的强关联性已经超越国界范围,成为国际社会的普遍共识的情况下,国家将与关键信息基础设施安全息息相关的采购、运维、支持、维护、防御等事项纳入国家安全保障的范畴,已经不存在理论和实践中的障碍,对网络产品和服务采购实施安全审查以增强关键信息基础设施的安全性,便获得了充分的正当性来源。

在法律存在论的意义上,"安全化"理论关于"话语安全"的主张非常类似奥斯丁"法律是主权者命令"的阐述。"安全化"理论的"话语安全"可以抽象出这样一个独立的安全构建过程,即由安全化主体(包括主权者、政治家、社会精英或安全专家)通过宣告某一事项是安全问题而将该事项安全化,并获得超越常规的权力去处理这一安全问题。在这一过程中,安全化主体的权威性越强,其话语力量就越充分,安全化也就越可能成功。当安全化主体以国家的形式出现时,安全化便产生了与奥斯丁"命令理论"相一致的法律创设过程。但是"安全化"理论在"安全问题的认定"事项上比"命令理论"体现出明显的进步性。"安全化"理论认为安全既不是主观的,也不是客观的,而是具备"主体间性"的。安全本身不能被某一或某一类主体所认定,这避免了在安全问题上可能出现的基于权力的暴力型结构。国家作为安全化主体通过话语方法提出具体的安全化动议之后,仍然依赖于安全化受众的普遍共识。

(2)安全的"主体间性"

哥本哈根学派认为安全是一个蕴含社会互动关系的构建性概念,安全化是基于"主体间性"的安全构建过程,这为理解和构建安全概念提供了有别于"主客间性"的研究范式，也使哥本哈根学派的安全研究介于“国家中心主义”与“个人主义”的安全指涉对象之间，形成了独具特色的“社会安全”研究方法。“主体间性”具有深厚的社会学和哲学渊源，是哥本哈根学派探讨安全化过程的思考维度，也是布赞形成和完善“安全复合体”理论的重要参照。在哲学意义上，主体间性区别于传统“主体—客体”的认知论关系，形成“主体—主体”的交互影响模式。“主体间性，从本质上说就是交互主体性，是两个或两个以上主体的交互关系，其暗含的意思是，不同认识主体对于客观对象具有可沟通性。”[1]在哥本哈根学派看来，“安全化过程，即为一个行为体适应其他行为体对于某种威胁内容构成的认知”[2]。

简言之，“主体间性”可以被认为是构建安全的社会化方法，在这一过程中，包括安全化主体、安全化受众和安全化他者在内的众多参与方共享对于特定安全问题的认知和承认。“主体间性”改变了主体对安全客观存在的单向度认知模式，避免了不同主体主观意识所导致的安全混淆和差异，试图将安全问题变为一种“公知”，进而成为无须争辩的事实存在。可以发现，“主体间性”隐含着“安全协商和认同”的必要前提，安全问题不能由特定的个体独立决定，安全化的过程既包括拥有权力的安全化主体对于实现安全的主张，也包括安全化受众接受该主张内在的安全价值，甚至包括安全化他者——其他国家或组织——对于该主张的认同。为此，哥本哈根学派强调，安全本身既不是主观的，也不是客观的，而是存在主体间性。

哥本哈根学派提出的“主体间性”不认同概念式的安全界定方法，认为安全应当存在被社会定义的界限。这可能出于两种考虑，一是概念化的安全定义越来越不能够涵盖多样化的安全威胁，固化的安全指涉对象会限制安全研究的范围；二是安全化理论试图涵盖所有的安全构建的可能，其中既包括现实的安全问题，也包括可能的安全问题。当一项安全问题被安全化主体认可后，与此相关的“威胁”便是客观的，而不论其是否具有现实的威胁性。本书注意到，在国家网络安全规范体系中，某些“安全威胁”在一国范围内成为安全问题，但在他国看来则是毫无正当性价值可言的虚妄，这种情况在哥本哈根学派的“安全化”理论这里得到了很好的解释。但在国家网络安全审查法律制度中，安全的“主体间性”冲突表现得并不明显——各方对关键信息基础设施安全共识的差异性——这得益于国家对“存在性威胁”的判断具有极强的现实

〔1〕 宋雅萍：《论主体间性》，载《马克思主义哲学研究》2008年第0期。

〔2〕 ［英］巴里·布赞、［丹］奥利·维夫：《地区安全复合体与国际安全结构》，潘忠岐等译，上海人民出版社2010年版，第43页。

性基础。恰如一枚硬币的两面,在国家的信息技术利用过程中,我们在享受技术便利性的同时,也在承受着与此伴生的巨大威胁,这些威胁构成了指向国家安全"存在性威胁"的现实内容,并进一步成为国家网络安全审查法律制度的正当性基础。

3.2.3 国家网络安全审查法律制度的正当性基础:"存在性威胁"分析

根据"安全化"理论,针对某一事项的规制或处理方法的正当性来源于该事项本身的国家安全属性,即只要当国家将某一事项上升为国家安全问题,便可以正当地使用任何措施去处理该事项。而国家将某一事项上升为国家安全问题的过程,是通过话语力量将该事项同特定的"存在性威胁"相关联,昭示着该事项存在可能影响国家生存的威胁。为此,"存在性威胁"构成了将某一事项上升为国家安全问题的前提条件,也进一步构成了国家能够使用任何措施去处理该事项的正当性基础。针对"关键信息基础设施网络产品和服务采购"这一明确的安全问题,其具备的"存在性威胁"构成了国家网络安全审查的正当性基础。尽管"安全化"理论承认"存在性威胁"的非客观可能性,但基于安全"主体间性"的认识,越客观和公允的"存在性威胁",越容易获得广泛的共识,也越容易在更大的范围内建立"主体间性"。

自工业革命以来,社会进步和国家发展越来越依赖于技术的底层支撑作用,导致"技治主义"(Technocracy)盛行一时。技治主义阐述了社会技术依赖性的两个经典假设,一是"社会的技术基础是影响所有社会存在模式的根本条件";二是"技术变革是社会变革最为重要的根源"[1]。暂且不论该理论鼓励用纯粹的技术方法解决社会问题的主张是否可行,其至少发现并肯定了技术依赖性是现代社会运行的客观前提,也是解决"风险社会"问题的基础。这一点同样是我们对于信息社会治理范式的基本判断,国家对于信息技术利用的制度性规范仍然无法脱离对技术依赖性的现实考虑:技术依赖性越强,制度性规范所需要投入的关注度就越大,技术风险控制的需求就越为优先。现代社会对于信息技术的依赖性日渐增强,几乎所有社会部门职能的实现都需要建立在信息技术的基础之上,信息技术已然成为社会的关键资源[2],一旦信息技术遭受破坏,将对国家和社会的安全与发展产生灾难性的影响,这是不容忽视的

---

[1] [美]兰登·温纳:《自主性技术:作为政治思想主题的失控技术》,杨海燕译,北京大学出版社2014年版,第65页。

[2] 美国《爱国者法》将信息系统和信息资产定义为关键基础设施和关键资源(Critical infrastructure and Key resources),认为这些资源一旦遭受破坏,将对国家安全、国家经济安全、国家公共福祉或这些利益的合集产生灾难性的影响。

“存在性威胁”，这一问题也构成了建立国家网络安全审查法律制度的现实基础。

风险是技术的固有属性，任何技术的馈赠都有其阴暗面，我们在享受技术带来便利性的同时，也不得不承受由技术利用而引入的安全风险，技术的发展史同样也是安全与风险的博弈史。风险表明了技术利用的不确定性，而这种不确定性会导致技术目的无法实现或产生对技术利用者不利的后果。鉴于信息社会对信息技术的依赖程度，信息技术已经渗透进社会运行的肌理，其所体现的“融合性”使信息技术本身与社会生活很难区分。在此意义上，信息技术所引入的安全风险便衍生为社会整体的内生性风险，而使信息社会成为名副其实的“风险社会”。需要注意的是，信息技术风险社会同样是乌尔里希·贝克所阐述的“技术进程化”[1]的客观结果，但却与其风险社会理论中呈现的“后工业化社会风险分担”的格局有所不同，并不能体现为一种隐性的风险分配逻辑。乌尔里希·贝克认为，工业社会进程形成了一种中心——边缘的世界格局，由处于工业社会中心的群体产生了一系列风险，例如能源危机、社会危机、生态危机等，而这些风险又由全球社会来共同承担，进而产生风险社会的问题。与后工业化社会的这些风险不同，信息技术风险与社会依赖性成正比，社会对信息技术的依赖性越强，相应的安全风险越高。那么在本质上，信息技术利用便不存在风险分担的需求，其风险是纯粹的技术利用过程的附随影响，是谋求社会发展中的原生性或内在性风险。这也使信息社会体现为典型的“机会与风险”并存色彩，信息社会的风险控制便具有更强烈的自主性，积极性大于被动性。

更进一步讲，信息技术风险来源于技术本身的脆弱性，而非既有风险的泛化——尽管信息技术风险同样被社会整体的技术依赖性所强化——信息技术风险并不能被简单地理解为一种“社会化”了的风险。任何技术的普及利用均会产生风险的社会化问题，其仅能在范围层面度量风险的潜在影响，而不能揭示风险动摇社会基础的可能性。例如，刀具的使用存在危害他人人身安全的风险，而且每个家庭均持有刀具的现状使这一风险成为社会化了的风险，但没有人会认为刀具滥用会对社会整体的生存和发展构成威胁。因此，我们更倾向于将以信息技术为表征的风险社会理解为风险的社会化，这里的社会化并非风险广度层面的诠释，而是蕴含“信息技术风险向社会生活嵌入态势的判断”。鉴于信息技术的复杂程度，技术风险的“可视性”受到削弱，

[1] 乌尔里希·贝克认为，科技加速进步产生了自然与社会的对立问题，以往可以被称为自然的东西，长期以来被归纳进工业化进程中去了，而变得危机重重，这一进程便是风险社会。

我们甚至无法在二进制代码中洞察风险是否存在。例如,漏洞被认为在信息技术中是不可能被完全排除的,而由漏洞引入安全风险事实上就成为信息技术固有的脆弱性。因此,信息技术风险更多的是对未知前景的现实“虚拟”,是基于经验主义的客观认知。那么,信息技术在社会架构中的广泛部署就需要默认风险的存在性和广泛性,信息技术风险也就成为社会发展中的固有因素,社会规范的意义就在于控制已知风险,防范未知风险,这便是本书对信息技术风险社会的理解。

尽管信息技术风险仍然被表述为一种可能性,例如美国国家安全通信和信息系统安全委员会(National Security Telecommunications and Information Systems Security Committee, NSTISSC)将信息技术风险定义为“发生利用特定脆弱性危害信息系统的特定威胁的可能性”。但是随着信息社会进程的深入,这种可能性成为几乎可以被确定的高概率事件,信息技术自身的脆弱性和社会整体对信息技术的依赖性进一步加剧了信息技术风险的非对称性:第一,在便利性方面,由于信息系统的互联互通,攻击者可以在任何时间,任何地点实施攻击行为,攻击行为具有更大的灵活性。第二,在有效性方面,攻击者可以利用简单的漏洞对在物理和网络层面均严格的信息系统实施有效攻击,攻击方法和攻击工具可以通过暗网或网络黑市轻易获得。第三,在成本性方面,攻击者使用的攻击工具越来越智能和廉价,攻击成本越来越低,同时,信息系统安全性取决于最薄弱的防护环节,防御者需要在所有关键节点部署安全措施,需要投入的成本越来越大。第四,在危害性方面,攻击者可以利用极小的代价对关键信息系统造成不可逆的严重危害。例如,DDoS 攻击仅需要向服务器发送大量无用的访问信息就可以造成服务器瘫痪,甚至大规模断网的危害后果。第五,在应对性方面,攻击通常具有实时性,防御者几乎没有充足的应对时间。第六,在溯源性方面,基于互联网的虚拟性和匿名性,攻击行为通常很难被追踪和溯源,攻击者的攻击行为很难受到有效规制和惩处。信息技术的上述非对称性使信息技术风险成为一种近乎“常态化”的社会风险,是人类社会有史以来所面临的最重大的安全威胁。

在所有已知的信息技术风险中,包括源自信息组织内部和外部的所有风险,风险类别大致可以分为 4 类,即网络犯罪、网络间谍、网络恐怖主义和网络战[1],而

---

〔1〕 意大利在其《国家网络安全战略》中详细解释了这 4 类信息技术风险的差异性,认为网络犯罪是指以犯罪为目的在网络空间中实施的恶意行为,如网络欺诈、身份盗窃、数据盗窃或知识产权侵犯等;网络间谍是指非法获取机密或敏感数据,但并不一定以获取经济或商业利益为目的;网络恐怖主义是指出于思想层面的动机利用系统脆弱性影响国家或国际组织的活动;网络战是指在网络空间中以获取军事优势而采取的行动。

目前几乎所有的威胁类别都需要通过网络攻击予以实现。近年来,诸如云计算、大数据、物联网等新技术利用日益普及和深化,极大提升了信息作为社会基础性资源的重要价值,使信息和信息系统成为最具有吸引力的攻击目标,导致网络攻击呈指数级增长,成为一种新型社会公害。2016 年国际信息系统审计协会(Information Systems Audit and Control Association,ISACA)的网络安全调查报告显示,2016 年全球网络安全依旧处于混沌状态,网络攻击的方法正在发生变革,网络犯罪成为最普遍的网络攻击形式,网络攻击的增长趋势不会所有减缓[1]。根据该报告的调查数据,可以发现,信息技术风险的来源、方法和目的正在变得越来越多元化[2],风险防范的有效性面临重大挑战,风险控制的难度越来越大。

信息技术风险的多元化向我们展示了当前网络安全环境的严峻态势和未来网络安全威胁的可怕前景,使我们不得不更为审慎而全面地对待信息技术风险问题。与此同时,信息技术风险的能力化趋势也逐步引发关注,各国也将网络安全保障提升为最为优先的解决事项。信息技术风险的能力化主要以国家或恐怖组织为参照系的网络威胁,主要是指由国家直接实施或受国家资助的网络攻击活动,此类网络攻击活动通常带有明确的政治、经济或军事目的,以国家科技和经济实力为后盾,在攻击技术的先进性,方法的有效性方面都是传统网络攻击所无法比拟的,其有能力对攻击目标造成毁灭性的打击。早在 2009 年,美国国家情报局局长丹尼斯 · 布莱尔(Dennis C. Blair)在提交给参议院情报委员会的年度威胁评估报告中就明确表示,"外国政府以美国政府和私营部门的网络为攻击目标以获取竞争优势,并存在破坏这些网络的可能性,而网络攻击也是恐怖组织希望使用的手段"[3]。

综上所述,信息技术利用加深了信息社会对信息技术的依赖性,而这种依赖性又进一步促进了信息技术更为广泛的利用。可以预见,在出现新的技术变革之前,信息技术始终将作为社会运行的支撑技术而成为国家安全和发展进程中最为核心的基础要素。但是,信息技术有其固有的脆弱性,其引入的安全风险往往不可预期且威胁巨

---

[1] ISAIC, RSA conference, State of Cybersecurity: Implications for 2016.

[2] 其中风险来源的类别包括网络犯罪分子、黑客、非恶意的内部人员、恶意的内部人员、国家黑客组织、其他来源等;网络攻击方式包括网络钓鱼、恶意程序、社会工程、黑客攻击、移动设备失窃攻击、内部盗窃攻击、结构化查询语言注入攻击、水坑攻击、中间人攻击等;网络攻击的目的包括获取经济利益、中断服务、个人信息盗窃、知识产权盗窃、敏感数据盗窃等。

[3] Dennis C. Blair, *Annual Threat Assessment of the Intelligence Community for the Senate Select Committee on Intelligence*, 2009.

大,更进一步,信息技术风险具有明显的非对称性,发展迅速且难以防范,并伴随信息技术发展体现出多元化和能力化趋势,怠于识别和控制信息技术风险将对包括个人隐私、社会稳定、产业发展和国家安全在内的利益诉求产生不可逆的威胁。在经历了一系列安全事件之后,我们构建了国家网络安全保障体系建立的基本公式,即"社会对信息技术的依赖性+信息技术的风险性=国家网络安全保障的紧迫性",国家网络安全审查法律制度作为国家网络安全保障体系中的关键制度,具有举足轻重的核心作用。在建立国家网络安全保障体系紧迫性的两项前提条件中,社会对信息技术的依赖性是技术发展产生的必然结果,其在目前看来是不可能通过政策立法调控手段予以改变的,限制先进信息技术的利用反而会对国家经济和社会发展产生显而易见的阻碍效果。那么,国家网络安全保障体系就只能围绕信息技术的风险性进行制度构建,进而形成"基于风险"(risk-based)的保障思路。

3.3 我国国家网络安全审查制度的内容演进

在"安全化"理论下,国家在处置安全事务时具备充分的自决权,其为应对"存在性威胁"而实施的摆脱自由规则的措施和策略被认为是正当、合法的,这构筑了坚实而有效的制度正当性基础。客观而言,在经过多年的法治化进程之后,我国国家网络安全审查法律制度已经具备了初步的制度雏形,涵盖了基本制度要素,使制度本身不仅仅具有象征意义。但为了适应新时期网络空间领域的国家安全保障诉求,包括审查主体、审查范围、审查内容和审查程序在内的诸多制度要素经过多次调整,经历了从无到有,从模糊到规范,从偏颇到科学的演进过程。2021 年,我国更是将境外上市安全审查和数据安全审查明确纳入国家网络安全审查的制度范畴,统一使用网络安全审查规则,极大地扩展了网络安全审查的范围。

3.3.1 关于审查性质

网络安全审查在制度性质上明确属于国家安全审查的一种。2015 年 7 月 1 日,我国正式开始实施修订后的《国家安全法》,为顺应国家安全形势的发展变化,该法对我国原有相对狭隘的国家安全内涵和较为单一的国家安全职能进行了全面扩展和改良,将"总体国家安全观"法律化和制度化,对政治安全、国土安全、军事安全、科技安全、网络安全等 11 个领域的国家安全目标进行了明确,构建了充分"基于风险"和有效回应安全诉求的国家安全保障框架。

其中,国家安全审查就是一项异常重要的制度设计,旨在识别、控制、防范和应对特定活动中的国家安全风险,有效维护国家安全。我国《国家安全法》第 59 条规定:

“国家建立国家安全审查和监管的制度和机制,对影响或者可能影响国家安全的外商投资、特定物项和关键技术、网络信息技术产品和服务、涉及国家安全事项的建设项目,以及其他重大事项和活动,进行国家安全审查,有效预防和化解国家安全风险。”该条规定为我国后续相继建立的各类国家安全审查制度确立了“基本法”依据。例如,根据该条规定,我国在《外商投资法》中第35条建立了“外商投资安全审查制度”[1];在《网络安全法》中第35条建立了“网络安全审查制度”[2];在《密码法》中第27条建立了“密码安全审查制度”[3];在《生物安全法》中第20条建立了“生物安全审查制度”[4];等等。当然,包括数据安全审查制度在内,上述诸类安全审查均可以统称为“国家安全审查”,但其之间的逻辑结构并不是完全的并行关系,存在一定程度的交叉和包含关系(如图3-4所示)。

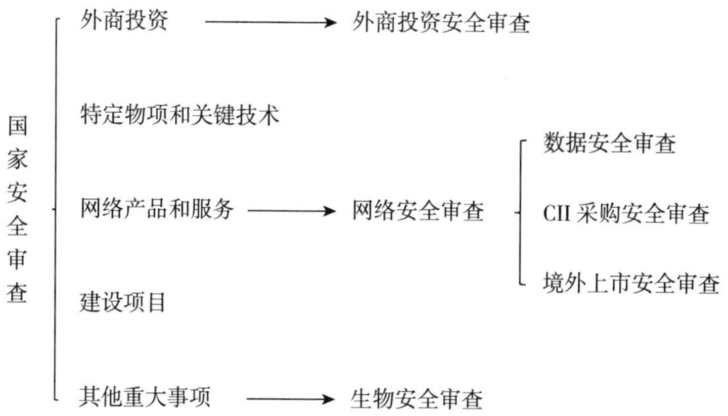

图3-4　我国国家安全审查关系

“国家安全审查”的制度性质决定了数据安全审查活动将始终以“国家安全”为中心,强调数据处理行为对国家安全风险的识别、控制和防范。这也意味着数据安全

---

〔1〕 我国《外商投资法》于2020年1月1日正式实施,其中第35条规定,国家建立外商投资安全审查制度,对影响或者可能影响国家安全的外商投资进行安全审查。依法作出的安全审查决定为最终决定。

〔2〕 我国《网络安全法》于2017年6月1日正式实施,其中第35条规定,关键信息基础设施的运营者采购网络产品和服务,可能影响国家安全的,应当通过国家网信部门会同国务院有关部门组织的国家安全审查。

〔3〕 我国《密码法》于2020年1月1日正式实施,其中第27条第2款规定,关键信息基础设施的运营者采购涉及商用密码的网络产品和服务,可能影响国家安全的,应当按照《中华人民共和国网络安全法》的规定,通过国家网信部门会同国家密码管理部门等有关部门组织的国家安全审查。

〔4〕 我国《生物安全法》于2021年4月15日正式实施,其中第20条规定,国家建立生物安全审查制度。对影响或者可能影响国家安全的生物领域重大事项和活动,由国务院有关部门进行生物安全审查,有效防范和化解生物安全风险。

审查将区别于通常管理意义上的“风险评估”或“检测认证”,是对数据处理过程中潜在的国家安全风险进行基于主观感受和客观事实相结合的综合判断,其中,“风险评估”或“检测认证”仅是数据安全审查可能采取的一种方法或手段。

同时,“国家安全审查”的制度性质也决定了网络安全审查活动具有一些较为特殊的特征,例如审查过程具有一定的保密性,审查标准相对模糊,审查活动兼具法律性与政治性,审查结论不接受司法审查,等等。

3.3.2 关于审查对象

审查对象是指审查活动于审查范围内所作用和指向的特定客体。在2021年修订《网络安全审查办法》之前,我国网络安全审查制度的审查对象唯一而确定,仅针对CII采购网络产品和服务的活动,比较典型的是云服务安全审查[1]。在2020年4月国家网信办等12个部委联合颁布的《网络安全审查办法》中,进一步明确了应纳入审查的网络产品和服务范围。在此前的政策立法中,我国一直未能明确这一基本问题,导致在实践中,CII采购所有的网络产品和服务均可能触发审查活动。但考虑到网络产品和服务的多样性,以及部署和使用场景的差异性,对所有网络产品和服务均开展安全审查既不必要也不现实。试想,如果CII采购鼠标、键盘等易耗设备也需要进行安全审查,无疑将对CII的日常运维产生严重影响,而且也会浪费本已异常稀缺的审查资源。为此,《网络安全审查办法》(2020年版)第20条第2款规定,网络产品和服务主要指核心网络设备、高性能计算机和服务器、大容量存储设备、大型数据库和应用软件、网络安全设备、云计算服务,以及其他对关键信息基础设施安全有重要影响的网络产品和服务。

在此基础上,2021年《网络安全审查办法》修订的重点工作就是将“数据安全审查”和“境外上市安全审查”纳入网络安全审查的范围,明确将其作为网络安全审查制度的组成部分。

针对数据安全审查,其上位法渊源主要为《数据安全法》,该法第24条规定,“国家建立数据安全审查制度,对影响或者可能影响国家安全的数据处理活动进行国家安全审查。依法作出的安全审查决定为最终决定”。在此需要注意的是,《数据安全法》所规定的“数据处理活动”范围非常广泛,与通常语境下对原始数据进行的分析、整理、计算、编辑等加工或运算活动存在较大差别。《数据安全法》第3条第2款规

---

[1] 例如,在2016年9月,中央网信办就公布了首批通过网络安全审查的云服务名单。

定,“数据处理,包括数据的收集、存储、使用、加工、传输、提供、公开等”,可以认为,《数据安全法》项下的数据处理活动将涵盖整个数据生命周期的几乎所有利用方式。根据上述规定,2021 年修订的《网络安全审查办法》第 2 条第 1 款规定,“关键信息基础设施运营者采购网络产品和服务,网络平台运营者开展数据处理活动,影响或者可能影响国家安全的,应当按照本办法进行网络安全审查”。

针对境外上市安全审查,目前则缺乏清晰的上位法渊源。根据《网络安全审查办法》第 7 条的规定,掌握超过 100 万用户个人信息的网络平台运营者赴国外上市,必须向网络安全审查办公室申报网络安全审查。如图 3 –5 所示,可以认为,判定境外上市活动是否可能触发网络安全审查的基础性条件包含两个要点:一是网络平台运营者“掌握超过 100 万用户个人信息”,当然,这里仍然存在疑问,即所谓“100 万”的量级要求是针对“用户数量”还是“用户信息数量”?二是网络运营者“赴国外”上市,这里的“国外”理论上应当做通常理解,即我国司法管辖区之外的国家或地区。

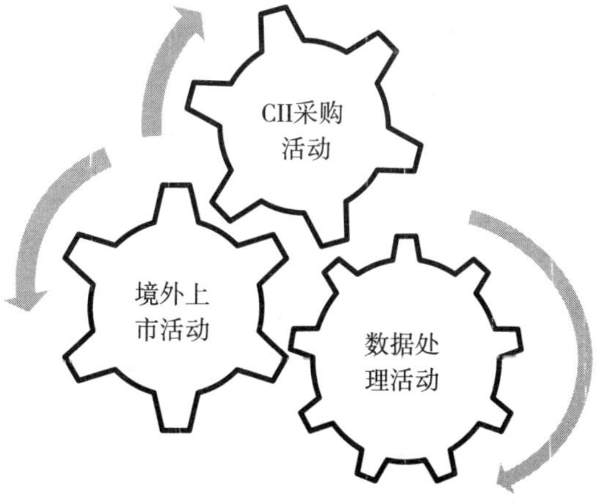

图 3 –5 网络安全审查的审查对象

3.3.3 关于审查范围

审查范围是指审查机构在何种领域内开展审查活动,审查范围的限定是影响审查有效性的关键问题。以 CII 采购安全审查为例,在实践中,网络产品和服务最终均需要部署到特定的信息系统中,网络产品和服务所引入的安全风险也是通过侵入、破坏或控制该信息系统而产生损害后果。为此,在理论上,有效的网络安全审查范围应当覆盖所有受国家关注和保护的信息系统,但这一判定仍然应当存在一个合理的平衡点:审查范围过大会导致国家经济增长与科技利用迟滞,不利于国家长期的可持续发展;审查范围过小又会导致审查不力,难以形成充分有效的网络安全保障能力。为此,网络安全审查的范围应当紧扣"国家网络安全保障"这一制度功能,并遵循一个总体原则,即拟纳入网络安全审查范围的信息系统应当与国家安全直接相关。

我国在网络安全审查的范围限定问题上态度一直较为明确,2014 年国家网信办首次官宣建立网络安全审查制度伊始,就将审查范围限定为"国家安全和公共利益系统"。在 2020 年的《网络安全法》中,我国结合国际通行做法,将这一概念具体化为"CII",并初步将 CII 的范围确定为公共通信和信息服务、能源、交通、水利、金融、公共服务、电子政务等重要行业和领域。此后的政策立法一直沿用这一规定,将网络安全审查的范围限定为 CII。2017 年,《关键信息基础设施安全保护条例(征求意见稿)》第 18 条更进一步对 CII 的范围进行了明确,包括政府机关和能源、金融、交通、水利、卫生医疗、教育、社保、环境保护、公用事业等行业领域的单位;电信网、广播电视网、互联网等信息网络,以及提供云计算、大数据和其他大型公共信息网络服务的单位;国防科工、大型装备、化工、食品药品等行业领域科研生产单位;广播电台、电视台、通讯社等新闻单位;其他重点单位。上述规定使审查范围边界逐步清晰,保障了网络安全审查活动的有效开展。

但需要注意的是,2021 年修订的《网络安全审查办法》似乎对上述基本原则进行了突破。数据安全审查和境外上市安全审查均不再具有"CII"的限定条件,也就是只要网络运营者的相关活动具有潜在的国家安全风险,均有可能触发网络安全审查,这也体现出我国在网络安全审查事项上的重大思路调整,预示着该制度可能成为更为"普遍化"的国家安全保障策略。

3.3.4 关于审查主体

审查主体是指在网络安全审查过程中,承担审查职能,行使审查权力的组织、部门或机构。针对审查主体,2017 年《网络产品和服务安全审查办法(试行)》采用的是单层审查模式的思路,仅考虑由国家审查机构作为审查主体,具体包括网络安全审查委员会、网络安全审查办公室和网络安全审查专家委员会。这种统一的集中模式强调审查活动的国家主导,有助于在国家层面形成统一和权威的网络安全审查体系,但此种审查模式极容易产生审查能力不足的弊端。

信息技术本身具有"脆弱性"——"非恶意的漏洞"在网络产品和服务中被认为是几乎无法避免的——这决定了网络安全风险的泛在化和普遍性。考虑到网络安全风险日益明显的"非对称性"特点和"国际对抗"趋势,在理论上,未经安全审查之前,任何纳入审查范围的相关活动都不能认为是安全的，特别是在第三方有权访问信息和信息系统的情况下，必须默认相关安全风险的存在。这在客观上导致审查体量庞大到难以想象，与单层审查模式相匹配的审查能力形成巨大反差，甚至可能会导致“审查不能”。

针对这一问题，自《网络安全审查办法》(2020 年版)开始，我国就尝试建立了双层审查模式，即在原有国家统一审查机构的基础上，要求网络运营者承担“预审查”的职责。网络运营者需要预判相关活动是否可能产生国家安全风险，其认为影响或者可能影响国家安全的，再向网络安全审查办公室申报网络安全审查。这种制度设计将大部分审查体量分散到网络运营者，使国家审查机构可以集中力量解决重大疑难的审查案件，充分解决了单层审查模式审查能力不足的问题。而且，网络运营者作为相关活动的直接执行者或参与者者，往往更为了解自身所需的安全环境，至少在技术和管理层面，对网络安全风险的识别和判断将更具有针对性，能够有效提升网络安全审查的效率。

此外，双层审查模式也考虑到了网络运营者“预审查”可能出现因专业性不足而导致的“漏审”问题，《网络安全审查办法》(2020 年版)第 15 条明确规定，网络安全审查工作机制成员单位认为影响或可能影响国家安全的网络产品和服务，由网络安全审查办公室按程序报中央网络安全和信息化委员会批准后，依照本办法的规定进行审查。在网络运营者未申报审查的情况下，国家审查机构同样可以通过“依职权”的方式启动审查，有效提升了网络安全审查活动的周延性和有效性。

2021 年修订的《网络安全审查办法》对此没有做出实质改变，仍然采取以“网络安全审查工作机制”为核心的审查主体结构。其中，网络安全审查办公室负责制定网络安全审查相关制度规范，并组织网络安全审查，是审查结论的决策和最终作出者；网络安全审查工作机制成员单位[1]和关键信息基础设施保护工作部门是审查结论的建议和辅助决策者，其意见可以影响审查结论；中央网络安全和信息化委员会是

---

〔1〕 根据《网络安全审查办法(修订草案征求意见稿)》第 4 条第 1 款规定，在中央网络安全和信息化委员会领导下，国家互联网信息办公室会同国家发展和改革委员会、工信部、公安部、国家安全部、财政部、商务部、中国人民银行、国家市场监督管理总局、国家广播电视总局、中国证券监督管理委员会、国家保密局、国家密码管理局建立国家网络安全审查工作机制。如前所述，国家安全风险的认定是一项异常复杂的工作，对于同一事项，不同部门的侧重和关注点可能有所不同，也就可能导致不同的审查结论。我国建立多部门组成的联合审查机制，有助于更为广泛、周延、公正和理性的识别和认定国家安全风险，既有助于最大限度地维护和保障国家安全，也有助于防止“国家安全滥用”，维护和保障审查相对人的合法权益。

特别审查程序中的审查结论决策者，当网络安全审查工作机制对是否存在“国家安全风险”不能形成一致性意见时，审查结论需由中央网络安全和信息化委员会最终批准。

但需要注意的是，《网络安全审查办法》似乎对审查事项也有所区分，其没有要求数据处理者负担“预审查”和“审查申报”的义务，[1]为此，数据处理者自身便不属于承担“预审查”义务的审查主体范畴。这可能导致审查规则出现不一致性，并使审查合规方的注意义务更为复杂化。（如图 3－6 所示）

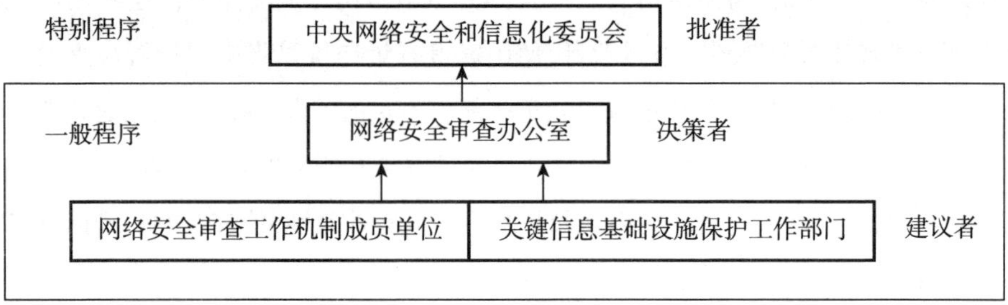

图 3－6　网络安全审查的审查主体

3.3.5　关于审查内容

审查内容是指审查机构针对“何种事项”进行审查，客观体现了国家在网络产品和服务利用方面的核心关注点，构成了实质意义上的“国家安全考量”。在 2021 年修订的《网络安全审查办法》中，新增加了对于境外上市和数据处理活动的审查内容。

关于审查内容的规定主要集中于《网络安全审查办法》第 10 条，包括：(1)产品和服务使用后带来的关键信息基础设施被非法控制、遭受干扰或者破坏的风险；(2)产品和服务供应中断对关键信息基础设施业务连续性的危害；(3)产品和服务的安全性、开放性、透明性、来源的多样性，供应渠道的可靠性以及因为政治、外交、贸易等因素导致供应中断的风险；(4)产品和服务提供者遵守中国法律、行政法规、部门规章情况；(5)核心数据、重要数据或者大量个人信息被窃取、泄露、毁损以及非法利用、非法出境的风险；(6)上市存在关键信息基础设施、核心数据、重要数据或者大量个人信息被外国政府影响、控制、恶意利用的风险，以及网络信息安全风险；(7)其他可能危害

---

[1] 根据《网络安全审查办法》(2020 年版)的规定，关键信息基础设施运营者在采购网络产品和服务之前，应当预判该产品和服务投入使用后可能带来的国家安全风险。影响或者可能影响国家安全的，应当向网络安全审查办公室申报网络安全审查。为此，关键信息基础设施运营者也属于一类特殊的审查主体(自审查)。

关键信息基础设施安全、网络安全和数据安全的因素。

现存的问题是,《网络安全审查办法》此种概括式的列举规定并没有区分各类审查事项的“安全考虑”适用条件,这是否意味着在各类审查事项中均需要识别和判定上述7类风险因素?如果答案是肯定的,那么这可能会模糊各类审查事项之间的边界,弱化针对不同安全风险的审查功能。在未来的制度演进中,一种合理的方法仍然是将各类审查事项所对应的审查内容“集中化”和“类别化”,一方面增强网络安全审查制度的风险应对能力;另一方面也为审查遵从方提供更为有效的指引。

3.3.6 关于审查程序

审查程序是指开展网络安全审查活动所遵循的顺序或步骤。在《网络安全审查办法》(2020年版)颁布之前,我国相关政策立法均未涉及网络安全审查的程序规定,“程序缺位”一方面会使审查主体、网络运营者和第三方无法获得明确的过程指引,无法有效行使审查职能,履行审查义务,严重影响制度本身的可实施性;另一方面也可能对审查活动的有效性产生影响:网络安全审查属于国家安全审查的一种,长久以来,国家安全审查被视为国家行为,不接受司法审查。但在2013年的“罗尔斯案”中,美国哥伦比亚特区地方法院尽管依据“政治问题除外原则”,认定法院无权审查罗尔斯公司关于“总统越权”的主张,但依然认为这并不意味着法院无权审查与此相关的程序事项,并最终认定对罗尔斯公司的安全审查活动违反第五修正案有关程序正当的规定。该案的积极意义在于将“程序正义”作为安全审查合法性的基础,改变了长久以来国家安全审查“不可触碰”的司法禁忌,使审查程序显现出重要的制度规范功能。我国在网络安全审查事项上长期存在的程序缺位,同样可能使审查活动面临不确定的法律风险。为解决上述问题,我国《网络安全审查办法》(2020年版)首次明确了网络安全审查的程序,并区分了一般审查程序和特别审查程序,使审查各方获得了明确的审查指引,极大提升了网络安全审查制度的规范性和可实施性。

2021年修订的《网络安全审查办法》仍然基本沿用了上述程序要求,但需要注意的是,针对数据安全审查事项却没有规定明确的申报义务——这一点与CII采购、境外上市有所不同——为此,数据安全审查的启动方式目前仅能够通过“依职权”的方式予以启动,而不能“依申请”。如果网络安全审查工作机制成员单位认为数据处理活动存在影响或可能影响国家安全的风险,应由网络安全审查办公室按程序报中央网络安全和信息化委员会批准后,依照该办法的规定进行审查。

对于数据处理活动,2021年《网络安全审查办法》之所以采取差异化的审查启动方式,概因于数据处理活动通常具有实时性和不可预测性,如果强制要求前置性的“预审查”或“申报”,将会严重影响正常数据业务的开展,阻碍数字经济的发展。此外,鉴于现代社会的一切表征都正在泛化为数据,数据处理活动已经成为公民生活不可分割的常态化活动,从数据处理者自身专业性和成本性的角度考虑,强制性的申报可能难以实现。网络安全审查的程序如图 3-7 所示。

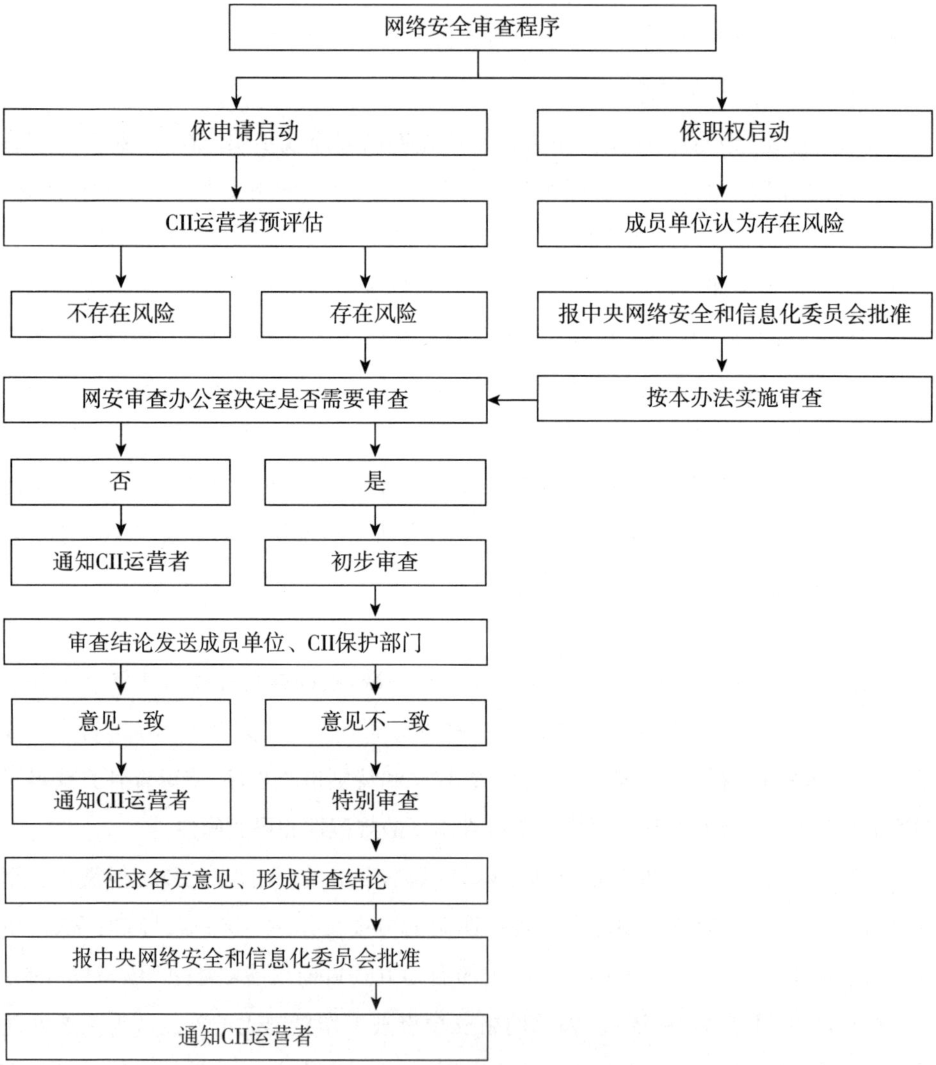

图 3-7　网络安全审查的程序

4 数据出境法律治理

4.1 研究背景

全球计算机技术和网络技术的爆炸式发展促使数据承载越来越多的价值，数据在各个不同的国家和经济实体间的流动已成为不可逆转的趋势。有数据研究机构断言“数据已经成为一种新的货币”，数据本身所承载的经济价值日益凸显。随着“棱镜门”事件的爆发，以及近年来大规模的数据泄露事件频发等，促使数据的安全性逐渐成为各国高度关注的焦点问题。

如何平衡数据所蕴含的安全与发展价值之间的关系已经成为摆在各国面前的现实问题，发达国家和大多数发展中国家都相继启动了旨在保障“数据安全”的相关政策和立法工作，这都充分体现了其对本国数据的保护意图。而我国于2016年公布的《网络安全法》、2021年6月公布的《数据安全法》、2021年8月公布的《个人信息保护法》中，都明确体现出数据安全保障的相关要求。

数据跨境流动的研究诉求根植于数据越发重要的资产价值，国家、社会和个人等数据主体对于数据价值的实现取决于数据主体对数据的权属和控制力。数据的跨境流动方案是一种试图在数据安全与数据价值实现、促进发展的两难境地中寻求解决方法的有益尝试。一方面，云计算所蕴含的强大计算能力、大数据所实现的数据挖掘和精准预测，使该行业在近年来迅速发展；另一方面，云计算服务使得数据主体对于数据的控制力被持续削弱，使得数据本身及其所承载的国家安全、社会公共利益和个人隐私都面临潜在的威胁。在近期发生的数据泄露事件中，波及范围从国家关键领域，如美国国防部、日本政府网站等各国政务系统、大型移动服务提供者等，蔓延至大规模公民个人信息泄露，诸如雅虎10亿邮箱账户的信息泄露事件、“58同城”简历信息泄露事件等。与此同时，“棱镜门”所曝光的外国监听威胁也仍然存在，使得国家和公民对信息的安全性和掌控需求进一步凸显。

对数据安全及数据跨境流动进行规制可以说是数据主权理论原则的具体体现。

无论是考虑数据主权理论内在发展形势抑或是科技发展和进步的进程,都可以得出一个结论:数据主权的诞生是必然趋势。首先,主权国家由于其政府负有对国家安全和社会安定进行管理和维护的职责,即政府治理权限的体现,所以针对可能影响国家、社会正常秩序的人事物均有管理权限。加之根据福科的"治理性理论",国家的权力自然而然地向新领域延伸和辐射,这也就解释了为什么当数据承载了大量现实意义和经济价值时,国家要出面对其进行主权管理。

其次,仅仅通过企业自律和贸易规则已经远远无法满足当前数据安全的保障需求。大数据、云计算以及物联网等聚集式数据应用方式的普及,使得数据安全引发的问题越加频繁,其所导致的后果也越发严峻,互联网企业和参与者依靠自身力量难以保护自身安全并维护网络世界秩序。这种功能上的缺失也直接导致国家以数据主权原则为理论基础对数据的跨境流动采取规制措施,使得数据利用更好、更有序地服务于人类社会。

4.2 数据出境法律治理的理论基础

4.2.1 数据及相关概念界定

对数据出境的研究,应当首先明确数据的定义。目前,全世界范围内没有任何组织发布任意一部具有权威性的针对数据概念进行规范的法律文件,而理论界针对不同情形下数据一词的含义也存在较大分歧。以信息科学领域作为参照,有的学者认为"数据是指将附有意义且能够识别的符号以表达客观事物为目的排列组合所得到的符号序列,通过正确的解读该序列可以代表天文地理、人文科学等异议(不以文字为限)"。也有通过将数据分类的方式,将数据归纳为"个人数据、商业数据、技术数据和公共数据"。随着信息技术的快速发展,数据的呈现与使用方式更加多样,也有学者认为数据是"海量、高增长和多元化的信息资产"。在计算机科学的研究领域,数据一词的含义又有所不同,其是指"输入计算机中的字符或其他信息形式"。

我们可以看出,针对不同的研究对象和研究目的,不同领域的学者赋予了数据不同的概念和意义,数据的表现形式不一定拘泥于单一的数字形式,也可以是各种表现形式的结合,比如图像、声音和符号的各种排列组合等。多种多样、各不相同的表现形式最终反映出来的是我们现实世界客观事物的属性和信息。

与"数据"这一概念的应用场景类似的是"信息"一词,从其内涵与外延上来看,信息与数据的含义并不完全相同,但这两者确实体现出很多内容上的重合且一致性。简单来说,信息应当视为数据所要表达的意义,数据则是能够反映、阐述信息的载体和形式。信息作为对我们社会生活有实际意义的表达,承载了个人或组织的富有逻辑性的表达,而数据作为信息的表达形式,表面上看可以是无逻辑的表现形式,但通过某些解释方式可以得出相应的准确唯一的信息表达。数据本身不承载现实生活的意义,而当其被解释为信息时才跟我们的社会生活完成了接轨。然而,在大多数有关数据治理的讨论和研究中,信息与数据的概念区分并不显著。

数据主权作为数据治理的法律研究中的重要基础理论,也是数据本地化要求的重要理论依据。数据主权的提出起源于对国家主权的解读和延伸理解。在国家主权形成的初期,其主要含义和体现均仅限于领土主权,后至17世纪因航海技术的不断进步进一步扩展至领海主权的讨论,而随着人类科技和探索脚步的不断发展,19世纪又开起了关于领空权利甚至太空权利的争论。进入20世纪,计算机与互联网技术发展迅速,网络空间在社会生活中的参与程度越来越深,甚至被视为继陆、海、空、太空之外的第五空间。网络社会的发展和深化同时带来了机遇和挑战,个人隐私泄露、黑客攻击、网络监听等都对现实社会产生了直接的威胁,在这样的情况下管治成为必然的选择,而网络主权也被各界广泛讨论。从传统的国家主权理论来看,国家主权主要是指国家主体的对内最高统治权以及对外的完全独立权。博丹在其《主权论》中就提出国家主权是国家主体形成后的固有属性之一,国际法意义上的当代国家当然的享有对内的统治权及对外的独立权。具体表现为国家的领土主权,即以国家的地理疆界为其与其他国家的界限。

尽管国家主权的原则和具体含义已经由陆地延伸至海洋、天空及太空等场景,但出于网络的虚拟性,导致国际社会并未一开始就对其进行权利划归。但随着计算机网络逐渐深入国家管理和政治生活,并很容易对网络使用者——无论是政府主体或私人主体造成威胁,所以法律规制势在必行。一些学者对数据主权的理解就是国家主权在数据管理领域的延伸,即"数据主权的主体是国家,是一国独立自主地对本国数据加以管理和利用的权利"。还有学者的观点认为,数据主权的内容除了体现其对内控制权外,还应当包括对外独立性的体现部分,并最终将数据主权定义为:"国家对数据和与数据相关的技术、设备、服务商等的管辖权及控制权,体现域内的最高管辖权和对外的独立自主权、参与国际事务的合作权。"也有学者将对数据主权的重视与保护上升为网络社会治理的一项重要原则,即数据主权原则。在数据主权原则含义中国家对其管辖范围内的数据生成、处理、传播、分析和存储、交易等各种程序享有绝对的掌控权,而面对国际上的数据交流与活动则保持完全的独立自主。

笔者认为数据主权外在表征为一种权力,内涵范畴则是由权利和责任两个方面共同构成,权利部分是国家主体对本国数据享有的绝对排他的管辖权利以及完整的享有其他的数据权利,责任部分体现在国家主体作为网络社会的参与者和本国网络秩序的管理者应当承担相应的安全保障义务或责任。

4.2.2 数据出境的概念界定

数据出境,也可称为跨境数据流动,对于其具体定义,目前国际社会各个组织或国家之间尚未形成一个权威的统一概念。有据可查的最早记载和使用跨境数据流动这一概念的是 OECD。OECD 将跨境数据流动定义为"数据跨越国境的移动"。通过以上概念辨析我们可以得出如下结论:跨境数据流动可视为互联网发展带来的不可逆的表现趋势。相较而言,数据的安全治理则是为了实现数据安全而制定的管理要求。数据安全治理不是对任何种类的数据所有跨境传输行为进行全面的禁止,而是出于安全和秩序的需求要求某些或某类数据实现本地化存储或以其他方式落实或加强数据收集地对数据的控制和管理权。

WTO《服务贸易总协定》(General Agreement on Trade in Services, GATS)中也明确要求了跨境服务原则。GATS 是世界贸易组织管辖的一项多边贸易协议,也是 WTO 服务贸易法的基本规范和核心规范。而 WTO 服务贸易中的跨境服务原则要求参与的成员国在其领土内向其他参与国提供服务,简单来说就是即使服务的用户与提供者处于物理上的不同国家,仍要保持服务的连贯不得中断,这样规定的目的是要保持服务的完整性,其中就涉及数据的传输和流动。

此外,针对数据归属及处理方式有所规定的还包括数据存留,其在形式上表现为对数据的保留有一定的要求,并会对执法产生较大的正面影响。法律意义上数据存留的成立与各国执法部门的执法需求密切相关。数据存留的概念最早始于 1990 年,并在欧盟《关于修正存留因提供公用电子通信服务或者公用通信网络而产生或处理的数据及 2002/58/EC 号指令的第 2006/24/EC 号指令》(Directive 2006/24/EC of the European Parliament and of the Council of 15 March 2006 on the retention of data generated or processed in connection with the provision of publicly available electronic communications services or of public communications networks and amending Directive 2002/58/EC)文件中得到确认,即数据存留是指以维护国家安全、国防事务、公共安全为目的,对于公共信息网络或公共信息通信服务提供者设置对其所产生、收集的通信流量数据和位置数据存留一定时间的义务,供协助执法机关进行严重犯罪与恐怖主义犯罪调查时参考使用。从概念可以看出,数据存留是仅仅考虑执法便利而产生的强制性要求,其一般具有严格的时效性和较小的特定范围。

4.2.3 数据出境法律治理的价值分析

(1)信息技术政治分析框架的理论发展

技术是人类改造世界的方法。从根本上讲,技术的发展是有利于人类社会的发展和进步的,理论学界对技术的认识和态度在很长一段时间内大多都保持着中立的状态,认为“技术在本质上是价值中立的:技术本身与主体对其的应用方式和应用后果不应当包含在对技术本身性质的理解之中,技术本身不应该承担由科技发展带来的不良社会后果或危险应用方式的指责”。正是由于技术中立论的论点,法学理论界也有一些学者对数据出境法律治理的正当性产生了质疑和讨论,因为如果基于对技术中立的认识,即技术本身不存在消极或积极的属性,那么就应当给予其自由发展的空间。然而,数据出境的法律治理中必然包含了对大数据、云计算等在内的新技术的消极影响和阻碍,那么这是否是对技术中立论中自由发展核心观点的违背。

此类质疑随着技术的发展逐渐消失,因为技术中立论在当代社会中的现实意义受到了质疑,人们认为技术中立理论对技术的认识和定义过于片面和单一,因为其仅仅关注技术的外在形式,而并没有对技术内在的社会影响进行深入的探讨和梳理。当前技术的高速发展给人类社会的组织形式和秩序都带来了前所未有的变化和挑战,技术本身也由单一的技术升级更新而变得更富有社会价值和含义。美国技术哲学家兰登温纳是较早开始研究技术的社会属性与价值的代表性学者之一。温纳针对他的研究领域提出了一整个信息技术政治理论,他认为由于计算机网络技术的发展使信息裹挟的内容过于庞大且详细,其对人们生活产生的影响也更加具体和深远,这一不良影响不是由于技术主体对技术的错误使用而造成的,而是由于信息技术发展所招致的必然结果。

再重新梳理数据跨境流动对经济贸易和数据安全所带来的危机,我们可以发现,数据的收集、使用、传输、交易、分析等环节增多,我们的数据掌握者成倍增加,数据获取的方式也呈现爆炸式增加的趋势,加之大数据整合和分析技术的发展都导致我们的数据管理难度直线上升,并且数据安全保障难度也随之呈几何级数增加。因此,如果我们还是对技术发展持有一种不管理的放任态度,将会使得网络社会落入无序化的发展进程中。为了实现数据安全和个人隐私保护,同时兼顾经济发展需求和科技发展要求,实施合理的数据出境规制不仅不是对数据中立论的挑战,反而是对其结合现实社会发展的升级和诠释。

(2)国家安全保障需求

在不同的司法管辖区域内进行的犯罪调查需要依靠司法互助的双边或多边协议,但出于不同国家的利益考量,这种协助的效果并不明显,并且时间冗长,对于侦破网络犯罪或溯源网络攻击中对时效性要求比较高时,烦琐的协助执法请求会大大降低执法效率。印度孟买爆炸案中,恐怖分子通过具有加密通话系统的黑莓手机进行联系沟通和恐怖活动的策划交流,黑莓手机的通话加密模块使警方在执法过程中受到阻碍最终导致惨案发生,案件发生后针对破案所需数据印美双方也经历了艰难的交涉和谈判,这些都延迟了案件的处理,消耗了执法资源。因此,数据安全政策可以将犯罪证据限定于特定的司法管辖区内,有利于执法。

从保护国家安全层面来看,国家的重要政治、军事和经济数据如果被他国获取或利用,将会大大影响国家政治活动的正常秩序,大大削弱国家力量,对政治体系的运作和维护将产生重大不利后果。例如,德国在"棱镜门"事件曝光后,其数据保护委员会就宣布将停止批准国际数据传输,而这一数据传输禁令要持续到德国政府确认隶属外国的国家情报服务机构能够遵守欧盟相关的数据保护法所制定的基本原则时再考虑重新开展。而金砖国家也尝试建立一种国际电缆网络,从而建立一个可以不受他国窃听的网络。因此,通过加强对数据出境的管理,掌握国家主动权和话语权,有助于保障国家数据安全。

(3)产业环境规范化需求

考虑到经济发展和经济利益的保护,也应对数据的跨境流动进行相应的管理规划。信息时代的经济以数据为主要发展资源,对于规模巨大、前景广阔、内容涉及国家安全和公民切身利益的数据流通和交易市场,如果缺少必要的管控手段和科学的管理体系,将不可避免地造成市场的放任自流和混乱,在这种环境中数据的安全性将难以维持。因此,一方面,数据出境规制政策能够弥补数据跨境流动方面的管理缺口,建立起科学的管理方式方法,加强数据安全性,保障经济安全发展。另一方面,良好的数据安全环境也可以为企业发展营造社会和舆论氛围,为企业"走出去"和"引进来"创造条件,例如,将数据中心建在境内等要求,可以促进国内信息产业基础设施建设投资,并且海量数据的集中可以倒逼企业提高安全技术水平并改善内部运营管理体制,长远来看也有助于企业发展。

(4)个人隐私保护需求

从保护个人隐私的角度进行思考,网络数据及其所涵盖的个人隐私和重要信息逐渐深入、越来越多,通过计算机与现实生活的交接度、融合度不断提升,其对人们的生产生活影响也越来越大。包括个人健康信息、财务信息、信用信息等都在网络数据中能够轻易体现,这些数据如果遭到泄露或恶意使用,都会造成社会生活的巨大损失和影响。近年来,规模不等的信息泄露事件频发,大量个人信息的泄露及滥用造成的后果也造成社会公众的怀疑和信任危机。与此同时,部分跨国企业在全球范围内开展业务,将运营过程中收集的个人数据,基于不同的数据处理模式传送至海内外的数据中心,而其数据处理中心所在地或企业所在地国家政府或情报部门可以通过相应的执法合作行动获取相应的数据,在这种个人隐私权利明显受到侵犯的情况下,缺乏相应的数据出境规制措施也会导致权利保障成为一句空话。

4.3 域外数据出境法律治理的考察与评析

4.3.1 隐私保护为导向的欧盟数据出境治理模式

由于其历史积淀、文化传统以及组织形式等多方面的因素,欧盟一向比其他地区更加重视个人隐私保护。因此,较为严苛的个人信息及隐私保护的法律法规多出自欧洲的规定,并且欧洲也是近代个人信息保护法的发源地。世界上最早的个人信息保护法诞生于1970年的德国黑森州,随后的1973年,瑞典就颁布了世界上第一部国家级个人信息保护法。欧洲通过立法方式进行个人隐私保护并非特殊情况,而是区域化的普遍现象,1973年到1984年短短10年间全球共有13个国家为数据保护及个人隐私保护进行立法规制,这其中有8个都是欧洲国家。

欧盟一向认为,个人信息上的权利是基本人权,必须通过立法予以确认并给予相当的保护,这也构成欧盟在跨境数据流动规制上的基本立场。早在1981年,欧洲理事会就组织制定、公布了世界上第一个具有约束力的数据保护国际性文件,即《关于个人数据自动化处理的个人保护公约》(Convention for the Protection of Individuals with regard to Automatic Processing of Personal Data),也被称为《108号公约》。随后1995年欧盟颁布《数据保护指令》,并在最近的2016年投票通过了更为全面的《通用数据保护条例》。1981年的《108号公约》,1995年的《数据保护指令》和2016年的《通用数据保护条例》分别是欧盟在不同阶段的标志性法律文件,其前后差异也反映了欧盟法律规制的演进方向。总体来看,这三份文件的约束力逐渐增强,隐私保护标准逐步提高,操作条款也越来越具体。1981年的《108号公约》是欧洲第一个针对跨境数据流动进行规制的区域性法律文件。《108 号公约》的内容主要包括数据保护的基本原则、跨境数据流动规则和缔约国之间的相互协作,其中第 12 条第 2 款要求缔约国不能仅以隐私保护为由限制跨境数据流动,第 3 款对某些类型数据的国内立法作出了例外规定,但同时要求在其他缔约国提供“相同程度保护”的条件下仍然要确保跨境数据自由流动。说明在这一时期,欧共体对跨境数据流动的关注点主要是各国国内法造成的数据流动障碍。同时需要注意,《108 号公约》没有强调后来的“第三国”或“非缔约国”概念。

1995 年的《数据保护指令》虽然在数据保护原则等方面对《108 号公约》进行了借鉴,但在更多的内容上显现出差异。首先,《数据保护指令》具备了法律约束力,其中第 3 条要求所有欧盟成员国在《数据保护指令》通过后 3 年内将其中的规定转化为国内法。其次,《数据保护指令》规定了更加宽泛的适用范围、更加具体的对象定义、更加严格的数据处理标准和全面的数据保护机制,体现出欧盟对个人隐私保护的高度重视。再次,《数据保护指令》在跨境数据流动上的立场变得十分鲜明,在强调区域内数据自由流动的同时,对向区域外的数据转移作出严格规制。一方面,《数据保护指令》第 1 条就规定“各成员国不得以个人权利和自由(特别是隐私权)保护为由限制或者禁止成员国之间个人数据的自由流动”,却并没有像《108 号公约》一样随后作出例外规定。另一方面,《数据保护指令》第 4 章作为规范“向第三国转移个人数据”的专章,并在其中第 25 条规定“只有在第三国确保提供适当保护水平时,才能将个人数据向第三国转移”。当然,《数据保护指令》也为向不能提供充分保护水平的第三国转移数据作出了特殊安排,目前在欧盟成员国与第三国之间普遍使用的标准合同条款(Standard Contractual Clauses, SCC)和约束性公司规则(Binding Corporate Rules, BCR)就是这种安排的产物。最后,《数据保护指令》还要求各成员国规定一个以上公共机构作为拥有相关监督权、调查权、干预权和诉讼权的独立监管机制。《数据保护指令》与《108 号公约》之间的这些差异很大程度上反映了从“欧共体”经济一体化向“欧盟”政治一体化的转变,各成员国公共政策的协调统一已经成为欧盟的目标。

2016 年欧洲议会和欧盟理事会通过了《通用数据保护条例》,在 2018 年正式实施并彻底取代《数据保护指令》。相较于《数据保护指令》而言,《通用数据保护条例》的篇幅更长,并在内容方面行了大量的增删和修正。第一,在所有成员国范围内直接具有法律约束力,不再像《数据保护指令》那样需要成员国进行转化。第二,使数据保护标准更为严格和具体。其中不仅进一步明确个人数据的范畴,增加数据主体的更正权、被遗忘权等一些新的权利,还针对数据处理者新增了大量的个人数据保护义务。第三,谋求更大的域外效力,试图将管辖范围扩大到部分设立于欧盟境外的主体。第四,在向第三国或国际组织转移个人数据方面,增加更多可实现个人数据跨境转移的条件或情形。第五,《通用数据保护条例》引入了数据保护专员制度,要求当数据处理由公共机构实施等情形时,数据控制者和数据处理者必须指定一名具备专业素养、充足资源和充分独立性的数据保护专员,负责监督、建议并与监管机构进行协调。《通用数据保护条例》与《数据保护指令》的差异,不仅是《数据保护指令》近10年实践的经验转化,也是对近年来大规模数据生产、存储、转移和处理的现实回应,更反映了欧盟希望通过构建"数字单一市场"提升数字经济竞争力的愿望,以制度性规范改变了此前欧盟内部个人数据保护规则碎片化的情况,降低了企业的合规成本。

4.3.2 自由贸易为导向的世界各经贸合作组织数据出境治理模式

(1)亚太经济合作组织《APEC隐私框架》

亚太经济合作组织(APEC)作为全世界影响力较高的经济合作论坛,对亚太经济、科技发展起着十分重要的影响作用。2004年通过的《APEC隐私框架》(APEC Privacy Framework)是亚太地区达成的第一份关于跨境数据流动规制的区域性指导文件。由于APEC的21个经济体中有7个同时也是OECD成员,OECD发布的《隐私保护和跨境个人数据流动指南》(以下简称《OECD指南》)对于该隐私框架的制定起到了重要作用。《OECD指南》带有明显的美国主张的痕迹。首先,在总则部分第5条专门规定"在联邦制国家的特殊情况下,对准则的遵守可以受联邦内部分权制度的影响",显然就是为美国量身定制的例外。其次,与欧洲方面的《108号公约》特别是《数据保护指令》相比,《OECD指南》对数据自由流动的重视显然要超过个人隐私保护。或者说,《OECD指南》实际上是把隐私保护作为促进数据自由流动的手段,其中第三部分"国际应用基本原则:自由流动与法律限制"所强调的均是避免对跨境数据流动造成限制。例如,第16条要求成员国采取合理恰当的措施确保个人数据跨境流动;第17条要求成员国避免限制本国与其他成员国间的个人数据跨境流动;第18条又进一步规定,"成员国应避免以保护隐私和个人自由的名义制定超过了保护需要并造成个人数据跨境流动障碍的法律、政策和做法"。

《APEC隐私框架》在前言部分特别提及,"本框架与1980年《OECD指南》的核心理念是一致的"。《APEC隐私框架》与《OECD指南》同样重视数据自由流动,要求成员经济体"采取一切合理及适当步骤避免和消除任何不必要的信息流动障碍"。当然,在秉承《OECD 指南》的核心理念与原则之外,《APEC 隐私框架》也呈现出一些显著差异。一是向实践操作大幅扩展,《APEC 隐私框架》用很长的篇幅对框架执行进行规制,涵盖了国内执行应考量的措施和国际执行的规范。二是较强的区域性,整个框架都将"促进亚太地区电子商务"作为目标,并在明确了成员执行自主权后,仍然强调要"使 APEC 地区的隐私保护途径趋于一致"。三是带有更加明显的美国规制特征,《APEC 隐私框架》中数次提及要在隐私保护中发挥"行业自律"的作用,并强调公私部门的相互合作。此外,《APEC 隐私框架》虽然同《OECD 指南》一样不具有法律约束力,但以此为基础构建的跨境隐私规则体系(Cross-border Privacy Rules, CBPRs)已经在 2012 年正式启动,并且引入了隐私执法机构和问责代理机构,因而对加入的企业形成了实际约束作用。

APEC 探索制定的跨境隐私规则体系寻求以特定的机制保障 APEC 部长级会议通过的隐私框架的九大原则、50 项具体要求能够在成员经济体中得到实现,帮助区域内数据流动形成体系化并最终实现顺畅安全的无障碍流动。

(2)《跨太平洋伙伴关系协定》

另一个较为典型的区域化经济贸易合作组织的数据安全规制要求体现在《跨太平洋伙伴关系协定》(Trans-Pacific Partnership Agreement, TPP)的相关规定中。TPP 原名亚太自由贸易区,最初由亚太经济合作组织成员国中的新西兰、新加坡、智利和文莱四国发起,是一组多边关系的自由贸易协定,其目的在于促进亚太地区的贸易自由化。截至 2015 年,共有 12 个国家通过了 TPP,但美国此前已经宣布退出 TPP。作为环亚太地区最大的经济体,美国的退出将使得 TPP 的战略意图受到挫败,但 TPP 作为其成员国为实现贸易自由目标寻求合作的产物,其协定内容反映了目前环亚太地区各国在贸易自由方面所做的努力,是目前国际社会关于贸易自由化的最新理论、实践成果的集中体现。

TPP 第 14.8 条规定了个人信息的法律保护规则。TPP 第 14.8 条第 1 款规定各方承认保护电子商务用户个人信息的经济及社会效益,承认因此而对提升消费者对于电子商务的信心所做的贡献,第 2 款规定,为达成第 1 款的目的,各成员方应采取或维持一个法律框架,以提供电子商务用户的个人信息保护,并强调制定法律框架应当参酌相关国际法主体的原则及方针;第 3 款规定各成员方应当在其司法管辖权范围内采取非歧视性实践措施以保护电子商务用户的个人信息;第 4 款规定各成员方应当为电子商务用户的个人信息保护提供公开的信息,包括个人的救济方式、企业的合规方式;第 5 款规定明确提出各成员方应鼓励发展并协调各成员间不同法律框架的机制,并对机制的可能范围做出了更详细的列举。

TPP 第 14.13 条第 2 款规定 TPP 涵盖的个人在 TPP 任一市场上开展商业活动,不以在当地设立数据中心为条件。在数据中心本地化问题上,目前各国采取的措施截然不同,规则种类多种多样。TPP 在此坚持了技术中立、数据应自由流动的思想,要求商业数据流动不以设立本地化数据中心为条件。该条保障了涵盖的企业、个人商业活动产生的数据能够跨境自由流动,但该数据中心未能规定在保障范围外的其他类型的个人、企业能否不以设立数据中心为条件在对应成员境内从事商业活动。从该条可以看出,TPP 在允许商业数据跨境自由流动所能达成的规则仍然是有限度的。

TPP 在其第 13 条中规定了计算设施的本地化。其中第 1 款承认各成员拥有各自的计算设施本地化政策,TPP 在此一定程度上尊重了各参与国的数据主权;第 3 款允许制定出于公共政策的部分规定,但要求这些政策不得对贸易造成专制的、不公正的歧视或隐性限制,对数据中心本地化的限制不得超出为达成该公共政策目的所必要的要求。

TPP 第 11 条第 3 款规定了以电子方式跨境传输信息的相关公共政策例外规则。该款规定,允许制定出于公共政策的部分规定,但要求这些政策不得对贸易造成专制的、不公正的歧视或隐性限制,对信息传输的限制不得超出为达成该公共政策目的所必要的要求。该条款允许各成员制定跨境数据流动公共政策,但对公共政策的内容作了限制,即该公共政策不得构成贸易歧视。

数据的跨国流通是数据主权产生的前提,但主权国家行使数据主权并不意味着对数据实行完全控制,而是要坚持数据自由流通和合理限制原则,以实现管制与数据流通自由之间的合理平衡。TPP 正是出于实现管制与数据流通自由之间的合理平衡所作的努力。对数据跨国流通做出的限制以及限制的内容应该合法,此外,并非仅能基于法律原因而限制数据跨国流动,基于社会的基本秩序和基本的正义观念也可以进行限制,应允许 TPP 各成员在制定商业数据跨境流动的限制性规定方面采取更灵活的对策。TPP 以促进跨境数据自由流动为宗旨,从原则上保证跨境电子信息传输不构成恣意使用,而细节上不对贸易进行具体限制。TPP 中跨境数据流动相关的规则与其他以数据安全保障为主旨的跨境数据流动法律法规有所差别,其出发点是促进数据流动和反对强制的本地化措施,这有助于确保世界经济中最有活力的数字贸易潜力得到完全释放。

4.3.3 其他域外国家数据出境治理的模式化探索

世界范围内共有超过60个国家制定了数据保护法或隐私法对跨境数据流动进行规制,如美洲的加拿大、阿根廷、哥伦比亚、墨西哥;欧盟及欧洲经济区的所有成员国,以及其他部分欧洲国家如阿尔巴尼亚、波斯尼亚和黑塞哥维那、瑞士等;非洲国家如贝宁、毛里求斯、摩洛哥、南非、突尼斯等;近东和中东地区国家如迪拜国际金融中心和以色列;亚太地区如澳大利亚、新西兰、韩国等。还有部分国家并未制定本国的跨境数据流动规则,而是参加了国际性法律协定如欧委会《108号公约》附加文件,或参加了自愿实施规则体系如《APEC隐私框架》(包含了21个国家)。

在数据安全保障方面,除特定数据(如国家公共数据)外,强制性的数据本地化存储存在滥用贸易壁垒之嫌。因此,在更为广泛的情况下,通过设置数据跨境限制来实现数据安全保障是更为有效的方法。基于上述利益考量以及本国数据安全保障能力的差异,目前各国普遍采取的数据出境治理政策主要包括3种模式。

(1)禁止数据离境

禁止数据离境的治理模式下,国家对某些类型的数据采取强制本地化措施,这其中较为典型的就是澳大利亚对于个人电子健康档案的管理法案。2012年,澳大利亚通过了《个人管理电子健康档案的法案》,其中第77节规定除了特殊的例外情形,禁止将健康记录转移到澳大利亚之外的任何国家或地区,对于特殊例外情形的规定即针对不包含"与消费者相关的个人信息"或"能够识别个人或实体的具体信息"的相关数据记录,可以允许在澳大利亚以外对数据进行转移、加工和处理。

在美国国家安全局的监听行为被曝光之后,巴西也出台了《通用数据保护法》(General Data Pvotection Law,LGPD)对本国的数据安全和公民隐私进行保护。巴西新版本的《全国互联网民事总则》(Brazilian Civil Framework of the Internet)赋予其行政部门一项重要的新权力:要求将巴西公民的数据都存储在巴西境内的权力。而互联网公司如被发现违反法律将会面临"高达其在巴西境内前一年总收入百分之十的罚款"。

印度也贯彻落实着较为严格的数据出境管制要求,2011年4月,印度通讯科技委员会发布了隐私条例,贯彻了2000年发布的《信息技术法》(Information Technology Act, 2000)中的条款。其中第7条限制了"敏感个人数据或信息"向国外的传输,除非能满足以下几个条件:①保证数据接收机构能够提供在本条例规定下同等的数据保护水平;②证明此类数据的跨境传输行为对于法人团体或法人代表与信息供应商之间的合法合同效用来说是必须的，或者该跨境数据流动行为属于上述主体已经一致同意的。由于确定数据传输的必要性是困难的，因此该条款被视为普遍禁止数据的国外传输，但个体同意的情况除外。

以上即为几个采取禁止数据离境管制模式的国家立法概况，这一模式是最为简单直接的保障数据安全的方式，但不得不承认其具有狭隘的适用条件，绝对化的禁止数据离境在互联网环境下是很难实现的，因此禁止数据离境通常针对特定数据，例如国家安全信息或公共信息。禁止数据出境采取了绝对化的数据保护模式，严苛地保护了涉及国家核心数据或敏感数据的安全，但缺点在于对执法过程中数据客体的认定以及一致性的保持要求较高。

(2)要求数据中心建在境内

还有一些国家在数据出境规制的要求中更为侧重设施本地化的实现，比如2012年3月，法国采用2012－436号法令修改为保护公共秩序、国防和安全而进行合法拦截相关的《邮政与电子通讯法典》(Posts and Telecommunications Code)的第98章第7条，该法令的第27条对互联网提供者施加了“领土”限制，即要求电子通信的拦截系统要在法国境内建立和实施。

印度尼西亚政府也要求提供“公共服务”的服务提供者将其数据中心建立于国内。《2019年关于电子系统和交易操作的第71号政府条例》(Government Regulation No. 71 of 2019 on the Operation of Electronic Systems and Transactions)第82条规定：“出于对国民数据的执法、保护和行使国家主权的目的，公共服务的电子系统经营者有义务将数据中心和容灾备份中心设置在印度尼西亚境内。”尽管“公共服务”一词在2009年的印度尼西亚《公共服务法》中就已被定义，但是上述条款并没有明确定义什么样的“电子系统经营者”被认为是提供“公共服务”。2014年1月7日，印度尼西亚通讯委员会下发了一个关于数据中心技术指导的草案，该草案将要求国内数据中心进行灾难恢复。根据印度尼西亚技术与信息委员会中的公共关系主席加托·德瓦·布罗托(Gatot S. Dewa Broto)的说法，当地的数据中心要求“覆盖所有提供信息技术服务的机构”，包括从“谷歌、雅虎到酒店、银行和航空服务”。

2010年，马来西亚通过了《个人数据保护法》(Personal Data Protection Act 2010, PDPA)，该法要求关于马来西亚人的数据要被存储在当地服务器。虽然其管制范围非常广泛，但其通过一系列免责条款为马来西亚与世界其他国家和地区之间的数据交流留下了空间。该法第129条第1款规定：数据使用者不能将任何个人数据传输到马来西亚以外,部长特别指定的地方除外。除非存在以下情况,否则不能将个人数据传输到马来西亚以外:①该传输行为是经过数据主体同意输送的;②该输送对于数据主体和数据使用者之间的合同效用来说是必需的;③该输送对于数据使用者和第三方之间的合同效用或结论来说是必需的,其中合同双方都是应数据主体或者其利益参与进来的;④该输送是在行使或捍卫合法权利该输送将缓解对数据主体的不良行为;⑤根据法律,所有应采取的合理预防措施和应进行的审查都已经完成;⑥该输送对于数据主体核心利益或者对于由部长确定的公共利益的保护来说是必需的。

2013 年,越南政府颁布了一部冗长且全面的法令,试图控制互联网上的言论。越南《关于管理、规定、计算机服务的使用以及在线信息内容的法令》(Decree No. 72/2013/ND-CP of July 15, 2013, on the management, provision and use of Internet services and online information)已于 2013 年 9 月 1 日生效,该法令禁止使用互联网批评政府或者发表任何会“危害国家安全、社会秩序和安全”的言论。该法令同样要求一些网络服务供应商在越南境内保存一份涵盖所持有的全部信息的副本,以便接受当局的检查。特别要指出的是,该法令第 72 条规定机构和企业必须:在越南境内有至少一个服务器系统中允许视察、效验、存储和为满足计算机当局需求提供信息。该法令适用于一般网站、社交网络、移动网络和游戏服务供应商。与其他国家不同,越南并不关注保护数据的隐私性,而是确保在当局准备好要访问时,所要访问的信息是有效的。

2013 年越南信息与通讯委员会颁布了一项关于上文所述法令第 72 条的额外实施细则。该细则再次证实该法令的核心目的是帮助当地政府掌控信息。该法令要求当地服务商必须遵守以下要求:①存储所有用户的注册信息,以回应主管政府的要求,允许用户通过身份证号码系统连接和验证用户信息;②存储在一般信息网站上信息公布活动、提供个人信息和在社交网络上分享的全过程;③允许管理和存储所有关于在一般信息网站和社交网络上删改信息的活动;④当位于越南境内的服务器系统要求时,整个位于境外的服务器系统都要遵守这些规定;⑤在任何主管部门要求或需要解决用户投诉时,允许所有关于视察和检验的活动。其中的用户投诉是依照一般信息网站、社交网络和相关法规的用户协议提出的;该法令还要求任何“一般信息网站”或“社交网络”必须由一个越南籍并居住在越南的人来负责网站内容管理。因此,不仅需要数据在越南,还必须有高水平的行政主管来管理。

总言之,印度尼西亚、马来西亚、越南等地在法条中均体现了其较为严格的数据控制需求和倾向,都提出将数据中心建在境内的要求。这种治理模式通过建立数据中心,可以使数据的整个生命周期都在境内,从而提升国家对于数据的控制力,满足执法需求,便利执法。但与此同时,建设数据中心成本高昂,一定程度上容易造成对外企的吸引力降低的情况,并且为避免"蜜罐效应"的发生,需要国内网络环境具备足够的数据保障能力和技术发展水平。

(3)数据传输前进行安全评估

2011 年 5 月,韩国发布了一项关于信息的综合性法律,即韩国《个人信息保护法》,该法涵盖了私营和公共部门。该法第 17 条第 3 款旨在利用一项特殊保护制度来保护数据出口:当个人信息加工商要将个人信息提供给海外第三方时,需要通知并获得信息主体的同意。该法要求信息出口者向信息主体(信息相关者)提供关于数据输送的详细信息。该法第 17 条第 2 款规定要向信息主体通知的内容如下:①个人信息的接收者;②接收者使用个人信息的目的;③将提供的个人信息的详细内容;④所谓接收者要保存个人信息的期间及用途;⑤信息主体有拒绝权利的事实;⑥拒绝个人信息输送所带来的损失。正如前文在印度相关规则中所述,这些义务明显限制了第三方信息服务提供者和对国外云计算服务的使用。

最后这种数据传输前进行安全评估的管制模式,是接受国家较多并且形式较为丰富的一种模式,具体还可分为确保数据接收国具有同等的安全保护水平以及数据主体同意或部长特别指定地区进行传输两种模式。例如,欧盟《通用数据保护条例》中就规定由委员会对数据接收国的法治水平、监督管理能力和承担的国际义务等内容进行评估,从而确保保护的同等水平,在其特别规定中则体现了经数据主体同意或部长特别指定地区进行传输的管理模式。总言之,数据出境前的安全评估虽然对数据离境有所限制,但在经过一定程序后仍可以跨境传输,可以较好地实现数据自由流动与数据安全保障之间的平衡,并且在此过程中国家掌握了主动权。但由于评估对象和评估范围的确定易带有主观倾向,评估内容过于宽泛或过于精细都不利于实践中的具体实施,因此需要审慎制定评估的具体规则。

4.4 我国数据出境法律治理的现状及完善建议

4.4.1 我国数据出境法律治理的立法进程

我国最初对于数据出境的管制体现为禁止某些特定数据或信息离境,随着对个人信息保护的关注以及社会信息化进程的加快,我国的数据安全立法政策开始侧重于对数据中心、服务器以及数据出境前安全评估的要求,以期从根本上治理数据跨境流动的安全问题。

早在2010年,当时修订通过的《保守国家秘密法》第48条规定中就设计了对国家秘密载体进行非法跨境传递、传播及运输、撒布的法律责任。此时,我国对于出境的信息、数据安全性的保障仍体现为对传统意义上的邮寄、托运、携带等方式的禁止,范围仅限于国家秘密载体。虽然对象和方式有限,但已充分体现出我国开始关注重要数据出境的安全性考量。

2011年发布的中国人民银行《关于银行业金融机构做好个人金融信息保护工作的通知》中第6条规定了金融机构的数据本地化要求,即除非另行规定,否则金融机构所掌握的个人金融信息不得向境外流动或提供。该项立法的进步之处在于对关键领域的个人信息本身的处理过程加以管理,要求其数据全过程在境内进行,明确提出了本地化的要求。

2012年发布的国务院《关于大力推进信息化发展和切实保障信息安全的若干意见》中,对为政府机关提供服务的数据中心、云计算服务平台等提出了设施本地化的明确要求。由于政务系统是承担较重数据安全压力的关键信息基础设施,其安全性直接影响国家、社会的稳定,且近年来对于各国政务系统的攻击和数据泄露事件也频频发生,所以我国通过指导意见的方式加强对政务系统的本地化要求,可以在一定程度上避免政务系统数据跨境传输造成的危险性。

2013年公布施行的《征信业管理条例》中,第20条规定了征信机构对其掌握的个人信息的保护义务,除非在获得数据主体明示同意的情况下不得向任何第三方透露。并在第24条中进一步规定了征信机构的数据本地化相关要求,即要求征信机构数据处理的全过程都在我国境内进行。征信行业是促进社会信用经济发展和社会信用体系建设中基础性的组成部分,但其许多行为在法律体系中却无法可依,现实中存在大量不当采集、滥用公民个人信息的情况。《征信业管理条例》的出台落实能够一定程度上减少、避免征信信息的跨国滥用情况,有利于保障社会信用体系的构架。

2014年《人口健康信息管理办法(试行)》中第10条和第13条都规定了医疗机构及其他掌握人口健康相关信息及数据的主体的数据本地化及公民隐私保障义务。近年来,针对医院及相关机构的数据和医疗信息的网络攻击和发生的数据泄露事件呈不断增长的趋势,因此,对于个人健康信息这一敏感信息,需对其加以保护。《人口健康信息管理办法(试行)》对于个人健康信息的保护从存储服务器和对外提供两方面进行规范,结合其他法律规定,例如在《征信业管理条例》中就存在禁止收集个人血型、疾病和病史信息等信息的相关规定，[1]多方进行协同能够较为全面地在制度上保障个人健康信息的跨境流动安全。

同年公布的《信息安全技术　云计算服务安全能力要求》中对云计算服务提供者提出了设施本地化的要求，明确规定云计算服务提供者运行的物理设备应在中国境内。这是对云计算服务提供者物理与环境保护方面的要求，除此之外，还从云服务的各个环节包括系统开发到供应链安全，以及云计算系统的通信保护、云计算服务提供者的配置管理、设备维护以及容灾备份、云服务的审计方式、风险评估与持续监控、云计算服务提供者的组织与人员培训等全方面对云计算服务商安全性提出了要求。

2015 年通过的《地图管理条例》(国务院第 664 号)中以第 34 条为提供互联网地图服务的供应商设置了数据安全保障义务，首先明确规定其存放相关数据的服务器及其他物理设备应当设置在中国境内，其次对用户数据的要求、记录、存储和传输应严格遵守对用户的知情同意和明示，《地图管理条例》也是采用的将数据中心建在境内以及用户主体同意两种模式来进行数据跨境流动的管理。

2016 年公布的《网络出版服务管理规定》(国家新闻出版广电总局、工信部令第 5 号)中第 8 条对网络出版服务商提出了本地化要求，即网络出版服务所必需的包括技术设备、服务器以及所有的存储设备都应遵守本地化要求，必须在中华人民共和国境内运行。《网络出版服务管理规定》是传统出版业务的线上延伸，与新兴网络出版形式，如网络文学、网络学术等内容相结合的产物。出于数据安全、便利执法和知识产权保护等目的，我国行业主管部门要求将相关服务器和存储设备存放在境内。

2016 年公布的《网络预约出租汽车经营服务管理暂行办法》对于网约车经营行业均赋予了较为严格的数据保护义务。其中第 26 条第 3 款规定除配合国家机关依法行使监督检查权或者刑事侦查权外，网约车平台公司不得向任何第三方提供其所掌握的包括驾驶员、约车人和乘客任何个人信息数据，[2]不得泄露涉及国家安全的敏感信息。第 27 条第 1 款则进一步要求网约车平台所采集的个人信息和生成的业务数据均应在中国内地存储和使用，并保证数据存储期限不少于 2 年，除法律法规另有规定

---

[1] 《征信业管理条例》第 14 条第 1 款规定，禁止征信机构采集个人的宗教信仰、基因、指纹、血型、疾病和病史信息以及法律、行政法规规定禁止采集的其他个人信息。

[2] 2016 年《网络预约出租汽车经营服务管理暂行办法》所列举的个人信息包括姓名、联系方式、家庭住址、银行账户或者支付账户、地理位置、出行线路等，涉及国家安全的敏感信息包括地理坐标、地理标志物等。

外,上述信息和数据不得向第三方传递或提供。值得注意的是,该部门规章对于数据存留期限加以规定,也考虑到大数据环境下,长久留存大量数据对企业的负担较重,从而将期限定为2年,体现出我国数据本地化立法逐渐走向科学化。

2016年11月7日,我国《网络安全法》正式公布。该法作为我国网络安全领域遵循的基本法,对于数据跨境流动的规制直接体现在第37条的相关规定中。[1] 相较于《网络安全法》草案[2]和二次审议稿[3]的相关规定,基本思路保持一致,仍是对于在中国境内收集和产生的特定数据应在境内存储,如果属于业务需要或合同要求确实需要出境的应由国家网信部门会同有关部门进行评估。但经过最终审议,该规定将境内存储的对象扩展为"在中华人民共和国境内收集的产生的个人信息和重要数据",将数据本地化的境内存储数据类型中个人信息和重要数据进行了等同规定,并删除"业务"二字,同时,将数据跨境的目的规定为"提供",删除了草案中的在境外存储模式。

2017年4月11日,为了进一步贯彻落实《网络安全法》第37条的相关规定,国家网信部门组织制定并公布了《个人信息和重要数据出境安全评估办法(征求意见稿)》(以下简称《出境安全评估办法(征求意见稿)》),共18条,其中对出境安全评估的主体、对象、范围、方式、保障措施等内容加以规定,内容虽在可操作性层面有所欠缺,但涉及范围较为全面。

随后为了解决《出境安全评估办法》的可操作性缺失问题,同年5月27日全国信息安全标准化技术委员会组织制定并公布了名为《信息安全技术　数据出境安全评估指南(草案)》(以下简称《出境安全评估指南(草案)》)的国家标准。在《出境安全评估指南(草案)》中进一步对个人信息和重要数据的界定及范围加以明确,对数据出境前的安全评估具体程序及评估内容加以规定。对于《出境安全评估办法(征求意见

---

[1] 《网络安全法》第37条规定,关键信息基础设施的运营者在中华人民共和国境内运营中收集和产生的个人信息和重要数据应当在境内存储。因业务需要,确需向境外提供的,应当按照国家网信部门会同国务院有关部门制定的办法进行安全评估;法律、行政法规另有规定的,依照其规定。

[2] 2015年6月,第十二届全国人大常委会第十五次会议初次审议了《网络安全法(草案)》。其中,第31条规定,关键信息基础设施的运营者应当在中华人民共和国境内存储在运营中收集和产生的公民个人信息等重要数据;因业务需要,确需在境外存储或者向境外的组织或者个人提供的,应当按照国家网信部门会同国务院有关部门制定的办法进行安全评估。法律、行政法规另有规定的从其规定。

[3] 2016年6月,第十二届全国人大常委会第二十一次会议对《网络安全法(草案二次审议稿)》进行了审议。其中,第35条规定,关键信息基础设施的运营者在中华人民共和国境内运营中收集和产生的公民个人信息和重要业务数据应当在境内存储。因业务需要,确需向境外提供的,应当按照国家网信部门会同国务院有关部门制定的办法进行安全评估;法律、行政法规另有规定的,依照其规定。

稿)》和《出境安全评估指南(草案)》的具体内容下文将予以详述。

2020年,我国先后发布了《关于构建更加完善的要素市场化配置体制机制的意见》《关于新时代加快完善社会主义市场经济体制的意见》等相关文件,明确将数据列为土地、劳动力、资本、技术之后的第五大生产要素并强调要加快数据要素市场的培育。提出加快数据要素市场培育,加强数据资源整合和安全保护。

2021年6月10日,《数据安全法》经十三届全国人大常委会第二十九次会议表决通过,这是我国第一部有关数据安全的专门法律,已于2021年9月1日正式施行。

随后的2021年8月20日,《个人信息保护法》在经过第三次审议后正式颁布,并已于2021年11月1日正式生效,成为继《网络安全法》和《数据安全法》之后,数据保护的重要法律之一。

4.4.2 我国数据出境法律治理的现状

大数据和人工智能产业的快速发展,促使数据产业持续发展,然而由于市场发展速度快于法律,一直以来,数据采集、存储、管理、加工、应用和流通等环节都是在试探中前行。各项法律的不断推出也为国内的数据应用行业和整个市场提供了新的行为准则,设立了行业的准入门槛,从法律角度促进了数据应用和交易规范化,也加强了全社会对数据安全防护的重视。

(1)《数据安全法》对数据跨境流动的要求及影响

《数据安全法》为数据产业、数字经济划定了数据应用的边界。在数据收集、管理、应用方面,做到合规、合法将成为企业运营数据业务的新门槛。其中对于规范数据应用的规定,既约束了数据的非法采集和滥用,又保护了数据提供方和普通民众的信息安全,让数据真正成为数字经济发展的血液。以数据开放、数据保护、数据流动等为基础的数据规则或将构建并逐步完善,不断促进数字经济发展。例如,数据分级制度有利于让数据公司放开手脚,明确红线。政府有关部门从源头上明确哪些数据属于重点保护,绝对不可触及,而其他数据可以有条件或者免费向公众开放。

我国目前在数据出境政策法律方面,正式出台的法律法规包括《国家安全法》《网络安全法》《数据安全法》等,《出境安全评估办法(征求意见稿)》《出境安全评估指南(草案)》仍未正式出台。而目前已出台的几部法律作为网络安全及数据安全领域基本法,仅通过法条加以原则上的规定,整体实施性较差,相对缺乏可操作性,缺乏评估的具体方法,缺乏对于评估结果进行分析的统一标准。这会导致执法部门执法产生困难,而具有遵从义务的网络运营者也很难进行预判,有可能会导致其满足了维护国家安全的象征意义却无法实现保障数据安全流动和科学管控这一实际意义。

作为我国法律体系的一部分,数据出境政策也应注意与我国现有立法和签订、参与的国际条约相衔接。在国内层面,应着重注意与出口管制相关法律法规的衔接。数据跨境在一定程度上也是一种数据出口行为,例如在国际社会上,美国的出口管制法、国际军火交易条例,英国的出口管制清单也都授予相关部门对技术数据等数据的出口进行管制。其中美国《出口管理条例》(Export Administration Regulations, EAR)对非军用物品的出口进行管制,由美国商务部产业安全署负责实施,其中规定云计算使用者将受管制的技术数据在一个位于美国境外的服务器保存或处理,应当取得出口许可,美国国际武器贸易条例(International Traffic in Arms Regulations, ITAR)针对军用物品,由美国国务院国防交易控制委员会负责实施,其中直接涉及技术数据的出口,将数据分为涉密数据和非涉密数据分别加以规定。此外,还有一些其他部门在发挥补充性的管制作用,例如美国财政部下设的外资控制办公室,负责对美国本土企业的非法数据出口行为进行经济制裁。在英国的出口管制法中,对涉密信息的出口也将权力赋予了出口管制局下属的国际贸易部门。而在我国目前的管制清单中,特别是在 2015 年发布的《核两用品及相关技术出口管制清单》中明确对技术数据的出口加以管制,由商务部及国家原子能机构通过许可证的方式进行管理。现在我国网信部门通过《网络安全法》和《出境安全评估办法(征求意见稿)》对个人信息和重要数据的出境加以管理,在《出境安全评估办法》第 9 条提到,对于包含核设施、化学生物、国防军工、人口健康等领域数据,大型工程活动、海洋环境以及敏感地理信息数据等数据出境时,网络运营者应报请行业主管部门或监管部门组织安全评估。而这在核设施等两用物项领域就会造成管理体制上的交叉,是通过核两用品的许可证管理办法颁布许可证,还是通过安全评估办法进行安全评估,这一问题会对企业遵从和政府职能履行都造成困扰。核技术数据的出口也只是技术数据中的一个例子,在当前这种技术和数据不断交融,越来越多的传统技术可以以信息数据的形式来表达,进而进行存储和传输的大环境下,立法机构应提前理顺管理体制,提高法律的适用性,便利合规遵从。

(2)《个人信息保护法》对数据跨境流动的要求及影响

《个人信息保护法》对个人信息的跨境流动作出了专门规定,对个人信息的跨境流动进行了全面规范。一是明确了因业务等需要,向境外提供个人信息的条件。依据《个人信息保护法》第 38 条规定,首先,必须是因业务等需要确需提供。个人信息处理者不得任意向境外提供个人信息，向境外提供个人信息，涉及国家安全与公共利益，因此只有在“因业务等需要”而确需向境外提供时才能提供，换言之，如果不向境外提供就无法开展正常业务。例如，从事跨境购物业务的信息处理者，不得不向境外提供收货人、收货地址等信息，该跨境购物业务就无从开展时，该信息处理者才可以按照法律规定向境外提供个人信息。其次，根据该条第 3 款的规定，个人信息处理者应当采取必要措施，保障境外接收方处理个人信息的活动达到该法规定的个人信息保护标准，即比较法上的“同等保护水平”。要达到同等保护水平，不仅要考察境外接收方所在国家的法律规定，还要依据我国网信部门的规定，经专业机构进行个人信息保护认证，并与境外接收方订立合同，约定双方的权利和义务。

二是个人信息处理者的告知义务。《个人信息保护法》第 39 条对跨境提供个人信息的“告知—同意”提出了更为严格的要求，以切实保障个人的知情权、决定权等权利。也就是说，个人信息处理者要向境外提供个人信息，必须向信息主体明确告知境外接收方的名称或姓名、联系方式、处理目的、处理方式等内容，还要取得个人的同意。尤其需要指出的是，《个人信息保护法》规定的是单独同意，而非概括同意，即便根据《个人信息保护法》第 13 条第 1 款第 2 项至第 7 项的规定，不需要经过信息主体同意就可以实施的处理行为，一旦涉及跨境传输，也需要征得信息主体的单独同意。例如，跨国企业依照依法制定的劳动规章制度或者依法签订的集体合同实施人力资源管理所必需的个人信息，在中国境内进行处理时，不需要取得个人信息主体的同意，但一旦这些个人信息向境外提供时，按照《个人信息保护法》第 39 条的规定，应当取得个人信息主体的单独同意。

三是特定信息处理者应当将个人信息储存在境内。根据《个人信息保护法》第 40 条第 1 句的规定，关键信息基础设施运营者和处理个人信息达到国家网信部门规定数量的个人信息处理者，应当将个人信息存储在境内。例如，特斯拉曾宣布，其已在中国建立数据中心，所有中国业务所产生的所有数据，完全存储在中国境内。如果确实需要向境外提供的，应当通过中国国家网信部门组织的安全评估。

四是确需向境外提供个人信息的，应当通过安全评估。在向境外提供个人信息时，需要通过我国网信部门组织的安全评估。由于遥远的地理距离以及不同司法管辖权的法律制度、保护水平之间的差异，导致个人信息跨境流动的安全风险增大，因此，需要通过安全评估以确定个人信息跨境流动是否会造成对国家安全和社会公共利益的损害，是否会侵害个人信息权益。如果不能通过安全评估，则不能向境外提供个人信息。

五是针对个人信息跨境流动,规定了黑名单制度和对等反制措施。从比较法上来看,对于个人信息的跨境流动普遍采取了一定的限制。由于个人信息的集合可能反映一国的社会经济状况,因此个人信息的跨境流动将直接关系国家安全、经济安全,对于个人信息的跨境流动给国家安全可能带来的威胁必须进行特别关注。虽然个人信息跨境流动可能给国家安全和个人信息保护带来威胁,但也不宜因噎废食,一概禁止个人信息的跨境流动,否则将会导致我国数据市场环境的封闭。在维护国家数据主权的基础上,基于主权国家的平等互惠,《个人信息保护法》第三章对个人信息的跨境提供进行了专门的规制。《个人信息保护法》第 42 条特别规定,如果境外的组织、个人从事了侵害我国公民的信息权益或者危害了我国国家安全的行为,国家网信部门可以将其列入限制或禁止个人信息提供清单。《个人信息保护法》第 43 条对外国歧视性措施的对等反制措施提供了法律依据。这些规定对于维护我国国家数据安全、保护个人信息主体的合法权益具有重要意义。

4.4.3 我国数据出境法律治理的完善建议

(1)重视数据出境中的安全与发展平衡

《数据安全法》第二章的主题是数据安全与发展,其第 13 条提出:"国家统筹发展和安全,坚持以数据开发利用和产业发展促进数据安全,以数据安全保障数据开发利用和产业发展。"该条款的目的是取得数据安全与发展之间的平衡,保障数据安全与促进数据开发利用和产业发展是相辅相成的,既不能以发展之名忽略安全,也不能以安全之名阻碍发展。数字经济需要充分挖掘数据的价值,将数据作为生产要素进行开发利用,同时,在数据开发利用的过程中,也需要充分保障数据的安全。

数据的开发利用为数据安全提供了技术支持和概念革新,数据安全为数据的开发利用提供了基础的保障和稳固的底盘。数字经济时代与过去不同,在很多场景下会先有数据再有应用,基于数据的数字创新应用开发将成为常态。数据安全影响国家发展与安全,关系公众利益和公民个人权益,应建立数据全生命周期安全的概念,关注数据的流通共享,确保以安全为前提进行数据的开发利用。

(2)完善数据出境安全保障法律体系

首先,要为数据跨境流动提供更为完整、有效的安全保障,完善国内法律及规范是重中之重。一方面,可以针对传输环节设置数据安全流动原则,强调在保障数据安全的前提下允许数据跨境传输,以此在立法中传递更为积极、开放的导向性信号。另一方面，针对数据保护问题，可以考虑采取宽泛同意兼赋予用户退出选择权的保护原则，以实现数据传输的集中式审核，提高数据传输效率，当然该原则还需要建立在数据分类分级的基础之上。

其次，各类规范可操作性的实现离不开数据分类分级保护制度的建立。国家信息安全标准化技术委员会发布的《信息安全技术 数据出境安全指南（草案）》的安全风险条款中就初步体现了分级分类的思路。该条款指出，在评估数据出境计划的安全风险时需要考虑出境数据的属性和数据出境发生安全事件的可能性及影响程度两方面，其中具体列举了两种数据类型：其一，个人信息，评估重点在于个人信息的敏感程度；其二，重要数据，尤其要重视对其进行技术处理的情况。《信息安全技术 数据出境安全指南（草案）》还基于数据分类，进一步围绕个人信息出境对个人权益产生的影响，重要数据出境对国家安全、社会公共利益产生的影响，以及安全事件的可能性三个方面对影响等级进行了划分。《信息安全技术 数据出境安全指南（草案）》为数据跨境流动分类分级制度的构建提供了参考和方向，但是仍需要结合《数据安全法》的规定，在以下方面细化具体规则：其一，《数据安全法》第21条除重要数据外，特别提出了核心数据的概念，以第2款的内容进行解读，核心数据的保护水平应当高于重要数据，为更好地确定对二者采取的保护程度和具体措施，需要进一步对这两类数据的边界进行划分；其二，参考《信息安全技术 数据出境安全指南（草案）》的规定，根据个人数据（信息）的敏感程度进行区分，对个人数据（信息）实施分级保护，尤其注重对个人隐私的保护；其三，在数据跨境流动中，尤其强化对企业数据的保护，企业数据与个人数据的范围大概率存在交叉重叠，但是需要进一步明确非原始数据的权属是否已经发生变化，例如经过企业利用算法等技术处理的数据，在此情况下保护程度也应当进行相应的调整。

（3）完善数据出境安全保障行业监管体系

以金融行业数据跨境流动监管体系的演进为例，数据出境规则由最初的"除法律法规及中国人民银行另有规定外不得提供"的设定，逐步转向满足了包含业务需要、明示同意、安全评估等系列硬性要求后允许数据出境的制度设置，逐渐摒弃了"一刀切"式的监管模式，明确了监管主体的监管权限，同时也为被监管方开展合规工作提供了明确的指引，降低了企业合规风险。同时，从金融行业的监管经验可以看出，数据跨境流动的监管重点还应当在于对事前监管规则的强化。

建立和完善数据出境安全评估体系是重要途径之一。国家网信办在2019年发布了《个人信息出境安全评估办法(征求意见稿)》,该文件将是否符合国家法规政策、合同条款是否能保障个人信息主体合法权益等方面列为重点评估内容,可以此作为参照,从国家主体层面以及私人主体层面两方面着手,分别设定差异化的出境安全评估体系。此外,也需要针对个人数据、企业数据及政府数据进行分类保护:针对个人数据需要重点评估是否实现对敏感数据的脱敏保护;针对企业数据则需要考察数据是否涉及企业商业秘密、知识产权保护等内容;政府数据出境情形较少,如果涉及例如新冠疫情防控等全球突发性卫生公共事件的防控,则需要实施更为严格的出境安全评估。

(4)增强数据出境安全保障领域的国际合作

在当前的国际形势及国际数字经贸往来背景下,我国需要积极回应国际数据安全态势和竞争格局,推动国际层面合作机制的建立,加快推进国际合作渠道尤其是区域性合作渠道的建立。

2020年《区域全面经济伙伴关系协定》(RCEP)正式签署,第12章电子商务中制定了跨境传输数据规则,限制成员国政府对数字贸易施加各种阻碍,例如数据本地化存储等。RCEP虽然展示出了搭建数据跨境传输的意向,但在具体内容中仍然采取了礼让性规定方式,表示需要尊重缔约方各自的监管要求以及公共政策等,因此效力较为有限。

在2020年11月20日举办的亚太经合组织第二十七次领导人非正式会议上,中国提出考虑加入《全面与进步跨太平洋伙伴关系协定》(CPTPP),CPTPP针对互联网规则和数字经济设定了较高标准,规定的内容较为全面,其中也涉及了数据跨境流动与数据本地化存储等问题,在正式加入后可能成为我国与世界各国数据合作的纽带。另一方面,从当前国际实践现状来看,在此类多边贸易协定下推动数据跨境流动问题进展颇为缓慢,因此还可以考虑采取更为灵活的合作方式。例如,美国倾向于与相关国家达成双边或多边协议的方式来进行数据跨境流动规则建设。由于世界贸易组织及自由贸易协定等框架下电子商务规则推进进程迟缓,美国在亚太经济合作组织主导建立了CBPRs,美国选取CBPRs作为突破口,开辟区域性合作渠道,旨在针对跨境电子商务中的个人信息制定保护规则,CBPRs规范对象不包括政府,而是限于亚太地区涉及个人信息跨境传输的企业,该规则体系强调自愿原则,只对加入规则的企业产生约束力,其机制设计中还囊括了隐私执法机构,保证了体系内各项规则的执行力。

从我国实践来看,可以我国在"一带一路"倡议中与沿线国家已经签订的协定等为基础,尝试将国际协定与国内治理进行衔接,率先与已经构建起良好协作关系的国家或地区进行数据跨境流动的先行先试,从而逐步推动国内治理机制与国际规则的双重发展。

5 云计算平台责任

5.1 研究背景

这是一个走向“云端”的时代。云计算服务能满足客户海量数据的存储和处理需求,其成本又相对低廉,在互联网创新和信息经济发展中发挥着越来越突出的作用。然而,云计算服务的大规模应用,在促进对计算资源的高效利用和信息产业新模式诞生的同时,也带来了诸多新的法律挑战。

云计算服务因其所具有的数据大规模收集和处理的功能,很容易成为网络攻击的“蜜罐”,其自身承担的网络安全压力与相应的责任客观上在不断增大。云计算服务颠覆了数据存留和数据拦截的传统方式,一定程度上改变了缉查刑事犯罪、打击高科技违法活动和防范恐怖主义的模式。由于实现了数据更大范围的即时分布式共享,甚至是跨境分布,云计算服务对信息内容的安全监管构成新的挑战;云计算服务中数据的所有者、使用者、控制者各有不同,使知识产权保护、有害信息治理的责任在上述主体间产生了新的分配模式。此外,云计算服务的性质决定了云计算服务提供者很难对客户的数据信息内容进行事前审核或实时监控,因为这种事前审核或实时监控不仅会降低其客户信赖甚至会颠覆现有的业务模式,从技术与成本上均不可行。面对数据收集、处理过程中存在的各种潜在风险,必须在现有法律的基础上,合理划分云计算平台上的云计算服务提供者、云服务客户和云服务用户之间的责任,以期维护云计算平台中各方主体(亦称相关主体)的合法权益,促进云计算产业的健康有序发展。

本章内容聚焦“我国云计算平台相关主体的法律责任研究”,从网络安全、合同责任、侵权责任、知识产权保护4个视角解析云计算平台相关主体的法律责任内容及其边界,探讨了法律规定的机理和完善之道,并围绕现行法律规定,为云计算服务提供者的法律遵从提出合理化建议。

经典案例：

2015 年 8 月，乐动卓越公司接到玩家投诉称，网址为 www. callmt. com 的网站提供《我叫 MT 畅爽版》的下载及游戏充值服务。乐动卓越公司经比对发现，该款游戏涉嫌非法复制其游戏的数据包，而通过技术手段发现，该款游戏内容存储于阿里云的服务器。

之后，乐动卓越公司两次致函阿里云，要求其删除涉嫌侵权内容，并提供了服务器租用人的具体信息，但并未得到阿里云的配合。乐动卓越公司认为，阿里云公司的行为涉嫌构成共同侵权，因而诉至法院。

北京市石景山区人民法院对乐动卓越公司起诉阿里云侵犯信息网络传播权一案做出一审判决，认定阿里云公司构成侵权，需赔偿乐动卓越公司经济损失和合理费用约 26 万元。这是国内首例云服务器提供者被判侵权案，原告索赔金额和法院判决金额都不算高，但此案引发整个云计算服务行业和法律界的广泛关注，针对判决结果的争论也非常激烈。

阿里云公司不服原审判决，提起上诉。最终，北京知识产权法院于 2019 年 6 月 20 日做出二审改判，认定乐动卓越公司通知不合规，且“断开链接、停止服务”并非必要措施，驳回原告的全部诉讼请求，判定阿里云公司不承担法律责任。

基于此，云计算平台责任承担问题仍然是理论与实务界关注的焦点问题。

5.2 云计算平台责任认定的理论基础

5.2.1 基本概念界定

(1)基础设施即服务

基础设施即服务(Infrastructure as a Service, IaaS)是指，IT 基础设施的交付及其使用模式，云计算服务提供者可以向用户提供可度量的计算、存储、网络或者其他基础资源，用户可以在此之上部署或运行各种软件，包括客户操作系统和应用业务。

(2)平台即服务

平台即服务(Platform as a service, PaaS)是指，云计算服务提供者将业务软件的开发环境、运行环境作为服务通过互联网提供给用户。

(3)软件即服务

软件即服务(Software as a Service, SaaS)是指，云计算服务提供者通过互联网为企业搭建信息化所需要的所有网络基础设施及软件、硬件运行平台，并负责所有前期的实施、后期的维护等一系列服务。

(4)云计算服务提供者

云计算服务提供者是为其他企业提供云计算某些组件(通常是指 IaaS、SaaS、PaaS)的公司或个人。我国法学界对云计算服务提供者至今没有明确界定,笔者认为,云计算服务提供者是指向客户提供云计算服务的自然人、法人或非法人组织。

(5)云服务客户

云服务客户是指通过购买、租赁等途径而使用云计算服务的自然人、法人或非法人组织。例如,在云计算服务模式下,云服务客户只需要按照自己的需求购买一定量的计算能力服务,云计算服务提供者即可提供对应的弹性计算能力,有效节省了客户购买服务器和维护的成本。

(6)云服务用户

云服务用户是指接收云服务客户提供的商品或服务的自然人、法人或非法人组织。通常情况下,商品或服务是云服务客户通过从云计算服务提供者购买或租赁的云计算资源来提供的,但是法律上用户和云计算服务提供者并无直接联系。

5.2.2 云计算服务提供者与网络服务提供者、信息存储空间服务提供者

如何认定云计算服务提供者的性质?应根据云计算服务的具体业务功能来判定其是否属于网络服务提供者。通常而言,云服务器的所有者和使用者分离,互联网数据中心业务(IDC)为用户提供专业化服务器托管、空间租用等服务,实质上并不限于数据处理服务。

传统服务器提供者向客户提供的服务主要是服务器租赁、托管、安全维护等,云服务器提供者除了向客户提供网络服务器租赁的基础服务之外,还可以提供诸如云计算、内容分发网络(CDN)、数据库、安全维护、大数据应用与分析、管理与监控、云通信、日志邮件等增值应用服务以及互联网中间件等。

传统信息存储空间服务提供者主要分为两类:一类是网盘、云盘等形式,另一类是内容存储推广平台。当云服务器仅提供网络服务器租赁服务时,与传统服务器提供者并不存在区别,但作为信息存储空间服务器,云服务器比传统信息存储空间服务提供者提供更底层的服务器租赁服务,包括上述一系列增值服务。

我国法律对网络服务提供者的侵权责任认定主要适用《信息网络传播权保护条例》和《民法典》的规定,但并未对网络服务提供者做明确的定义。最高人民法院《关于审理侵害信息网络传播权民事纠纷案件适用法律若干问题的规定》(以下简称《信息网络传播权规定》)第 3 条第 2 款规定,所谓的"提供行为"是指通过上

传到网络服务器、设置共享文件或者利用文件分享软件等方式,将作品、表演、录音录像制品置于信息网络中,使公众能够在个人选定的时间和地点以下载、浏览或者其他方式获得。

从控制论的角度来看,云计算服务提供者是否属于《民法典》第1194、1195条规定的"网络服务提供者"应视不同情况进行讨论(区分PaaS、IaaS、SaaS三种模式)。例如,SaaS服务提供者更接近"网络服务提供者";而作为底层服务的IaaS层,当其提供负载均衡、安全防护等服务,不应将其笼统地认定为"网络服务提供者",因为其只是提供技术服务的一种方式;而对于其他服务内容,应根据相关法律法规的规定来认定其法律地位和责任(如网络接入服务,应根据《信息网络传播权保护条例》第20条的规定来确定其承担相应的法律责任)。

概言之,云计算服务提供者的法律地位和性质应根据其提供的服务内容进行具体分析。具体而言,应从以下三个方面来综合判断其是否属于《民法典》规定的"网络服务提供者",以供学理探讨:第一,云计算服务提供者提供服务的具体内容;第二,云计算服务提供者对涉嫌侵权内容是否具有直接控制力;第三,云计算服务提供者直接终止相关服务所造成的损害是否超出对该云计算服务的客户和社会公共利益等造成的损害。

第一,从云计算服务的具体内容来看,根据云计算服务提供者提供服务的类型和方式来看,其既可能是网络服务提供者,从而需要承担"通知—删除"义务及怠于履行义务的法律责任,亦可能并不是侵权法律关系的当事人而无须承担相关法律义务和责任。具体而言,当云计算服务提供者本身提供网站或游戏服务时,其既是内容服务提供者又是网络服务提供者,因此其对侵权行为的发生理应承担直接侵权责任。然而,如果其仅提供底层的计算、存储和安全防护等技术服务,则不应被简单地认定为网络服务提供者而承担相应的连带责任。《信息网络传播权保护条例》相关条款的规定也从侧面反映了笔者的此种论断,该条例对不同服务类型的提供者规定了不同的法律义务和责任,例如,针对信息存储空间和搜索链接服务提供者,规定其责任承担适用"通知—删除"规则框架下的法定义务,而对网络自动接入和传输服务提供者,则规定了不同于"通知—删除"规则的法律义务和免责事由。

第二,从是否具有控制力的角度来看,当云计算服务提供者提供IaaS或PaaS服务时,由于其本身直接面向网站或应用程序开发商提供底层服务,比如数据中心、服务器、网络、负载均衡、磁盘存储、防火墙等服务,此种类型的服务属于底层技术服务,且受到与服务客户签订的协议约束,云计算服务提供者无法对网站或应用程序中的内容进行查阅和访问,其对相关涉嫌侵权内容并无直接控制力,因此不应承担相应的法律责任。概言之,当侵权行为存在于云服务客户网站或应用程序时,侵权人首先应该向相关网站或应用程序开发者寻求解决路径。关于将控制力作为考虑因素的问题,我国现行法律相关规定也在侧面有所体现。如《信息网络传播权保护条例》在对网络服务提供者进行列举时,相关条文也都体现了“直接接触或控制作品”的特征,如第 20 条规定,“网络服务提供者……未选择并且未改变所传输的作品、表演、录音录像制品……”第 22 条规定,“网络服务提供者为服务对象提供信息存储空间……未改变服务对象所提供的作品、表演、录音录像制品……”《信息网络传播权规定》第 9 条规定,“人民法院应当根据网络用户侵害信息网络传播权的具体事实是否明显,综合考虑以下因素,认定网络服务提供者是否构成应知……网络服务提供者是否主动对作品、表演、录音录像制品进行了选择、编辑、修改、推荐等”,第 10 条规定,“网络服务提供者在提供网络服务时,对热播影视作品等以设置榜单、目录、索引……人民法院可以认定其应知网络用户侵害信息网络传播权”。

第三,从制止损害的结果来看,在判断云计算服务提供者是否属于网络服务提供者时,还应充分考虑其是否有能力制止损害结果或者其制止损害结果是否可能对云服务用户和社会公共利益造成损害。如前所述,如果电商平台的底层云计算服务提供者因为电商平台中一家商户的侵权行为而终止整个电商平台的云计算服务,则不仅对电商平台本身,还会对其他网络用户和社会公众利益造成重大损害。在此情况下,针对云计算服务提供者不应附加过重的法律义务和责任。

通说认为,网络服务提供者包括内容服务提供者和技术服务提供者。该观点也在北京市高级人民法院关于印发《关于审理涉及网络环境下著作权纠纷案件若干问题的指导意见(一)试行》的通知(以下简称《北京高院网络著作权指导意见》)第 3、4 条规定中得到了印证。根据该指导意见,技术服务提供者包括自动接入、自动传输、信息存储空间、搜索、链接、P2P 等服务的提供者。此外,《信息网络传播权保护条例》第 20 条至第 23 条罗列了几种类型的技术服务,包括自动接入、自动传输、自动存储、信息存储空间、搜索以及链接服务,其基本与前述《北京高院网络著作权指导意见》的规定一致。其中,信息存储空间服务提供者是指为用户提供内容的存储空间,但云计算服务提供者提供的服务是租赁关系的服务,虽然不属于涉及内容的信息存储空间服务提供者,但属于《信息网络传播权规定》第 3 条“提供行为”中规定的方式。

5.2.3 云计算服务提供者责任与基础电信责任

国内目前对电信业务的定义如下：根据《电信条例》第 8 条第 2 款前半句的定义，基础电信服务是指提供公共网络基础设施、公共数据传送和基本话音通信服务的业务。具体包括固定网络国内长途及本地电话业务、移动网络电话和数据业务、卫星通信及卫星移动通信业务、互联网及其他公共数据传送业务、带宽、波长、光纤、光缆、管道及其他网络元素出租、出售业务、网络承载、接入及网络外包等业务、国际通信基础设施、国际电信业务、无线寻呼业务、转售的基础电信业务九种业务。《电信条例》将电信服务分为基础电信服务和增值电信服务，《电信业务分类目录》对基础电信服务和增值电信服务进行了细分，其中，由中国移动、中国电信和中国联通三大通信运营商提供的固定电话、移动电话等服务均属于传统意义上的基础电信服务，而对于增值电信服务的管理，国家的监管力度逐渐紧收。

《电信业务分类目录》(2015 年版)(以下简称《2015 版电信目录》)将基础电信业务分为第一类基础电信业务和第二类基础电信业务，同时将增值电信业务分为第一类增值电信业务和第二类增值电信业务。《2015 版电信目录》的修订方向包括两个方面：一是考虑到技术和市场的发展，删减了已经不属于市场主流业务的分类，并相应修改了业务定义和范围；二是为进一步鼓励民营资本进入电信业，调整了业务门类和定义。

根据《电信条例》的定义，增值电信服务是指利用公共网络基础设施提供的电信与信息服务业务，有时也称为增强型业务。其实现的价值使原有基础网络的经济效益或功能价值增高。从业务分类方面来看，其对应于基础电信业务，且其主要特征是面向社会提供信息服务。

我国“基础—增值”电信业务的区分模式建立在电信业务能否自由竞争上。根据定义，基础电信业务高度依赖于管道、电缆等电信基础设施，其所依赖的管网、频率等资源属于稀缺资源，因此基础电信业务天然不适宜自由竞争，国家对此实施严格的管理制度；相较而言，增值电信业务虽然也依赖于电信设施，但这种依赖性很小，其可以在市场中自由竞争，国家对此类电信业务持有放宽监管的态度。

如前所述，目前市场上存在 3 种云计算的主流服务类型：SaaS、PaaS、IaaS。上述 3 种类型的云计算业务均需依赖一定的软硬件设施即通过 IDC 实现。申领 IDC 许可证则需按照 2012 年工信部发布的《关于进一步规范因特网数据中心(IDC)业务和因特网接入服务(ISP)业务市场准入工作的实施方案》进行。

根据《2015 版电信目录》对 IDC 业务的新定义,IDC 业务不仅包括原定义中的互联网数据中心业务,即“利用相应的机房设施,以外包出租的方式为用户的服务器等互联网或其他网络相关设备提供放置、代理维护、系统配置及管理服务,以及提供数据库系统或服务器等设备的出租及其存储空间的出租、通信线路和出口带宽的代理租用和其他应用服务”,还包括互联网资源协作服务业务,即“利用架设在数据中心之上的设备和资源,通过互联网或其他网络以随时获取、按需使用、随时扩展、协作共享等方式,为用户提供的数据存储、互联网应用开发环境、互联网应用部署和运行管理等服务”。

上述三类云计算的服务模式中:①IaaS 服务模式通过向客户提供服务器设备的方式实现,属于“提供服务器等设备的出租及其存储空间的出租”这一传统 IDC 业务模式;②PaaS 属于“提供数据库系统及其存储空间的出租、通信线路和出口带宽的代理租用和其他应用服务”这一 IDC 业务模式;③根据最终用途,向客户提供数据存储、互联网应用开发环境、互联网应用部署和运行管理类软件的 SaaS 类云计算服务则可能被认定为互联网资源协作服务业务模式。目前,关于 SaaS 供应商的业务定性,我国主管部门尚未提供进一步解释说明,因此如何定性有待于根据其具体服务内容与监管部门进行确认与沟通。

云计算服务提供者依托其云计算业务提供 CDN 类服务,在许可证申请方面,其主要通过申请互联网接入服务和互联网数据中心许可证获取经营资质。根据《2015 版电信目录》定义,CDN 服务业务是指利用分布在不同区域的节点服务器群组成流量分配管理网络平台,为用户提供内容的分散存储和高速缓存,并根据网络动态流量和负载状况,将内容分发到快速、稳定的缓存服务器上,提高用户内容的访问响应速度和服务的可用性服务。

从该定义出发,为客户提供服务器群的 IaaS 类供应商和直接为客户提供网络平台的 PaaS 类供应商均需申请 CDN 许可证。目前,依托持有互联网接入服务或互联网数据中心服务许可证开展 CDN 业务的供应商,无论其属于传统型供应商还是云计算供应商,均需同时申请 CDN 业务许可证。

5.2.4 云计算服务提供者不适用“通知—删除”规则的原因

随着大数据、云计算等科学技术的迅猛发展,加强数据安全保护越发重要。对于云计算服务的发展而言,法律的规制一方面不能让云计算服务成为知识产权侵权行为的“庇护所”,另一方面亦应促成云计算服务提供者与客户之间的合作,以实现各方主体之间的利益平衡,不能使其成为对客户数据、资源的“监控者”。

我国目前有关云计算服务提供者侵权责任认定的立法相对较少,且通过现有规定来规制云计算服务提供者的行为凸显乏力。《民法典》第1195条第1、2款规定:“网络用户利用网络服务实施侵权行为的,被侵权人有权通知网络服务提供者采取删除、屏蔽、断开链接等必要措施。网络服务提供者接到通知后未及时采取必要措施的,对损害的扩大部分与该网络用户承担连带责任。”如果云计算服务提供者既要履行“通知—删除”规则框架下的法定义务,又要保护云计算服务客户的相关利益,则在实践中可能会将云计算服务提供者置于一种两难境地。

(1)云计算服务提供者不等于网络服务提供者

如前所述,IaaS模式下,云计算服务提供者为客户提供网络、存储设备、服务器和虚拟化等基本计算资源,客户能够部署和运行任意软件,包括操作系统和应用程序等。IaaS提供者负责管理或控制底层云基础架构,客户负责控制操作系统、存储和已部署的应用程序,并可能有限地控制选择的网络组件。在此种模式下,客户自己对数据进行运行维护,并对数据具有管控能力;而IaaS服务提供者并不直接参与客户数据的维护,因此云计算服务提供者的控制力较弱。

PaaS模式下,云计算服务提供者向客户提供在IaaS基础之上的软件开发和运营平台,包括数据访问、通用接口等工具。客户通常不能管控支撑平台运行的底层资源,如网络、服务器、操作系统等,但可以对运行环境进行配置,控制自己部署的应用。在此模式下,云计算服务提供者可以管理操作系统、虚拟化、服务器、存储、网络和PaaS软件本身,但开发人员管理自己的应用程序。概言之,客户数据仍然由其自己掌控,云计算服务提供者并不能直接获取。

SaaS模式下,云计算服务提供者向用户提供在云基础架构上运行的提供者的应用程序。用户自身不管理或控制底层云基础架构,包括网络、服务器、操作系统、存储甚至单独的应用程序功能,但用户可以管理特定应用程序的配置设置。在此种模式下,由于云计算服务提供者提供的服务支持程度更深,客户数据交由云计算服务提供者管控,SaaS服务提供者对于客户数据具有较强的控制力。

因此,根据不同的云计算服务类型的特点,不能笼统地将云计算服务提供者直接对应到网络服务提供者的概念范围内,应对云计算服务提供者提供服务时的技术特征予以区分考量。因IaaS、PaaS提供的是基础性的计算服务,云计算服务提供者对客户的数据缺乏足够的控制力而缺乏做出是否侵权判断的基础,因此将其归为需要承担共同侵权责任的网络服务提供者的范畴并不恰当。相较而言,由于 SaaS 在提供服务时会涉及对客户数据的管理,对客户数据能够接触也有足够的控制力,因此 SaaS 应当被纳入需要承担共同侵权责任的网络服务提供者的范畴。

(2)云计算服务提供者不具有强制力

学界将《民法典》第 1195 条称为网络服务提供者的安全保障义务,但是安全保障到何种程度,在实践上则是一个难题。因为首先要确认的一个前提是,何种行为构成侵权并使得网络服务提供者必须采取“删除、屏蔽、断开链接等必要措施”?实践中,云计算服务提供者并不是法院或者行政机构,其并不具备专业的判断能力能够对用户提供相应的信息真伪进行实质审查。如果任何一个用户都能向云计算服务提供者主张类似要求,则云计算服务的产业发展将受到严重影响,同时还会产生各种各样能够实施恶意删除的黑产。

(3)云计算服务特征及盈利的考虑

从云计算服务的特征来看,云服务器必须保障用户数据、资源存储的安全性,即云服务器必须确保安全的环境才能更好地保护用户的商业秘密和知识产权,从而不易被其他人以反向技术获取。基于这一特性,云计算服务提供者不应主动审查用户内容,仅需告知用户一旦侵权可能产生的利害关系。

目前业内普遍认为,云服务器服务具有封闭性的特点,其中存储的数据包具有不易辨别性和隐蔽性。数据包是否公开以及以何种方式公开,应由服务器租用人自行决定,且数据包涉及租用人的商业秘密,云服务器提供者无权随意读取服务器中存储、传输的内容,也无权随意披露相关信息。此外,云计算服务的盈利模式同样决定了云计算服务提供者需要保护用户的信息。实践中,如果云计算公司为避免被判侵权,在接到通知后立即通过技术介入用户数据内容,窥探用户计算数据等相关高价值信息,毫无疑问,不会再有用户愿意将高价值数据存放至第三方云端,这将会严重损害云计算服务提供者的商业利益,也不利于新兴技术的发展。

(4)云计算服务协议/合同

云计算服务提供者在与客户签订服务合同时,通常会积极承诺保护客户的数据安全与商业秘密,约定云计算服务中产生的相关数据权属,明确保障云计算服务客户的数据权利。

按照云计算服务合同的要求,云计算服务提供者无权触碰用户的数据,其不能在被要求删除和审查服务器上的用户内容时就采取技术措施进行删除和审查,否则数据隐私安全将荡然无存。鉴于云计算服务提供者与客户的协议以及经营的需要,租用云服务器的客户通常会将所有的代码等数据直接存储在云服务器中,因此,客户对云计算服务提供者直接具有保障其数据安全的信赖利益,直接删除数据可能会造成不可挽回的损失。

概言之,云计算服务提供者不享有收回侵权用户服务器服务空间和直接删除侵权用户内容的权利。但是,云计算服务提供者应在收到被侵权人的投诉后履行转通知的义务。

(5)技术上的限制

从技术角度来看,云计算服务提供者即使具备技术优势,其删除能力也是有限的。鉴于互联网的特殊性,数据在服务器之间的传输速度非常快,广大网民瞬间就可能下载了侵权作品,对于那些已经下载到个人终端的作品,法律不应要求云计算服务提供者负有删除义务,最主要的原因在于技术上不可行。

(6)云计算服务提供者义务的过分加重

如果对云计算服务提供者的侵权认定适用"通知—删除"规则,那么实质上是通过立法强制云计算服务提供者承担对客户数据的部分"审查"义务。通过法律(通知—删除规则)方式解决法律(著作权侵权)风险,而放弃云计算服务提供者最擅长的技术措施和司法机关最擅长的法律措施是不明智的选择。

5.3 网络安全视角下的云计算服务提供者责任

5.3.1 网络安全保障义务

我国《网络安全法》从公法的角度,规定了网络运营者应当履行的网络安全保障义务。作为云计算服务提供者,无论其角色是网络的所有者、管理者还是网络服务提供者,其对自身运营的云计算服务都应当承担相应的网络安全保障责任。"谁运营,谁负责",这是我国网络运营者包括云计算服务提供者承担网络安全保障责任的一项基本原则。

面对日趋激烈的网络攻击、侵入、干扰、破坏等危害网络安全的行为,《网络安全法》对建设、运营网络或者通过网络提供服务的各方主体,均提出了保障其提供的网络服务运行稳定且安全可靠,维护网络数据的完整性、保密性和可用性等多重义务。

《网络安全法》为云计算服务提供者设定的网络安全保障责任的重点包括网络运行安全保护责任、网络信息安全保护责任(其中包括个人信息保护责任)等。云计算服务提供者在提供云计算服务时,最基本的服务就是要保障云计算服务系统的运行稳定、数据安全和资源可控。

网络安全是动态安全,对于网络安全的防护也需要进行持续的监测和预警。云计算服务提供者作为网络空间数据存储的“蜜罐”,一向是网络攻击的重要目标,云计算服务提供者的安全管理部门需要 7×24 小时地投入网络安全事件的监测预警,了解突发事件,迅速反应,以避免和降低风险。为此,云计算服务提供者需要投入大量的资金和资源不断提升其信息系统和提供的网络产品和服务的安全性。实践中,亚马逊 AWS、阿里云和腾讯云等云计算服务提供者均发生过不同程度的宕机故障,可见,云计算服务的安全性、可用性保障是一项持续性的重要工作。

5.3.2 客户数据保护义务

云计算服务的业务模式,决定了云计算服务提供者高度重视对客户数据的保障,需要竭力避免任何不必要的对客户数据的“接触”,以强化客户对云计算服务的信赖。为此,几乎所有云计算服务提供者均在其服务协议中强调客户的业务数据是客户的,并承诺会采取各种数据安全保障措施。

同时,云计算服务提供者在为客户提供基础性的计算资源服务时,通常处理的是服务数据(如 IaaS 和 PaaS 服务),并不会直接解析客户数据的内容。客户通常会通过加密等措施来保护自己的数据安全,云计算服务提供者不仅无权破解并获取客户数据,相反,云计算服务提供者还应当采取必要的安全保障措施防止网络攻击等行为威胁客户的数据安全。

此外,云计算服务提供者有义务保障客户数据不被泄露给非授权的实体。在提供云计算服务的过程中,涉及大量的原始数据和经处理后的数据,未经客户授权,云计算服务提供者无权将这些数据披露或提供给第三方。

5.3.3 关键信息基础设施保护义务

一旦云计算服务提供者提供的服务设施被列为关键信息基础设施的范畴,云计算服务提供者就应当承担更加严格的安全保障义务。鉴于关键信息基础设施的重要性,《网络安全法》专门对其运营者设定了特别的安全保护义务,以充分实现关键信息基础设施的安全可控。

从《网络安全法》和《关保条例》的具体规定来看,如果某一云计算服务提供者属于关键信息基础设施的运营者,在人员和系统安全管理、供应链安全、数据跨境传输等方面须承担更为严格的安全保障义务。具体如表 5-1 所示。

表 5－1　云计算服务提供者的安全保障义务

分类	履行的义务内容		具体规定
维护日常运行的安全义务	一般信息系统的安全要求	制定内部安全管理制度和操作规程	《网络安全法》第 21 条 《关保条例》第 13、14 条
		采取预防性技术措施	《网络安全法》第 5、10、21 条 《关保条例》第 5、15 条
		监测网络运行状态	《网络安全法》第 21 条 《关保条例》第 5、15 条
		按照规定留存网络日志	《网络安全法》第 21 条
		重要数据备份和加密	《网络安全法》第 10、21、34 条
		缺陷(漏洞等)补救和报告	《网络安全法》第 22 条
	更为严格的安全保障义务	设置专门安全管理机构	《网络安全法》第 8、14、15、30、32、33、34、45、50、56、73 条 《关保条例》第 14、15、16 条(依据《关保条例》第 15 条的规定，专门安全管理机构的职责涵盖信息系统运行安全的各个方面，包括安全预防、演习、处置网络安全事件、组织网络安全教育和培训及报告责任等)
		对负责人和关键岗位人员进行安全背景审查	《网络安全法》第 34 条 《关保条例》第 14 条
		定期对从业人员进行教育培训和技能考核	《网络安全法》第 34 条 《关保条例》第 15、35 条
		对重要系统和数据库进行容灾备份	《网络安全法》第 21、34 条
		制定网络安全事件应急预案并定期组织演练	《网络安全法》第 34、39、53 条 《关保条例》第 15、25 条
		系统建设保证安全技术措施“三同步”	《网络安全法》第 33 条 《关保条例》第 12、39 条

续表

分类	履行的义务内容	具体规定
特殊的安全保障义务	网络产品和服务应当通过国家安全审查	《网络安全法》第 35 条 《国家安全法》第 59 条 《关保条例》第 19、41 条
	安全和保密义务与责任 (采购这些网络产品和服务时,关键信息基础设施运营者应当按照规定与提供者签订安全保密协议,明确安全和保密义务与责任)	《网络安全法》第 36、40、45 条 《关保条例》第 20、39 条
	境内存储 (对于关键信息基础设施运营中收集和产生的个人信息和重要数据,规定运营者应当将其存储在我国境内)	《网络安全法》第 37、50、66 条
	风险评估	《网络安全法》第 17、26、29、37、38、39、53、54、55 条 《关保条例》第 15、17、39 条

5.4 合同责任视角下的云计算服务提供者责任

云计算服务提供者在与客户签订服务合同时,通常会积极承诺保护客户数据安全与商业秘密,约定云计算服务中产生的相关数据权属,明确保障云计算服务客户的数据权利。云计算服务提供者积极承诺保护客户数据安全和商业秘密,存在以下几个方面的原因:

(1)基于危险控制理论的考量。尽管云计算服务提供者对云计算服务设备具有无可替代的控制力,且理论上可以对服务数据自由地读取和使用,但其对于客户数据不具有所有权,且一旦滥用数据读取和使用的权利,将导致客户的合法权益被置于严重不安全状态。因此,云计算服务提供者需要通过合同明确约束自己的行为。通过考察全球主要云计算服务提供者的服务条款中关于数据权利归属的约定条款,可以看出，非因司法或行政机关的要求，云计算服务提供者不得读取客户的数据，否则其应当承担违约责任。

(2)民法中信赖利益保护理念的实践。客户之所以使用云计算服务，是因为其相信：一方面，云计算服务提供者不会随意地读取客户数据；另一方面，云计算服务提供者能够提供安全高效的网络服务，并且能保障自己存储在云计算平台上的数据的安全。因此，在客户支付一定的对价后，云计算服务提供者不仅需要提供云计算服务，也应当尽力为客户的数据提供安全保障。

(3)基于风险收益平衡的价值考量。网络空间的安全是相对的，没有绝对的安全。虽然在获得客户的对价时，云计算服务提供者并不能彻底地保障客户的数据安全，但是云计算服务提供者的安全承诺，以及据此持续高效地为客户提供安全保障措施，无疑能够赢得更多客户的信赖。

(4)最小化社会成本原则的实践。根据法经济学的理论，义务应当施加于履行成本更低的主体，因为这有利于节约社会总成本。云计算服务提供者对其云空间的结构最为熟悉和了解，并拥有专业的技术开发人员，且负责云计算服务的维护和运行，因此，云计算服务提供者主动承诺履行相关合同义务符合最小化社会成本的原则。

5.5　侵权责任视角下的云计算服务提供者责任

我国关于云计算服务提供者的侵权责任，可按照其具体提供的网络产品与服务内容，适用《民法典》《信息网络传播权保护条例》等相关规定。相关分析如表5－2所示。

表5－2　云计算服务提供者侵权责任认定可能适用的法律与分析

法律名称	具体规定	适用分析
《民法典》	第1194条　网络用户、网络服务提供者利用网络侵害他人民事权益的，应当承担侵权责任。法律另有规定的，依照其规定。 第1195条　网络用户利用网络服务实施侵权行为的，权利人有权通知网络服务提供者采取删除、屏蔽、断开链接等必要措施。通知应当包括构成侵权的初步证据及权利人的真实身份信息。	网络环境下的侵权行为繁多，调整的法律规范不仅多种多样，层级也参差不齐，《侵权责任法》第36条是针对网络环境下网络服务提供者的侵权责任所做的专门规定。 在内容上，第1款是关于网络用户、网络服务提供者承担侵权责任的一般性或者原则性规定，其既有宣示作用，即利用互联网实施网络侵权行为适用《侵权责任法》的规定，又具有独立的适用意义，即

续表

法律名称	具体规定	适用分析
	网络服务提供者接到通知后,应当及时将该通知转送相关网络用户,并根据构成侵权的初步证据和服务类型采取必要措施;未及时采取必要措施的,对损害的扩大部分与该网络用户承担连带责任。 权利人因错误通知造成网络用户或者网络服务提供者损害的,应当承担侵权责任。法律另有规定的,依照其规定。	可以直接作为认定互联网侵权的依据。 第 2 款是“避风港”规则,即网络用户在其自身权利受到侵害,通知网络服务提供者采取合理措施制止侵权时,如果网络服务提供者没有采取“必要措施”造成损失扩大的,应该对损失扩大的部分承担责任。 第 3 款是“知道规则”,即网络服务提供者知道网络用户利用其网络实施侵权而不采取措施的,违反了善良管理人的一般义务,在法律上应该受到责难。网络服务提供者的这种行为实际上起到了帮助作用,因此其应与网络用户承担连带责任。
《信息网络传播权保护条例》	第 14 条:对提供信息存储空间或者提供搜索、链接服务的网络服务提供者,权利人认为其服务所涉及的作品、表演、录音录像制品,侵犯自己的信息网络传播权或者被删除、改变了自己的权利管理电子信息的,可以向该网络服务提供者提交书面通知,要求网络服务提供者删除该作品、表演、录音录像制品,或者断开与该作品、表演、录音录像制品的链接。通知书应当包含下列内容: (1)权利人的姓名(名称)、联系方式和地址; (2)要求删除或者断开链接的侵权作品、表演、录音录像制品的名称和网络地址; (3)构成侵权的初步证明材料。 权利人应当对通知书的真实性负责。 第 16 条:服务对象接到网络服务提供者转送的通知书后,认为其提供的作品、表演、录音录像制品未侵犯他人权利的,可以向网络服务提供者提交书面说明,要求恢复被删除的作品、表演、录音录像制品,或者恢复与被断开的作品、表演、录音录像制品的链接。书面说明应当包含下列内容:	《信息网络传播权保护条例》对信息网络传播权的基本范畴进行了梳理,对技术措施、权利管理信息提供法律保护。从规制客体的角度来看,第 14 条、第 16 条均针对知识产权侵权。 但是信息存储空间或者提供搜索、链接服务的网络服务提供者在大多数情况下类似于 SaaS,与云计算服务提供者提供的各类 IaaS 和 PaaS 服务属于不同的服务类型。 IaaS 和 PaaS 服务中,云计算服务提供者对云计算服务客户的数据内容的控制力因为客观技术和合同等限制,实际上很弱。

续表

法律名称	具体规定	适用分析
	(1)服务对象的姓名(名称)、联系方式和地址; (2)要求恢复的作品、表演、录音录像制品的名称和网络地址; (3)不构成侵权的初步证明材料。 服务对象应当对书面说明的真实性负责。	

5.6 知识产权侵权责任视角下的云计算服务提供者责任

云计算服务提供者在不同的业务模式下,可能会呈现不同的法律主体属性,因而其知识产权侵权责任的认定也会比较复杂。我国有关云计算服务提供者的知识产权侵权责任的相关规定主要体现在《信息网络传播权保护条例》和《信息网络传播权规定》中。但这些规定并未明确地区分不同云计算服务提供者的不同责任。

在提供 IaaS 和 PaaS 服务时,云计算服务提供者往往更接近于技术服务提供方,作为受托方提供的技术外包服务,这种情况下则无法将其简单归类于网络服务提供者。

在提供 SaaS 服务时,云计算服务提供者也会呈现不同的业务模式。例如云计算服务提供者可直接向云客户提供 SaaS 服务,也可以通过向第三方开放“云市场”,由其他第三方向云计算服务提供者的云客户提供 SaaS 服务。为实现规模效应,后者往往是云计算服务提供者的主流选择。(如表 5-3 所示)

表 5-3 云计算服务提供者可能适用的知识产权侵权责任认定规定

法律名称	具体规定	适用分析
《信息网络传播权保护条例》	第 14 条:对提供信息存储空间或者提供搜索、链接服务的网络服务提供者,权利人认为其服务所涉及的作品、表演、录音录像制品,侵犯自己的信息网络传播权或者被删除、改变了自己的权利管理电子信息的,可以向该网络服务提供者提交书面通知,要求网络服务提供者删除该作品、表演、录音录像制品,或者断开与该作品、表演、录音录像制品的链接。通知书应当包含下列内容:	首先,从这部分法律规定来看,只有提供信息存储空间的网络服务者、提供搜索、链接服务的网络服务者这两类网络服务者会承担知识产权侵权责任。 其次,此类知识产权侵权责任的承担需要相关知识产权权利人先履行通知义务。而

续表

法律名称	具体规定	适用分析
	(1)权利人的姓名(名称)、联系方式和地址; (2)要求删除或者断开链接的侵权作品、表演、录音录像制品的名称和网络地址; (3)构成侵权的初步证明材料。 权利人应当对通知书的真实性负责。 第15条:网络服务提供者接到权利人的通知书后,应当立即删除涉嫌侵权的作品、表演、录音录像制品,或者断开与涉嫌侵权的作品、表演、录音录像制品的链接,并同时将通知书转送提供作品、表演、录音录像制品的服务对象;服务对象网络地址不明、无法转送的,应当将通知书的内容同时在信息网络上公告。 第16条:服务对象接到网络服务提供者转送的通知书后,认为其提供的作品、表演、录音录像制品未侵犯他人权利的,可以向网络服务提供者提交书面说明,要求恢复被删除的作品、表演、录音录像制品,或者恢复与被断开的作品、表演、录音录像制品的链接。书面说明应当包含下列内容: (1)服务对象的姓名(名称)、联系方式和地址; (2)要求恢复的作品、表演、录音录像制品的名称和网络地址; (3)不构成侵权的初步证明材料。 服务对象应当对书面说明的真实性负责。 第17条:网络服务提供者接到服务对象的书面说明后,应当立即恢复被删除的作品、表演、录音录像制品,或者可以恢复与被断开的作品、表演、录音录像制品的链接,同时将服务对象的书面说明转送权利人。权利人不得再通知网络服务提供者删除该作品、表演、录音录像制品,或者断开与该作品、表演、录音录像制品的链接。	现行规定的这种通知义务主要是一种程序性的义务,而网络服务提供者所承担的也只是形式审查的义务。 再次,此类责任承担的具体要求包括,时间上是收到通知后"立即"履行;责任内容上包括:①删除涉嫌侵权的作品、表演、录音录像制品;②断开与涉嫌侵权的作品、表演、录音录像制品的链接;③进行通知书转送。 最后,对于服务对象提出的"反通知",形式上符合书面要求,网络服务提供者则又需要"立即"承担以下责任:①恢复被删除的作品、表演、录音录像制品;②可以恢复与被断开的作品、表演、录音录像制品的链接;③将服务对象的书面说明转送权利人。 这里需要指出的是,法律规定没有明确要求网络服务提供者对通知的实质审查义务。
《网络传播权规定》	第8条第2款:网络服务提供者未对网络用户侵害信息网络传播权的行为主动进行审查的,人民法院不应据此认定其具有过错。 第12条:有下列情形之一的,人民法院可以根据案件具体情况,认定提供信息存储空间服务的网络服务提供者应知网络用户侵害信息网络传播权:	该条司法解释明确排除了网络服务提供者对可能侵犯知识产权行为的主动审查义务,符合网络服务提供者主要进行技术协助、平台建设的特点。

续表

法律名称	具体规定	适用分析
	(1)将热播影视作品等置于首页或者其他主要页面等能够为网络服务提供者明显感知的位置的； (2)对热播影视作品等的主题、内容主动进行选择、编辑、整理、推荐,或者为其设立专门的排行榜的； (3)其他可以明显感知相关作品、表演、录音录像制品为未经许可提供,仍未采取合理措施的情形。	

5.7 我国云计算服务提供者的法律遵从建议

云计算服务提供者与传统的网络服务提供者的区别不仅在于新的技术条件下增加了新的行为方式和服务内容,更重要的是云计算服务不直接面向云服务用户,且云服务客户所选择的服务内容多种多样,IaaS、PaaS、SaaS 等类型下的服务性质差别很大,甚至截然不同。对此,在现有的法律制度下,如何结合条文、立法背景和适用场景,具体分析不同类型云计算服务提供者的权利义务,《电子商务法》从电商范例上,给出了电商平台经营者的义务细化。与此类似,云计算服务的实际内容、实际提供主体及相关合同约定,不能"眉毛胡子一把抓"地简单套用现有法律条文,甚至是生搬硬套。

5.7.1 "反通知"的免责制度

当云服务用户滥用通知权利,将会对另一部分享有合法权利的云服务用户造成侵害。我国《民法典》只规定了权利人可以发送通知,但是对用户的此项权利并没有进行必要的限制,因此可通过"反通知"制度对云服务用户滥用通知权利的行为进行必要的规制。《电子商务法》增加了"反通知"的免责制度,电子商务平台经营者接到侵犯知识产权的通知后,应当及时采取必要措施,并将该通知转送平台内的经营者,由其向电子商务平台经营者提交不存在侵权行为的声明,运营者在转送后其责任免除。这一制度的建立,较好地平衡了电商服务提供者、云服务用户和云服务客户之间的权利义务关系,但是否能够推广适用到其他相关的云计算服务法律责任制度中,尚待进一步阐释和实务案例的检验。

"反通知"制度不仅可以防止云服务用户通知权利的滥用,也可以避免网络服务提供者在未经用户方同意时单方面删除信息。被行使滥用通知权利的网络用户控诉侵权的,被告人可向云计算服务提供者发出“反通知”以证明自己传播的作品不构成侵权,是合法的,“反通知”应至少满足以下条件:其一,如果云服务用户向云计算服务提供者发出的通知符合法律规定的形式要件,则未侵权的被控用户能行使此“反通知”的权利;如果权利人的通知要件不符合上述要求,云计算服务提供者就无法转送通知,那么未侵权的用户即没有必要行使“反通知”。其二,反通知应采取书面形式,同时包含以下内容:①要求恢复作品的名称及相应的地址、联系方式及住址;②网络用户的姓名或者名称;③初步证明材料;④自己的行为没有对权利人的权益造成损害的证明;⑤反通知的发送人应承诺反通知所涉及的内容是真实的,否则其愿意承担相应的法律责任。如果云服务用户的“反通知”通知书包含以上的内容,则云计算服务提供者应在法定期间内将此通知书转交给权利人,如果权利人对通知书上声明的内容持有不同意见的,只能向有管辖权的人民法院提起诉讼,此时云计算服务提供者的“双重转送”义务方能终止。

具体实务中,当网络用户向云计算服务提供者发出通知后,云计算服务提供者应首先进行初步的形式审查,即审查网络用户发送的通知是否满足法律要求的格式,如果符合,则应当询问被控侵权的主体对被指控的行为是否承认,如果被控侵权主体在合理期间内(由于法律并未明确规定,但为符合“及时”的规定,应考虑在云计算服务相关协议中规定限定天数)没有回应或发送反通知的,此时云计算服务提供者可以单方面的采取合理的措施来保障网络用户的权利。

通过设立“反通知”制度可达到限制云计算服务提供者的责任的目的,使云服务用户和云计算服务提供者的责任分配更趋于合理,当此项制度建立之后,可以减少云计算服务提供者的运行成本,同时可以规避误删信息的风险。当网络用户向云计算服务提供者发送通知后,云计算服务提供者只需进行形式审查,然后转送被控侵权人;被控侵权人发送“反通知”来主张自己的行为不构成侵权。当发送通知的用户持有异议的,只能向法院提起诉讼,不能再次向云计算服务提供者发送通知。可见,此项制度设立的目的是更好地平衡权利人、云计算服务提供者与用户三者之间的权利义务关系,并促使云计算服务提供者有更多的精力去专注于技术开发改进与提高服务水平。

5.7.2 《网络安全法》的遵从建议

根据《网络安全法》的相关规定,并结合 IaaS、PaaS、SaaS 下不同的云服务模式,云计算服务提供者应当履行的合规义务如表 5-4 所示。

表 5-4 云服务提供者的《网络安全法》遵从建议

具体制度	合规项	云服务模式			遵从要求	罚责	对应法条
		IaaS	PaaS	SaaS			
云安全审查	关键信息基础设施采购安全审查				云计算服务提供者向关键信息基础设施运营者提供产品和服务，可能影响国家安全的，应当通过国家网信部门会同国务院有关部门组织的国家安全审查。		《网络安全法》第37条 关键信息基础设施的运营者在中华人民共和国境内运营中收集和产生的公民个人信息和重要业务数据应当在境内存储。因业务需要，确需向境外提供的，应当按照国家网信部门会同国务院有关部门制定的办法进行安全评估；法律、行政法规另有规定的，依照其规定。
	安全保密协议				云计算服务提供者向关键信息基础设施运营者提供产品和服务，应当按照规定签订安全保密协议，明确安全和保密义务与责任。		《网络安全法》第38条 关键信息基础设施的运营者应当自行或者委托网络安全服务机构对其网络的安全性和可能存在的风险每年至少进行一次检测评估，并将检测评估情况和改进措施报送相关负责关键信息基础设施安全保护工作的部门。

续表

具体制度	合规项	云服务模式			遵从要求	罚责	对应法条
		IaaS	PaaS	SaaS			
个人信息保护	个人信息收集的遵从义务/要求	√	√	√	云计算服务提供者收集用户信息时,应向用户明示并取得用户同意;收集个人信息时,应当遵循合法、正当、必要的原则,公开收集,明示收集目的、方式和范围,并经被收集者同意。 不得收集与其提供的服务无关的个人信息,不得违反法律、行政法规的规定和双方的约定收集个人信息。 云计算服务提供者对其违反法律、行政法规的规定或者双方的约定收集的个人信息,以及其收集和存储的错误个人信息,应当采取措施予以删除或者更正。	《网络安全法》 第64条 网络运营者、网络产品或者服务的提供者违反本法第二十二条第三款、第四十一条至第四十三条规定,侵害个人信息依法得到保护的权利的,由有关主管部门责令改正,可以根据情节单处或者并处警告、没收违法所得、处违法所得一倍以上十倍以下罚款,没有违法所得的,处一百万元以下罚款,对直接负责的主管人员和其他直接责任人员处一万元以上十万元以下罚款;情节严重的,并可以责令暂停相关业务、停业整顿、关闭网站、吊销相关业务许可证或者吊销营业执照。 违反本法第四十四条规定,窃取或者以其他非法方式获取、非法出售或者非法向他人提供个人信息,尚不构成犯罪的,由公安机	《网络安全法》 第22条第3款 网络产品、服务具有收集用户信息功能的,其提供者应当向用户明示并取得同意;涉及用户个人信息的,还应当遵守本法和有关法律、行政法规关于个人信息保护的规定。 第41条 网络运营者收集、使用个人信息,应当遵循合法、正当、必要的原则,公开收集、使用规则,明示收集、使用信息的目的、方式和范围,并经被收集者同意。 网络运营者不得收集与其提供的服务无关的个人信息,不得违反法律、行政法规的规定和双方的约定收集、使用个人信息,并应当依照法律、行政法规的规定和与用户的约定,处理其保存的个人信息。 第43条 个人发现网络运营者违反法律、行政法规的规定或者双方的约定收集、使用其个人信息的,有权要求网络运营者删除其个人信息;发现网络运营者收集、存储的其个人信息有错误的,有权要求网络运营者予以更正。网络运营者应当采取措施予以删除或者更正。

续表

具体制度	合规项	云服务模式			遵从要求	罚责	对应法条
		IaaS	PaaS	SaaS			
						关没收违法所得,并处违法所得一倍以上十倍以下罚款,没有违法所得的,处一百万元以下罚款。 《民法典》侵权责任编 第1194条 网络用户、网络服务提供者利用网络侵害他人民事权益的,应当承担侵权责任。法律另有规定的,依照其规定。 第1195条 网络用户利用网络服务实施侵权行为的,权利人有权通知网络服务提供者采取删除、屏蔽、断开链接等必要措施。通知应当包括构成侵权的初步证据及权利人的真实身份信息。 网络服务提供者接到通知后,应当及时将该通知转送相关网络用户,并根据构成侵权的初步证据和服务类型采取必要措施;未及时采取必要措施的,对损害的扩大部分与该网络	第44条 任何个人和组织不得窃取或者以其他非法方式获取个人信息,不得非法出售或者非法向他人提供个人信息。 《个人信息保护法》 第6条 处理个人信息应当具有明确、合理的目的,并应当与处理目的直接相关,采取对个人权益影响最小的方式。 收集个人信息,应当限于实现处理目的的最小范围,不得过度收集个人信息。 第10条 任何组织、个人不得非法收集、使用、加工、传输他人个人信息,不得非法买卖、提供或者公开他人个人信息;不得从事危害国家安全、公共利益的个人信息处理活动。

续表

具体制度	合规项	云服务模式			遵从要求	罚责	对应法条
		IaaS	PaaS	SaaS			
	用户信息保护制度	√	√	√	云计算服务提供者应当对其收集的用户信息严格保密,并建立健全用户信息保护制度。 云计算服务提供者应当采取技术措施和其他必要措施,确保其收集的个人信息安全,防止信息泄露、毁损、丢失。在发生或者可能发生个人信息泄露、毁损、丢失的情况时,应当立即采取补救措施,按照规定及时告知用户并向有关主管部门报告。 云计算服务提供者的网络安全监督管理部门及其工作人员,必须对在履行职责中知悉的个人信息、隐私和商业秘密严格保密,不得泄露、出售或者非法向他人提供。	用户承担连带责任。 权利人因错误通知造成网络用户或者网络服务提供者损害的,应当承担侵权责任。法律另有规定的,依照其规定。 《刑法》 第253条之一 【侵犯公民个人信息罪】 违反国家有关规定,向他人出售或者提供公民个人信息,情节严重的,处三年以下有期徒刑或者拘役,并处或者单处罚金;情节特别严重的,处三年以上七年以下有期徒刑,并处罚金。 违反国家有关规定,将在履行职责或者提供服务过程中获得的公民个人信息,出售或者提供给他人的,依照前款的规定从重处罚。 窃取或者以其他方法非法获取公民个人信息的,依照第一款的规定处罚。单位犯	《网络安全法》 第40条 网络运营者应当对其收集的用户信息严格保密,并建立健全用户信息保护制度。 第42条 网络运营者不得泄露、篡改、毁损其收集的个人信息;未经被收集者同意,不得向他人提供个人信息。但是,经过处理无法识别特定个人且不能复原的除外。 网络运营者应当采取技术措施和其他必要措施,确保其收集的个人信息安全,防止信息泄露、毁损、丢失。在发生或者可能发生个人信息泄露、毁损、丢失的情况时,应当立即采取补救措施,按照规定及时告知用户并向有关主管部门报告。 第44条 任何个人和组织不得窃取或者以其他非法方式获取个人信息,不得非法出售或者非法向他人提供个人信息。 第45条 依法负有网络安全监督管理职责的部门及其工作人员,必须对在履行职责中知悉的个人信息、隐私和商业秘密严格保密,不得泄露、出售或者非法向他人提供。

续表

具体制度	合规项	云服务模式			遵从要求	罚责	对应法条
		IaaS	PaaS	SaaS			
						前三款罪的，对单位判处罚金，并对其直接负责的主管人员和其他直接责任人员，依照各该款的规定处罚。	《个人信息保护法》 第 2 条 自然人的个人信息受法律保护，任何组织、个人不得侵害自然人的个人信息权益。 第 11 条 国家建立健全个人信息保护制度，预防和惩治侵害个人信息权益的行为，加强个人信息保护宣传教育，推动形成政府、企业、相关社会组织、公众共同参与个人信息保护的良好环境。
	信息使用的遵从义务/要求	√	√	√	云计算服务提供者使用个人信息时，应当遵循合法、正当、必要的原则，公开使用规则，明示使用的目的、方式和范围，并经被收集者同意。不得违反法律、行政法规的规定和双方的约定使用个人信息。不得非法出售或者非法向他人提供个人信息。		《网络安全法》 第 41 条 网络运营者收集、使用个人信息，应当遵循合法、正当、必要的原则，公开收集、使用规则，明示收集、使用信息的目的、方式和范围，并经被收集者同意。 网络运营者不得收集与其提供的服务无关的个人信息，不得违反法律、行政法规的规定和双方的约定收集、使用个人信息，并应当依照法律、行政法规的规定和与用户的约定，处理其保存的个人信息。 第 43 条 个人发现网络运营者违反法律、行政法规的规定或者双方的约定收集、使用其个人信息

续表

具体制度	合规项	云服务模式			遵从要求	罚责	对应法条
		IaaS	PaaS	SaaS			
							的,有权要求网络运营者删除其个人信息;发现网络运营者收集、存储的其个人信息有错误的,有权要求网络运营者予以更正。网络运营者应当采取措施予以删除或者更正。 《电子商务法》 第23条 电子商务经营者收集、使用其用户的个人信息,应当遵守法律、行政法规有关个人信息保护的规定。 《个人信息保护法》 第10条 任何组织、个人不得非法收集、使用、加工、传输他人个人信息,不得非法买卖、提供或者公开他人个人信息;不得从事危害国家安全、公共利益的个人信息处理活动。

续表

<table>
<tr><th rowspan="2">具体制度</th><th rowspan="2">合规项</th><th colspan="3">云服务模式</th><th rowspan="2">遵从要求</th><th rowspan="2">罚责</th><th rowspan="2">对应法条</th></tr>
<tr><th>IaaS</th><th>PaaS</th><th>SaaS</th></tr>
<tr><td rowspan="4">关键信息基础设施保护</td><td>业务稳定、持续运作</td><td>√</td><td>√</td><td>√</td><td>云计算服务提供者应当遵照法律法规和技术标准要求，落实安全保障义务，强化安全技术措施，以保障业务的持续运行和数据信息安全，并落实“三同步原则”</td><td rowspan="4">《网络安全法》
第59条第2款
云计算服务提供者不履行义务的，由有关主管部门责令改正，给予警告；拒不改正或者导致危害网络安全等后果的，处十万元以上一百万元以下罚款，对直接负责的主管人员处一万元以上十万元以下罚款。
第65条
云计算服务提供者违反第35条规定，使用未经安全审查或者安全审查未通过的网络产品或者服务的，由有关主管部门责令停止使用，处采购金额一倍以上十倍以下罚款；对直接负责的主管人员和其他直接责任人员处一万元以上十万元以下罚款。</td><td>《网络安全法》
第35条
关键信息基础设施的运营者采购网络产品和服务，可能影响国家安全的，应当通过国家网信部门会同国务院有关部门组织的国家安全审查。</td></tr>
<tr><td>人员管理、培训</td><td>√</td><td>√</td><td>√</td><td>云计算服务提供者应当设置专门的安全岗位及管理人员，并对其进行安全背景审查；定期或不定期对其进行安全教育和技术培训，强化安全意识。</td><td>《网络安全法》
第34条第1、2项
除本法第二十条的规定外，关键信息基础设施的运营者还应当履行下列安全保护义务：
（一）设置专门安全管理机构和安全管理负责人，并对该负责人和关键岗位的人员进行安全背景审查；
（二）定期对从业人员进行网络安全教育、技术培训和技能考核。</td></tr>
<tr><td>系统和数据的容灾备份</td><td>√</td><td>√</td><td>√</td><td>云计算服务提供者应当遵照法律法规和技术标准的要求，对重要系统和数据进行备份，并做到加密处理，防止泄露。</td><td>《网络安全法》
第34条第3项
（三）对重要系统和数据库进行容灾备份。</td></tr>
<tr><td>应急处置</td><td>√</td><td>√</td><td>√</td><td>完善安全事件的应急预案，并定期演练以实现可行性和有效性。</td><td>《网络安全法》
第34条第4项
（四）制定网络安全事件应急预案，并定期组织演练。</td></tr>
</table>

续表

具体制度	合规项	云服务模式			遵从要求	罚责	对应法条
		IaaS	PaaS	SaaS			
	安全和保密义务与责任	√	√	√	云计算服务提供者采购的网络产品和服务应当与提供者签订安全保密协议,约定各自权利义务,落实相关的安全与保密责任。		《网络安全法》第38条 关键信息基础设施的运营者应当自行或者委托网络安全服务机构对其网络的安全性和可能存在的风险每年至少进行一次检测评估,并将检测评估情况和改进措施报送相关负责关键信息基础设施安全保护工作的部门。
	安全评估检测与整改	√	√	√	云计算服务提供者应当自行或委托第三方,以不低于每年一次的频率,对其自身的安全性和潜在风险进行检测评估,并按照要求将其检测评估结果和拟改进措施报相关部门。		《网络安全法》第30条 国家网信部门和有关部门在关键信息基础设施保护中获取的信息,只能用于维护网络安全的需要,不得用于其他用途。
	数据境内存储			√	云计算服务提供者在中华人民共和国境内提供服务的过程中产生的个人信息和重要数据应当在境内存储,确有需要向境外提供的,应按照法律法规的要求经相关部门审查批准后方可进行。	《网络安全法》第66条 云计算服务提供者违反规定的,由有关主管部门责令改正,给予警告,没收违法所得,处五万元以上五十万元以下罚款,并可以责令暂停相关业务、停业整顿、关闭网站、吊销相关业务许可证或者吊销营业执照;	《网络安全法》第37条 国家网信部门应当统筹协调有关部门对关键信息基础设施的安全保护采取下列措施: (一)对关键信息基础设施的安全风险进行抽查检测,提出改进措施,必要时可以委托网络安全服务机构对网络存在的安全风险进行检测评估; (二)定期组织关键信息基础设施的运营者进

续表

具体制度	合规项	云服务模式			遵从要求	罚责	对应法条
		IaaS	PaaS	SaaS			
						对直接负责的主管人员和其他直接责任人员处一万元以上十万元以下罚款。	行网络安全应急演练，提高应对网络安全事件的水平和协同配合能力； （三）促进有关部门、关键信息基础设施运营者以及有关研究机构、网络安全服务机构等之间的网络安全信息共享； （四）对网络安全事件的应急处置与恢复等，提供技术支持与协助。
协助执法	司法活动技术支持	√	√	√	云计算服务提供者应当为公安机关、国家安全机关依法维护国家安全和侦查犯罪的活动提供技术支持和协助。	《网络安全法》 第69条 网络运营者违反本法规定，有下列行为之一的，由有关主管部门责令改正；拒不改正或者情节严重的，处五万元以上五十万元以下罚款，对直接负责的主管人员和其他直接责任人员，处一万元以上十万元以下罚款： （一）不按照有关部门的要求对法律、行政法规禁止发布或者传输的信息，采取停止传输、消除等处置措施的； （二）拒绝、阻碍有关部门依法实	《网络安全法》 第28条 网络运营者应当为公安机关、国家安全机关依法维护国家安全和侦查犯罪的活动提供技术支持和协助。

续表

具体制度	合规项	云服务模式			遵从要求	罚责	对应法条
		IaaS	PaaS	SaaS			
协助执法						施的监督检查的; (三)拒不向公安机关、国家安全机关提供技术支持和协助的。	
	违法信息处置		√	√	云计算服务提供者对发布或者传输的不符合法律、行政法规的信息,立即根据国家网信部门和有关部门的要求采取停止传输,采取消除等处置措施,保存有关记录。	《网络安全法》 第68条第1款 云服务供应商违法规定的,由有关主管部门责令改正,给予警告,没收违法所得;拒不改正或者情节严重的,处十万元以上五十万元以下罚款,并可以责令暂停相关业务、停业整顿、关闭网站、吊销相关业务许可证或者吊销营业执照,对直接负责的主管人员和其他直接责任人员处一万以上十万元以下罚款。	《网络安全法》 第50条 国家网信部门和有关部门依法履行网络信息安全监督管理职责,发现法律、行政法规禁止发布或者传输的信息的,应当要求网络运营者停止传输,采取消除等处置措施,保存有关记录;对来源于中华人民共和国境外的上述信息,应当通知有关机构采取技术措施和其他必要措施阻断传播。 第47条 网络运营者应当加强对其用户发布的信息的管理,发现法律、行政法规禁止发布或者传输的信息的,应当立即停止传输该信息,采取消除等处置措施,防止信息扩散,保存有关记录,并向有关主管部门报告。

续表

具体制度	合规项	云服务模式			遵从要求	罚责	对应法条
		IaaS	PaaS	SaaS			
	境外违法信息通知		√	√	云计算服务提供者对来源于中华人民共和国境外不符合法律、行政法规的信息，通知有关机构采取技术措施和其他必要措施阻断传播。		
	政府约谈配合	√	√	√	云计算服务提供者应积极配合省级以上人民政府有关部门按照规定的权限和程序进行的约谈。		《网络安全法》 第56条 省级以上人民政府有关部门在履行网络安全监督管理职责中，发现网络存在较大安全风险或者发生安全事件的，可以按照规定的权限和程序对该网络的运营者的法定代表人或者主要负责人进行约谈。网络运营者应当按照要求采取措施，进行整改，消除隐患。
	风险网络整改		√	√	云计算服务提供者应按照省级以上人民政府有关部门的要求采取措施，对存在较大安全风险或者发生安全事件的网络进行整改，消除隐患。		

续表

具体制度	合规项	云服务模式			遵从要求	罚责	对应法条
		IaaS	PaaS	SaaS			
数据跨境	数据储存管理				云计算服务提供者应当在我国境内收集和产生存储在运营中收集和产生的个人信息和重要数据应当在境内存储。	《网络安全法》 第66条 关键信息基础设施的运营者违反本法第三十七条规定，在境外存储网络数据，或者向境外提供网络数据的，由有关主管部门责令改正，给予警告，没收违法所得，处五万元以上五十万元以下罚款，并可以责令暂停相关业务、停业整顿、关闭网站、吊销相关业务许可证或者吊销营业执照；对直接负责的主管人员和其他直接责任人员处一万元以上十万元以下罚款。 《数据安全法》 第46条 违反本法第三十一条规定，向境外提供重要数据的，由有关主管部门责令改正，给予警告，可以并处十万元以上一百万元以下罚款，对直接负责的主管人员和其他直接责任人员可以处一万元以上十万元以下罚	《网络安全法》 第39条 国家网信部门应当统筹协调有关部门对关键信息基础设施的安全保护采取下列措施： (一)对关键信息基础设施的安全风险进行抽查检测，提出改进措施，必要时可以委托网络安全服务机构对网络存在的安全风险进行检测评估； (二)定期组织关键信息基础设施的运营者进行网络安全应急演练，提高应对网络安全事件的水平和协同配合能力； (三)促进有关部门、关键信息基础设施运营者以及有关研究机构、网络安全服务机构等之间的网络安全信息共享； (四)对网络安全事件的应急处置与恢复等，提供技术支持与协助。 《数据安全法》 第31条 关键信息基础设施的运营者在中华人民共和国境内运营中收集和产生的重要数据的出境安全管理，适用《中华人民共和国网络安全法》的规定；其他数据处理者在中华人民共和国境内运营中收集和产生的重要数据
	数据提供管理				云计算服务提供者因业务需要，确需向境外提供的，应当按照国家网信部门会同国务院有关部门制定的办法进行安全评估。		

续表

具体制度	合规项	云服务模式			遵从要求	罚责	对应法条
		IaaS	PaaS	SaaS			
						款；情节严重的，处一百万元以上一千万元以下罚款，并可以责令暂停相关业务、停业整顿、吊销相关业务许可证或者吊销营业执照，对直接负责的主管人员和其他直接责任人员处十万元以上一百万元以下罚款。	的出境安全管理办法，由国家网信部门会同国务院有关部门制定。 第 36 条 中华人民共和国主管机关根据有关法律和中华人民共和国缔结或者参加的国际条约、协定，或者按照平等互惠原则，处理外国司法或者执法机构关于提供数据的请求。非经中华人民共和国主管机关批准，境内的组织、个人不得向外国司法或者执法机构提供存储于中华人民共和国境内的数据。
	数据利用管理				云计算服务提供者应当加强对其用户发布的信息的管理，发现法律、行政法规禁止发布或者传输的信息的，如未经安全评估的境内数据。应当立即停止传输该信息，采取消除等处置措施，防止信息扩散，保存有关记录，并向有关主管部门报告。	《网络安全法》 第 68 条 网络运营者违反本法第四十七条规定，对法律、行政法规禁止发布或者传输的信息未停止传输、采取消除等处置措施、保存有关记录的，由有关主管部门责令改正，给予警告，没收违法所得；拒不改正或者情节严重的，处十万元以上五十万元以下罚款，并可以责令暂停相关业务、停业整顿、关闭网站、吊销	《网络安全法》 第 49 条 网络运营者应当建立网络信息安全投诉、举报制度，公布投诉、举报方式等信息，及时受理并处理有关网络信息安全的投诉和举报。 《数据安全法》 第 12 条 任何个人、组织都有权对违反本法规定的行为向有关主管部门投诉、举报。收到投诉、举报的部门应当及时依法处理。 有关主管部门应当对投诉、举报人的相关信息予以保密，保护投诉、举报人的合法权益。

续表

具体制度	合规项	云服务模式			遵从要求	罚责	对应法条
		IaaS	PaaS	SaaS			
						相关业务许可证或者吊销营业执照,对直接负责的主管人员和其他直接责任人员处一万元以上十万元以下罚款。电子信息发送服务提供者、应用软件下载服务提供者,不履行本法第四十八条第二款规定的安全管理义务的,依照前款规定处罚。	《电子商务法》 第41条 电子商务平台经营者应当建立知识产权保护规则,与知识产权人加强合作,依法保护知识产权。
					云计算服务提供者发送的电子信息、提供的应用软件,不得设置恶意程序,不得含有法律、行政法规禁止发布或者传输的信息,如未经安全评估的境内数据。电子信息发送服务提供者和应用软件下载服务提供者,应当履行安全管理义务,知道其用户有上述行为的,应当停止提供服务,采取消除等处置措施,保存有关记录,并向有关主管部门报告。	《网络安全法》 第69条 网络服务提供者违反本法规定,有下列行为之一的,由有关主管部门责令改正;拒不改正或者情节严重的,处五万元以上五十万元以下罚款,对直接负责的主管人员和其他直接责任人员,处一万元以上十万元以下罚款: (一)不按照有关部门的要求对法律、行政法规禁止发布或者传输的信息,采取停止传输、消除等处置措施的;	《网络安全法》 第50条 国家网信部门和有关部门依法履行网络信息安全监督管理职责,发现法律、行政法规禁止发布或者传输的信息的,应当要求网络运营者停止传输,采取消除等处置措施,保存有关记录;对来源于中华人民共和国境外的上述信息,应当通知有关机构采取技术措施和其他必要措施阻断传播。

续表

具体制度	合规项	云服务模式			遵从要求	罚责	对应法条
		IaaS	PaaS	SaaS			
						(二)拒绝、阻碍有关部门依法实施的监督检查的; (三)拒不向公安机关、国家安全机关提供技术支持和协助的。	
	配合主管部门要求				云计算服务提供者在国家网信部门要求其停止传输数据信息,采取消除等处置措施,保存有关记录时,应当积极配合。 云计算服务提供者在国家网信部门对来源于境外的违法信息要求其采取措施和其他必要措施阻断传播时,应当积极配合。	《网络安全法》 第69条 网络服务提供者违反本法规定,有下列行为之一的,由有关主管部门责令改正;拒不改正或者情节严重的,处五万元以上五十万元以下罚款,对直接负责的主管人员和其他直接责任人员,处一万元以上十万元以下罚款: (一)不按照有关部门的要求对法律、行政法规禁止发布或者传输的信息,采取停止传输、消除等处置措施的; (二)拒绝、阻碍有关部门依法实施的监督检查的; (三)拒不向公安机关、国家安全机关提供技术支持和协助的。	《网络安全法》 第52条 负责关键信息基础设施安全保护工作的部门,应当建立健全本行业、本领域的网络安全监测预警和信息通报制度,并按照规定报送网络安全监测预警信息。 《数据安全法》 第29条 开展数据处理活动应当加强风险监测,发现数据安全缺陷、漏洞等风险时,应当立即采取补救措施;发生数据安全事件时,应当立即采取处置措施,按照规定及时告知用户并向有关主管部门报告。

5.7.3 《民法典》侵权责任编的遵从建议

根据《民法典》侵权责任编的相关规定,并结合IaaS、PaaS、SaaS下不同的云服务模式,云计算服务提供者应当履行的合规义务如表5-5所示。

表5-5 云服务提供者的《民法典》侵权责任编遵从建议

具体制度	合规项	云服务模式			遵从要求	罚责	对应法条
		IaaS	PaaS	SaaS			
通知删除制度				√	我国《民法典》侵权责任编明确规定了网络服务提供者的"通知—删除"义务,云计算服务提供者接到删除通知后,有义务删除可以追踪至用户存储中心的特定作品,因云计算服务提供者追踪记录了用户个人存储中心下载的文件的来源信息和网络地址,结合权利人的通知,为云计算服务提供者提供了足够的信息来定位存储中心的侵权(复制)件。但在删除和后续程序上,应从多方面规范云计算服务提供者删除的范围: 从技术角度考虑,云计算服务提供者即使具备技术优势,但是其删除能力也是有限的,因为互联网的特殊性,		《民法典》侵权责任编 第1194条 网络用户、网络服务提供者利用网络侵害他人民事权益的,应当承担侵权责任。法律另有规定的,依照其规定。 第1195条 网络用户利用网络服务实施侵权行为的,权利人有权通知网络服务提供者采取删除、屏蔽、断开链接等必要措施。通知应当包括构成侵权的初步证据及权利人的真实身份信息。 网络服务提供者接到通知后,应当及时将该通知转送相关网络用户,并根据构成侵权的初步证据和服务类型采取必要措施;未及时采取必要措施的,对损害的扩大部分与该网络用户承担连带责任。 权利人因错误通知造成网络用户或者网络服务提供者损害的,应当承担侵权责任。法律另有规定的,依照其规定。

续表

具体制度	合规项	云服务模式			遵从要求	罚责	对应法条
		IaaS	PaaS	SaaS			
					数据在服务器之间传输速度非常快,网民瞬间就可能下载了侵权作品,对于那些已经下载到个人终端的作品,法律不应当要求云计算服务提供者履行删除义务。 从程序规范性来看,《民法典》侵权责任编等对网络服务提供者对权利人通知和“初步证据”的审查未作明确规定,因此云计算服务提供者对此应仅作形式审查,只要符合通知和证据形式,即应当采取必要措施。 此外,云计算服务提供者应按照《网络安全法》在相应网站页面建立举报、投诉等链接,云计算服务提供者的此项行为规定不仅为云计算服务提供者的强制性义务,同时也构成了免除或减轻责任的事由。		

续表

具体制度	合规项	云服务模式			遵从要求	罚责	对应法条
		IaaS	PaaS	SaaS			
避风港原则	权利人通知删除权利		√	√	云计算服务提供者应按照《网络安全法》在相应的网站页面建立举报、投诉等链接,云计算服务提供者的此项行为规定不仅为云计算服务提供者的强制性义务,同时也构成了免除或减轻责任的事由。如果权利人通过其他渠道(如邮箱、客服电话等)进行通知,应当视为其已实行了通知删除权利,并建议其再通过官方链接进行举报、投诉。同时,云计算服务提供者应向权利人提供涉嫌侵权的服务对象的姓名(名称)、联系方式、网络地址等资料,便于权利人向涉嫌侵权的对象维权。	《民法典》侵权责任编 第1194条 网络用户、网络服务提供者利用网络侵害他人民事权益的,应当承担侵权责任。法律另有规定的,依照其规定。 第1195条 网络用户利用网络服务实施侵权行为的,权利人有权通知网络服务提供者采取删除、屏蔽、断开链接等必要措施。通知应当包括构成侵权的初步证据及权利人的真实身份信息。 网络服务提供者接到通知后,应当及时将该通知转送相关网络用户,并根据构成侵权的初步证据和服务类型采取必要措施;未及时采取必要措施的,对损害的扩大部分与该网络用户承担连带责任。 权利人因错误通知造成网络用户或者网络服务提供者损害的,应当承担侵权责任。	《信息网络传播权保护条例》 第14条 对提供信息存储空间或者提供搜索、链接服务的网络服务提供者,权利人认为其服务所涉及的作品、表演、录音录像制品,侵犯自己的信息网络传播权或者被删除、改变了自己的权利管理电子信息的,可以向该网络服务提供者提交书面通知,要求网络服务提供者删除该作品、表演、录音录像制品,或者断开与该作品、表演、录音录像制品的链接。通知书应当包含下列内容: (一)权利人的姓名(名称)、联系方式和地址; (二)要求删除或者断开链接的侵权作品、表演、录音录像制品的名称和网络地址; (三)构成侵权的初步证明材料。 权利人应当对通知书的真实性负责。

续表

具体制度	合规项	云服务模式			遵从要求	罚责	对应法条
		IaaS	PaaS	SaaS			
	网络服务提供者删除义务		√	√	云计算服务提供者接到通知后，应立即删除涉嫌侵权的内容，或者断开与涉嫌侵权内容的链接，并同时将通知书转送涉嫌侵权的云服务客户；云服务客户网络地址不明、无法转送的，应当将通知书的内容同时在信息网络上公告。若云服务客户提交不存在侵权行为的声明，云计算服务提供者接到声明后，应当将该声明转送发出通知的知识产权权利人，并告知其可以向有关主管部门投诉或者向人民法院起诉。云计算服务提供者在转送声明到达知识产权权利人后15日内，未收到权利人已经投诉或者起诉通知的，应当立即恢复被删除的内容，或者恢复与被断开内容的链接。权利人不得再通知云计算服务提供者删除内容，或者断开与该内容的链接。	法律另有规定的，依照其规定。《信息网络传播权保护条例》第25条 网络服务提供者无正当理由拒绝提供或者拖延提供涉嫌侵权的服务对象的姓名（名称）、联系方式、网络地址等资料的，由著作权行政管理部门予以警告；情节严重的，没收主要用于提供网络服务的计算机等设备。	《信息网络传播权保护条例》 第15条 网络服务提供者接到权利人的通知书后，应当立即删除涉嫌侵权的作品、表演、录音录像制品，或者断开与涉嫌侵权的作品、表演、录音录像制品的链接，并同时将通知书转送提供作品、表演、录音录像制品的服务对象；服务对象网络地址不明、无法转送的，应当将通知书的内容同时在信息网络上公告。

续表

具体制度	合规项	云服务模式			遵从要求	罚责	对应法条
		IaaS	PaaS	SaaS			
侵权行为审查			√	√	云计算服务提供者无须主动对云服务客户的行为或内容进行审查,但是应遵从红旗原则,依据法律明确规定,属于云计算服务提供者应知云服务客户侵害知识产权的情形,应当采取必要措施。		最高人民法院《关于审理侵害信息网络传播权民事纠纷案件适用法律若干问题的规定》 第8条第2款 网络服务提供者未对网络用户侵害信息网络传播权的行为主动进行审查的,人民法院不应据此认定其具有过错。 第12条 有下列情形之一的,人民法院可以根据案件具体情况,认定提供信息存储空间服务的网络服务提供者应知网络用户侵害信息网络传播权: (一)将热播影视作品等置于首页或者其他主要页面等能够为网络服务提供者明显感知的位置的; (二)对热播影视作品等的主题、内容主动进行选择、编辑、整理、推荐,或者为其设立专门的排行榜的; (三)其他可以明显感知相关作品、表演、录音录像制品为未经许可提供,仍未采取合理措施的情形。

5.7.4 《民法典》合同编的遵从建议

根据《民法典》合同编的相关规定，并结合 IaaS、PaaS、SaaS 下不同的云服务模式，云计算服务提供者应当履行的合规义务如表 5－6 所示。

表 5－6 云服务提供者的《民法典》合同编遵从建议

具体制度	合规项	云服务模式适用情况			遵从要求	对应法条
		IaaS	PaaS	SaaS		
合同责任	格式条款	√	√	√	云计算服务提供者采用格式条款订立合同时，应采取合理的方式提请对方注意免除或者限制其责任的条款，并按照对方的要求，对该条款予以说明。	《民法典》合同编 第 496 条 格式条款是当事人为了重复使用而预先拟定，并在订立合同时未与对方协商的条款。 采用格式条款订立合同的，提供格式条款的一方应当遵循公平原则确定当事人之间的权利和义务，并采取合理的方式提示对方注意免除或者减轻其责任等与对方有重大利害关系的条款，按照对方的要求，对该条款予以说明。提供格式条款的一方未履行提示或者说明义务，致使对方没有注意或者理解与其有重大利害关系的条款的，对方可以主张该条款不成为合同的内容。 第 497 条 有下列情形之一的，该格式条款无效： （一）具有本法第一编第六章第三节和本法第五百零六条规定的无效情形； （二）提供格式条款一方不合理地免除或者减轻其责任、加重对方责任、限制对方主要权利； （三）提供格式条款一方排除对方主要权利。 第 498 条 对格式条款的理解发生争议的，应当按照通常理解予以解释。对格式条款有两种以上解释的，应当作出不利于提供格式条款一方的解释。格式条款和非格式条款不一致的，应当采用非格式条款。

续表

具体制度	合规项	云服务模式适用情况			遵从要求	对应法条
		IaaS	PaaS	SaaS		
	免责条款	√	√	√	云计算服务提供者在与对方订立合同有无效的情形的,则相关合同无效。如果免责条款中有造成对方人身伤害或因故意或者重大过失造成对方财产损失的,该免责条款无效。	《民法典》合同编 第146条 行为人与相对人以虚假的意思表示实施的民事法律行为无效。 以虚假的意思表示隐藏的民事法律行为的效力,依照有关法律规定处理。 第153条 违反法律、行政法规的强制性规定的民事法律行为无效。但是,该强制性规定不导致该民事法律行为无效的除外。 违背公序良俗的民事法律行为无效。 第154条 行为人与相对人恶意串通,损害他人合法权益的民事法律行为无效。 第506条 合同中的下列免责条款无效: (一)造成对方人身损害的; (二)因故意或者重大过失造成对方财产损失的。
	终止服务				云计算服务提供者基于法定解除或协议解除情形,可以保留其对云服务客户单方终止其服务的权利。	《民法典》合同编 第557条 有下列情形之一的,债权债务终止: (一)债务已经履行; (二)债务相互抵销; (三)债务人依法将标的物提存; (四)债权人免除债务; (五)债权债务同归于一人; (六)法律规定或者当事人约定终止的其他情形。 合同解除的,该合同的权利义务关系终止。 第562条 当事人协商一致,可以解除合同。 当事人可以约定一方解除合同的事由。解除合同的事由发生时,解除权人可以解除合同。

续表

具体制度	合规项	云服务模式适用情况			遵从要求	对应法条
		IaaS	PaaS	SaaS		
	违约责任	√	√	√	云计算服务提供者对于生效的合同不履行或履行不符合约定，应向对方承担继续履行、采取补救措施或者赔偿损失等违约责任。	《民法典》合同编 第 577 条 当事人一方不履行合同义务或者履行合同义务不符合约定的，应当承担继续履行、采取补救措施或者赔偿损失等违约责任。 第 578 条 当事人一方明确表示或者以自己的行为表明不履行合同义务的，对方可以在履行期限届满前请求其承担违约责任。 第 579 条 当事人一方未支付价款、报酬、租金、利息，或者不履行其他金钱债务的，对方可以请求其支付。 第 580 条 当事人一方不履行非金钱债务或者履行非金钱债务不符合约定的，对方可以请求履行，但是有下列情形之一的除外： （一）法律上或者事实上不能履行； （二）债务的标的不适于强制履行或者履行费用过高； （三）债权人在合理期限内未请求履行。 有前款规定的除外情形之一，致使不能实现合同目的的，人民法院或者仲裁机构可以根据当事人的请求终止合同权利义务关系，但是不影响违约责任的承担。

6 “白帽子”漏洞挖掘制度

6.1 研究背景

随着网络与社会各领域的深度融合,网络为国家实力、经济发展、日常生活带来突破和便利的同时,安全问题也逐渐凸显。近年来,伊朗核电站“震网”病毒攻击、美国大面积网络瘫痪事件、“WannaCry”勒索病毒的肆虐使得网络安全问题已经不仅局限于网络或安全领域,还成为全国乃至全世界共同关注的话题。而在大部分类似事件发生的背后,皆是计算机信息系统存在安全漏洞,被恶意黑客发现并加以大规模利用所致。“震网”病毒是利用了四个“零日漏洞”发起的攻击。“WannaCry”蠕虫式勒索病毒背后是“永恒之蓝”SMB漏洞。现如今,全球互联网网络资源和话语权竞争日趋激烈,各国普遍将网络安全上升至国家战略层面,网络安全漏洞作为重要资源,也成为国家、企业间安全与商业博弈的重要关注点。

漏洞作为信息系统内部的脆弱性,其完整的生命链条包括挖掘、披露、利用、交易等多个节点。其中,漏洞挖掘作为初始环节,在当前网络安全态势下呈现两面性。一方面,合法的漏洞挖掘得到国家和企业的推动与支持,国家级信息安全漏洞共享平台逐步建立并致力于及时公布漏洞信息,美国、新加坡等国家政府和大型互联网企业都积极发起漏洞悬赏计划,希望借助外部力量保障自身网络安全。在这些漏洞挖掘过程中,“白帽子”作为参与主体之一,借助 HackerOne、补天漏洞平台等民间漏洞披露平台在维护网络安全的“战役”中发挥着越来越重要的作用。“白帽子”是互联网中的俚语,指利用自身特殊技能,对目标信息系统进行检测扫描的漏洞发现者,但其出于维护信息系统安全的善意目的,不同于传统意义上利用漏洞进行恶意攻击或数据窃取等行为的黑客。在漏洞挖掘过程中,“白帽子”可能采用与黑客相同的工具和技术,但其以评估目标信息系统的安全性为驱动,经过挖掘、报告漏洞促使企业及时采取补救措施,从而在漏洞被恶意黑客发现或大肆利用之前保障信息系统安全,以降低损失。

另一方面，在漏洞和“白帽子”价值日渐明晰的背景下，法律监管制度的不完善在一定程度上阻碍了其应有价值的实现。“白帽子”合法身份难以保障、众测平台管理规范缺失等问题，使得当前“白帽子”群体所处的生态环境并不乐观。同时，围绕安全漏洞的挖掘、披露和利用正在逐渐形成庞大的地下黑色产业链，对全球范围内的网络安全造成潜在威胁。当前，我国在漏洞挖掘方面的法律规定以禁止性或惩戒性规定为主，对于一般信息系统的侵入行为不区分主观目的，仅从后果或严重程度方面加以认定。这在客观上对目标信息系统实施了侵入行为的“白帽子”群体而言非常不利，正如袁某与世纪佳缘网站之间的事件，就充分暴露出“白帽子”群体在合法地位保障方面的缺失，使其出于善意目的的信息系统侵入行为极易触碰法律红线。

在袁某与世纪佳缘网站之间的事件中，袁某是乌云网(某众测平台)的一名实习“白帽子”。世纪佳缘网站也是乌云网的企业用户。2015 年 12 月 3 日，袁某在公司通过 SQLmap 软件对世纪佳缘网站的安全漏洞进行扫描检测时，发现该网站存在造成数据泄露的高危漏洞。袁某下班后回到家中，为了确认漏洞的存在再次使用同一计算机的相同软件对网站服务器进行了检测，成功浏览了服务器中的部分数据。次日，袁某又确认了一遍漏洞的存在，并将此漏洞通过乌云网提交给世纪佳缘网站。之后，世纪佳缘网站对漏洞进行了确认和修复，向袁某致谢并给付了一定报酬。这本是一个正常的“白帽子”通过第三方众测平台提交漏洞，网络运营者给予确认反馈的过程。然而，不久后，世纪佳缘网站报案称其大量数据被窃取，表示网站于 2015 年 12 月 3 日受到 SQL 注入攻击，共有 900 余条实名注册信息被窃取。之后，袁某以涉嫌“非法获取计算机信息系统数据罪”被刑事拘留，而后以同一罪名被批准逮捕。

此次事件暴露了像袁某一样的“白帽子”群体合法身份与行为边界划定方面的缺失。除此之外，众测平台作为连接“白帽子”和网络运营者的中间人，也存在平台管理制度不完善，收集存储的漏洞信息安全程度不高等问题，急需改善内部管理模式，强化安全保障能力，弱化其潜在安全风险，使其真正发挥第三方平台的作用。因此，在恶意漏洞挖掘行为日益对网络安全领域的长久发展造成威胁，善意目的的漏洞挖掘行为日渐重要却因法律体系不健全阻碍其发展的背景下，我国“白帽子”漏洞挖掘法律制度体系的完善实为一个亟待破解的难题。

6.2 "白帽子"漏洞挖掘制度的理论基础

6.2.1 概念界定

(1)网络安全漏洞

漏洞,又称脆弱性,这一概念的出现已有30多年历史,技术、学术和产业界从不同角度给出了不同的定义。目前普遍接受的定义是:漏洞是一个或多个威胁可以利用的一个或一组资产的弱点,是违反某些环境中安全功能要求的评估对象中的弱点,是在信息系统(包括其安全控制)或其环境的设计及实施中的缺陷、弱点或特性。[1]这些缺陷或弱点可被外部安全威胁[2]利用。漏洞是"非故意"产生的缺陷,具备能被利用而导致安全损害的特性。网络安全漏洞具备可利用性[3]、难以避免性[4]、普遍性[5]和长存性[6]等技术特征。为强调漏洞可能导致的网络安全风险,各界基本将漏洞和网络安全漏洞的概念混用而不加区分,漏洞被称为内在的脆弱性,与之相对的是外部安全威胁,内部脆弱性和外部安全威胁结合起来共同构成安全风险。根据《信息安全技术　网络安全漏洞标识与描述规范》(GB/T 28458 - 2020),网络安全漏洞是指网络产品和服务在需求分析、设计、实现、配置、测试、运行、维护等过程中,无意或有意产生的、有可能被利用的缺陷或薄弱点。这些缺陷或薄弱点以不同形式存在于网络产品和服务的各个层次和环节之中,一旦被恶意主体所利用,就会对网络产品和服务的安全造成损害,从而影响其正常运行。

针对网络安全漏洞本身,尽管国内外立法缺少明确的概念界定,但均延续了传统信息安全的内外两分法,将网络安全漏洞纳入安全风险和网络安全信息范畴予以规

---

[1] ISO/IEC SC27. SD6: Glossary of Information Security Terms, International Organization for Standardization (ISO), 2009.

[2] 国际标准《信息技术　安全技术　信息安全管理系统　综述和词汇》(ISO/IEC 27000: 2016)延续了对脆弱性(漏洞)、威胁等概念的定义,将漏洞定义为"可为威胁利用的资产或控制的脆弱性",将威胁定义为"可能导致系统或组织损害的潜在事件因素(对系统、组织自身而言,这些事件、因素具有外部性)"。

[3] 网络安全漏洞的存在并不能导致损害,但是可以被攻击者利用,从而造成对系统安全的威胁、破坏。网络安全漏洞会成为攻击者进入计算机系统进行数据篡改或窃取的途径,也会成为传播病毒、蠕虫的通道,往往会造成灾难性后果。

[4] 软硬件自身不断增加的复杂性已经超越了现有技术的验证能力,检测技术的发展不足以在产品上市之前发现所有漏洞,加上补丁信息发布的滞后性,当前的技术局限性使得网络安全漏洞在很大程度上难以避免。

[5] 编程过程中出现逻辑错误是很普遍的现象,这些错误绝大多数是由于疏忽造成的。在所有的漏洞类型中,逻辑错误所占的比例是最高的,而绝大多数漏洞是由于疏忽造成的。数据处理(例如对变量赋值)比数值计算更容易出现逻辑错误,过小和过大的程序模块都比中等程序模块更容易出现错误。

[6] 漏洞问题与时间紧密相关。随着时间的推移,旧的漏洞会不断得到修补或纠正,新的漏洞会不断出现,因而漏洞问题会长期存在。

制。在安全风险层面,我国《网络安全法》第25条规定将系统漏洞(内部脆弱性)和计算机病毒、网络攻击、网络侵入等外部安全威胁作为整体安全风险,强调了网络运营者的风险控制和应急处置责任。美国2015年《网络安全信息共享法》不仅强调网络安全的目的是“保护信息系统安全或使在信息系统中存储、处理、传输的信息免于网络安全威胁或网络安全漏洞的侵害”,还将网络安全威胁和网络安全漏洞并列,作为安全风险予以共同防范和控制。其中更指明了安全漏洞包括显示存在安全漏洞的异常活动。国家网信办《网络安全威胁信息发布管理办法(征求意见稿)》第12条[1]规定将系统漏洞纳入“网络安全威胁信息”的范畴,其存在定义使用上缩小化的误区。在网络安全信息层面,《网络安全法》第26条通过列举的方式界定了网络安全信息的一般范围,包括系统漏洞、计算机病毒、网络攻击、网络侵入等,将漏洞作为第一位的网络安全信息,体现了网络安全信息承载网络安全风险的基本功能。系统中的漏洞可以根据产生原因和严重程度进行分类,但从本质上看,安全漏洞均具有三个主要特征:①系统中存在缺陷或错误;②可挖掘性,即缺陷能够被获取的潜在威胁;③可利用性,即缺陷能够被利用并由此可能导致信息安全损害。

(2)“白帽子”

由于“白帽子”当前尚未拥有明确的法律地位,因此鲜少直接出现在各国的法律法规中,也就缺少法律层面对于“白帽子”的官方定义。实践中普遍认为“白帽子”是黑客的一种,俗称正面黑客或红客,与之相近的概念为“道德黑客”。

目前业界称谓的“白帽子”是漏洞挖掘(发现)者的一种,其利用自身技能,侵入目标网络与计算机信息系统,检测系统潜在的安全漏洞,评估系统的安全性。虽然“白帽子”可能采用与黑客相同的工具和技术,但其主观上出于善意的目的,以评估网络与信息系统的安全性为驱动,将挖掘到的漏洞经过一定程序向网络运营者报告,促使其及时补救或修复,旨在保障网络与信息系统安全。因此“白帽子”被认为是道德黑客或网络安全专家。

---

[1] 《网络安全威胁信息发布管理办法(征求意见稿)》第12条规定,“本办法所称网络安全威胁信息,包括:(一)对可能威胁网络正常运行的行为,用于描述其意图、方法、工具、过程、结果等的信息。如:计算机病毒、网络攻击、网络侵入、网络安全事件等。(二)可能暴露网络脆弱性的信息。如:系统漏洞,网络和信息系统存在风险、脆弱性的情况,网络的规划设计、拓扑结构、资产信息、软件源代码,单元或设备选型、配置、软件等的属性信息,网络安全风险评估、检测认证报告,安全防护计划和策略方案等”。

(3)众测平台

与"白帽子"相同,目前国内外法律和标准中尚未对"众测平台"做出明确界定。实践中,"众测平台"通常扮演着协调企业和"白帽子"的角色,国外学者 Böhme R 将其称为"漏洞经纪人"(vulnerability brokers)或"漏洞共享圈"(vulnerability sharing circles),其为民间自发组织的第三方漏洞平台,例如美国著名的 HackerOne、MITRE,我国的补天漏洞响应平台、乌云网、漏洞盒子等都属于众测平台。这些众测平台作为第三方独立机构,在"白帽子"和企业之间起到桥梁纽带的作用。在"白帽子"方面,"白帽子"需要在平台注册,平台将对拟注册的"白帽子"进行审核,注册成功后,"白帽子"提交发现的漏洞,经注册的网络运营者确认后将获得相应的奖励,且奖励由网络运营者承担。同时,网络运营者也需在平台进行注册,对平台提交的有关漏洞进行审核,并对提交漏洞的"白帽子"给予一定奖励。

众测平台目前以商业模式或近似于公益模式运转,其主要管理义务包括:①审核、保密和通知、发放赏金、发布漏洞;②审核注册的企业和"白帽子"的信誉、提交漏洞的等级和价值等;③遵守行业自律,保守漏洞的相关信息和"白帽子"的身份,通知厂商漏洞的存在;④按照漏洞可能对企业造成的危害后果收取赏金并按一定规则发给"白帽子";⑤发布漏洞作为透明度的一项重要内容,按照漏洞的危害性、漏洞的性质等决定漏洞发布的顺序和信息量。此外,为了保持透明度,众测平台通常会定期公布发现的漏洞数量、响应的奖励金额等事项。

众测平台主要发挥 5 个方面的作用:①作为企业和"白帽子"的中间人,提供信息交流和共享的平台;②对提交的漏洞进行独立评估并提供无偏见的判断,及时提交企业修复;③公布漏洞悬赏计划,调动"白帽子"等群体的参与积极性;④通过制定行为规则等对平台注册的"白帽子"和网络运营者双方的行为加以约束;⑤中立身份更有利于研究漏洞关系,认识其发展趋势及变化,支撑和推动国家网络安全相关研究。

(4)漏洞挖掘

我国国家标准《信息安全技术　网络安全漏洞管理规范》(GB/T 30276 – 2020)将网络安全漏洞管理流程归纳为漏洞发现和报告、漏洞接收、漏洞验证、漏洞处置、漏洞发布、漏洞跟踪六个阶段。漏洞挖掘属于发现阶段,目前,国内外立法中对漏洞挖掘的概念均未作出明确界定,但实践中其与漏洞检测、漏洞识别、漏洞发现甚至漏洞利用(exploit)的意义相近或有交叉关系。前述《信息安全技术　网络安全漏洞管理规范》(GB/T 30276 – 2020)将"漏洞发现"(vulnerability discovery)定义为"通过技术手段,识别出网络产品和服务存在漏洞的过程”,并进一步明确在漏洞发现阶段“漏洞发现者通过人工或者自动的方法对漏洞进行探测、分析,证实漏洞存在的真实性”。可见,漏洞挖掘的本质在于发现网络与信息系统潜在的脆弱性,为漏洞的后续生命周期管理提供基础。

随着漏洞的破坏性和价值兼备性的凸显,漏洞挖掘的主体和目的日益多样化。漏洞挖掘主体的范围已逐步扩展至安全公司、政府机构、黑客、恐怖组织、“白帽子”等,其目的包括安全研究、安全服务、售卖、实施攻击等,可见不同主体具有不同的挖掘目的。对于漏洞挖掘而言,其主要可能经过漏洞扫描、系统渗透和漏洞验证等过程,漏洞挖掘过程中也必然涉及一些技术工具的使用。

6.2.2 “白帽子”漏洞挖掘制度的价值

(1)保障网络安全

近年来,诸如“WannaCry”勒索病毒等大规模网络安全事件的频发和网络犯罪、网络恐怖主义的猖獗使得各国普遍将网络安全上升至国家战略层面。美国、韩国、新加坡等多个国家的政府数据泄露等涉及数据安全事件的频发也使得个人开始重视网络安全的保障。

在大部分网络犯罪或网络攻击的背后,除了内部人员故意泄密外,都或多或少地存在对信息系统漏洞的利用。从实践来看,挖掘安全漏洞并加以恶意公布和售卖,已经成为病毒“产业链”中的重要一环。漏洞的挖掘和披露几乎已经成为计算机犯罪的源头,使得漏洞的合理挖掘、披露和利用成为政府、企业关注的焦点。正如前文所述,“白帽子”出于保障网络与信息系统安全的目的,对目标系统进行检测,从而发现潜在的漏洞。对于政府、企业等网络运营者而言,在漏洞被黑客发现或大规模利用前,能够对这些安全漏洞合理挖掘、披露和及时修复的良性循环机制的构建可以最大限度地缓解网络安全风险,降低经济损失。

(2)推动技术创新与产业发展

过去,黑客使用多台计算机或僵尸网络产生大量计算能力,实施对计算机系统的网络攻击。这个过程很复杂,通常需要几个月才能完成。现如今,通过云计算服务提供者的简单注册过程,可以轻松创建功能强大的计算基础架构,包括软件和硬件组件。利用云网络普遍的计算能力,黑客可以在很短的时间内发起攻击。因此,在企业乃至国家的博弈中,漏洞作为重要的信息资源,一旦被竞争对手提前获取,将造成潜在的威胁或者在不知不觉中被盗取数据而使企业或国家在竞争中丧失先机。同时,大数据、云计算等新一代信息技术的发展和“互联网+”的快速推进,使得我国出现大量互联网领域的初创企业,传统线下行业也不断强化自身信息化水平。这在促进我国成为互联网大国的同时,也将促使中小企业掌握大量数据,而其同样也具有保障自身网络安全的迫切需要。

但是,雇用专业安全公司对网络与信息系统进行安全评估或自动化扫描检测的成本是巨大的,其受到资金、人力、技术等方面的限制,中小企业难以单独靠自身能力建立起全面完善的网络安全保障体系,导致对于软件、硬件、协议中的漏洞恐不能及时发现。企业可以通过漏洞众测项目在保障安全的同时减少开支,以较低的成本广泛地发挥“白帽子”的力量,例如,如家酒店等开房信息泄露、铁路售票网站 12306 中 13 万条用户数据泄露、腾讯 7000 万 QQ 群用户数据泄露等一系列曾经轰动社会的信息泄露事件,均最早在众测平台上由“白帽子”报告并引起重视,从而使企业有更多的精力投身于技术创新和突破。

6.3 域外“白帽子”漏洞挖掘制度的考察与评析

6.3.1 美欧“白帽子”漏洞挖掘制度

(1)美国“白帽子”漏洞挖掘制度

虽然美国针对安全漏洞挖掘尚未制定专门的法律,但涉及安全漏洞管理的直接规定体现在《计算机欺诈与滥用法》、《数字千年版权法》(DMCA)、《爱国者法》、《2002 年关键基础设施信息保护法》和《网络安全信息共享法》(CISA)等法律和《关于提升关键基础设施网络安全的行政令》等行政文件中,这些法律文件在未经授权披露的法律责任、强化关键基础设施漏洞安全保护、信息共享和例外情形下披露的责任豁免等方面作出了统一规定。

1998 年 DMCA 第 1201(6)条规定,安全测试例外是指安全漏洞信息的获取和利用仅以保障被测试计算机系统的所有人或运营人的安全为目的,其属于规避技术保护措施的例外情形。这就表明,以善意研究为目的安全漏洞信息获取和利用可免责。实践中,厂商也会对善意的漏洞发现者做出一定程度的让步,即使以牺牲自身经济利益为代价,也不愿意引起整个安全研究人员群体的排斥,以防止打击发现者寻求其漏洞、改善其软硬件安全性的主动性。“惠普起诉 SnoSoft 公司研究者”一案即体现了这一思路。2002 年,惠普公司起诉一家名为 SnoSoft 的安全研究机构(现更名为 Netragard),认为其涉嫌发现和披露惠普 Tru64(惠普的 Unix 操作系统)中的 22 项漏洞,依据 DMCA,安全研究机构和相关人员可能面临高达 50 万美元的罚款和 5 年监禁。但惠普员工和其他相关人士都警告惠普公司时任 CEO Carly Fiorina,公司如果采取强硬立场可能会打压漏洞研究,对未来惠普软件的安全不利,最终惠普公司选择了撤诉。

此外,“Tornado 起诉员工 Bret McDanel”一案也反映出对善意漏洞安全研究人员的承认。Tornado 是美国一家提供网页邮件和语音邮件服务的公司,其员工 Bret McDanel 发现公司电子邮件系统存在严重的网络安全漏洞,可能导致客户隐私泄露,McDanel 随即向上级反映,但该漏洞并未得到修复。McDanel 离开 Tornado 公司 6 个月后得知该漏洞仍未被修复,其便向约 5600 个客户发送匿名邮件披露了该漏洞详情。2002 年,美国法院根据解释《计算机欺诈与滥用法》的相关条款对 McDanel 定罪,判处其 16 个月监禁。McDanel 服刑结束后,美国法院判定此前对他的起诉存在错误并撤销了定罪,原因在于 McDanel 是在公司拒绝修复漏洞之后选择告知用户,其目的是确保用户采取安全措施以防信息泄露。

2015 年的美国 CISA 第 102 条将安全漏洞界定为“网络威胁指标”的一类,并在第 104 条规定了“针对预防、检测、分析和减轻网络安全威胁的授权”,其中鼓励私企与美国政府实时共享网络安全威胁信息,特别规定了私主体共享信息的责任豁免;对于通过合法共享而获得的网络威胁指标和防御措施,联邦政府基于识别网络安全威胁或者安全漏洞的需要可以披露。CISA 规定,私人实体享有监控和获取网络安全威胁信息,当然也包括安全漏洞信息的权利,但除其自身信息系统外,对其他信息系统中网络安全威胁信息的监控、获取、使用和共享均以事先授权为基础,并且该授权需要获得书面同意。可以认为,CISA 建立了一套“授权——发现——共享”的网络安全威胁信息共享的合规路径,在赋予私人主体发现和共享网络安全威胁信息权利的同时,将其行为的合法性边界限制在法律规定和授权基础的范围内。根据 CISA 的规定,向联邦政府提供网络安全威胁指标和防御措施必须基于特定的目的,包括维护网络安全,识别网络安全威胁或安全漏洞来源,识别外国敌对人员或恐怖分子使用信息系统造成的网络安全威胁,应对、制止或缓解由恐怖行为或使用大规模杀伤性武器产生的威胁,预防、调查和起诉犯罪等。

(2)欧盟“白帽子”漏洞挖掘制度

欧盟对“白帽子”的漏洞挖掘行为持肯定态度,其于 2013 年通过《2013/40/EU 号针对网络攻击的指令》,认为“白帽子”的行为有助于有效应对网络攻击并提高网络与信息系统安全,其中规定“识别和报告与网络攻击和信息系统漏洞相关的威胁和风险可以有效地预防和应对网络攻击,提高信息系统的安全性。提供安全漏洞报告的激励机制,有助于进一步保障安全。成员国应努力为依法检测、报告安全漏洞提供可能性”。

2001 年的欧盟《网络犯罪公约》第 2 条和第 4 ~ 6 条对未经授权的计算机系统侵入行为的刑法规制加以规定,但都将恶意未经授权作为入刑的前提条件。上述规定对于未经授权故意侵入计算机信息系统的行为作出了层层递进的规定。首先,要求各成员国建立刑法体系,对未经授权故意侵入计算机信息系统的行为加以规制,并分别通过第 4 条和第 5 条的规定,要求对恶意的未经授权破坏计算机信息系统数据、功能,以及将计算机口令、访问代码恶意未经授权地进行制造、出售等行为进行规制。可见,欧盟全面地对恶意未经授权的侵入计算机信息系统以及对计算机信息系统的破坏行为加以规制,同时将帮助行为也独立入刑。与我国《刑法》“一刀切”的规制模式不同,《网络犯罪公约》将“恶意未经授权”作为相关行为入刑的前提条件,为“白帽子”等授权主体实施的善意计算机信息系统侵入行为提供了保障。

2011 年的《隐私及电子通讯指令》主要从个人信息保护方面加以规定,其中要求保护个人信息存储和传输安全,避免其遭受未经授权或非法的存储、处理、访问或披露等。同时,规定合法授权只能由获授权的人员进行。对于“白帽子”的漏洞挖掘行为而言,计算机信息系统的运营者一般已经获得数据主体的授权访问、存储信息,通过运营者的授权,“白帽子”可以获得访问计算机信息系统的权利。

6.3.2 域外“白帽子”漏洞挖掘的最佳实践

(1)漏洞奖励/悬赏计划

引入漏洞奖励计划(Bug Bounty Program,又称为漏洞赏金计划)以及漏洞悬赏计划吸引更多“白帽子”加入安全防护研究,已经成为网络安全领域司空见惯的事情,也是业内普遍认可的漏洞研究的最佳实践。

1)企业漏洞奖励计划

企业漏洞赏金计划始于 1995 年 10 月网景公司就发现并报告网景浏览器 2.0beta 测试版的漏洞而给予奖励的做法。近年来,随着网络与信息技术的普及以及对网络安全重要性认识的提高,漏洞赏金计划被越来越多的企业所接受。谷歌、脸书、微软、大疆等大型企业都相继推出了自己的漏洞奖励计划。例如,2017 年 8 月,大疆发布漏洞奖励计划,旨在奖励那些发现大疆软件安全问题的主体。根据漏洞的潜在影响,奖励金额从 100 美元到 30,000 美元不等。大疆表示其正在建立一个网站,以提供完整的计划条款和标准化格式，用于报告与大疆服务器、应用程序或影响相关的潜在漏洞。2017 年 10 月，谷歌发布漏洞奖励计划，专注于查找 Google Play 市场上流行移动应用程序的漏洞。“白帽子”可以通过 HackerOne 平台直接与应用程序的开发商沟通并保持联系，奖励是 1000 美元。2018 年 3 月，Microsoft 发布了最新的限时漏洞奖励计划，此次计划持续至 2018 年 12 月 31 日。通过该项计划，“白帽子”可以提交相关漏洞，并有资格获得最高可达 250,000 美元的奖励，奖励的具体金额由 Microsoft 酌情决定。

从网络运营商的角度来看，漏洞奖励计划的出现和发展为其保障自身网络安全提供了更加丰富的渠道。一方面，广泛的“白帽子”等社会力量共同致力于发现网络与信息系统的潜在漏洞，并通过众测平台的漏洞披露程序为企业预留充足的时间修复漏洞，保障网络与信息系统的安全性，避免或尽可能地减少出现大规模网络攻击或数据泄露等恶性网络安全事件；另一方面，通过发布公开的漏洞悬赏计划，可以向社会及用户表明其维护网络安全的态度，树立良好的企业形象，并提升其产品、服务安全的可信度。

2）政府漏洞悬赏计划

政府层面的漏洞悬赏计划通常针对关键信息基础设施或核心技术、系统实施，因为其对于国家网络安全而言至关重要。同时，鉴于“白帽子”等群体客观上对信息系统进行了侵入和检测行为，可能触及国家秘密。因此，政府的漏洞悬赏计划通常对参与的“白帽子”要求较高，对于拟攻击的信息系统范围划定也较为严格。

美国重视通过漏洞悬赏计划来提升自身网络与信息系统安全性的做法。2016 年，美国国防部发布“黑掉五角大楼”（Hack the Pentagon）计划，通过与 HackerOne 平台合作向通过资质审查的黑客开放，用攻击来测试美国国防部某些公开网站的安全性，这被认为是美国政府有史以来第一次公布实行“网络安全漏洞悬赏”。2018 年 3 月，美国空军的漏洞悬赏计划“黑掉空军 2.0”（Hack the Air Force 2.0）成功地确认了美国空军网络系统中的 106 个有效安全漏洞，此次活动邀请的参与者来自包括英国、加拿大、美国在内的 26 个国家。2018 年 4 月，美国国防部宣布将通过 HackerOne 平台开启第五次漏洞悬赏计划，此次计划于 2018 年 4 月 1 日开始，并于 2018 年 4 月 29 日结束，其将重点集中于数百万政府雇员和承包商使用和依赖的国防部企业系统。据介绍，此次参加的“白帽子”必须是美国纳税人，或在英国、加拿大、澳大利亚、新西兰有工作资格的公民。美国政府现役军人和承包商有资格参加，但其没有资格获得经济奖励。

据统计,自2016年"黑掉五角大楼"计划以来,美国已经解决了超过3000个政府系统的安全漏洞。"黑掉空军计划1.0"共收到207份有效漏洞报告,"白帽子"获得了超过130,000美元的奖励。"黑掉空军计划2.0"共收到106份有效漏洞报告,支付103,883美元奖励。2016年10月的"黑掉军队"计划共收到118份有效漏洞报告,支付100,000美元奖励。同年5月的"黑掉五角大楼"计划共收到138份有效漏洞报告,支付数百万美元奖励。除美国以外的其他国家政府也日益认识到"白帽子"的价值。2018年,新加坡国防部发布漏洞悬赏计划(bug bounty programme),旨在雇用"白帽子"挖掘国防部8个连接互联网的重要系统内存在的潜在安全漏洞。据统计,共有264名"白帽子"参与此项计划,共发现35个漏洞。

(2)典型漏洞众测平台模式

企业和"白帽子"之间所持的不同利益,以及漏洞自身所具有的攻击性和资源兼备性日益复杂,都需要中立的第三方协调漏洞挖掘和报告行为,以确保能力差异和利益冲突不会妨碍网络安全保障能力提升这一总体目标的实现。这种需求和张力导致第三方众测平台的迅速盛行,以商业经营模式扮演着协调漏洞发现和披露,并保护企业和公众利益的角色。在网络安全共同体中,众测平台进行漏洞信息交换的实践已被认可。通过了解漏洞,众测平台同时负责通知其注册企业,例如关键信息基础设施的运营者,使其能意识到漏洞的存在并在补丁发布之前及时采取可能的补救措施。通过这一方式,漏洞将被披露给不特定的组群,引起社会公众的关注。作为漏洞管理流程的协调者,众测平台可以参与特定的漏洞披露过程,这是保护企业利益的常用方式,例如近年来最常见的私人实体自发建立的民间团体。

如前所述,众测平台已经成为企业和"白帽子"之间的纽带,在维护网络空间安全方面发挥着重要的协调作用。以知名的第三方众测平台——美国HackerOne[1]的运营模式为例,对其盈利模式、服务方式和保密原则等进行研究分析,能够为我国第三方众测平台的建设提供参考和借鉴。

1)盈利模式

HackerOne通过建立的漏洞众测平台,由众测企业向黑客支付发现漏洞的奖励,

---

〔1〕 HackerOne是一个总部位于旧金山、分部位于荷兰格罗宁根的漏洞众测公司。Yahoo、Twitter、Adobe、Uber、facebook等多家世界知名技术公司都使用HackerOne平台。HackerOne是最早接受并利用黑客开展商业模式的公司之一。

HackerOne 则从企业奖励中抽取 20% 的费用。HackerOne 还向企业提供付费服务,如漏洞订阅服务、漏洞披露指导、安全咨询等。目前,HackerOne 已帮助 500 多家企业找出 2 万多个漏洞,向 3200 多名独立安全研究员发放了 600 多万美元的奖励,单个漏洞奖励最高可达 3 万美元。

2)服务方式

黑客须通过注册加入项目并提交漏洞。HackerOne 为注册企业提供四种服务模式——Security@、Professional、Enterprise、Fully Managed,并针对这几种模式的漏洞披露、漏洞管理、安全性等方面提供不同服务。其中,Security@ 是 HackerOne 社区的安全项目快速查询目录,通过该查询目录可以快速搜索在 HackerOne 平台上开展漏洞众测项目的企业,方便黑客提交漏洞。Security@ 页面包含公司情况、披露政策、希望邀请的黑客、漏洞规则等关键信息。Fully Managed 是 HackerOne 的付费服务,针对那些想要对漏洞情况进行进一步筛查和校验的企业。企业通过 Fully Managed 模式可选择与 HackerOne 推荐的世界级安全咨询合作机构签订不定期的信息安全服务。

3)漏洞保密原则

HackerOne 只为“漏洞协同披露”项目提供处理工具,网站实行漏洞库访问控制权限,HackerOne 雇员无权查看任何厂商的漏洞信息,HackerOne 不会与其他第三方分享客户的漏洞数据,并提倡以优良保密协议(Pretty Good Privacy,PGP)加密方式提交漏洞信息。在漏洞未解决之前,除企业和漏洞提交者之外,所有提交的漏洞信息都不可见。

4)漏洞奖励价格

HackerOne 根据提交漏洞的质量进行奖励,漏洞质量的参考标准包括漏洞严重性、对最终用户或客户的影响范围、项目预算、项目阶段及保密性、厂商漏洞披露计划的成熟度等。HackerOne 规定每个漏洞的奖励金额不低于 100 美元,针对大多数的一般漏洞,奖励金额范围为 100 ~ 1000 美元,并表明对某些严重等级的漏洞报告的奖励可不受前述奖励金额范围的限制。除规定 100 美元的下限外,HackerOne 并未针对不同类型的漏洞设置最低奖励限制,奖励金额根据漏洞对厂商的影响程度而定。HackerOne 根据漏洞成熟度模型给出了一个供企业参考的最低奖励结构,企业有权根据漏洞影响程度上调最低奖励标准。

5)安全性

所有与 HackerOne 服务器平台交流的信息都是加密的。安全团队可以使用 HackerOne 的 IP 白名单策略进行权限访问控制。HackerOne 采用军用级加密技术、双因素认证、单点登录、ISO/IEC 27001 信息安全管理体系认证。

6) HackerOne 的特色点 Dashboard

HackerOne 的 Dashboard 功能和漏洞协调成熟度模型是其经营管理的两大特色。Dashboard 功能是为了显示企业提交漏洞和奖励金额的准确信息,并帮助企业确定和跟踪软件开发生命周期中的改进领域。通过 Dashboard,企业可以查看每天、每周和每月的漏洞趋势和发展情况,数据产生的报告可下载为 CSV 格式保存。如果企业需要更先进和及时的报告要求,可通过 HackerOne 的 API 将 Dashboard 数据整合至第三方报告工具中。Dashboard 的数据指标包括:解决的漏洞数、奖励金额总和、黑客致谢、奖励的报告数、奖金平均数、支付与漏洞解决占比、漏洞响应时间、漏洞解决时间、报告状态图、漏洞响应与解决时间状态图、奖金支付趋势图、黑客获取金额排行图、黑客奖励次数排行图。

如前所述,HackerOne 的漏洞保密原则可以防止漏洞在发布之前被知悉,防止雇员泄露漏洞的潜在风险,而其 Dashboard 功能为企业及时查看和更新漏洞状态提供了便利。HackerOne 为黑客和企业创造了可以使彼此相互信赖的氛围,并降低可能的法律风险,对我国蒸蒸日上而制度尚不完善的众测平台的建设具有参考价值。

6.3.3 域外“白帽子”漏洞挖掘制度的启示

(1) 关键信息基础设施漏洞挖掘的绝对禁止

关键信息基础设施如果被破坏或摧毁,会对政府的有效运转或社会公众的健康、安全、稳定造成严重影响,因此在制定立法时尤其严格。纵观域外相关制度经验,其针对关键信息基础设施的漏洞挖掘是严厉打击的,美国 2015 年关于修改《计算机欺诈和滥用法》的提案规定,故意非法或超出合法授权进入计算机系统,获取美国政府行政命令或法律规定为保证国防和外交而必须予以保护以防非法公开的信息和金融机构的金融档案信息的都构成犯罪。同时,故意进入政府部门或机构的美国政府专用计算机,即使不获取数据、不实施破坏行为也构成犯罪,类似于我国《刑法》第 285 条的规定。同时,美国《2012 年网络安全法案》(S. 2105)第 103(b)(2)条明确提出,“商业性信息技术产品”不能被指定为所覆盖的关键基础设施。由此可见,美国对关键信息基础设施极为重视与维护,未经授权或批准,即使不获取数据、不实施攻击而仅仅挖掘关键信息基础设施漏洞的行为也同样构成犯罪。

(2) 对漏洞挖掘的授权作扩大解释

利用漏洞实施攻击会对国家安全、企业利益和个人自由造成不可逆的影响,为了加强惩罚力度,美欧将非授权或未经授权访问计算机或计算机系统的行为认定为犯罪而不是违法,一般在刑法中予以规制。但考虑到漏洞挖掘目的和主体的复杂性,欧盟《网络犯罪公约解释》对授权作了广义理解,不仅包括传统法律中基于同意、自卫的情况,还将基于立法、行政命令、管理、司法、合约、合意等情形归属于授权。欧盟这种扩大的授权解释更适合网络与信息技术发展中多方合作进行漏洞挖掘的复杂现状。如“白帽子”通过注册众测平台的会员进行漏洞挖掘,或可因为协议签署而属于前述合约、合意。该项规定为政府维护国家安全的目的招募“白帽子”进行漏洞挖掘奠定了合法性前提,对特殊情况(战时)发生时维护国家利益的应对提供了合规性可能,或可成为世界各国确定漏洞授权合法挖掘的范式。

(3)区分漏洞挖掘的主观意图

主观要件是犯罪构成不可或缺的要件,行为实施主体的主观意图不同,会对定罪量刑产生不同结果。欧盟《网络犯罪公约》将主观上具有故意的未经授权实施和入侵他人计算机系统的行为,视为非法入侵计算机系统罪成立的要件,包括全部故意或部分故意。此外,美国 CISA 第一次界定了“恶意侦察”概念,并直接将恶意侦察与漏洞挖掘相关联。其中规定,恶意侦察是指用于识别信息系统安全漏洞的主动探测或被动监测的方法,且该方法与已知或可疑的网络安全威胁有关。监测是指获取、识别、扫描、占有信息系统存储、处理、传输的信息。有鉴于此,如果漏洞挖掘的目的在于实施网络安全威胁,则可被定义为恶意侦察。

(4)特殊目的下漏洞挖掘的豁免

安全研究有助于发现潜在安全危险,采取及时补救措施。未经授权侵入计算机信息系统虽然为各国立法所诟病,并尤其对关键信息基础设施的侵入坚决予以打击。但是经授权的以安全研究和国家利益为目的的漏洞挖掘已经获得美国和欧盟的立法认可。对经授权的反向工程测试给予豁免,以吸引和鼓励“白帽子”进行合规性漏洞挖掘一直体现在美国相关立法的规定中。如前所述,美国在 1998 年 DMCA 中就规定了安全测试的例外,其包括安全漏洞信息的获取和利用仅以保障被测试计算机系统的所有人或运营人的安全为目的的情形。此外,欧盟《2013/40/EU 号针对网络攻击的指令》提出,成员国应鼓励安全漏洞的报告,努力为合法的检测及安全漏洞报告提供条件和支持。这些都是对“白帽子”授权进行漏洞挖掘的认可和法律保护。2015 年美国版权局对 DMCA 的修订,更直接增加了针对软件安全研究的免责说明。从时间轴考察美欧立法可知,特殊目的(目前主要指安全研究、维护国家安全和利益等)之下的漏洞挖掘已经成为漏洞法律规制的重点方向。

(5)注重对"白帽子"身份的认可和招募

虽然美欧现行立法没有直接出现"白帽子的合法性"字样,但通过相关案例可知,无论是在民间还是政府层面,"白帽子"都享有一定的荣誉和地位(例如美国2015年国会——第113届国会和第114届国会交替阶段——网络安全立法中明确要求对"白帽子""道德黑客"的技术与操守问题进行专项立法研究)。"白帽子"已经成为网络安全领域的高水平技术专家,美国国防部为了避免"黑掉五角大楼"项目中"白帽子"面临法律风险,不仅给予其现金奖励,还对其他方面进行认证。法律的天然滞后性或许导致对"白帽子"的合法地位缺乏明确规定,但从实践出发,企业和政府都已经承认"白帽子"在维护网络安全方面的重要作用和贡献。2016年7月,奥巴马政府公布了《联邦网络安全人才战略》,要求确定、招募、培养、留住并扩大"最优秀、最聪明以及最全能的网络安全人才"。鉴于我国企业信息化起步晚,现阶段可能缺少对信息技术发展和"白帽子"作用的长期研判,由此发生了企业与"白帽子"的法律纠纷,虽然"白帽子"的行为可能违反了《刑法》的有关规定,但其合理性暂无法评论。从国外企业和政府的实践考察来看,"白帽子"身份得到一定的认可,重视其才能和技术能力的发挥,对其进行招募以提升国家整体安全防护能力。但是,针对"白帽子"合法身份的确认仍然是法律进一步研讨的重点方向。

6.4 我国"白帽子"漏洞挖掘制度的现状及问题

6.4.1 我国"白帽子"漏洞挖掘制度的现状

(1)法律及行政法规

从目前我国的法律法规体系来看,有关"白帽子"从事漏洞检测应遵从的法律规定相对分散,对漏洞检测行为的法律规制,零散地体现在《网络安全法》《刑法》《治安管理处罚法》《关保条例》《信息安全等级保护管理办法》《网络产品安全漏洞管理规定》等法律、法规、部门规章中。

《计算机系统安全保护条例》(2011年修订)规定,任何组织或者个人,不得利用计算机信息系统从事危害国家利益、集体利益和公民合法权益的行为,不得危害计算机信息系统的安全。《关于维护互联网安全的决定》(2009年修正)则对涉及检测国防建设、国家事务、尖端科学技术领域的系统要追究其刑事责任作出规定。在我国早期立法中,偏向于惩治计算机领域出现的诸如非法侵入、数据窃取等行为,这主要与我国计算机发展阶段有关。

我国《刑法》涉及的计算机类型犯罪主要规定在第285条和第286条之中。其中,第285条规定了非法侵入计算机信息系统罪,非法获取计算机信息系统数据、非法控制计算机信息系统罪,提供侵入、非法控制计算机信息系统程序、工具罪三款罪名;第286条规定了破坏计算机信息系统罪。因为“白帽子”的漏洞挖掘行为一般只涉及计算机信息系统的侵入和数据的获取等阶段,并不会对系统内程序、功能加以破坏或利用发现的漏洞从事其他违法活动,因此在此处主要讨论第285条前两款之规定。

第285条前两款的规定主要是依据所侵入的计算机信息系统类型的不同而加以区分。第1款规定中保护的对象是涉及国家事务、国防建设或尖端科技领域的计算机信息系统,对于这些直接涉及国家秘密的信息系统,应出于保障国家安全的目的给予更高层级的安全保护要求。因此,第1款规定了侵入即构成犯罪,不区分主观目的和严重程度,充分体现了国家对于关键信息基础设施领域的保护力度。第2款规定了一般信息系统的侵入行为,不涉及国家秘密,因此法条规定了更加严格的犯罪构成要件,要求在侵入行为的基础上,非法获取了计算机信息系统中存储、处理或者传输的数据,或者对其进行了非法控制,并且满足严重或特别严重情节的条件。前文所述的“袁某与世纪佳缘网站”的事件中,袁某就因涉嫌此项罪名被依法拘留和批准逮捕。同时,在《治安管理处罚法》中,其将违反《刑法》第285条、第286条,但未满足严重或特别严重行为要件的违法行为规定在内,对其处以一定程度的治安处罚,与《刑法》在计算机类型违法犯罪体系内形成了协调与衔接。

2010年,《保守国家秘密法》(以下简称《保密法》)第24条和第48条明确了禁止检测涉及秘密的网络系统。2012年,《关于加强网络信息保护的决定》要求负责提供网络服务的单位必须选用一定的技术措施防止用户电子信息泄露,并对侵犯泄露公民信息的行为作出说明。

2015年,《国家安全法》在国家安全义务的相关规定中规定,要有对涉及网络入侵、网络攻击等的行动进行提防、遏止以及依照法规进行惩办的措施。同时,《国家安全法》对涉及国家安全的各项事务给予或支持或惩处的规定,当然也涉及网络安全领域信息系统的维护。《国家安全法》从正面角度明确我国应积极建立健全网络与信息安全的保障体系,通过核心技术创新、关键信息基础设施保护、数据安全等多方面提升我国的网络安全和防护能力,最终实现安全可控的目的。同时,要求防范、制止和依法惩治网络攻击、网络入侵等网络违法犯罪行为。上述规定均体现出《国家安全法》在维护网络空间安全和发展方面的利益考量,即既需要充分推动信息技术的发展并采取积极地防护措施加以保障,也需要切实惩治网络入侵等网络犯罪活动,从反面加强网络空间治理。虽然上述规定并未直接涉及"白帽子"或漏洞挖掘行为,但"白帽子"出于善意的漏洞挖掘行为在客观上对于实现我国网络安全领域的安全可控具有现实意义。

作为网络安全领域的基础性法律,2016 年的《网络安全法》虽然也并未直接涉及"白帽子"的法律权益问题,但对漏洞挖掘和披露的合法性要求加以明确。其中要求开展的网络安全认证、检测、风险评估等活动,诸如"白帽子"所进行的漏洞挖掘行为,向社会发布信息系统安全漏洞、计算机病毒或网络侵入行为等网络安全信息的,如众测平台的漏洞披露行为,都应遵守国家的有关规定。此外,《网络安全法》还在法律责任方面,对于违规挖掘和披露漏洞处以警告、罚款、关闭网站等行政处罚,尽管警告、罚款等惩治力度在网络暴利面前可能稍显"疲乏",但吊销相关业务许可证、关闭网站等处罚措施对于主要依靠网站进行收集、信息发布的众测平台而言也具有一定的法律威慑力。

《关保条例》第 31 条规定,未经国家网信部门、国务院公安部门批准或者保护工作部门、运营者授权,任何个人和组织不得对关键信息基础设施实施漏洞探测、渗透性测试等可能影响或者危害关键信息基础设施安全的活动。对基础电信网络实施漏洞探测、渗透性测试等活动,应当事先向国务院电信主管部门报告。

总体而言,当前我国多项立法涉及计算机侵入行为的规定,主要是从惩治违法犯罪的角度,从行为后果和严重程度两个方面对主体的计算机侵入行为性质加以判断。目前缺少对安全漏洞生命周期内各个环节,以及"白帽子"及众测平台的直接规定,对非恶意的漏洞挖掘的授权内容和主观目的区分方面也有所缺失。同时,对于"白帽子"行为合法性的正面规定虽然已写入《网络安全法》,但内容较为原则,缺乏实践层面的可操作性指引。

(2)部门规章及其他规定

2000 年,公安部《关于执行〈计算机信息网络国际联网安全保护管理办法〉中有关问题的通知》,要求利用国际上联网的企业等应该把漏洞检测制度归入安全防护管理系统中。《计算机信息网络国际联网安全保护管理办法》(2011 年修订)第 6 条以概括列举的方式规定了五项关于计算机系统的禁止性行为,其中第一项"进入"计算机信息网络的方式与"道德黑客""侵入"计算机系统的方式通常是一致的,可适用于"道德黑客"的远程漏洞检测。2003 年《关于加强信息安全保障工作的意见》则对网络安全等级保护、监控体系、事件处理及加强网络检测等重点技术的探讨提出了指导性的意见。2006年《电子银行业务管理办法》第81条则明确要求银监会能够根据监管需求，采用漏洞扫描手段来检测电子银行业务系统，可见漏洞扫描已经作为相关单位发现漏洞的一种合法检查手段。同年施行的《互联网电子邮件服务管理办法》则对负责供给电子邮件服务的单位或个人提出了要求，如果其检测到了漏洞，必须立即实施一定的安全防护办法，降低漏洞带来的影响。2007年《信息安全等级保护管理办法》规定，根据危害的水平高低，将系统的安全防护等级进行划分，相关单位根据相应等级开展相应的自查或测评，其中也包含对系统漏洞开展检测。2018年，公安部制定的《公安机关互联网安全监督检查规定》第16条赋予了公安部门可以进行远程漏洞检测的权力，检测单位限定在涉及提供网络服务的单位或使用网络的单位，用以确定这些单位是否存在有关漏洞。此外，该规定还赋予了我国当局为了保障国家的安全，可以通过对国外的公司在我国应用的技术源代码进行深入剖析的权力，目的是发现这些国外公司是否存在危害我国网络安全的漏洞。对于漏洞检测的规定除了散见于上述相关规定中以外，互联网安全领域的协会公约也发挥着补充作用，例如《中国互联网协会漏洞信息披露和处置自律公约》对通过不法入侵受测单位系统等手段发现单位系统漏洞后，利用该漏洞实施了攻击行为的漏洞检测行为是不被认可的。《CNVD漏洞安全响应指导规范》对漏洞检测者发现漏洞后提交本平台，如何进行处理和公布等作出规定。

2021年，工信部、国家网信办、公安部联合印发《网络产品安全漏洞管理规定》，其中对不同主体检测发现漏洞后如何对漏洞信息进行发布以及公布不当应承担的责任进行了规定，鼓励第三方组织和个人向漏洞收集平台报送漏洞有关情况，对“道德黑客”之间就专业技术进行交流规定了较为严格的环境，并鼓励网络产品提供者建立所提供网络产品安全漏洞奖励机制，对发现并通报所提供网络产品安全漏洞的组织或者个人给予奖励。此外，目前专门针对漏洞管理的技术标准包括《信息安全技术 网络安全漏洞标识与描述规范》（GB/T 28458－2020）、《信息安全技术 网络安全漏洞管理规范》（GB/T 30276－2020）。

6.4.2 我国“白帽子”漏洞挖掘制度的问题

（1）“白帽子”与众测平台的法律地位不明确

“白帽子”可能采用与黑客相同的工具和技术，但其目标一般为评估系统的安全性，并报告挖掘到的漏洞和补救措施，符合特殊情况下的漏洞挖掘。安全事件发生后,企业的应急响应机制应包括通知受影响者并及时修补漏洞以防止继续造成伤害。“白帽子”作为外部网络安全专家/技术人员,其漏洞的挖掘频率和时间先后(先于攻击)直接决定了企业系统的安全性(保密性、完整性和可用性等)。在我国现有法律缺乏对“白帽子”的身份认可,也并未对概括授权(存在于注册企业、众测平台和注册“白帽子”之间,即合意、合约等基础之上)的边界及构成要件做出详细指引的情况下,“白帽子”在漏洞挖掘过程中,极易由于主观误判或工具使用过量而触及企业数据,构成违法或犯罪。虽然美国立法中也没有明确“白帽子”和众测平台的法律地位,但在2016年的“黑掉五角大楼”计划中,国防部承诺给予“白帽子”金钱奖励和其他认证。因此,在特殊情况下,为了给“白帽子”创造可信的漏洞挖掘环境,政府部门为“白帽子”进行背书。此外,美国众测平台的管理机制较为优化和规范,而我国众测平台尚不规范,管理也较为疏忽,企业与“白帽子”之间法律纠纷的发生通常与众测平台的管理机制不规范直接相关。

(2)“白帽子”的行为边界不明确

一方面,从对《刑法》相关条款的分析可以得出,目前我国对漏洞挖掘的定性还停留在未经授权访问的层面,不但没有豁免等例外规定,实际上还可能潜在扩大了未经授权漏洞挖掘的适用范围。在全国人大常委会《关于加强网络信息保护的决定》,最高人民法院、最高人民检察院《关于办理利用信息网络实施诽谤等刑事案件适用法律若干问题的解释》,最高人民法院《关于审理利用信息网络侵害人身权益民事纠纷案件适用法律若干问题的规定》等立法、司法解释文件不断推动的背景趋势下,对企业数据、个人数据的价值进行定量分析、探讨成为后续立法的必然趋势。大数据分析技术的普遍应用,使得重要数据、信息与非重要数据、信息的界限进一步模糊,注重碎片化数据的关联、整合、重组分析赋予了一般数据更多价值,数据主体(多元化)、主权、被遗忘权等概念方兴未艾。仅从挖掘“身份认证信息”数据的数量进行界定并规定相应的法律后果,已然不能完全满足技术和立法发展的要求。例如在执法和司法实践中,由于最高人民法院、最高人民检察院《关于办理危害计算机信息系统安全刑事案件应用法律若干问题的解释》第1条规定的“获取第(一)项以外的身份认证信息五百组以上的”和“违法所得五千元以上或者造成经济损失一万元以上的”存在证据认定难度的明显差异,使得执法和司法机构选择性适用前者作为认定构成犯罪的主要依据。

另一方面,全球背景下未经授权的恶意挖掘,又亟须相应的立法和执法实践进行规制。未经授权的恶意挖掘体现出的通过普遍攻击挖掘漏洞,例如欧盟两年一度的网络压力测试,其重要成果就是挖掘的漏洞数量,利用已知漏洞实施特定攻击的特点更为明显,即使仅从非授权挖掘的主体方面考虑,也已不再简单适用《刑法》相关规定的主体,不仅不适用于个人主体,也并非一般单位犯罪,更多地体现了政府机构背景和跨国犯罪的特点。这显然超出了《刑法》规定的一般范围,需要通过双边协调、多边协议等方式予以升级应对。例如,中美 2015 年、2016 年连续两年展开打击网络犯罪及相关事项高级别联合对话,体现了博弈与合作并存的新常态。

因此,应综合考虑“实质大于形式”“价值优于数量”等数据保护原则,对不同类型的漏洞挖掘行为进行定性,进而在传统的刑事立法与网络安全立法之间进行有效的过渡安排与协调衔接。

(3)众测平台的合规性意识有待强化

尽管众测平台具有某些先天缺陷,但作为从“白帽子”个体到安全企业之间的必经环节,其存在与规范化具有重要意义。这是因为“白帽子”个体在经历了早期的单枪匹马,发展到平台“挂靠”时,其中的持之以恒者往往会选择设立安全实体,并最终专注于网络信息安全实践。但信息技术行业的特点导致这一流动并非单向。暂不考虑“帽子”颜色可能发生变化等因素——“白帽子”到众测平台再到安全机构的不稳定流动,但三者整体结构具有自洽性。

1)保密义务有待加强

在众测平台模式下,“白帽子”与平台签订的保密协议和访问控制策略要求“白帽子”对挖掘的漏洞,甚至测试企业的信息予以保密。例如,美国 HackerOne 众测平台实行漏洞库访问控制权限,HackerOne 雇员无权查看任何厂商的漏洞信息,HackerOne 不会与其他第三方分享客户的漏洞数据,并提倡以 PGP 加密方式提交漏洞信息,在漏洞未解决之前,所有提交的漏洞信息除企业和漏洞提交者之外都不可见,因此,“白帽子”应当对安全漏洞严格保密。国内某平台也承诺将与漏洞提交者共同执行严格的漏洞发布协议,所有安全信息在按照流程处理完成之前绝不会对外公开。但这是针对漏洞信息而不是“白帽子”身份的保密原则,从“白帽子”的角度考虑,现有保密义务对其身份的保密尚有待加强。因为在“道德黑客”和众测平台发展的早期,其对漏洞的挖掘和提交多基于匿名,尽管没有奖金激励措施,但对等而言其身份得到保护。在普遍采用奖励模式的情况下,如果意图获取奖金,从权利义务对等的角度,就可能需要承受相应的风险,包括企业、平台不支付奖金的协议风险,以及违反强制性法律规定的刑事风险。

进一步而言,"白帽子"由于并非众测平台的雇员(如上述 HackerOne 雇员),其与众测平台之间主要是基于协议而非身份依赖的劳动/雇佣关系,因此一旦发生法律风险,众测平台往往可以超脱在安全事件之外,《刑法》上规定的单位犯罪无法适用,从而最终由"白帽子"本人承担法律后果。

2)激励方式单一、奖励数额偏低

相比目前我国企业较低的漏洞奖励金额,黑市交易的高额回报显然更具诱惑力,这也是黑市产业链形成和发展的关键因素,因此,建立长效高额的安全漏洞奖励机制是支持和鼓励"白帽子"进行安全研究的最佳方式。相较于国外高额的悬赏奖励而言,国内大部分众测平台的奖励还仅停留在积分兑换礼品。金钱之外的奖励吸引力有限,即使"白帽子"挖掘漏洞是道德情操,但高额的奖金激励显然具有更高的吸引力。

3)企业和"白帽子"的身份核验

身份核验是基于对称信息交换基础上的交易匹配。首先是"白帽子"和众测平台对企业身份和信息的核验。基于《刑法》第 285 条规定的存在,在保密协议的框架下,如果可能涉及敏感领域,众测平台应向企业求证其是否属于敏感领域,并向"白帽子"适当披露,三方主体将履行更为严格的保密义务和身份核验义务,避免"白帽子"直接测试触犯敏感底线。其次是对"白帽子"的身份核验。国内现有众测平台如采用"白帽子"自行测试再提交平台的模式,实际上是忽略了身份核验或进行了选择性身份核验,无法建立测试(交易)各方的对称信息,容易引发争议。众测平台由于商业模式运营的特点,无法对"白帽子"的身份进行详尽的背景调查并保持持续有效的核验,因此"白帽子"注册时的一次性实名认证尤为必要。

4)透明度不高

适当的透明度有利于各方建立信任并激励其广泛参与,同时也是众测的应有之义。但网络信息安全的众测不同于非技术层面的各类众筹。漏洞挖掘本身自带门槛,限制了公开、透明的范围和程度。

适度的透明度并不限制各方保密协议及其遵守,相反,包括保密协议在内的漏洞挖掘流程的透明化——保密协议、服务水平协议、身份核验、漏洞挖掘后的义务、漏洞附期限/条件披露、争议解决机制,才更应是众测平台需要考虑和借鉴的方向。从美国 HackerOne 众测平台的漏洞披露流程可以看出,如果众测平台在 180 日之内无法或不愿提供一个确切的漏洞披露时间表(可能是与企业协商未果),该漏洞的提交者有权公开漏洞内容,而在此期限之前,各方应履行严格保密义务。因为在这种极端情况下,保持对公众透明与符合社会公众利益应是最好的方式与选择。

5)有效争议解决机制的缺乏

由于各方主体地位和角色的定位不明,特别是“白帽子”的身份混乱,众测平台作为“网络运营者”或是“开展网络安全认证、检测和风险评估”的“网络安全服务机构”的适格性和企业基于漏洞的法律属性而导致的对待漏洞的暧昧态度,在发生漏洞挖掘引出的披露、泄露等安全事件时,容易“一言不合”就启动国家强制,以致各方之间赖以维系的脆弱协议关系在企业维护商业秘密、声誉和平台自身难保时变得不堪一击。

6.5 我国“白帽子”漏洞挖掘制度的完善建议

6.5.1 增加漏洞挖掘的例外规定

在我国现有的主要适用于“白帽子”漏洞挖掘的法律法规中,缺乏漏洞挖掘的例外规定,从而使这些漏洞挖掘行为极易触碰法律的边界。因此,需要在我国立法中增加漏洞挖掘的例外规定。

一方面,通过立法认可以网络安全研究为目的的漏洞挖掘行为,既要使“白帽子”可以满足该例外规定,也要适当限制行为实施的主观目的,避免出现假借“安全研究”之名的恶意网络活动。美国于20世纪70年代中期就启动了专门针对计算机操作系统的安全漏洞的研究及计划,我国也可视情况开展国家级的研究,在保护国家网络安全的同时为行业发展提供支持。

另一方面,鉴于关键信息基础设施和重要领域的网络安全对于国家安全的重要性,在适用例外规定时也需考虑规定的适用范围。对于关键信息基础设施,《刑法》第285条规定,不存在漏洞挖掘的例外,即无论基于何种目的、无论是否获取数据,只要未经明确授权实施了漏洞挖掘行为,都需承担相应的法律后果。同时,《关保条例》第31条也明确作出了类似规定。因此,在涉及关键信息基础设施的国家级漏洞悬赏计划中,应进行特别授权。对于其他领域的受测对象,针对企业对其产品、服务存有的未发生信息泄露等法律后果的特定漏洞,即使未予披露、修复,也可予以责任豁免。但是其应建立在众测平台对“白帽子”进行了身份核验,企业对“白帽子”的行为进行授权以及“白帽子”的行为满足安全研究目的等外在表现形式和实际效果的基础之上。

6.5.2 明确相关主体的法律地位

(1)众测平台属于网络安全漏洞领域的第三方服务平台

在大部分的众测平台运营模式中,众测平台主要承担着第三方的中间义务。具体而言,众测平台本身并不进行安全检测等服务,仅提供信息的披露平台、众测项目披露平台、"白帽子"管理平台等。从《网络安全法》的规定来看,可考虑将其纳入提供"网络安全认证、检测、风险评估等活动"的网络安全服务机构的范畴,并在未来的法律框架内为其设置和预留义务与责任。

与此同时,作为服务平台,众测平台也应承担一定程度上的安全保障义务。首先,其应当承担对"白帽子"身份核验和必要的监督管理职责,对其利用平台注册身份获得的漏洞挖掘授权下进行的行为进行规范。其次,其应履行对平台收集掌握数据的安全保障义务,此处可参照现有《网络安全法》中赋予网络运营者的安全保障要求予以细化。最后,在发生"白帽子"与企业之间就漏洞挖掘行为或数据泄露事件发生纠纷时,众测平台并不能当然免责,也应根据其相应的法律地位和配套的法定义务来确定其是否充分履行了平台的责任,从而认定其是否应承担相应责任。

(2)"白帽子"属于网络安全行业的服务提供者

"白帽子"不是众测平台的雇员。一方面,"白帽子"仅通过注册和协议的方式维系与众测平台之间的关系,"白帽子"本身具有一定的自主决定权和自由度;另一方面,如前所述,众测平台是提供网络安全服务的第三方服务机构,其中立性以及安全保密等原则,使平台雇员在实际的漏洞挖掘过程中发挥的作用很小,一般仅通过发布悬赏计划、维持平台管理等方面参与其中。因此,在对"白帽子"的合法身份进行认定时,应将其作为独立的群体。与此同时,"白帽子"的漏洞挖掘行为时间、地点以及客观上的计算机信息系统侵入行为都使其行为极易触碰法律底线,需要在立法中明确其身份地位,通过安全研究的例外、经授权的漏洞挖掘行为豁免等方式保障其合法权益,通过行为规则和义务规范等约束其行为,从而不仅为"白帽子"善意的挖掘行为提供法律支持,还为其划定基本的行为边界。

6.5.3 建立完善的"白帽子"管理制度

(1)建立以注册为一般、匿名为例外的备案制度

为了有效管理"白帽子"的漏洞挖掘行为满足合法性要求以及在其超出合法或授权范围时,及时对其进行追究,应建立"白帽子"的注册和备案制度。一方面,要求"白帽子"进行实名身份认证注册,注册成功后给予其具有唯一性的识别代号。对于拒绝

实名注册的“白帽子”,应限制其授权范围和期限。例如,根据 HackerOne 平台的规定,“白帽子”可以在注册时使用假名,但若想获得奖励,必须进行身份认证。“白帽子”仅可通过注册后的代号进行漏洞挖掘行为。另一方面,为了保障“白帽子”身份和行为的安全性,其注册过程应采取加密方式进行,对“白帽子”信息的收集和存储过程也应进行加密处理。对于涉及关键基础信息设施领域内信息系统的漏洞挖掘,应限定为实名注册的“白帽子”,并对其身份进行严格的安全背景调查,细化保密协议。

(2)提升“白帽子”的合规及自律意识

在我国立法和相应管理制度完善的过程中,“白帽子”作为行为主体,如果在漏洞挖掘过程中疏于规范自己的行为,对现有立法和行为边界不清楚,或者对于现行管理体制不了解,可能会触及法律底线。因此,“白帽子”也需要及时且系统地了解并遵从我国现有法律框架,提高法律约束和自律意识,避免本身的善意行为变为法律认定的违法犯罪行为。

第一,“白帽子”定期法律知识培训。欧盟委员会主席表示,提供最新的培训有助于“白帽子”不断增强其必备的技能,特别是在日常可以改变的领域。为了与恶意黑客的技术能力保持相当水平,“白帽子”必须定期参与培训。

当前,我国在网络安全领域的立法规范和配套制度正在逐渐完善。“白帽子”作为安全技术人才,且众测平台大多由技术领域的专家牵头成立,法律语言与计算机语言之间的天然屏障使其对于立法规定的认识稍显不足。加之新一代信息技术的发展使法律制度不断推陈出新,更要求“白帽子”和众测平台加强对国家立法的关注和理解。因此,应建立“白帽子”和众测平台的定期法律培训制度,聘请技术和法律知识兼备的安全专家为其提供培训。通过常态化的交流,使“白帽子”更加清楚明晰自身行为的法律边界及超越边界应承担的法律责任,约束自身漏洞挖掘及其相关行为。同时,通过交流研讨,也可以为“白帽子”和众测平台反映现实困境和立法需求提供渠道,从而辅助法律制度的完善,实现良法善治。

第二,行业协会监督和推动自律。行业协会作为政府部门和企业遵从的中间组织,在促进政策立法落地、为遵从主体提供行业指引、规范行业秩序、加强行业自律方面发挥着不可替代的作用。我国互联网行业自律最早可追溯至 1999 年《中国新闻界网络媒体公约》的制定。2001 年,我国成立中国互联网协会,将制定并实施互联网行业规范和自律公约作为其基本任务之一。随后,该协会发布《中国互联网行业自律公约》,明确指出全行业应反对非法侵入或破坏他人计算机信息系统。从该协会近年来的主要活动可以看出,其主要通过发布自律公约和开展学术交流会议参与网络空间治理而缺乏对“白帽子”或漏洞挖掘方面的关注。因此,该协会应进一步发挥自身的沟通协调作用,将国内外众测平台的最佳实现模式和规则构建等方面的经验与教训加以总结,通过漏洞挖掘方面的公约机制或其他方式将其共享给国内相关主体。同时,在对“白帽子”的管理和法律知识普及方面,行业协会也应发挥更大的作用。

6.5.4 强化众测平台的安全保障能力

众测平台作为连接“白帽子”和信息系统运营商之间的纽带,其独立第三方机构的身份和地位为双方之间的合作增加了信任感,使网络运营商敢于将更多更重要的信息系统置于漏洞悬赏计划中,也使“白帽子”在其行为充分遵守了相关规则的前提下保障自身合法利益不受侵犯。同时,众测平台的独立性使其能够更好地为“白帽子”建立行为规则,规范其行为。因此,众测平台需推动信任、透明和开放机制的建立,以体现其作为网络安全服务机构,以及作为特殊一类网络运营者的主体存在的价值和意义。确定众测平台的合理义务,一方面应避免其以网络中立为由主张免责,另一方面又要避免因“白帽子”普遍挖掘可能导致超出平台承受能力的责任。具体而言,众测平台基于安全保障义务下的协调监督应包括以下几个方面:

(1)完善保密机制和管理规范

首先,强化众测平台的保密机制。HackerOne 平台采用军事级加密,对所有平台存储和传输的信息都进行加密处理,同时,漏洞信息在未经披露前绝不向第三方公开。我国首个现金奖励漏洞平台——补天漏洞响应平台也表示所有安全信息在按照流程处理完成之前绝不会对外公开。但这些信息大多针对漏洞信息的安全性,对于注册“白帽子”和网络运营商的身份和验证信息,平台也应参照《网络安全法》细化网络服务提供者的相关法定义务,保障信息安全。

其次,众测平台应完善其管理规范,为“白帽子”提供合理的行为规范,并在“白帽子”充分遵守规则的基础上实施的行为面临法律风险时,为其提供必要的证明,以保障“白帽子”的合法权益。在行为准则方面,应明确在众测平台注册成功的“白帽子”并不当然获得信息系统漏洞挖掘行为的授权,“白帽子”的漏洞挖掘行为应基于众测平台与企业之间签署的委托或合同所明示的内容,禁止“白帽子”超越合同或授权范围进行漏洞挖掘或与漏洞相关的活动。

(2)加强对“白帽子”的身份核验与管理

对于“白帽子”,众测平台应兼具保护和约束的双重身份。因此,众测平台还应通过资质审核，避免“白帽子”利用平台注册和认证身份侵害企业权益。首先，众测平台应核验“白帽子”的身份、资历等基本信息，并考虑增加对特定企业和信息的动态更新。对“白帽子”采用信用评级制度，根据日常的“白帽子”漏洞挖掘等行为的规范程度等对其进行评级和管理，增加“白帽子”的可溯源性和可信性。同时，众测平台应考虑增加对“白帽子”身份的随访更新并建立“白帽子”信誉度机制，通过不定期地随机身份验证，如果发现“白帽子”的身份发生变化但未向众测平台同步的，或者存在刷洞、一洞多投、抄袭或转载等违规行为的，对其点分作相应扣减。在“白帽子”信誉总分低于某一阈值或触发特定紧急情形时，众测平台应发出预警并适当进行披露。其次，众测平台在向企业提供具体特定的某项针对性测试服务时，应在服务水平协议中列出测试参与人员的相关信息，并在众测平台发现身份核验违规或企业提出异议时予以更换。最后，在发现或知晓“白帽子”利用众测平台侵害企业合法权益时，众测平台应及时采取合理措施，否则应承担安全保障责任。值得注意的是，如果众测平台履行了对“白帽子”身份核验的资质审核义务，但发生了损害企业合法权益的行为，则企业难以向众测平台主张责任承担；相反，平台可能承担法律责任。

(3)建立及时高效的争议解决机制

有序流动的平台交易流程可以尽可能地减少漏洞提交过程中的不确定性。“白帽子”和企业作为不直接发生联系的两个主体，加之网络犯罪的溯源难度大，以及企业在面对信息系统的“未经授权的”访问和数据泄露事件时的迫切寻求技术和法律保护的态度，使得企业在同时面对信息系统遭受未经授权的访问和接收众测平台漏洞披露信息时，易发生不必要的误会。在“袁某与世纪佳缘网站事件”中，世纪佳缘网站方就表示其在报警之前并不清楚侵入信息系统的人与“白帽子”袁某是同一人。

因此，为了避免类似事件的发生，维持“白帽子”和众测平台的长远发展，众测平台应建立及时高效的争议解决机制，有效实现企业诉求，化解争议，尽量减少在发生争议时立即进入司法程序激化矛盾的情形。在具体设计中，应贯穿从注册到争议解决全过程的合理、审慎原则，特别是在法律规定和理解存有争议时，不应以商业利益作为唯一驱动，而应妥善处理双方争议。

7　网络信息内容治理

随着网络的普及以及移动互联网的快速发展,网络在日常生产、生活中扮演着日趋重要的角色。人们对于网络也从最初的被动适应转化为主动利用,国家利用网络提升自身的治理水平和治理能力,企业利用网络提高生产效率、开发新型产业,公民利用网络便利生活方式,实现“足不出户,尽知天下事”。但网络是一把双刃剑,现阶段大量恶意分子也开始利用网络肆意传播虚假信息、恐怖主义思想,污染网络空间。网络平台野蛮生长,出现了违规提供互联网新闻信息,以及以传播用户原创内容为特征的网络平台忽视对内容的监管,发生了用户通过平台传播淫秽色情、凶杀暴力等有害信息和低俗等不良内容的情况。网络有害信息和不良内容的影响已经不仅仅局限于思想层面,其开始逐渐影响社会的实际运转,针对国家政府部门、社会团体等公共组织的有害信息也会影响其在民众心中的形象。网络谣言不仅没有存在的价值,反而使得影响主体深受其害。而对于网络恐怖主义,近几年猖獗的“伊斯兰国”恐怖组织曾表示其会借助网络宣扬极端思想、招募恐怖分子等,并且在组织内部也会使用网络沟通交流,使得恐怖主义难以治理。在我国现如今 7.72 亿网民的网络大国背景下,亟需针对网络平台承载的信息内容加以治理。当前,基于大型网络平台庞大的用户群体和舆论传播的即时效应,对其信息内容的治理能力不容忽视,我国对于网络信息内容的治理可以围绕网络平台这一传播防线和信息内容本身这两方面展开。

7.1　研究背景

党的十九届四中全会《中共中央关于坚持和完善中国特色社会主义制度、推进国家治理体系和治理能力现代化若干问题的决定》提出,“建立健全网络综合治理体系,加强和创新互联网内容建设,落实互联网企业信息管理主体责任,全面提高网络治理能力,营造清朗的网络空间”。国家网信办发布了《网络信息内容生态治理规定》。自《网络信息内容生态治理规定》的正式实施,到公安部的“净网”行动、国家网信办的“清朗”行动,网络信息内容的治理被置于前所未有的重要地位。2020 年,新冠疫情形势下,互联网普及率越来越高,功能越发凸显。据统计,截至2020年12月末,我国网民规模达9.89亿,互联网普及率达70.4%;网络视频(含短视频)用户规模达9.27亿;互联网上市企业在境内外的总市值达16.8万亿元人民币,再创历史新高。[1] "宅生活""云消费"加速了我国经济数字化的转型,在线办公、在线教育、电商直播、数字娱乐等新模式、新业态势头迅猛。大数据、云计算、人工智能算法的进一步发展和应用使数据处理、内容生产和分发、传播更加智能和快捷,从而带动以视频为主的媒介形态迅速崛起。[2] 与此同时,疫情冲击下的社会情绪波动使网络暴力愈演愈烈,频频反转的网络事件将"社会性死亡"推上舆论的风口浪尖,"饭圈"互撕、"祖安文化"、阴阳话术等不良网络行为引起了人们的广泛关注,所有这些问题都提醒我们网络信息内容治理仍任重而道远。

2020年,网络暴力成为网络信息内容治理的重点。从年初新冠疫情暴发后湖北人被恶意攻击,到成都疫情确诊女孩和杭州被造谣出轨快递员女子遭遇网暴,再到最近曝光顶流小生吴某私生活不检点的其前女友等人纷纷被人肉甚至遭到"死亡威胁",社交平台上的网络暴力屡禁不止。在可以匿名的网络环境下,"键盘侠"们动辄进行道德审判,极端情绪充斥着整个网络,理性讨论变成了一件难事。网络暴力不仅体现在社会事件中,还被应用在商业竞争领域。在"饭圈"互撕中,运用"祖安文化"、阴阳话术已经成为必不可少的方式;传统网暴衍生出了新方式,通过视频剪辑、写小作文、话题引流、买卖热搜等方式达到众口铄金的目的。更有某些网络平台为了"流量"对网络暴力不严加监管,让各种不实和突破道德底线的信息肆虐网络,这不仅扰乱了正常的网络秩序,还对被网暴者造成了严重伤害。网络暴力的背后是网络社会对个人隐私信息保护滞后的体现。疫情期间,确诊患者在活动轨迹被通报后,当事人被人肉搜索,其姓名、身份证号码、家庭住址、家庭成员等个人信息陆续被泄露;日常生活中手机App、小程序、人脸识别系统等索取个人信息用于其他途径,更有甚者倒卖用户个人信息,漠视个人信息将可能为不法分子窃取个人信息和财产提供可乘之机。

针对网络生态多发频发的问题,网站平台集中开展专项整治工作,累计清理淫秽色情、低俗炒作、赌博诈骗等各类违法和不良信息3.3亿余条,处置"至道学宫"等违

---

〔1〕 CNNIC发布第47次《中国互联网络发展状况统计报告》,载中国政府网,http://www.gov.cn/xinwen/2021-02/03/content_5584518.htm。

〔2〕 刘逸帆、韩新华:《2020年中国互联网信息内容治理年度观察》,载《中国广播》2021年第5期。

法违规账号367.5万余个。其中,腾讯主动开展“清风计划”,集中整治恶意营销、淫秽色情、网络暴力、恐怖惊悚、网络谣言等违法违规信息,拦截恶意营销文章226.5万篇,封停账号2842个;百度针对水军刷单、买卖公民信息等内容进行深入挖掘,清理拦截有害信息588万条,关闭贴吧167个;新浪微博严厉打击赌博诈骗等各类黑色产业链信息,主动拦截和清理相关信息约1130万条,接到网民和监督员巡查举报处置信息约710万条;今日头条针对色情低俗内容制定400余条审核规则,累计清理违法和不良信息25.5万条。

此外,对于网络恐怖主义,互联网成了恐怖分子交流和传授“技艺”的绝佳场所。在恐怖分子看来,互联网是发动心理战和宣传战的“天然战场”。“基地”组织头目扎瓦希里曾说,“我们正处于一场争夺人心的媒体战中”。美国参议院国土安全和政府事务委员会2008年报告称,“基地”组织已逐步建立起一个遍及全球的多层面网络宣传网,从制作到传播都有严格的程序。“基地”组织制作的宣传品种类繁多,包括记录恐怖袭击全过程的录像并附带图示、声效、标语、字幕和动画等,还有各种网络杂志、实时新闻、文章、白皮书甚至诗歌等。宣传品上传互联网前,通常要送到所谓的“交换所”核验,同时确保信息实时更新。以色列海法大学传播学教授加布里埃尔·威曼统计,1998年与恐怖分子相关的网站有12个,如今已增至近1万个。2011年俄罗斯境内极端主义网站达7500家;东南亚地区以印尼、马来语为主宣扬极端思想的网站和论坛增长快速,“印尼解放党”“天堂圣战”等网站声势浩大。互联网也成为新生恐怖分子首选的“课堂”。一个名为“利剑”的“基地”网站每月虽然只开放两次,内容却令人毛骨悚然——恐怖分子公然讨论绑架和杀害人质的技巧。该网站还提供了其他一些教程,比如沙林毒气、汽车炸弹以及各种爆炸物的杀伤力和使用方法等。有专家利用网络搜索技术了解这些网站的现状时发现,2008年已有5亿个恐怖分子网页和帖子,其中讨论简易爆炸装置的就有数万个。

随着信息技术的快速发展和互联网时代的到来,网络已经成为人们获取各种信息的重要空间和主要途径,特别是以微博、微信、抖音、快手等为代表的新媒体的迅速崛起,信息生产者不再局限于新闻媒体,公民也开始成为新闻的生产者,这标志着自媒体时代的到来。自媒体时代的网络信息内容产生与传播更加多元化、专业化、智能化,使得信息传播的方式更加灵活多变,极大地推动了商业模式的转型升级,也为广大网民提供了丰富、便捷、实用的网络信息资源。[1] 与此同时,全球化和技术变革的力量削弱了主权国家和媒体内容生产者直接控制信息流的能力。[2] 网络信息传播的互动性、即时性、个性化、传播成本费用低、权利平等性以及多元性使得网络信息内容无法得到有效管控,网络空间成为各类有害、不良信息的"温床",网络谣言、人肉搜索、网络暴力、虚假广告、网络犯罪、恐怖主义等网络违法活动十分活跃,公共安全和利益都受到了不同程度的威胁。因此,建立健全网络综合治理体系,加强和创新互联网内容建设,营造清朗的网络空间迫在眉睫。

网络信息内容主要表现为文字、图片、动画、音频、视频、电子文档等多种载体形式。[3] 由于网络信息能够帮助形成用户的认知,并在认知形成过程中进一步影响用户的行为、生活方式与价值观,这些信息内容对社会发展所需要的基本秩序,个体及团体在公共空间的文明、正向的行为方式,都具有潜移默化的决定性作用。[4] 2020年11月3日,《中共中央关于制定国民经济和社会发展第十四个五年规划和二〇三五年远景目标的建议》明确提出"加强数字社会、数字政府建设,提升公共服务、社会治理等数字化智能化水平",为下一步网络信息内容治理指明了方向。然而,网络信息内容的治理单靠政府是不够的。网络信息内容治理不仅是涉及信息技术本身的问题,还是涉及多元利益主体的复杂性治理问题,是政府、企业、社会组织、网民等多元主体共建共治共享的利益动态平衡过程。[5] 当前我国网络信息内容治理面临风险规制机制不完善、分类分级层次模糊、多主体共制乏力三大挑战。基于"全天候"治理、分类分级治理、多主体协同治理的理念,坚持"安全"与"发展"的价值取向,坚持网络信息内容治理与现实社会治理相协调,构建以多方参与为目标的综合网络信息内容治理格局,完善网络信息内容监管机制建设,持续建立健全网络信息内容分级分类制度,进一步发挥网络运营商在网络信息内容治理中的积极作用,是营造清朗的网络空间的理性路径选择。

---

〔1〕 冉连、张曦:《网络信息内容生态治理:内涵、挑战与路径创新》,载《湖北社会科学》2020年第11期。

〔2〕 Laura DeNardis, *Hidden levers of internet control: an infrastructure-based theory of internet governance*, Information Communication & Society, Vol. 15:5, p. 720 – 738(2012).

〔3〕 胡磊:《我国互联网信息服务自律存在的问题及对策研究》,载《情报杂志》2010年第2期。

〔4〕 王四新、王婷宇:《网络信息内容治理标准的新变化》,载《青年记者》2020年第1期。

〔5〕 冉连、张曦:《网络信息内容生态治理:内涵、挑战与路径创新》,载《湖北社会科学》2020年第11期。

7.2 网络信息内容治理的理论基础

7.2.1 网络信息内容治理的内涵与方式

(1)网络信息内容治理的内涵

对于网络治理,学界使用不同术语对其进行描述,从具体概念的范畴来看,网络信息内容治理属于网络治理的下位概念。习近平总书记强调,网络安全和信息化是我国重大战略问题,要努力把我国建设成为网络强国。网络强国的实现在于对网络治理的现代化把握。网络治理具有治理主体、治理客体以及治理手段三个维度的内容。网络治理的主体包括政府、网络信息发布者、网络信息使用者、网络平台等相关主体。治理客体主要侧重于违法网络行为,例如网络侵权、侵犯个人隐私、网络炒作等不法网络行为。网络治理手段主要包括法律规制、政策制定、技术措施、公共宣传等多元治理手段。

网络信息内容治理的概念经历了从内容到网络信息内容的转变,内容的含义是指事物内部所包含的意义或实在。网络信息内容因此可以被理解为以网络作为中介传播的信息本身所含有的意义或实在,具体而言,就是指通过网络途径传播的具有信息符号特性的文字、图片等事物所容纳的意义或实在。

网络信息内容治理的实质就是对互联网信息进行内容上的监控,使之符合人性。[1] 人与社会是一个双向建构且互为依存的生态链,现在的人是由曾经特定的社会环境所塑造的,同时,人在成长过程中所受到的文化、思想、规范等又指导人们改造社会,形塑新的社会环境,在这样一种相互促进中,人与社会相互改造、共同进步。但是网络的产生却使这种双向建构产生倾斜,互联网强大的社会效应及其所带来的影响使人在经受网络化的洗礼后,迅速变为了网络的产物,人与社会不再和谐,人只能通过网络信息来认识社会,而不再具备改造社会的能力,人从出生的那一刻起,就只能选择依存于网络,从而认识这个社会。因此,网络环境的质量直接影响人的价值观以及生活态度,为了能够给人类提供一个健康的生存环境,必须对网络进行价值塑造。网络信息内容的治理正是基于此目的,对网络信息内容进行监控,净化网络空间,完善网络生态环境,从而将每一个人塑造成为一个合格的网络主体,共同建构一个能够使每个网络主体在遵循特定的价值观下适合人类健康生存的网络环境。

---

〔1〕 何明升:《网络内容治理的概念建构和形态细分》,载《浙江社会科学》2020 年第 9 期。

(2)网络信息内容治理的方式转变

网络信息内容的规制方式从监管转变为治理。监管一般是指国家作为管制主体,强调权力的运用和主动的行为,采取"命令控制型监管"作为规制方式,主张监管主体的绝对高权性和监管客体的绝对服从性。这种监管方式下的优点在于监管主体既具备民主性,又同时具备以制裁为后盾的执行效率。这些优势可以快速实现公共利益并达成监管目的。如今社会的快速发展,尤其是互联网的高速发展,使传统意义上以知识、专业和信息等为优势的全能型政府的监管能力被弱化,网络时代科技的高度复杂和专业性以及各类法律关系的变动都使得传统的命令——控制型政府规制方式无法适应互联网科技发展的监管要求,为互联网时代下的政府规制带来了诸多新的挑战,极大地制约了政府治理的主观能动性和对法律的支配性,从而频频出现管制失灵的现象。尤其在网络信息内容治理领域,网络信息内容的发布主体、传播路径以及海量网民对于不同网络信息的多元化需求,不仅使网络信息内容承载了不同的价值内涵,同时也导致网络信息内容出现良莠不齐的复杂性。此外,技术的变革也会引起网络信息内容治理的外延化。网络信息内容在人工智能、区块链等数字化技术的加持下,技术逻辑甚至可以决定信息内容的形态和生命周期,算法推荐、内容推送、程序化过滤等技术扩充了网络信息内容的外延,使得网络信息内容的治理不仅在于对信息内容的表层治理,还需要将信息内容背后的算法、代码作为治理对象,而算法、代码等技术所体现的高门槛性和隐秘性都是大多数政府监管主体所不具备的技能。

以上网络信息内容的治理困境使得网络信息内容治理越来越强调"从传统的行政管理向公私伙伴关系的治理路径转变"。[1] 相比于监管,治理更多的是强调多中心的合作共治,《网络信息内容生态治理规定》指出,政府、网民、企业和行业组织为网络信息内容的治理主体,这与当下学界对于"治理"一词的学理解释是一致的。"治理"一词源于古法语,指的是治理的艺术与实施。词根"Gubernare"在拉丁语意中为对船只的"控制和引导",引申的含义是指公共事物的管理。通过对不同文献的交叉比较,"治理"一词的现代含义是指通过包括政府在内的多元主体的合作、互动,在协调不同利益的情况下实现公共管理的目的。网络信息内容治理中,网络是一个"去中心化"的领域,政府不再是"控制的中心",而只是其中的一个治理成员。[2] 网络空间

[1] 宋华琳:《论政府规制中的合作治理》,载《政治与法律》2016 年第 8 期。

[2] 冉连、张曦:《网络信息内容生态治理:内涵、挑战与路径创新》,载《湖北社会科学》2020 年第 11 期。

涉及的利益相关者众多,政府、企业、网民、信息发布者、信息接收者等各个主体都会在各自利益偏好的需求中对治理的效果产生影响。因此,在互联网时代下,对于网络信息内容的治理不能只注重政府的强有力管控,也不能只依靠技术本身的发展,而是需要一个包括政府、网民、相关行业等在内的多元主体协同共治体系,形成一个网络信息内容治理的命运共同体,细化网络信息内容治理的不同主体责任,实现不同主体之间的协同治理,从而营造良好的网络生态空间。

7.2.2 网络信息内容治理的时代价值

2014 年,习近平总书记创造性地提出了总体国家安全观。总体国家安全观是国家治理体系与治理能力现代化在国家安全领域的重大理论成果,是新时代我国国家安全工作的思想纲领和行动指南。与总体国家安全观一脉相承的是,党中央高度重视网络安全问题。2018 年 4 月,习近平总书记指出"要提高网络综合治理能力,形成党委领导、政府管理、企业履责、社会监督、网民自律等多主体参与,经济、法律、技术等多种手段相结合的综合治网格局"。2019 年 7 月 24 日发布的《关于加快建立网络综合治理体系的意见》提出,要坚持系统性谋划、综合性治理、体系化推进,逐步建立起涵盖领导管理、正能量传播、内容管控、社会协同、网络法治、技术治网等方面的网络综合治理体系,全方位提升网络综合治理能力。[1] 党的十九届四中全会《中共中央关于坚持和完善中国特色社会主义制度　推进国家治理体系和治理能力现代化若干重大问题的决定》提出,"建立健全网络综合治理体系,加强和创新互联网内容建设,落实互联网企业信息管理主体责任,全面提高网络治理能力,营造清朗的网络空间[2]"。近年来我国在发展互联网、治理互联网方面走出了一条中国特色社会主义的"治网之道"。《网络安全法》《国家情报法》《网络信息内容生态治理规定》《数据安全法》《个人信息保护法》等一系列与上述精神相关的法律与法规等的陆续发布,表明网络强国不仅是国家的战略需求,而且已经转变为法律与制度建设以推进具体落实。网络信息内容治理作为总体国家安全观下网络安全治理的重要内容,承载着净化网络信息内容、营造清朗的网络空间的重要使命,是实现国家治理现代化的重要手段。

---

〔1〕 习近平:《紧密结合"不忘初心、牢记使命"主题教育　推动改革补短板强弱项激活力抓落实》,载共产党员网,https://www.12371.cn/2019/07/24/ARTI1563973299695106.shtml。

〔2〕 习近平:《中共中央关于坚持和完善中国特色社会主义制度　推进国家治理体系和治理能力现代化若干重大问题的决定》,载共产党员网,https://www.12371.cn/2019/11/05/ARTI1572948516253457.shtml。

7.2.3 网络信息内容治理的正当性检视

第一,网络自由的前提是实现网络信息内容的治理。自由是《宪法》赋予公民的一项基本权利。但是自由权利并不是没有行使界限的,表达自由的权利同样也不例外。国际人权公约规定,在紧急状态下政府保护公民的义务可以被克减,这也意味着公民权利的克减。如其中规定了在紧急状态下新闻自由的权利可以受到克减。在危及国家、社会的存在时,自由的行使需受到限制,这既是国际共识,也是所有民主与法治国家中的宪法所规定的内容。网络世界中自由与治理是相辅相成的,治理是保障网络世界秩序的一种必要手段,网络中的各种不良信息必然对网络安全提出重要挑战。对网络有害信息进行治理,是维护网络自由本身的应有之义。

第二,维护国家政治、经济、文化的安全需要对网络信息内容进行治理。网络空间中没有领土和疆域的概念,网络信息内容很容易超越国界发布,并对国家造成难以控制的危害。很多发达国家处于信息垄断的地位,很容易利用自身的优势向别国倾泻信息,利用自身优势对别国进行监视、渗透,通过网络信息传播的手段侵蚀别国的文化,影响国家安全和社会稳定,导致“信息殖民主义”成为新的全球威胁。因此,一国政府有必要采取适当措施维护本国的信息安全,在总体国家安全观下,对于网络信息内容进行治理也是题中应有之义。

第三,国家治理网络信息既是防止民众盲从,也是引导社会风气的重要手段。近年来,网络空间领域的道德标准、行为方式、娱乐形式有明显的畸变趋势。网络推手、网络水军等负面力量严重影响网络空间的正常秩序,极易模糊公共意志的理性,导致民主价值在网络舆论中难以得到保证。[1] 网络世界的不良信息、传统道德礼仪观的沦丧,需要国家采取积极的手段和措施来维护健康的网络风气。

第四,网络信息发布者的技术控制以及自我安全管理不能完全承担网络信息内容治理的全部任务,需附加外部监管力量加以补强。网络在促进信息交流、社会发展的同时,也带来了诸如恐怖主义、色情、网络侵权等负面信息,并容易导致无政府主义、非理性暴力等问题,仅仅依靠自律和行业自治以及技术手段是不能真正完全解决所有信息内容安全问题的。在私主体无法承担网络信息内容治理的任务时,以政府为代表的公共主体有着难以比拟的优势,其可采用强制手段和法律制定等方式实现全方位治理,提升网络治理的效力和效率。

---

〔1〕 尹建国:《我国网络信息的政府治理机制研究》,载《中国法学》2015 年第 1 期。

7.3 域外网络信息内容治理的考察与借鉴

7.3.1 美国网络信息内容治理突出国家控制力

美国是世界上网络与信息技术发展最早且运用最为广泛的国家,也是最早遭遇网络安全威胁的国家。"9·11"恐怖袭击事件改变了美国传统的信息网络安全观,也成了美国网络管理体制与法律政策发展历程上的一个重要分界点。此后,美国更加重视网络空间安全,并对网络管理体制和运行机制进行了改革,相关的法律政策更加注重维护国家安全利益,突出国家控制力的地位和作用。

1996 年,美国总统克林顿签署了被称为是"美国新旧通信世界的分水岭"的美国《电信法》,该法的核心是取消阻碍电信市场竞争的管理法规壁垒,从而促进开发和推广新技术的应用。基于驱逐淫秽和暴力内容的立法目的,美国《电信法》在第 5 章淫秽和暴力(obscene and violence)部分设置了《通信规范法》。该法分为三部分,其中争议最大的为第 2 部分第 230(c)条,其中对"good Samaritans"(good Samaritans 是基督教寓言的事物,指做好事的人)阻断和屏蔽的保护规定:①网络服务的用户和提供者都不得被视为其他内容提供者的发布者或发言人,无须为第三人提供的内容承担责任;②网络服务提供者不为其出于善意而针对暴力、色情等内容采取的任何行为承担民事责任,也不为其向网络信息内容的上传者提供限制访问的技术措施承担责任。该条款给予了平台极大的豁免权和审查权限,也被称为互联网平台的"免死金牌"。在过去的两年时间,美国民主党和共和党都曾提出对前述第 230 条的限制和改动。2021 年拜登上台后,民主党议员起草了《消除对交互技术的滥用和猖獗忽视法案》(EARNIT 法案),为该条款设置了两项例外,即当平台上发布的内容以骚扰、歧视或其他形式不当影响个人时,平台不再享有第 230 条款项下的责任豁免;禁止该条款适用于平台上的广告或其他付费内容。

2000 年 5 月 6 日修正通过的《美国法典》第 18 编第 1030 节是美国关于计算机犯罪的主要刑事立法,其中第(a)条规定了以下七类行为应当受到惩罚,包括:①未经授权或超出授权而故意进入计算机系统;②未经授权或超出授权而意图进入计算机系统;③未经授权而故意进入美国所属的任何部门或机构的非公众的计算机系统;④以欺诈为目的,明知未经授权或超出授权而进入受保护的计算机系统,并且获取任何有价值之物;⑤未经授权而故意对受保护的计算机系统造成损害;⑥以欺诈为目的,故意骗取可用来非法进入计算机的密码或可以此不经授权而进入计算机系统中存储的类似信息;⑦其他以勒索为目的,发送任何可能损害受保护的计算机系统的信息。

2001年和2002年,美国先后签署了《爱国者法》和《国土安全法》,这是“9·11事件”后,美国安全部门为了打击那些利用互联网散播威胁国家安全、社会安全的恐怖信息行为而制定的两部立法。其中均涉及国家安全和网络管制的法律和制度,授权美国国土安全部、联邦调查局、中央情报局等机构对可能的恐怖活动、计算机欺诈等行为进行监听。在《爱国者法》颁布后,美国对网络安全的重视达到前所未有的程度。

2014年12月,美国颁布《国家网络安全保护法》,该法规定,发生泄露或违反事件时,预算管理局主任应定期更新“数据泄露通知政策与指南”,并要求受(数据泄露)影响机构在发现未经授权的获取或访问后,应当:①尽快于30日内通知(通报或报告)国会有关委员会,通知的内容包括泄露信息及摘要、受影响人员的数量(包括受影响人员的评估)、需要迟延通知受影响人员的必要性描述,以及是否通知与何时通知的信息。②通知受影响人员。例外情形包括总检察长、情报机构负责人或国土安全局向国会特定委员会发送通知等。

2015年6月,美国通过了《美国自由法》。相较于《爱国者法》,《美国自由法》对政府获取公民通信数据施加更为严格的限制,规定这些数据由电信运营商而非政府保存,国家安全局在确认某人或某个组织具有恐怖活动嫌疑时,应向电信公司索取相关数据。该法对《爱国者法》规定的另外两项反恐监控权仍予以保留,即授予美国国家安全局、联邦调查局等机构使用“漫游窃听装置”监听嫌疑人通话、追踪“独狼”恐怖嫌疑人。

在治理体系方面,美国形成了一套涵盖监管机构、监管法律、民间机构、治理技术与手段以及专项行动等方面的成熟治理体系,并倡导以政府部门、私营部门、市民社会、国际组织、技术社群等为多元治理主体,各治理主体之间地位平等、协商共治。在治理措施方面,其对互联网信息内容的治理主要通过制定互联网相关法律法规来实现。美国互联网立法范围覆盖面很广,重点立法的领域囊括了网络信息安全、互联网基础资源保护、信息数据资源保护、用户隐私保护、互联网版权、互联网通信监控、互联网域名管理等,相应法律条款都非常具体,惩罚措施也很严厉。总而言之,通过联邦立法、各州立法、判例法和行政法规,美国在网络信息内容治理方面构建了一个多层次、相互补充的法律体系。

7.3.2 欧盟立法重视打击网络不良信息的传播

欧盟是迄今为止影响力最大的国际组织,欧盟的信息内容安全立法对成员国乃至世界其他各国都产生了深远影响。欧盟有关互联网信息内容安全治理的立法类型广泛,内容较为全面科学,包括决定、条例及指令,在违法有害信息、个人数据保护等方面都有涉及。

为解决获取信息的自由与保护未成年人免受不良信息影响之间的矛盾,欧盟为此做出了很大的努力。1999 年 1 月 25 日欧洲议会和欧盟理事会《关于采取通过打击全球互联网上的非法和有害内容以促进更安全使用互联网的多年度共同体行动计划的第 276/1999/EC 号决定》强调必须安全使用网络,为欧盟介入互联网管制,杜绝种族歧视、分裂主义等非法和有害信息提供法律依据。[1] 2001 年 1 月,欧洲委员会向欧盟部长理事会和欧洲议会提交了《关于确保网络安全和打击计算机犯罪的立法动议和政策措施》,并宣称保证网络安全和打击计算机犯罪是欧盟"电子欧洲"行动计划的目标之一,对整个信息社会和在欧洲进一步发展电子商务而言都至关重要。欧盟有关互联网信息内容安全治理的措施包括立法措施和非立法措施。其中,立法措施包括了欧盟各成员国的相关法律,并制定了涉及针对儿童进行色情犯罪的法律条款,今后还将包括涉及高科技犯罪的刑法并将考虑立法打击种族主义和排外活动。

2001 年 12 月,欧盟理事会通过的《网络犯罪公约》第 3 章第 9 条旨在解决儿童色情问题,保护儿童的身心健康。第 9 条第 1 款规定,各方应建立必要的国内刑法体系,对未经授权故意实施下列行为的采取立法和其他措施:①以通过计算机信息系统发布为目的制造儿童色情内容;②通过计算机信息系统提供儿童色情内容;③通过计算机信息系统发布或传输儿童色情内容;④通过计算机信息系统为个人或他人获取儿童色情内容;⑤在计算机信息系统或计算机数据存储介质中存有儿童色情内容。该条款为儿童色情内容相关行为的规制提供了法律依据,第 9 条第 2 款解释了儿童色情内容包括未成年人进行明显的性行为,现实地描述未成年人进行性行为的图像。除此之外,其还进一步界定了未成年人包括小于 18 岁的所有人。

7.3.3 俄罗斯将保护信息安全纳入国家安全战略

随着全球信息化步伐的加快,俄罗斯对国家互联网信息内容安全的重视程度日益提高,信息网络安全已纳入国家安全战略。俄罗斯政府认为社会的稳定、公民权利和自由的保障、法制秩序以及国家财富和国家完整的维护,在现阶段很大程度上都取决于保障信息安全和信息防护等问题的有效解决。为此,自 20 世纪 80 年代末,俄罗斯联邦最高国家政权机关做出了一系列非常重视保护信息安全的决策。

---

[1] 郭春涛:《欧盟信息网络安全法律规制及其借鉴意义》,载《信息网络安全》2009 年第 8 期。

早在1991年的叶利钦时代，俄罗斯就颁行了《大众传媒法》，成为俄罗斯联邦保护大众新闻自由、规范新闻传播最重要的法律依据。随着互联网应用技术的普及，新闻传播中对互联网的规范成为当务之急，2014年1月17日俄罗斯《大众传媒法》修订颁布。该法包括总则、大众传媒活动组织、大众信息的传播、大众传媒与公民和组织的关系、新闻记者的权利与义务、大众传媒领域的国际合作、法律责任等。其中补充了在互联网领域的新闻信息传播规则，同时，在传统媒体领域的新闻信息处理规则也同样适用于互联网空间。

俄罗斯《大众传媒法》规定了禁止传播实施恐怖主义行为或宣传恐怖主义的资料信息以及其他宣扬极端主义的材料，禁止传播含有色情、暴力、残忍和侮辱性语言内容的材料，禁止在广播、电视、录像、电影节目、纪录片和故事片，在属于大众信息传媒的计算机信息文件和加工处理信息文本的程序中使用隐藏插件或其他技术和信息传播方法，传播对人的潜意识和健康有害的信息，以及禁止传播"关于反对极端主义行为"法律(《俄罗斯联邦反极端行为法》)规定的被法院确认为应该消除和禁止行为的社会组织、宗教团体和其他组织的相关信息，禁止在大众传媒、信息通信网络中传播关于研发、制造、使用、获取毒品的方法，其他精神药品及替代品，宣传某种毒品、精神药品及其替代品的使用好处，以及其他联邦法律禁止传播的信息等，禁止通过大众传媒报道可能阻碍实施反恐行动或导致人身伤亡的关于反恐行动特别手段、技术措施和实施行动的战术策略等信息。

在个人数据和信息保护方面，俄罗斯制定有《个人数据法》《信息、信息化和信息保护法》，这两部法律对国家各个主体利用和处理个人数据的行为进行规范，构成了俄罗斯个人信息保护的法律基础。按照上述法律规定，不允许加工个人数据的目的与收集个人数据的目的不一致；禁止建立相互之间目的不同的个人数据信息系统数据库的联合体；只有对符合个人数据加工之目的的数据处理才属于加工；加工的个人数据内容和范围应该符合声明的加工目的，被加工的个人数据不应超出声明数据加工目的的范围；在加工个人数据时应保障个人数据的准确性和完整性，在极其必要的情况下可以要求保障符合个人数据加工目的的及时性。经营者应采取必要措施保障删除或者确定那些不完整或不准确的数据。

2010年，俄罗斯联邦通信和大众传播部制定了《电信运营商信息系统中的个人数据保护规定》，对互联网信息通信领域的个人数据安全进行规范。该规定进一步明确了个人数据的范围，尤其是对在互联网信息系统交互过程中涉及的个人数据进行了界定,并包括对运营商控制处理的个人数据和个人数据系统进行保护的一般原则,个人数据保护的方法,运营商个人数据信息系统的一般特征,威胁个人数据信息系统安全的模式,保障个人数据安全的基本措施等内容。该规定对俄罗斯《个人数据法》起到了补充的作用。个人数据信息系统是指个人数据总和的信息系统,该数据库包含了运用自动化或非自动化手段可以实现个人数据加工的信息技术和技术方法。

7.3.4 域外网络信息内容治理的借鉴与启示

(1)完善网络信息内容治理的立法体系

总体而言,域外的网络信息内容治理相关立法较为广泛,而我国关于网络信息内容治理的相关立法起步较晚,从涵盖的范围和地位来讲,仍然有较大的进步空间。纵观世界互联网发展水平较高的国家,其都拥有一部关于网络发展的基本法,如美国的《信息自由法》《计算机安全法》,日本的《高度信息网络社会形成基本法》《电气通讯事业法》等,这些基本法为国家规范信息活动提供了保障和依据,配合了国家实施信息战略的步伐和节奏,增强了信息化战略的权威性。随着信息技术的发展,互联网逐渐在社会经济文化活动中扮演着无可替代的角色,我国应借鉴国外网络立法的优秀经验,通过提高互联网立法位阶,提高网络信息内容治理立法的战略地位,为保护信息内容安全提供坚实的法律保障。

但需要注意的是,提高立法位阶并不是要求全方面立法,而是通过分析互联网发展中存在的问题,有针对性地对主要方面进行立法规制。目前,我国应加强对网络个人隐私权、数据安全等的保护力度,鉴于我国已制定并实施《个人信息保护法》《数据安全法》等法律,因此下一阶段应通过对已经出台的法律在实际运行中出现的问题及时采取应对措施、细化法律条文、配套相关政策与文件,积极维护我国网络空间的生态治理。

(2)建立统一的行政管理机制

在建立整合统一的行政管理机制方面,域外国家例如俄罗斯和美国对于网络信息内容安全方面的监管是值得我们借鉴的。在国内,工信部作为互联网管理的主体部门,主要负责协调国家信息安全保障体系建设,协调推进信息安全登记保护等基础性工作。除工信部外,公安部、教育部等十多个部门也负责管理网络信息内容专门事务,但是存在权责不清,效率低下等问题。因此,应针对管理主体不明确的现状,构建整合一个统一的网络信息内容治理主体以应对威胁。当前,全球互联网信息治理正朝着多主体协同治理的方向发展,我国也顺应全球互联网信息治理发展的趋势,从政府一元主体、权威管理,逐渐改革过渡到继续坚持政府占治理主导地位,同时引领其他多元主体共同参与。同时,我国综合运用法律规制、行政管理、产业政策、技术标准、宣传教育、国际交往等多种措施,建立了既符合互联网规律又具有中国特色的互联网信息治理模式。

(3)关注对未成年人的保护

对照国外相关立法可以看出,无论是宽松型的国家还是严格型的国家,无一例外的都有相关法律法规重点关注保护未成年人远离网络违法、不良信息。当下我国19岁以下网民人群占比24%,基数之大足以引起重视,尤其是在信息技术普及的时代,智能手机的操作简单和价格低廉,使其成为越来越多未成年人利用网络的首选,这无疑都增加了未成年人接触互联网不良和违法信息的机会。因此,为了保护未成年人的用网安全,应当为未成年人的网络信息安全保护提供法律依据。

例如,日本颁布的《交友网站规则法》明确规定,交友类网站运营商不得对未成年人传播淫秽信息,一旦发现其平台上传播淫秽信息,应及时采取措施防止损害扩大。我国对于未成年人使用网络的保护力度也在逐渐加深,例如《关于进一步严格管理切实防止未成年人沉迷网络游戏的通知》等措施也在一定程度上防止未成年人在游戏中花费过多时间,但是相比国外将保护未成年人使用网络上升为法律的保护方式而言,我国对于未成年人网络保护采取的措施力度还需进一步加强。

(4)加大打击网络违法犯罪的力度

由于网络犯罪自身的隐蔽性和技术性,在打击网络犯罪时,公安机关、网络监督组织等应当相互配合、互为支撑。结合我国电信诈骗、网络贷款诈骗等违法犯罪事件层出不穷的现状,首先,我国在预防网络犯罪的方式上,既需要通过专门立法的方式细化不同方式下的网络监管,同时在程序上也需要各个网络信息内容安全治理主体相互配合,例如网络平台为公安机关提供技术支持,公安机关根据网络监督组织提供的线索和信息进行行动,清除网络违法、不良信息,净化网络环境,打击网络暴力、网络色情、钓鱼网站、利用网络信息进行的违法犯罪。其次,应当积极开展国际合作,吸收国外经验。信息化时代的网络犯罪更多地体现了危害后果的严重性和涉案范围的广泛性。在应对网络犯罪时,应当开创新思路,适应新模式,建立起国际间预防网络犯罪的信息交流平台,推广各种侦破技术、分享各类先进手段,委派优秀侦破人员到国外交流学习,开展与国外机构的共同合作,共同打击网络犯罪。

7.4 网络信息内容治理的基本理念与路径选择

7.4.1 基本理念

(1)“全天候”治理

安全问题不可能做到一劳永逸,“安全是一个动态的过程,对安全问题的解决要有一个整体框架,并体现其动态性”[1]。

基于网络社会能动治理理念,将实现网络信息治理内容的“全方位”、治理机制的“全天候”、治理监管的“全天通”。“全天候”网络信息内容安全治理应是基于过程控制的治理模式,即建立以“预防、控制安全风险与打击犯罪为特征,以建立快速应急响应机制为核心、实施安全等级工程,调动社会网络信息安全服务机构力量协同监管为策略的”风险规制机制。[2] 网络信息内容治理应确立以“预防与控制”为核心的“过程控制型”立法理念。“过程控制型”网络信息安全法律治理强调对行为过程中产生的网络信息安全风险进行动态调整和规制,包括隐患威胁的发现——预警、应急、保护——行为过程的监控、检测、反应——结果恢复、反应为体系的规范制度。[3] 基于这一法律治理理念,形成“风险预防、过程控制、危害惩治”为一体的网络信息安全法律治理体系,对威胁网络信息安全的过程进行动态规范,而非仅对危害结果的规范,从而将法律责任的界定贯穿于整个网络信息安全过程中。总体而言,以“预防与控制”为核心的“过程控制型”法律治理理念顺应了依法治网新常态要求的监管范式,是运用法律控制网络信息安全风险和威胁的新的路径突破。

(2)分类分级治理

互联网是一张巨大的网,既有造福人类的一面,又有损害人类健康发展的一面,当我们被各种各样的资讯、信息所包围,区分善恶美丑、权衡自由与规则、批判是非对错不仅仅是个人、关联主体的责任,更是整个社会、国家的责任。结合我国基本国情,网络信息内容分级是均衡维护网络信息安全及公众表达自由等基本权利的必要举措,建立一套科学、合理、完善的网络信息内容分级分类制度,不仅能够给未成年人营造一个健康有序的网络环境,同时也能保障成年人自由获取信息的权利。

网络信息内容分级,是指对互联网信息内容依据保护未成年人的需求进行分类、标签,并由安装在客户过滤端的配套过滤软件根据标签过滤的一套规则系统,目前网

---

〔1〕 张庆华:《信息网络动态安全体系模型综述》,载《计算机应用研究》2002 年第 10 期。
〔2〕 马民虎:《网络安全法律问题及对策研究》,陕西科学技术出版社 2007 年版,第 26 ~ 28 页。
〔3〕 马民虎:《网络安全法律问题及对策研究》,陕西科学技术出版社 2007 年版,第 26 ~ 28 页。

络信息内容分级系统已经在美国、英国、德国、韩国和中国台湾地区得到不同程度的采用。[1] 因为各个国家和地区政治经济文化的差异,互联网信息内容分级制度在不同的国家和地区划分的标准也不同。我国的网络信息内容分级制度是指调整网络信息服务提供者的网络信息内容分类、标签行为,相关行业协会、社会团体等的网络信息内容分级标准制定、分级实施协调及监督行为,学校和公共图书馆等的网络信息内容过滤行为,以及政府对前述行为实施监管过程中发生的社会关系的法律规范的总称。[2] 该制度可以通过系统科学的分级体系将网络信息类型化,针对不同的客体实施差异化的管理。

《2018 年中国互联网络发展状况统计报告》显示,我国网民以青少年、青年和中年群体为主,截至 2018 年 6 月,10 ~ 39 岁群体占总体网民的 70.8%,其中 20 ~ 29 岁年龄段的网民占比最高,达 27.9%,10 ~ 19 岁、30 ~ 39 岁群体占比分别为 18.2%、24.7%,[3] 互联网用户呈现年轻化的趋势。任意打开一个网页常常会出现大量色情暴力图文、音频、视频,尽管我国法律明文规定禁止传播淫秽内容信息,但对淫秽内容的认定并不严格,具有挑逗性、暗示性、过分裸露的色情暴力内容仍以其他形式呈现,这对身心发育尚不成熟,缺乏自主分析、辨别能力,易受误导诱惑的未成年人而言,会使其误入歧途诱发网络犯罪。因此,应针对未成年人的网络环境进行特殊保护,对网络信息内容进行有效管理和控制,建立分级分类制度,使网站信息服务经营者有义务设定网站网页级别,安装过滤软件,提供适合不同年龄群体的无公害讯息。

目前,虽然我国《宪法》、《未成年人保护法》及联合国《儿童权利公约》[4] 中有关于未成年人获取不适宜信息的规定,但这些规定都较为原则,缺乏具体的实施措施,不能完全适应当前未成年人使用互联网的信息保护需求。从网络信息内容监管这个层面出发,我国现行法律缺少对未成年人信息传播的专门标准,对除“淫秽、暴力、凶杀、恐怖、赌博等”信息之外有害未成年人身心健康的信息没有明确统一的标准,对不良信息、不健康信息的内容也没有明确的定义。因此,增加未成年人网络安全立法内容,建立健全网络信息分级分类制度,推动建立网络信息安全保护网应当被纳入立法进程。

---

〔1〕 杨攀:《我国互联网内容分级制度研究》,载《法律科学(西北政法大学学报)》2014 年第 2 期。
〔2〕 杨攀:《我国互联网内容分级制度研究》,载《法律科学(西北政法大学学报)》2014 年第 2 期。
〔3〕 CNNIC:2018 年第 42 次中国互联网络发展状况统计报告——网民属性结构。
〔4〕 参见《宪法》第 46 条,《未成年人保护法》第 3 条、第 32 条,联合国《儿童权利公约》第 17 条。

(3)多主体协同治理

网络信息内容治理需要秉承全社会共同参与的基本思路,并且无论是从应然性还是实然性的角度,国家、网络运营者和个人都有必要且应当加入治理过程中,最终使清朗、文明的网络空间普惠所有人。

①政府

从政府部门的角度看,一方面,与现实生活不同,网民在虚拟环境下容易淡化对国家的归属感和法律遵从意识,从而肆意发布有损国家利益的言论。同时,出于网络无边界化的特点,国际间的利益较量、网络恐怖主义等也蔓延至网络,利用网络散布针对国家和政府的政治谣言,煽动分裂国家、宣扬恐怖主义等内容大量充斥网络,例如近期发生的“俄罗斯利用网络干涉美国大选”一事,此类谣言侵犯的已经不再是个体的利益,而是整个国家和社会的利益。此时,政府部门作为网络谣言的受害一方具有参与治理的应然性。另一方面,网络谣言治理是需要全社会共同参与的问题,当网络运营者或网民的力量不足以抑制谣言肆虐时,在突发事件发生后的谣言溯源和追责阶段,政府部门有代表国家公权力参与治理的必然性。其中,对于网络平台的治理主要通过立法明确市场准入、平台责任,以及有监管职责的政府部门(包括但不限于网信管理部门、文化管理部门和广电管理部门)通过对各事件、行为的查处与处理形成的二元规制体系实现,这里需要政府参与。

同时,网络恐怖主义侵犯的是国家和公共安全利益,其遏制仅靠公民和社会的力量难以实现,此时不仅需要国家制定战略、立法,为网络恐怖主义的治理提供法律上的正当性,并且鉴于网络边界模糊,网络恐怖主义是全球性的问题,还需要国家作为主体积极参与国际交流与合作,在溯源、打击、救援和追惩等方面加强合作。

②网络运营者

一方面,移动互联网的迅速普及使得网民可以随时随地接触到网络信息,加之网络平台的快速发展以及网民人数的增长使得网络运营者面对海量的数据信息,需要及时高效地从中准确识别出法律、行政法规禁止发布或传输的信息并加以处理,这既是法律施加于网络运营者的义务,也是其应承担的社会责任。另一方面,网络运营者同样也是网络空间的一分子,其也需确保自身遵循网络空间的运行规则,不发布和传播谣言。在现实生活中,个别网络运营者为吸引眼球,增加自身点击率,确实存在恶意夸大或虚构事实,通过夸张的标题或图片传播谣言的情况。由此,网络运营者应承担起法律和社会所赋予的义务及责任,利用自身优势净化网络空间。

此外,与国家、社会共同参与治理网络恐怖主义是网络运营者应当承担的社会责任。恐怖组织通常利用网络攻击进行挑衅等活动,或通过网络传播极端思想。针对网络信息系统的攻击,网络运营者为维护自身合法权益应当予以维护,而对于极端思想的治理,也是法律对网络运营者规定的法定义务之一。

③网民

从网民的角度看,现阶段大量的网络谣言、诈骗信息等违法违规信息贴近生活,网民慧眼难辨。加之现阶段供网民自行制作、上传、传播内容的网络平台的发展,每个网民都可以成为信息的编辑者、发布者和传播者,在获得更广阔发声平台的同时,网民只有对自身的言论和散播的消息保持谨慎,才能更好地享受新技术带来的便利。一方面,鉴于文化、受教育水平以及法律意识的参差不齐,网民对于违法、违规信息的识别程度存在差异,并且与传统科普类文章的长篇累牍相比,违法、违规信息的形式、风格往往较为简单,常使用引人眼球的模式或标题,甚至通过杜撰虚假的现实案例增加内容可信度,误导网民。另一方面,受众的从众和盲目心理易产生"三人成虎"的现象,并且容易抱着"宁可信其有,不可信其无"的态度听信谣言,传播违法、违规信息。因此,网民每一个个体都难以置身事外,需在提高自身抵抗力的同时积极参与网络违法、违规信息治理。

此外,作为网络恐怖主义的主要传播对象,极端思想或暴恐音视频对于个人思想的危害极大,尤其是青少年心智和思想尚不成熟的情况下,容易受到这些内容的影响,不利于个人的健康与成长。并且,网民数量巨大,其对于信息内容治理的价值不可替代,应积极参与其中。

7.4.2 网络信息内容治理的路径选择

网络信息内容治理是互联网管理的重要组成部分。党的十九大报告中提出"要加强互联网内容建设,建立网络综合治理体系,营造清朗的网络空间"后,网络信息内容治理成为一个热点话题。网络信息内容治理强调由政府主导、多主体协同的信息质量监管,强调政府与社会、网民的彼此合作,所有利益相关者的共同参与,责任共担和利益共享。监管的英文"regulation"含有"政府主导""需要立法提供法律依据"等含义,强调来自国家政府的监督管控和强制规范。但是,政府主导并不是政府包办,立法和法律也不能包打天下。网络信息内容治理亦强调多主体协同,即政府部门、互联网企业、网络媒体以及全体网民之间的协同治理。其中,政府主导主要体现为负面清单的制定、法规政策的出台以及必要的强力手段,具体的监管过程和大量的治理行为还是要在多主体协同中去完成。[1]

(1)坚持“安全”与“发展”的价值取向

国家与社会在对网络信息内容治理的价值选择方面,要坚持“安全”与“发展”两种基本的价值向度。

在网络信息内容治理中,“安全”是最基本的价值向度。这里的“安全”包含三层含义:其一是系统层面的安全,指“网络系统中的硬件、软件及其系统中的数据受到保护,不因为偶然的或者恶意的原因而遭到破坏、更改、泄露,系统连续可靠正常的运行,网络服务不中断”。其二是社会层面的安全,指社会秩序得到维护,不因网络信息外部性而使社会失稳、动荡和遭到破坏。这里的网络信息外部性是由于某社会主体使用、发布网络信息而对其他社会主体造成的影响。其三是国家层面的安全,亦称国家网络安全,指一个国家维护网络主权,不因外敌网络攻击而遭受打击和颠覆。

网络信息内容治理的另一个基本价值向度是“发展”,其代表着互联网治理的目的性和“硬道理”。首先,从信息网络技术演化的长时段看,网络信息内容必须要抢先发展,否则会“不用则退”。假如一个国家在20世纪末建设了当时最先进的互联网基础设施(WEB1.0),其就同时具有了以门户网站为中心节点生产网络信息产品、传播和使用网络信息的巨大潜力,可支持新闻组、电子邮件、信息检索、BBS的开发和运行。但如果其不能在网络信息内容上抢先发展,就会随着信息网络技术的演化被WEB2.0技术所淘汰,从而出现“有技术、无发展”的“不用则退”现象。其次,从同一技术世代的短时段看,网络信息内容必须要繁荣发展,否则就会“不用则废”。若一个国家具备了目前先进的互联网基础设施(WEB2.0),其将有能力形成如微信那类的精细传播工具,打通线上与线下的界限,构建某种基于熟人关系的全方位社交空间,实现信息推送模式的自主化和互动化。但若由于某些原因发展受阻,则会延缓WEB2.0时代的网络信息内容建设,从而出现“有平台、无繁荣”的“不用则废”现象。可见,对于网络信息内容建设而言,“发展”是其基本要务。

作为网络信息内容治理的基本价值向度,“安全”和“发展”同等重要但不一定可兼得,就像公平与效率既同等重要又不可兼得一样。因此,各国政府几乎无一例外,均实行“一手抓安全、一手抓发展”的政策。

---

〔1〕 何明升:《网络信息内容治理:基于负面清单的信息质量监管》,载《新视野》2018年第4期。

(2)构建以多方参与为目标的综合网络信息内容治理格局

当前,网络信息内容安全问题日益复杂化和多样化,善治理论下更强调多方参与、协同治理网络信息内容。美欧等西方国家已普遍认识到仅靠政府单打独斗早已不适应网络信息内容治理的需要,只有推动政府、企业、社会组织之间资源和手段的优势互补,才能有效实现网络信息内容治理的目标。我国在网络信息内容治理过程中,一方面,需积极推进政企间情报共享与技术合作。美国国土安全部、联邦通信委员会、中央情报局等政府机构和谷歌、苹果、脸书等企业共同组成互联网打击恐怖主义的工作组,共享网上恐怖主义等违法有害信息线索。英法两国则与互联网企业开展技术合作,共同开发自动识别和清除违法有害信息的工具。另一方面,应主动引导产学研力量参与治理工作。欧盟组建了由民间团体、网络企业、新闻媒体组织和学术界代表组成的专家小组,协助政府管理部门制定抵制虚假信息传播的政策法规文件。美国则设立专项基金,向非政府组织、民间团体、新闻媒体组织、研究机构、学界专家提供资助,协助开展暴恐言论和虚假信息的识别分析工作。此外,还应构建企业网络信息内容安全治理的责任体系,巩固并深化群防群治的网络信息内容治理格局。

(3)坚持网络信息内容治理与现实社会治理相协调

如何理解网络信息内容治理与现实社会治理的关系,不仅影响着网络信息内容治理体系、网络信息质量监管模式的构建,而且影响着负面清单的制定。在互联网与社会相互嵌入的环境下,网络信息内容治理的关键点就在于:能否以互联网这一巨型工具的内在规定性为基础,成功地构建起与现实社会相适应的网络信息质量监管模式。

首先,网络信息内容治理应具有与现实社会治理相协调的价值顺位。无论是现实社会还是虚拟社会,也无论是发达国家还是欠发达国家,“发展”都是来自社会的永恒需求。但不同的国家甚至同一国家的不同时期,会因为承受不同的“安全”压力而面临完全不同的发展环境,并且在“发展”与“安全”之间做出不同的价值选择。美国是最早进入信息社会的国家,互联网的普及程度很高,“发展”一直是其网络信息内容治理的不二选择。在“9·11 事件”之前,其极力宣扬网络自由并放松对网络信息内容的管理。但“9·11 事件”之后,美国因国家安全考虑开始加强网络信息内容管理,并通过《爱国者法》加以明确。相较而言,我国始终存在较为严峻的社会稳定压力,“维稳”不仅是社会生活中的热词,还是政府工作的要务。与此相协调,我国的网络信息内容治理呈现出以安全为前提的发展观。

其次,网络信息质量监管的负面清单应与现实社会治理呈现出一致性的价值表达。负面清单无非是对违法和悖德信息行为的罗列,其中,违法信息行为须受到严格禁止,悖德信息行为则是一种"当"与"不当"的价值判断,二者共同构成了网络信息质量监管的价值表达。可见,与现实社会相一致的网络伦理和法律规则发挥着重要的基础功用。在网络空间中,无论是主题社区还是公共平台,都需要共享伦理规则和法律规则,其构成网络信息内容治理的基础和内核。这些伦理规则和法律规则是人们在实际行动中自觉遵从的行为准则,在总体上构成一组规则集。从过程上来看,一个网络社区的形成必然伴随着现实规则的嵌入,那些与现实社会相融的行为规范会随着时间推移占据主导地位。这些网络伦理和法律规则承担了非常重要的网络信息内容治理职能,相关的戒律、要求及行为规范都源于共同准则的相互性逻辑,体现了网络与现实相一致的价值表达。[1]

7.5 网络信息内容治理的具体机制

7.5.1 持续推动网络信息内容监管机制建设

(1)进一步理顺互联网管理行政体制

从中央、省、市(县)三级建立完善互联网管理行政体制。首先,加强顶层设计,推动构建由党委领导、政府管理、企业守法、行业自律、社会监督的"五位一体"互联网管理格局。其次,加快推进全国各省网信机构改革,完善机构设置,调整补充人员,充分发挥省级互联网信息管理部门的统筹、协调和指挥作用。最后,增加人员、编制和互联网管理经费投入,强化市、地、县网信机构的职能,完善机构职能建设。

(2)明晰行政规范和权力边界

第一,普及互联网行政执法。构建统一的互联网行政执法体系,制定统一的互联网行政执法规范,明确各部门、各层级的权力边界和执法权限,捋顺整个执法全过程,同时也要加强执法的监督检察,推动互联网行政执法的科学化、规范化。

第二,推动各省人民代表大会的互联网立法进程。《网络安全法》是我国互联网领域最新最全的"基本法",各地区都应结合本地实际,依据该法的基本框架制定互联网领域相应的地方法规,制定本地比较突出的互联网领域违法、犯罪行为的惩处标准。

---

[1] 何明升:《网络信息内容治理:基于负面清单的信息质量监管》,载微信公众号"新视野杂志"2018 年 8 月 21 日,https://mp.weixin.qq.com/s/-Jn3O471XmyvVQp2N13Vzg。

(3)持续完善网络信息内容监管协调机制

①网络监管主体间的分工合作机制

网络监管主体间的分工合作机制是指既明确各监管主体的职责,实行主体间的监督职能相对分工,同时又加强合作,明确合作的事项和内容,规定合作过程中各主体的权利与义务。网络信息内容的多元化还需要首先实现监管主体的多元化。当然,政府、网络运营商和网络信息服务单位、网络行业组织、大众传媒和公众在网络信息内容监管中各自具有优势和缺陷,也存在其独特的作用和不适用的方面,显然网络监管主体间分工合作的好坏直接影响监管的效率。

②网络监管主体间的资源共享机制

网络监管主体间的资源共享机制是指各网络监管主体将其掌握的资源与其他网络监管主体共享,提高资源使用效率,共同加强网络信息内容的监管。从现实来看,对网络信息内容的监管,不仅需要软件的支持,还需要硬件的支撑;不仅需要组织的力量,还需要全社会的动员;不仅需要资源,还需要资源的整合和共享。网络信息内容之丰富,监管主体对网络信息内容的监管难度可想而知,政府部门间信息资源共享的障碍,关键不在于技术上难于实现,而是在于政府部门之间的部门壁垒、权力和利益分配等诸多因素。因此,要想加强资源的共享,提高各监管主体对网络监管资源的掌控力,必须由政府牵头,共享政府及其部门的资源,共享各监管主体的资源,齐抓共管,提高监管力度。

③网络监管主体间的沟通协调机制

网络监管主体间的沟通协调机制是指由政府成立的具有实际管理权限的部门,对网络监管主体进行沟通协调,使政府及其部门、网络运营商和网络信息服务单位、网络行业组织、大众传媒和公众之间形成一张完整的网络信息内容监管网。网络信息内容监管主体多元,如果缺乏沟通协调机制,就会形成多头管理、职能重合、力量分散、缺乏力度的局面,难以应对互联网迅速发展中可能出现的各种影响大众生活、危害社会安全等的行为。行政管理部门固化的特征,较难适应网络信息内容多变、多样、多元的发展特点。而网络信息内容动态发展所需的扁平化组织趋势与现有组织体系相冲突,使监管主体间的沟通协调显得更加迫切。

④网络监管主体间的协同行动机制

网络监管主体间的协同行动机制是指网络监管主体之间为了达到共同的监管目标,在行动上相互配合、协调一致,对网络信息内容及其他网络活动的参与者进行监督、管理所表现出来的组织形式及其内在的运行机理与变化规律的过程。网络信息内容纷繁复杂,加强对扰乱社会秩序、破坏民族团结、传播淫秽色情等信息的联动处置,建立协同行动机制,政府及其部门、网络运营商和网络信息服务单位、网络行业组织、大众传媒和公众形成合力,共同抵制网络不良信息,共建美好的网络氛围。

7.5.2 持续建立健全网络信息分级分类制度

面对网络中鱼龙混杂的信息,我国也曾在网络信息内容过滤、分级管理方面做出过尝试,但由于缺乏对口主管部门、缺乏识别的标准、技术不成熟、主体不明确等诸多因素,尚未形成一部权威、细致、明确的法律法规,也并未对网络信息内容形成有效的利用和管理,为此可考虑从以下几个方面完善和改进。

(1)明确分级范围

随着广播、电视、新媒体、物联网与互联网的融合,网络信息的范围越来越广,5G时代的到来也使得信息的获取越来越便捷,无论是在门户网站、社交平台、新闻论坛,还是在智能手机、平板电脑的应用软件中,都存在大量不适宜未成年人接收的信息,许多电视剧、电影向青少年输出的信息也都充斥着低俗、拜金、利己等不良思想。所以我国网络信息内容分级的范围应是以互联网为载体传播的一切不被法律禁止的文字、图像、影音、游戏等信息。[1] 这类信息包括暴力、淫秽、粗俗语言、歧视等造成不良危害,影响身心健康发展的内容,其当然违法,但有明确侵权主体的信息不在此类分级范围内。

(2)整合概念,形成统一的分级分类标准

网络时代改变了人们的生活方式、行为方式,同时扩大了很多传统领域的规定及认知标准,在不同时期,由不同机构制定的法规、文件、标准都较为片面且模糊,因此相关立法部门首先应明确规定什么是违法信息,什么是未成年人不适宜接触的信息,避免概念源头上的混乱,制定相应的管理办法,并得到社会各界和不同行业的公认,总体上形成较为统一的意见,再通过出台相关法律法规确立其法律效力,只有以此为基础,才能建立切实可行的信息规制机制,制定全面、准确的分级标准,在实践层面形成可操作的制度性规范。

明确网络信息内容的分级范围后,相应的分级层次标准应围绕分级内容展开,因为分级的内容是一切被法律禁止的不良信息,因此,针对有明确法律规定、司法解释

---

〔1〕 尹建国:《网络信息内容分级机制研究》,载《中国行政管理》2016 年第 10 期。

等确定的传播违法信息的标准自然存在差异。分级制度的出发点是区分成年人与未成年人所接收的信息，而我国现行的分级制度缺乏明确的标准，因此可参考美国、英国、德国、韩国等较为系统且成熟的分级体系以及《未成年人保护法》及民事行为能力、刑事行为能力的划分标准。一种设想是从年龄阶段上划分为五个等级：0～3岁、3～6岁、6～14岁、14～18岁、18岁以上，对所有未成年人都不适宜的信息内容是网络信息内容分级的初始标准，在此标准之上，有必要按年龄进一步细分，等级越低所浏览和接受信息的范围就越来越大。[1] 此外，从内容分级的标准上也可以划分出不同的等级，例如参考韩国《网络信息内容分级服务的分级标准》，围绕"裸露"、"性行为"、"暴力"、"语言"和"其他"五个方面，在程度上划分为五级，从0级至4级。其中0级完全没有未成年人不适宜的内容，4级属于最严重的情况，涉及"生殖器裸露性"、"犯罪或者露骨的性行为"、"残忍地杀害"和"露骨而猥亵的语言"等。[2] 分级标准的关键词及其含义应当明晰、稳定，使网络信息内容提供者、经营者、相关主管部门能根据标准进行过滤及规制。

（3）明确网络信息内容分级制度中各主体的责权关系

网络信息内容分级制度的核心在于明确相关主体及其权利义务，纵观历年来互联网监管的历程，许多部门机构都采取过官方或非官方的实际行动，但并未产生突出的效果，主要是因为互联网内容管理是一个涉及行业多、覆盖范围广的交叉领域，其缺乏一个强有力的权威主管部门统筹管理，并进行组织协调。因此，在完善分级制度，建立对应主管部门时，我国应当全面考虑通信、信息安全、网监、影视、出版等传统行业与互联网之间的关联性，确立网络信息内容管理、过滤、分级的唯一对口行政主管部门，明确其与其他相关部门之间的权利义务关系，化繁为简整合资源，避免重复建设、责任重叠，更好地推进分级制度在我国互联网中的应用。[3]

为此，我国应明确网络信息服务提供者、网络信息服务经营者、家庭、学校及其他教育机构、未成年人保护组织、网络信息服务使用者、政府主管部门等各自应承担的责任义务。首先，网络信息服务经营者自身提供信息时应当分级，对用户所发布的信息进行分级设置，按照板块归类；其次，网络服务行业协会应当协调分级标准的制定和实施，制定具有强制力且能被遵守的行业规定；再次，未成年人的监护者、管理者应

---

[1] 杨攀：《我国互联网内容分级制度研究》，载《法律科学（西北政法大学学报）》2014年第2期。

[2] 参见 http://www.Kocsc.or.kr/ybbs/download，2009－12。

[3] 李喆：《互联网内容分级管理制度研究》，载《东南传播》2015年第11期。

当依照有关规定选择过滤标准,落实过滤措施,保障未成年人健康的网络环境;最后,政府主管部门应加强监管,依法制定、执行网络信息内容分级的社会评估和奖励制度,监督网站、学校、图书馆等机构制定和落实过滤相关的具体措施,对拒绝分类过滤、利用系统漏洞、未尽相应义务的责任主体追究其法律责任。

(4)持续发挥网络过滤技术在治理违法不良信息传播中的作用

结合我国的社会现状,政策制度的制定与实施之间总是存在一道鸿沟,再完美的制度如果不能落地实施,不能在整个行业取得共识并发挥作用,都是没有实际意义的,所以应充分发挥市场的能动性,保障各方主体受益。互联网是一个基于信息技术的网络,网络信息内容分级分类的实施要依靠技术手段,其中最主要的就是过滤软件,如果过滤软件被普遍接受且成功运行,其能够有效识别暴力、淫秽、色情等不良信息,尤其是针对未成年人而言,其能够有效拦截屏蔽不适宜的信息,为未成年人健康上网获取知识提供良好的环境。

网络过滤软件是指使用语义分析、网址过滤和图像过滤等技术,当用户访问包含色情图片、色情内容、暴力内容等在内的信息时,过滤软件会立刻开始过滤,屏蔽这些访问请求,并且向访问者展示警示信息的一套计算机监控系统。分级制度的实施需要依靠过滤软件进行信息分类,将其安装于未成年人使用的互联网终端,包括计算机、平板电脑、智能手机、智能电视、智能眼镜、智能手表等之中。过滤软件应当具备按照家长、学校或者其他管理人员对过滤标准的选择,而阻止一定的互联网信息内容在终端上呈现的功能,同时为了保障成年人的信息自由,过滤软件应当具备关闭和设置开启时段的功能。过滤标准中的关键词应当与网络信息服务经营者分级标准中的关键词含义一致,不能强行增加经营者的义务。我国在2009年试验过绿坝软件,但因其技术手段不成熟,未能有效区分成年人与未成年人可以接收的信息,最终导致该款过滤软件没有被认可及推广。结合我国文化传统及社会现象,应明确标准所包含的关键词及其含义,对关键词分类编制成体系,逐步分批次实施。[1]

总结绿坝软件的经验教训,行政部门出台相关的规定后,政府应对全社会互联网过滤软件提出具体要求,即相关产品开发完毕接受检验审核后,应该根据行业领域、用户需求、操作系统、运行环境等诸多因素让用户自行选择,只有在良性的市场竞争环境中,才能保证过滤软件的专业化,同时形成产品之间的相互竞争与互补,推动整

[1] 谢永江、李嘉宁:《我国未成年人网络信息分级制度建构》,载《江西社会科学》2016年第10期。

个产业的发展和更新。[1]

7.5.3 进一步发挥网络运营商在网络信息内容治理中的积极作用

此处的网络运营商是指面向公众提供下列信息服务的经营者:一是接入服务,即帮助用户接入 Internet;二是导航服务,即帮助用户在 Internet 上找到所需要的信息;三是信息服务,即建立数据服务系统,收集、加工、存储信息,定期维护更新,并通过网络向用户提供信息内容服务。网络服务提供者主要包括以下几类:①网络连接服务提供者,主要为用户提供互联网接入服务,如中国电信、网通、铁通等;②网络信息内容服务提供者,如新浪、搜狐、163、百度、谷歌等;③网络应用平台提供者和应用服务提供者等[2]。网络服务提供者作为提供网络服务与网络信息的主体,是网络信息活动的主要参与者,在网络信息活动中扮演着至关重要的角色。

(1)网络运营商的网络信息内容治理责任完善的提出

我国相关的法律法规对网络运营商网络信息内容治理义务作出了具体的规定,主要包括:《网络安全法》、《电子商务法》、《互联网信息服务管理办法》、全国人民代表大会常务委员会《关于维护互联网安全的决定》、《电信条例》、《计算机信息系统国际联网保密管理规定》、《计算机软件保护条例》、《互联网电子邮件服务管理办法》、《信息网络传播权保护条例》等。

首先,有义务才能谈责任,责任是在不履行义务的基础上规定的法律上的不利后果或称处置。网络信息内容治理义务与责任的苛加一定有需要保护的法益,这些法益应当包括国家利益、社会公共利益、私人利益。我国《电信条例》规定了不得利用电信网络制作、复制、发布、传播"九不准"信息。我国《刑法》《治安管理处罚法》等法律均作了相应的延续性规定,《刑法》特别规定了拒不履行网络安全管理义务罪、非法利用网络信息罪等与互联网紧密结合的新罪名,最新的《具有舆论属性或社会动员能力的互联网信息服务安全评估规定》让我们看到治理思维的转变,从早期对静态的非法信息的防治,逐渐发展演变为动态的、防御性的评估和改进要求。但是,现有法律规则中涉及网络服务提供者义务的规定存在冲突和不协调、合规义务模糊、治理内容范围不清晰等问题。例如网络信息内容治理是否不仅应当包括防治违法有害信息,还应当包括保护重要信息。我国现有法规一般从禁止的角度规定不得发布、传播的信

---

〔1〕 李喆:《互联网内容分级管理制度研究》,载《东南传播》2015 年第 11 期。

〔2〕 谢晓专:《ISP 的信息治理责任及其理论依据——基于对我国信息网络安全法律法规的内容分析》,载《科技与法律》2009 年第 6 期。

息,但对于一些影响网络整体安全的重要信息,并未明确规定应当如何保护,例如漏洞、计算机病毒、网络攻击、网络侵入等网络安全信息。

其次,违法有害信息的类型和范围不明确。我国《电信条例》规定了"九不准"信息,《互联网文化管理暂行规定》规定了"十不准"信息,其中增加了"危害社会公德或者民族优秀文化传统的"信息,在此增加的第十项是仅在游戏等文化领域适用,还是适用于所有网络运营者,能否运用《刑法》中的罪名来寻找非法信息的范围?《网络安全法》中规定的安全保护义务项下的法律、行政法规规定的其他义务是什么?我国《刑法》规定了虚假广告罪,非法提供信用卡信息罪,非法经营罪之未经许可经营专营、专卖物品或者其他限制买卖,提供虚假证明文件罪,出具证明文件重大失实罪,侵犯公民个人信息罪,非法侵入计算机信息系统罪;非法获取计算机信息系统数据、非法控制计算机信息系统罪;提供侵入、非法控制计算机信息系统程序、工具罪,拒不履行信息网络安全管理义务罪等罪名,相较于"九不准"信息而言其类型相对明确。但是,部分罪名仍然缺乏实操性,例如,拒不履行信息网络安全管理义务罪中的网络安全管理义务是否等同于《网络安全法》上规定的安全保护义务,网络安全保护义务中包含的法律、行政法规规定的其他义务的范围是什么,都并未予以明确。

(2)网络运营商的网络信息内容治理义务的完善

具体而言,依照《网络安全法》中的概念,网络运营者包括网络的所有者、管理者和网络服务提供者,重点规范的对象为网络服务提供者中的网络平台。网络平台以及用户量较大的网络服务提供者在网络信息内容治理方面承担更高的注意义务,因其所造成的影响相对较大。具体而言:①在预防方面,网络平台需要更加审慎,应具备适当的技术措施与制度措施。②在审核方面,除注意审查身份与资质外,还需要注意落实网络实名制、信息报送等义务,并注意定期进行内容审核。③在处置方面,应当事先公开违法有害信息的处置规则,并依法公示处置情况、报告相关国家机关。④在义务与责任构建方面,总体建议给予网络运营者一定的鼓励与支持,并在义务与责任方面作出更为细化的规定。在具体责任设置时,需注意法律法规之间的协调问题,特别考虑赋予网络运营者一定的处置权,从而激发义务主体履行义务的主动性。建议规定网络运营者的免责条款,以防止过度的苛责。与此同时,建议考虑适当的社会公共成本负担,并在政策方面给予一定的支持和鼓励。

网络信息内容治理的对象是违法有害信息,因此提供具有信息发布、共享、传播、存储功能的产品与网络服务运营者应是责任的承担者。在此我们可以借用个人信息

"处理"的概念,对于信息内容进行处理的,均应当履行网络信息内容治理的注意义务。违法有害信息的治理核心应当是监督,其包括三个维度,即预防、发现、处置。义务内容包括违法有害信息的预防、审核、处置、报告。责任承担则以不履行义务为前提。义务内容的明确是网络运营者应当遵循并避免承担不利后果的前提。

关于监督责任与免责。网络服务提供者的监督义务应当包括预防、审核、处置和报告。网络服务提供者的义务包括一般性非监管义务和特殊情况下法律或命令规定的监督义务,知晓非法活动后迅速删除、阻止他人访问非法信息的义务(过滤义务),对非法信息活动的注意义务。与此同时,网络服务提供者应当采取措施封锁他人的违法信息,在同时符合"知晓信息内容""技术上有可能实现阻止""阻止非法信息不超过其承受能力"时,可免除责任。

关于预防义务,即采取一定的技术与制度措施防止违法有害信息的发布与传播。如前所述,我国《具有舆论属性或社会动员能力的互联网信息服务安全评估规定》涉及防御性的评估和改进要求。目前,在非法信息治理方面,针对侵害国家利益、社会公共利益的信息应当采取预防措施。侵害民事权益,如对于侮辱或者诽谤他人,侵害他人合法权益的信息不得制作、复制、发布、传播。实践中,由于语言的特殊性以及事实判断、价值判断的困难,采取措施防止此类信息传播的有效性的实际效果存在一定的难度,适用通知—删除规则可能更为合理。对于此类信息之外的民事侵权信息,例如侵犯知识产权的信息,网络服务提供者同样遵循通知—删除义务即可,我国《电子商务法》甚至创新性地规定了通知、删除、怠于起诉、投诉再传播的规则。

关于审核义务。审核义务包括对资质合格性的审核以及对信息内容本身违法性的审核。当然,审核义务应当明确区分什么情况下应当主动发现、审核处置以及什么情况下被动发现阻止传输即可。

关于处置义务。处置既是义务同样也是一项权利,义务主体有权对违法有害信息进行处置,即前述阻止信息被他人访问。可见,监督义务包括了对违法有害信息的过滤、删除义务,事先采取技术措施停止传输、删除信息,事中对于他人传播的违法有害信息进行阻止和删除,以及对于有关记录的保存。

关于报告义务。我国《网络安全法》第47条规定了网络服务提供者发现在其网站传输的信息明显属于"九不准"信息的,应当立即停止传输,保存有关记录,并向国家有关机关报告。

8　互联网信息服务管理的前瞻性思考

8.1　研究背景

互联网信息服务正在逐渐成为现代社会有效运行的基础，除“准入管理”、“内容管理”和“网络安全管理”这三大制度之外，围绕互联网信息服务的“权力化”已经开始形成新的监管议题。这些议题尽管还没有形成统一的法治共识，但均涉及互联网信息服务对社会整体影响的更深层次的探讨，可能成为日后互联网信息服务管理中的普遍性立法关注。

当前，这些议题仍然极具前沿性，从法律本身的“稳定性”角度出发，这些议题可能还不适合系统地出现在《互联网信息服务管理办法》中，但对这些议题进行前瞻性的归集和分析，有助于把握未来可能的发展脉络，聚焦“待规制”的风险点，为我国互联网信息服务管理法律制度的阶段性调整提供参照。

一是互联网信息服务的竞争管理问题。目前可观察到的明显趋势是欧美对互联网服务正在逐渐强化竞争管理，避免服务提供者利用越来越“权力化”的信息控制能力，影响决策、控制舆论、侵害权益。例如，欧盟委员会在2020年的《数字市场法》(Digital Market Act)的解释性说明中阐述道，大型平台的出现得益于该行业的特征(例如网络效应)，通常会嵌入自己的平台生态系统，为用户之间的大部分交易提供中介服务。其中许多大型平台已经在全面跟踪和分析用户，越来越多地充当“守门人”的角色，这导致大型平台日益享有“稳固而持久”的地位，抬高了相关市场的进入壁垒。如此一来，这些“守门人”对数字市场的实质性控制产生了根深蒂固的影响，迫使用户严重依赖“守门人”，导致针对用户的不公平行为，也会对核心平台服务的可竞争性产生阻碍。例如价格更高、质量更低、选择和创新更少，严重损害了欧洲消费者的利益。笔者认为，竞争管理同样涉及我国互联网信息服务管理历来重视的内容安全问题，互联网信息服务本身就是以信息提供和利用为基础，缺乏竞争约束的市场环境将很容易形成“信息茧房”，即用户只会接触到服务提供者希望用户接触到的信息。

二是互联网信息服务算法治理问题。目前,越来越多的互联网信息服务是通过算法的自动化方式予以提供的,尽管这确实便利了用户获取服务,但同时也引发了各界关于算法滥用的担忧。例如,欧洲议会研究院(EPRS)认为,受到人为认知和算法训练的影响,算法歧视开始上升为“社会正义”层面的议题。目前,算法系统越来越广泛地被用作决策过程的一部分,对个人、组织和整个社会可能产生重大影响。算法系统——包括人工智能和机器学习——如果使用得当,并适当注意和分析其对社会生活的影响,就具有改善人权和民主社会的巨大潜力。为了实现这一目标,有必要为算法透明度和可审计性建立明确的治理框架,以确保风险和利益的公平分配。我国国家网信办也已经开始关注这一问题,并于 2021 年制定出台《互联网信息服务算法推荐管理规定》。

8.2 互联网信息服务竞争管理

互联网信息服务竞争管理与全球“数字市场”的形成息息相关,作为其中最为重要的市场要素,“数据”因为“网络效应”的存在,天然便具有向所谓“市场主导者”单向汇集的特点。对此,美国众议院司法委员会指出,在过去的十年里,数字经济变得高度集中,并且数据“很容易被垄断”。[1] 欧盟委员会在 2020 年 2 月发布的《欧盟数据战略》中也直言道,在数据的访问和使用方面,欧盟存在市场失灵的现象,大型在线平台等少量市场参与者能够积累大量数据,并从这些丰富多样的数据中建立竞争优势,这转而会影响市场的可竞争性——不仅会影响此类平台服务市场,还会影响平台所提供的特定商品和服务市场。“数据优势”赋予大型企业在市场竞争中的优势地位,使其能够在平台上设定规则,单方面为数据的访问和使用设置条件,并在开发新服务和扩展新市场时利用这种“权力优势”。[2] 与此类似,欧洲议会在 2020 年 7 月发布的《欧洲数字主权报告》中也认为,大型的科技公司正在收集越来越多的个人数据,谷歌、苹果、脸书、亚马逊和微软的经济模式主要依赖于收集和利用用户数据所产生的广告收益。“剑桥分析丑闻”表明,在线平台同样有能力基于政治目的收集用户数据,这种趋势被称为“监视资本主义”(surveillance capitalism),这最终将导致欧洲公民逐渐丧失对其个人信息和隐私的控制力。例如,在关于开发控制冠状病毒传播的接触追踪解决方案的例子中,苹果和谷歌所做出的技术选择削弱了一些成员国自行

[1] The committee on the judiciary, *investigation of competition in digital markets*, 2020.

[2] A European Strategy for data.

设计解决方案的能力(如法国的“Stop Covid”)。[1] 对此,欧盟计划探索实施事前规则(如算法透明、中立性、数据共享),更好地控制数字平台的行为,促使其承担“数字守门人”的相关义务。

事实上,对于“数字市场垄断”问题的关注可以回溯到2007年谷歌和Double Click的并购案,彼时的谷歌已占据搜索引擎市场的半壁江山,其对于网络广告供应商DoubleClick的收购将使其在搜索引擎及相关市场中获得更有力的竞争优势。这笔31亿美元的并购案首次引发了公众对于“数据垄断可能影响有序竞争”的探讨,美国联邦贸易委员会(Federal Trade Commission,FTC)委员Pamela Jones Harbour针对该案提出了“数字市场”的概念,认为谷歌在合并前已经具有较大的市场份额,两家公司的合并会加强谷歌在搜索引擎市场的支配地位,不应允许其合并。但在最后的调查结论中,FTC并没有认同两家公司的合并将使谷歌形成明显的垄断优势,其认为微软和雅虎在垂直搜索领域均具有独特的数据收集来源,与谷歌存在显著的竞争关系,在这一新兴市场中,“它们似乎都处于与谷歌激烈竞争的有利位置”[2]。尽管在本案中,FTC并没有认定谷歌的垄断地位,但“数字市场垄断”的可能性仍然被作为一项“待观察”的议题保留下来。

在2010年前后,以互联网为代表的数字产业获得了高速发展,数字经济在成为新的国家经济增长点的同时,也催生了包括微软、谷歌、脸书、亚马逊、苹果等在内的互联网科技巨头,其市值和体量均超过了任何传统经济部门所能企及的高度,这引发了欧盟和美国反垄断监管机构的强烈关注,并开始针对这些互联网科技企业频繁实施反垄断调查。2010年,欧盟率先对谷歌展开反垄断调查,涉及谷歌在购物服务、在线广告搜索和安卓操作系统领域中的滥用市场支配地位行为,并最终处以总额高达80亿欧元的罚款。[3] 几乎在同一时刻,美国FTC于2011年对谷歌再次展开反垄断调查,在调查期间内,谷歌与FTC两次达成和解,第一次是在2012年就谷歌绕开苹果浏览器用户隐私设置,追踪用户上网偏好达成和解,谷歌支付了2250万美元的罚款。第二次是2013年,FTC与谷歌就通过信息操控进行搜索排名签订了和解协议,在该协议中,FTC表示没有足够证据证明谷歌在其搜索引擎上进行不合理竞争,谷歌也承

---

〔1〕 Digital sovereignty for Europe.

〔2〕 Statement of FEDERAL TRADE COMMISSION Concerning Google/DoubleClick, FTC File No. 071 - 0170.

〔3〕 https://en.wikipedia.org/wiki/European_Union_vs._Google.

诺,不会屏蔽竞争对手网站的信息,并给予在线广告商更多的灵活性。[1] 在此后的几年中,欧美监管机构针对几大互联网科技巨头的反垄断调查几乎没有停止过,而且这种"持续性的关注"似乎正在演变为一种全球趋势,包括印度、韩国、日本、澳大利亚、巴西、加拿大、德国、俄罗斯等在内的众多国家也纷纷展开了类似调查。

2019 年,数字市场的竞争问题迎来了新的历史转折点,其开始实质性地触碰到"数据垄断"这一颇具争议的核心问题,使数字市场竞争成为区别于传统垄断的独立问题进入监管视野。例如,在 2019 年欧盟委员会启动的对亚马逊反垄断审查的公告中,负责竞争政策的委员 Margrethe vestager 阐明了欧盟实施反垄断审查的初衷,即"欧洲消费者越来越多地在网上购物,电子商务促进了零售业的竞争,带来了更多的选择和更好的价格,我们需要确保大型在线平台不会通过反竞争行为消除这些好处。因此,需要密切关注亚马逊的业务"。欧盟委员会认为,亚马逊作为一个平台有双重身份:①它以零售商的身份在其网站上销售产品;②它提供了一个独立卖家可以直接向消费者销售产品的市场。在为独立卖家提供市场时,亚马逊不断收集平台上活动的数据。根据委员会的初步事实调查,亚马逊似乎使用了具有竞争力的敏感数据——关于卖家、产品和市场交易。[2]

"数字市场竞争规制"中所指向的"数据垄断"(data monopoly)问题至今没有形成清晰且被公认的概念,目前主流的观点认为,数据垄断是指"能够通过排他占有数据或限制数据流动,实施价格控制和限制、排除竞争"的活动。在一些学者的观点里,"大数据垄断"与"数字市场垄断"具有近乎相同的含义。[3] 但笔者认为,"数据垄断"更强调数据收集和使用的排他性,其仅是"数字市场垄断"的一个面向或一个结果。在欧盟和美国关于"数字市场垄断"的阐述中,已经可以发现诸多与数据相关的担忧,这些担忧集中体现在大型科技公司利用自身市场支配地位,建立数据收集和使用的优势,形成所谓的"竞争情报",并以此作为打击和限制竞争对手的方法。

事实上,在这一问题上,"除魅"的呼声很高,也就是否认"数据垄断"存在的可能性。例如,认为数据并不稀缺、数据并不排他、数据没有法律上的所有者,所以并不存

---

〔1〕 https://www.sohu.com/a/318353305_507132.

〔2〕 Antitrust: Commission opens investigation into possible anti-competitive conduct of Amazon.

〔3〕 曾彩霞、尤建新:《大数据垄断对相关市场竞争的挑战与规制:基于文献的研究》,载《中国价格监管与反垄断》2017 年第 6 期。

在“数据垄断”的客观性。[1] 再如,认为数据大致可被分成两类,第一类是像城市里的道路分布、某个区域内有多少幢楼、某个路口一天有多少人来车往这样的数据,它可被称为“公共领域的数据”。这类数据谁都可以获得,无法被垄断。第二类是公司自己在生产经营过程中产生的数据,如平台每天的成交数量、一家餐馆每天卖出多少份菜、平均每桌的消费金额等。这类数据本来就是公司自己的,也就无所谓垄断与否。所以,“数据垄断”本身是道不成立的伪命题。

尽管在开放的数字市场环境下,数据确实很难做到绝对的独占或排他,例如用户既可以将数据提供给 A 企业,也可以提供给 B 企业。但在越来越多的实例中,已经可以发现“通过限制数据访问而实现排除竞争对手”的潜在可能,特别是在包含特殊内容的数据类型上,这一趋势更加明显。欧盟《数字时代的竞争政策报告》实质上已经涉及这一问题,例如,该报告指出,任何一个占主导地位的平台都存在限制数据交换的潜在意愿,数据共享也会产生未能预期的反竞争效果,并试图通过强化数据可移植性和互操作性来缓解这一风险。

作为数字领域反垄断的先驱者,欧盟和美国均发布了专门针对数字竞争或数字垄断的官方报告,阐述了各自对数字市场反垄断的态度。二者在内容上保持了高度的一致,均将数字领域的垄断/反竞争行为视为创新、发展和权益保护的潜在威胁,并强调了其中的“平台”和“数据”要素,是目前较为全面和权威的“数字市场垄断”问题分析文本,本章将分别对其进行梳理,以展现最新的国际观点。

8.2.1 欧盟委员会《数字时代的竞争政策报告》

2019 年,欧盟委员会发布了《数字时代的竞争政策报告》(Competition policy for the digital era),其可以被看作是对长久以来欧盟数字反垄断的沉淀和反思。与美国偏重事实分析的范式不同,欧盟委员会在该份报告中希望建立一种针对数字市场的全面认识,正如其指出的那样,数字化正在深刻地改变着欧盟公民的经济、社会、信息获取和生活方式,产生了可喜的创新、新产品和新服务,并已成为日常生活中不可或缺的一部分。但欧盟越来越担心数字化对政治和社会的影响,其中,少数大型数字企业的市场能力成为新的关注焦点。

在欧洲,竞争法在塑造公众对数字未来的法律环境方面发挥了特殊作用。欧盟委员会介入的诸多反垄断调查——例如微软(2004)、谷歌购物(2017)和谷歌安卓

[1] 许可:《数据垄断真的存在吗?》,载《中国信用》2018 年第 1 期。

(2018)等——有助于欧盟全面了解数字市场,也使人们逐渐认识到,有必要调整损害分析工具、方法和理论,以便更好地适应新的市场现实。典型的如损害理论的设计必须既考虑到相关的错误成本,又着眼于应用的实用性。特别是针对主导平台的行为,欧盟试图提出一些新的损害理论,包括一些相关的假设,以更好地反映"数据驱动"的锁定效应。

(1)关于数字化与竞争

欧盟委员会在该报告中定义了数字经济的三个显著特点:一是极大的回报率。数字服务的生产成本远远低于客户数量的比例。虽然这种特点并不具有新生性(大工厂或零售商通常比小工厂或零售商更有效率),但数字世界将其推向了极致,这会给现有企业带来显著的竞争优势。二是网络的外部性。使用一项技术或服务的便利性随着用户数量的增加而增加。因此,新进入者仅仅提供比现有者更好的质量和更低的价格是不够的,其还必须说服市场主导者的用户向自己的服务迁移。因此,网络效应可能会阻止一个优势平台取代一个已确立的主导平台。这种"在位优势"取决于许多因素,包括数据可移植性和数据互操作性。三是数据的角色。技术的发展使得公司能够收集、存储和使用大量的数据。数据不仅是人工智能的关键组成部分,也是许多在线服务、生产流程和物流的重要输入。因此,利用数据开发新的创新服务和产品的能力是一个具有竞争力的参数。

这些特点导致的结果是存在强大的"规模经济",这有利于生态系统的发展,并使"在位者"具有强大的竞争优势。经验表明,现有的大型数字企业很难被淘汰,从竞争政策的角度来看,这存在一种合理担忧,即占主导地位的数字公司有强烈的动机从事反竞争行为。

(2)数字时代欧盟竞争法的目标和方法

欧盟委员会认为,没有必要对数字革命重新定义竞争法的基本目标——这与我们的观点保持一致——竞争法的实施仍然需要为消费者和整个经济利益服务。欧盟的竞争法理论是在近60年的经验积累基础上逐步发展起来的,欧盟竞争规则稳定的核心原则确保了执行的一致性。欧盟委员会认为,欧盟《运行条例》第101条和第102条所确立的竞争法基本框架能够继续为数字时代的竞争保护提供一个健全和足够灵活的基础。然而,平台、数字生态系统和数字经济的具体特点要求对既定的概念、理论和方法以及更普遍的竞争执法加以调整和改进。这些需要改进的方面包括:

第一,消费者福祉标准。欧盟委员会认为,"消费者福祉"包括广义上的所有"用户”,这一点在数字经济中尤为重要。“商业用户”(business users)也会受到平台垄断的影响,需要根据可能的错误成本重新考虑标准。此外,经济学家称为“消费者预期”的影响,在许多情况下都难以计算。由于市场力量黏性的存在,数字时代竞争执法的不足尤其令人关注。因此,即使在无法准确衡量消费者的损害的情况下,也应禁止主导平台采用旨在降低其面临的竞争压力的战略。

第二,相关市场的定义。在数字世界,市场边界可能不像“旧经济”那样清晰。在多边平台(multi-sided platforms)的情况下,各方的相互依赖性成为分析的关键部分,而市场定义的传统作用反倒成为一个孤立的问题(欧盟委员会的这一判断很有意思,我国目前的《反垄断法》还是试图厘清相关市场的边界问题)。所以欧盟委员会认为,在数字市场中,应该减少对市场定义的分析,更多地关注危害理论以及反竞争战略的识别。同时,在一些面向消费者的市场中,企业竞相将消费者吸引到或多或少的生态系统中,这导致数字生态系统的市场竞争成为独立的分析对象。如果企业的锁定策略是成功的,消费者发现很难离开数字生态系统,则可能需要定义特定于生态系统的售后市场。

第三,衡量市场支配力。对市场支配力的评估必须针对具体情况,并且必须考虑到消费者对“违约期权”和“短期满足”的理解。评估还应考虑到在位者排除竞争的所有方式。在此方面,欧盟委员会特别强调两个要点:首先,即使是在一个明显分散的市场中,也可能存在市场支配力。其次,如果新的市场进入者无法获得有效的数据,那么拥有这些数据的在位者就明显具有竞争优势,从而使其获得市场支配地位。

第四,错误成本框架。在个案审查的基础上,竞争法不应采用错误成本框架,而应努力将有关错误成本的一般见解转化为法律测试。许多数字市场的特殊性改变了错误成本和实施成本之间的平衡,因此可能需要进行修改,包括举证责任的分配和证明标准的定义。特别是在高度集中的市场背景下,数字市场具有强大的网络效应和高进入壁垒(不容易被市场本身纠正),可能需要强制在位者承担有利于提升竞争力的举证责任。例如,在主流平台试图扩展到邻近市场,从而成长为数字生态系统的情况下,用户会越来越难以使用选择退出机制,这就需要存在一种有利于确保互操作性的义务推定。如果主导平台迫使竞争对手无法访问特定、具有竞争性的相关用户数据或聚合数据集,则互操作性义务的设定也将是必要的。

第五,竞争法规则。欧盟委员会认为,竞争法或竞争规则是否适合应对经济数字化带来的挑战,是一个没有普遍答案的问题(我们同样认为这一点非常重要,这可能将确立反垄断个案审查的原则)。这个问题只有在具体场景中才能得到合理回答。不过,有两点是可以肯定的:首先,竞争法旨在应对不断变化的市场。其次,竞争法的执行和管理不应当是相辅相成且相互促进的。竞争法在数字经济中仍然有其积极意义,特别是欧盟《反垄断法》第102条作为“背景制度”发挥了有益的作用。竞争法所特有的分析类型——对市场和市场失灵的彻底分析——有助于重新定义数字经济的法律框架,并为公司、立法者和公众辩论提供重要指导。

(3)关于平台责任

在网络外部性和规模回报率都很高的市场中,尤其是在缺乏数据互操作性或差异化的情况下,市场上可能只存在数量有限的平台。竞争政策的后果是双重的:首先,为了在合理的条件下提供商品和服务并进行创新,必须保护市场的竞争。其次,同样重要的是保护一个主导平台上的竞争(在许多情况下,这可能与保护“市场”中的竞争相同)。在此方面,欧盟委员会认为,平台在决定其用户(包括消费者、企业用户和补充服务提供者)互动所依据的规则时,起到了某种形式的监管作用,而且,当其处于主导地位时,其有责任确保其平台上的竞争是公平、公正和有利于用户的。这需要考虑如下约束规则:

第一,促进市场竞争。从本质上讲,任何挑战现有市场秩序的尝试都将取决于潜在竞争对手通过吸引用户,从而产生自身网络效应的能力。欧盟委员会认为,根据竞争法,一个主导平台阻碍竞争对手或提高其成本应当构成“实质上的竞争”行为。这种行动可能采取许多不同的形式,其中比较典型的包括:(1)最惠国或最优惠价格条款。就平台而言,商品或服务的供应商通常是确定价格的主体。因此,为了保护投资,平台可能会要求商品不能通过其他渠道以更低的价格出售,这些条款可能会产生反竞争的后果。为此,欧盟委员会认为,任何旨在保护主导平台投资的做法都应尽量避免。(2)限制数据交换。任何一个占主导地位的平台限制数据交换的措施都是值得怀疑的,平台对此应该承担相应责任。同时,数据监管也应当发挥重要作用,提供补充服务,从而促进竞争。具体而言,这涉及两个重要举措:一是数据可移植性,即用户将平台收集的数据转移到其他平台的能力;二是互操作性。

第二,促进平台内的竞争——平台作为监管者。目前许多平台都在扮演着监管者的角色,建立规则和机构,让用户通过这些规则和机构进行互动。欧盟委员会认为,平台选择规则本身并不是威胁,应当欢迎不同商业模式和不同平台架构之间的竞争,并鼓励在这一领域进行创新——事实上,这些类型的创新使得平台能够通过实现以前不可能实现的交易来产生巨大的效益。然而,现实情况似乎并非总是如此,例如,一个占主导地位的平台可能会有向其业务用户出售“垄断地位”的动机(典型的如竞价排名),或者,一个占主导地位的平台可以设计规则,使其能够滥用自我偏好(典型的如优先推荐自身的产品和服务)。

为了解决这些问题,主导平台有责任确保其规则不会妨碍自由、有效和激烈的竞争。在这一问题上,欧盟委员会的结论值得深入思考,其认为只要平台受到竞争的约束,就不需要再设立额外的一般性的外部监管规则。在某些领域,监管可以加强竞争法在平台经济中保护竞争的作用。例如除透明度和互操作性等有限设置外,竞争法可以而且应该继续指导平台经济的发展。但平台如果作为监管者,仍然需要竞争法引入的新关注点:(1)杠杆作用。从商业战略的角度来看,杠杆可以是“进攻性的”(以产生更多的利润)或“防御性的”(防止从相邻的,通常是利基市场进入核心市场),但两者之间没有法律上的区别。由于网络外部性和对数据的特权访问,大型平台相对于新进入者具有很强的竞争优势,因此在不牺牲效率的前提下尽量减轻杠杆作用的影响是很重要的。(2)自我偏好。利用平台市场支配力的一种具体措施是自我优先,即当自己的产品或服务与使用该平台的其他实体提供的产品和服务存在竞争时,将给予自身产品和服务优惠待遇。《欧盟运行条例》第102条并未全面禁止优势企业的自我偏好。然而,欧盟委员会认为,一个垂直整合的主导型数字平台的自我偏好是一种滥用行为,不具有有利于竞争的理由。在一个进入壁垒特别高的市场中,当平台作为一个基础设施时,其应该承担证明自我优先权对产品市场没有长期排斥作用的责任。

(4)关于数据质量

数据通常是在线服务、生产流程、物流、智能产品和人工智能的重要输入,企业的竞争力越来越依赖于及时获取相关数据。一方面,由最多的公司最广泛地传播和使用数据似乎对于促进竞争是十分有效的,但另一方面,数据传播必须与其他一些政策问题相平衡[例如需要确保对公司收集和处理数据有足够的投资激励,需要保护隐私(涉及个人数据)和商业秘密,以及数据可能存在的共谋分享]。欧盟委员会认为,任何关于(获取)数据的讨论都必须考虑到数据的异质性及其在多个维度上的使用情况。由于对于特定的数据类型和数据使用,总是取决于一个给定的情况,有必要强调以下几个方面:

第一,访问个人数据。通过数据可移植性,《通用数据保护条例》可以促进数据驱动服务之间的切换。然而,这也将与如何解释和实现数据可移植性的权利密切相关。根据《通用数据保护条例》中体现的基于风险的方法,可以对一家占主导地位的公司施加更严格的数据可移植性制度,以克服特别明显的锁定效应。更严格的数据访问制度(包括数据互操作性),可以通过特定行业的监管(例如《支付服务指令》2015/2366/EU)实施。

第二,数据共享。数据共享往往有利于竞争,其能够加强数据存取,解决数据瓶颈,并有助于更充分地实现数据固有的创新潜力。将同一类型的数据或互补的数据资源集中起来,可以使公司开发新的或更好的产品或服务,或在更广泛、更有意义的基础上训练算法。然而,这种设计在某些情况下可能会促成反竞争行为,例如:(1)被拒绝访问(或仅以不利条件交换访问权)的竞争对手可能会被市场淘汰;(2)数据共享可能相当于反竞争信息交换;(3)数据共享可能会阻止竞争对手区分和改进其自身的数据收集和分析渠道。竞争法对此的评估取决于共享数据的类型、数据共享安排或数据池的确切形式以及有关各方的市场地位。到目前为止,这一问题在竞争法中都是一个比较新、研究较少的课题。因此,有必要对不同类型的数据池进行范围界定,并对其反竞争方面进行后续分析,以提供更多的指导。

第三,《欧盟运行条例》第102条下的数据访问。如果竞争对手要求从一家占主导地位的公司获取数据,则需要彻底分析这种访问的必要性。此外,还需要考虑双方的合法利益。欧盟委员会认为,竞争法在该问题上必须极为审慎,有必要区分不同形式的数据、数据访问级别和数据使用。在许多情况下,数据访问对竞争来说不是必不可少的,因此监管机构应该避免干预。然而,在其他情况下,可能需要强制执行确保数据访问(可能还有数据互操作性)的职责,尤其是为了服务互补市场或售后市场的数据请求。

(5)关于数字领域的并购

针对主导平台并购拥有快速增长用户群和巨大竞争潜力的小型初创企业这一问题,欧盟委员会主要关注欧盟目前的并购控制制度是否需要调整,这包括两个方面的考虑:(1)欧盟并购条例(EUMR)中设定的现行管辖门槛是否足以规制这些交易;(2)实质性竞争评估是否仍然有效。

第一,管辖门槛。许多此类并购可能发生在初创企业尚未产生足够的营业额来满足欧洲市场规则的门槛时,因此很容易脱离欧盟委员会的管辖。许多数字初创企业在牺牲短期利润的同时,首先试图打造一款成功的产品吸引大量用户,这导致初创企业的竞争潜力可能不会体现在其营业额上。为了解决这一矛盾,一些成员国根据交易价值引入了替代门槛,但其实际效果仍有待验证。目前的问题核心在于,不仅要确保竞争主管部门能够对交易进行适当审查,还必须考虑市场对法律确定性的需要,以及将管辖权扩大可能引发的额外行政负担和交易成本。因此,欧盟委员会认为,目前急于改变管辖门槛还为时过早。

第二,实质性评估。虽然欧盟关于“有效竞争重大障碍”的测试仍然是评估数字经济中并购合法性的良好基础,但欧盟委员会认为,有必要重新审视损害的实质性理论,以适当评估某些具体案例。例如,如果一个主导平台或生态系统受益于强大的网络效应和数据访问控制,则明显构成了重大的市场准入障碍,但如果该平台目前的营业额较低,在实质性评估中就会产生法律适用的障碍。在这种情况下,竞争法应特别关注保护竞争对手进入市场的能力。

8.2.2 欧盟《数字市场法》

2020 年 12 月 15 日,欧盟公布《数字市场法》提案,作为《数字服务法》的“孪生篇”,其主要回应的是数字行业的可竞争性问题。欧盟委员会认为,数字服务为用户带来了日益重要的创新性利益,并通过开辟新的商机和促进跨境交易为内部市场做出贡献。然而欧盟目前面临的现状是,在欧盟数字经济中运营的数字服务提供者大多为中小企业,少数大型在线平台占据了价值创造总量的最大份额。

这些大型平台的出现得益于该行业的特征(例如网络效应),通常会嵌入自己的平台生态系统,为用户之间的大部分交易提供中介服务。其中许多大型平台已经在全面跟踪和分析用户,越来越多地充当“守门人”的角色,这导致大型平台日益享有“稳固而持久”的地位,加剧了相关市场的进入壁垒。如此一来,这些“守门人”对数字市场的实质性控制产生了根深蒂固的影响,迫使用户严重依赖“守门人”,导致针对用户的不公平行为,对核心平台服务的可竞争性产生阻碍。

欧盟委员会敏锐地意识到,不公平行为和缺乏可竞争性已经导致欧盟数字市场出现效率低下的问题,如价格更高、质量更低、选择和创新更少,严重损害了欧洲消费者的利益。为此,《数字市场法》希望通过在欧盟层面解决那些数字经济中最明显的不公平行为和较弱的竞争性事项,充分释放平台的潜力,以使用户能够在竞争和公平的市场环境中从数字经济或平台经济中充分获利。

《数字市场法》正式引入了欧盟在“数字垄断”问题中提出的“守门人”概念,将某些已经发现明显问题的且具备认定条件的“核心平台服务”视为“守门人”,要求其承担公平和竞争责任。

这些“核心平台服务”包括:(1)在线中介服务,例如交易市场平台、应用商店,交通、运输、能源等在线中介服务;(2)在线搜索引擎;(3)社交网络;(4)视频共享平台;(5)不使用号码的个人社交电子通讯服务(即时通讯服务);(6)操作系统;(7)云服务;(8)广告服务,包括广告网络、广告交易和其他任何广告中介服务。

当然,一项数字服务即便属于“核心平台服务”,也不一定意味着其必然会被认定为“守门人”,只有符合一定条件,才会被要求承担“守门人”的公平和竞争责任。这些认定条件包括:(1)对内部市场有重大影响;(2)经营一个或多个接触消费者的重要渠道;(3)在经营中享有或预期享有稳固而持久的市场地位。

可以发现,上述认定条件具有相当程度的模糊性,并不能在法律遵从的一致性层面形成可预期的行为规则。对此,欧盟委员会的思路是通过明确而适当的量化标准或通过市场调查进行的个案定性评估来解决法律层面的不确定性问题,《数字市场法》进一步对各项条件给出了相应的推定标准:(1)“重大影响”,即企业在过去三个财年内在欧洲经济区的年均营业额达到或超过65亿欧元,或企业的平均市值或等值的市场公允价值在上一个财年内达到650亿欧元,并且在至少三个成员国内提供核心平台服务。(2)“重要渠道”,即企业所提供的核心平台服务在欧盟境内有4500万的月活跃终端用户,并且在上一个财年内在欧盟境内有1万家年活跃商业用户。(3)“稳固而持续的市场地位”,即企业所提供的核心平台服务在过去的三个财年中,每一个财年均在欧盟境内有4500万的月活跃终端用户和1万家年活跃商业用户。

此外,欧盟委员会在认定“守门人”之时还会考虑其他额外的因素,即便核心平台服务提供者不满足上述条件,仍然可能基于这些额外因素的考虑而被认定为“守门人”,这些额外因素包括:(1)规模,包括核心平台服务的营业额和市值,运营以及地位;(2)依赖于核心平台服务的终端用户和商业用户数量;(3)源于网络效应的准入障碍和数据驱动优势,特别是对访问和收集数据以及分析能力的影响;(4)商业用户和终端用户的锁定效应。

欧盟委员会对被认定为“守门人”的“核心平台服务”将采取“清单制度”,列明需要接受规制的企业。同时,每两年会对该清单进行审查,以剔除或增补纳入清单的企业。

一旦被认定为“守门人”,则相关的“核心平台服务”提供者需要承担非常广泛的公平和竞争义务,包括:(1)不得将从核心平台服务中获取的个人数据同守门人提供的其他服务中获取的个人数据相结合,不得以合并个人数据为目的迫使终端用户访问守门人提供的其他服务,除非获取终端用户的同意;(2)允许商业用户通过第三方在线中介以不同的价格或条件向终端用户提供同样的产品或服务;(3)允许商业用户向通过核心平台服务所获取的终端用户进行要约和订立合同;(4)不应阻止或限制商业用户向任何主管机关提出守门人的任何实践问题;(5)在商业用户使用核心平台服务向其他用户提供服务时,不得要求商业用户与核心平台服务的身份认证服务互通;(6)不得要求用户订阅或注册其他核心平台服务,并将其作为接入、注册或登记接受服务的条件;(7)应广告商或出版商要求,向其提供与相关广告服务有关的价格信息,以及向出版商支付的金额和报酬信息;(8)不在与商业用户的竞争中使用非公开可得的数据,包括由商业用户基于平台服务使用而产生的数据,或商业用户(包括商业用户的终端用户)提供的核心平台服务数据;(9)允许终端用户使用核心平台服务时卸载任何预装软件应用,但如果该软件应用或设备对操作系统的运行是必要的,且无法由第三方独立提供,则不受此限制;(10)允许安装和有效使用第三方应用软件或应用商店,能够实现核心平台服务操作系统和该应用的互操作性。但不应阻止守门人采取适当措施确保第三方软件应用不会危害其硬件或操作系统;(11)对产品和服务进行排名时,不得对守门人自身提供的产品和服务给予更有利的排名,应采取公平且非歧视的原则进行排名;(12)不得在技术上限制终端用户在不同软件应用和服务之间进行切换和订阅的能力,包括对互联网接入商的选择;(13)允许商业用户能够与核心平台提供的辅助服务所接入、使用的操作系统、硬件或软件实现连接和互操作;(14)应广告商和出版商的要求,向其免费提供核心平台服务的性能测试工具,以及帮助其审核广告的必要信息;(15)确保用户活动中所产生的数据具有可携带性,并为用户提供工具帮助实现其数据可携带权;(16)向商业用户及其授权的第三方,免费提供汇总数据或非汇总数据,以确保用户能够持续且实施地访问和使用在使用服务过程中产生的数据;(17)应任何第三方在线搜索引擎服务商的要求,以公平、合理和非歧视的条件,向其提供终端用户使用自身在线搜索引擎的免费或付费搜索数据,包括排名、查询、点击和浏览产生的数据,但涉及个人数据的应做匿名化处理;(18)适用公平和非歧视的一般条件向商业用户开放应用软件商店。

针对上述义务,《数字市场法》特别强调"反规避条款",规定企业的任何行为均不得减损相关义务的履行,但允许出于公共道德、公共卫生和公共安全的考虑,豁免全部或部分义务。此外,《数字市场法》还关注到可能影响竞争的垄断因素,要求守门人在进行“经营者集中”或并购之前，向国家竞争管理机构进行申报。

8.2.3 美国国会《数字市场竞争调查报告》

2020年10月，美国国会发布针对谷歌、脸书、亚马逊和苹果的《数字市场竞争调查报告》，在这份长达450页的调查报告中，美国国会系统分析了目前美国数字市场的整体态势，并认定谷歌、脸书、亚马逊和苹果均在相关市场中具有垄断能力，这彻底改变了美国监管机构长久以来在该问题上“模棱两可”的暧昧态度。该报告是对2019年6月美国国会司法委员会启动的“在线竞争”调查行动的最终成果，也是目前针对“数字市场垄断”问题最为权威和翔实的官方文本。

2019年6月3日，美国众议院司法委员会宣布，由“反垄断、商业和行政法小组委员会”牵头，对数字市场竞争进行两党调查。该调查的目的是：(1)记录数字市场中的竞争问题；(2)审查主导企业是否从事反竞争行为；(3)评估现有反垄断法、竞争政策和当前的执法水平是否足以解决这些问题。

(1)关于数字市场反垄断的动因

美国国会认为，开放的互联网给美国经济带来了巨大利益，在过去的几十年里，其创造了规模庞大的经济机会和投资。COVID-19更加强调了互联网接入的重要性，政府必须保障这种接入是公民和组织可以负担，具有竞争力并可被广泛获得的。这意味着在线平台，例如亚马逊、苹果、脸书和谷歌，在经济和社会中扮演着重要角色，它们是通信、信息、货物和服务交换的关键支撑。截至2020年9月，这些平台的综合估值已经超过5万亿美元，超过标准普尔100指数价值的1/3。随着公众继续将工作、商业和通信在线化，这些公司将更加紧密地融入经济和生活结构中。

在过去的十年里，数字经济变得高度集中，并且容易被垄断。该报告调查的几个市场，如社交网络、通用在线搜索和在线广告通常仅由一两家公司主导。亚马逊、苹果、脸书和谷歌控制了关键的分销渠道，成为真正的网络“守门人”。在未来的十年里，全球30%的经济总量可能来自这些公司。这种巨大而持久的市场力量产生了巨大的负面成本，其减少了消费者的选择，侵蚀了美国经济中的创新和创业精神，削弱了自由多样的言论活力，损害了美国公民的隐私。

这些担忧也被2020年9月24日消费者报告(CR)组织发布的一项调查结果[1]证实：(1)85%的美国公民对在线平台存储的数据量表示非常关注或担忧，81%的美

---

〔1〕 Platform Perceptions：Consumer Attitudes On Competition And Fairness In Online Platforms (2020).

国公民对平台收集和保存数据建立更全面的消费者资料表示关注。(2)58%的美国公民不相信使用在线平台购物或搜索信息时,他们得到的搜索结果是客观和公正的。(3)79%的美国公民认为大型科技公司的并购将不公平地损害竞争和消费者的选择。(4)60%的美国公民支持政府对在线平台实施更多监管,包括强制性地增强互操作性功能,以便于用户在不丢失重要数据或连接的情况下从一个平台切换到另一个平台。

(2)关于对涵盖公司垄断能力的认定

在该份报告中,美国国会对亚马逊、苹果、脸书和谷歌的垄断能力进行了剖析,并史无前例地对四家科技巨头均给出了否定性评价——这与FTC的结论形成了鲜明对比——美国国会同样给出了极具参照性的认定依据,如表8-1所示。

表8-1 美国国会对亚马逊、苹果、脸书和谷歌的垄断能力评价

涵盖企业	目标市场	认定结论	认定依据
脸书	社交网络	具有垄断能力	● 公司首席执行官马克·扎克伯格和其他高级管理人员之间的内部沟通表明,脸书具有竞争威胁,以保持和扩大其主导地位[①] ● 脸书在调查过程中提供的最新文件显示,脸书已将社交网络市场推向垄断地位,例如,脸书认为自己产品家族内部的竞争比与任何其他公司的竞争更为激烈。 ● 脸书也通过一系列反竞争的商业行为来维持其垄断地位。该公司利用其数据优势,形成优越的市场情报,以识别新生的竞争威胁,然后收购、复制或击垮这些公司。曾经占据主导地位的脸书根据是否将其他公司视为竞争威胁而有选择地实施其平台政策。 ● 在缺乏竞争的情况下,脸书的服务质量逐渐下降,导致用户隐私保护堪忧,平台上的错误信息也在急剧增加
谷歌	通用在线搜索、搜索广告	垄断	● 谷歌在全球大多数设备和浏览器上获得广泛的默认位置,相当多的实体都依赖谷歌来获取流量,目前没有其他搜索引擎可以替代谷歌。 ● 谷歌通过一系列反竞争策略维持了其对通用搜索市场的垄断地位。谷歌在搜索结果页面上不断增加广告和自身内容,并模糊付费广告和有机结果之间的区别。这些策略导致的结果是,谷歌似乎正在独占网络流量,而寻求接触用户的实体必须向谷歌支付持续增长的广告费。

续表

涵盖企业	目标市场	认定结论	认定依据
			• 谷歌维持通用搜索垄断地位的第二种方式是通过一系列反竞争合同。例如,在 2005 年收购 Android 操作系统后,谷歌利用合同限制和排他性条款,将谷歌的搜索垄断从桌面扩展到移动领域(例如 App)。 • 谷歌利用信息的不对称性,密切跟踪跨市场的实时数据,鉴于谷歌的规模,这为其提供了近乎完美的市场情报。谷歌已经秘密地设置了诸如 Android Lockbox 这样的程序来更密切地跟踪其潜在的和实际的竞争对手。 • 谷歌的每一项服务都为其提供了大量的用户数据,进一步加强了其市场主导地位。谷歌还通过在线广告产生了更大的盈利。通过将这些服务连接在一起,谷歌越来越像一个"连锁垄断的生态系统"②
亚马逊	在线零售	具有显著而持久的市场支配力	• 亚马逊平台对于许多中小型企业而言具有绝对的垄断地位,这些中小企业几乎没有可行的替代渠道来接触在线消费者。 • 亚马逊通过收购竞争对手,广泛收集用户数据,进一步支撑其竞争优势。这一战略巩固并扩大了亚马逊在电子商务以及其他市场的市场支配力。 • 亚马逊在对待第三方卖家的过程中采取了广泛的反竞争行为。在公开场合,亚马逊将第三方卖家描述为"合作伙伴"。但在内部文件中,亚马逊将第三方卖家称为"内部竞争对手"。 • 亚马逊具有"第三方卖家所在市场的运营商"和"同一市场中的卖家"的双重角色,这造成了内在的利益冲突,这种冲突促使亚马逊利用其获取的竞争对手的数据实施反竞争行为。 • AWS 为许多与亚马逊竞争的企业提供了关键的基础设施,这些企业被迫选择该服务,而不是对其商业利益而言更合适的技术

续表

涵盖企业	目标市场	认定结论	认定依据
苹果	移动操作系统	具有显著而持久的市场支配力	• 苹果控制着 iOS 移动操作系统,这使其能够控制所有 iOS 设备中的软件分发。因此,苹果在移动应用商店市场几乎拥有垄断权,控制了美国超过 1 亿部 iPhone 和 iPad 的使用权。 • 苹果利用对 iOS 和应用商店的控制来建立和实施竞争壁垒,在优先选择自身产品的同时,歧视和排斥竞争对手。 • 苹果通过盗用竞争者的敏感信息来剥削应用开发者,并在应用商店内向应用开发者收取超竞争价格(supra-competitive prices)

①例如,该公司的一位高管将其收购战略形容为"抢地",以"支撑"脸书的地位,而脸书的 CEO 则表示,脸书"可能永远都可以收购任何有竞争力的初创公司";脸书的 CEO 与该公司一位高级工程师一致认为 Instagram 对脸书构成威胁。

②自从主导在线搜索市场以来,谷歌已经扩展到其他各种业务领域,谷歌在整个数字经济中无处不在,甚至成为在线核心产品和服务的基础设施。例如,通过 Chrome 浏览器,谷歌建立了通往互联网的重要门户,并用来保护和推广其自身的其他业务。通过谷歌 Map,谷歌占据了导航地图服务 80% 以上的市场份额,并利用这一点提升自身在搜索和广告领域的地位。而通过谷歌 Cloud,谷歌又拥有了另一个核心平台,将主导下一波"物联网"热潮。

(3)关于规制数字市场垄断的建议

美国国会认为,互联网科技巨头所具有的显著而持久的市场支配力或主导性将削弱信息来源的可靠性,影响言论自由,阻碍创新,导致持续性的消费者数据滥用。在审查了现行法律和执法水平的充分性之后,该报告最终提出了如下建议:

第一,恢复数字经济中的竞争。①在结构上分离和禁止某些主要平台与相邻业务线的运营;②非歧视性,禁止在线平台具有自我倾向性,应为产品和服务提供平等的条件;③互操作性和数据可移植性,要求在线平台使其服务与各种网络兼容,并使内容和信息在不同平台之间易于迁移;④"推定禁止"支配性平台未来的合并和收购;⑤践行新闻出版商的安全港原则,以保障自由和多样化的新闻;⑥禁止滥用议价能力,禁止在线平台利用市场支配地位订立合同;⑦对依赖于在线平台的个人和组织提供正当程序保护。

第二,完善反垄断法。①重申反垄断法的反垄断目标;②加强美国《克莱顿法》第7节的规定,包括恢复推定、恢复初期标准、保护新生竞争对手等内容,同时强化关于垂直合并的规定;③加强美国《谢尔曼法》第2节的规定,包括禁止滥用支配地位、明确禁止垄断杠杆、掠夺性定价、拒绝交易、搭售、反竞争的自我优先权等内容;④采取额外措施,加强全面执法,包括推翻判例法中存在问题的先例。

第三,强化反垄断执法。①恢复国会对反垄断法及其执行的有力监督;②通过对"不公平竞争方法"规则的民事处罚和其他救济措施,恢复联邦反垄断机构的权力,要求FTC定期收集有关"市场集中"的数据,提高公共透明度和机构问责制,要求定期进行合并审查;③通过消除强制仲裁条款、对集体诉讼的限制、限制构成反垄断损害的司法标准以及过高的诉讼标准等障碍,强化强制执行。

8.2.4 我国引入互联网信息服务竞争管理的建议

互联网信息服务中竞争管理的制度构建是一个颇为宏大的法学议题,涉及诸多法益诉求。鉴于我国《互联网信息服务管理办法》的立法初衷和国家网信办的专属职责定位(信息内容管理),本章认为,从支持《互联网信息服务管理办法》的角度考量,未来引入竞争管理制度的理论和实践视角时可以适度偏向于对"数字市场中的内容控制方面"。

事实上,在"信息社会"的语境下,几乎所有社会治理问题的本源都可以溯源至"信息本身的合法性问题"或"信息利用的合法性问题"——毕竟,信息社会的一切表征都可以泛化为"信息",并通过"内容"的方式予以呈现——数字市场竞争也不例外。例如,目前一种广泛使用的不正当竞争手段就是通过非法控制信息内容传播,恶意屏蔽合法内容,限制竞争对手的信息访问来实现垄断目的的。

典型的如,2019年11月6日,脸书近7000页的报告被披露,其中4000页是脸书内部的通信文件,大约有1200页被标记为"高度机密"。这些文件展示了脸书CEO扎克伯格和管理团队如何想方设法利用脸书用户的数据——包括朋友、关系和照片等信息——作为对合作公司的谈判筹码,最终目的是巩固其统治地位。其中一个比较典型的具备"数据垄断"特征的案例是脸书对Six4Three公司的信息访问阻断。Six4Three的应用Pikinis(现已停用)发布于2013年,它依靠访问脸书的用户信息,让用户能够寻找到穿着泳衣的朋友的照片,并将泳衣照整理在一起。2015年,脸书宣布计划切断此类用户信息的访问,这直接导致Six4Three濒临倒闭。在这些文件中,最引人关注的是脸书将用户信息作为筹码,以从应用程序开发商那里榨取资金或共享数据。

在我国,类似的不正当竞争案例也已经出现。2021 年 2 月,“抖音”向北京知识产权法院起诉“腾讯”,主张其恶意屏蔽微信和 QQ 对抖音信息内容的分享功能,构成我国《反垄断法》所明令禁止的“滥用市场支配地位,排除、限制竞争的垄断行为”,要求法院判令“腾讯”停止恶意屏蔽行为,并赔偿“抖音”9000 万元。此案最终导致工信部在 2021 年 9 月 9 日召开“屏蔽网址链接问题行政指导会”,要求各大互联网平台必须按标准解除屏蔽。这表明,对“合法内容”进行非法控制已经成为我国互联网行业凸显的竞争问题〔1〕。

此外,对“合法内容”的非法获取也被作为互联网信息服务不正当竞争的重要方式。典型的如,在谷米公司诉元光公司一案中,元光公司即是通过网络爬虫软件未经授权地获取大量的谷米公司实时信息来提供和完善自身的公交 App〔2〕。这种“不劳而获”的信息内容获取行为显然同样侵犯了谷米公司在“信息内容”方面的合法权益。类似的案例还包括汉涛公司诉百度公司案〔3〕。

为此,本章认为,互联网信息服务中的竞争管理是一个不容被忽视的现实问

---

〔1〕 事实上,这一矛盾在多年前的互联网巨头竞争中就已经出现。多年前,淘宝就开始屏蔽微信的淘宝客接口,并不允许微信支付;微信在 2018 年 5 月开始禁止在朋友圈分享具有特殊识别码、口令类信息。

〔2〕 谷米公司是“酷米客公交 iPhone 版软件 V1.0.6”和“酷米客公交 Android 版软件 V1.0.5”(上述两软件以下简称“酷米客”)的计算机软件著作权人。2013 年 7 月 2 日,谷米公司开发完成并发表了“酷米客”实时公交 App。因该 App 的后台运行需要获得大量汽车实时公交位置数据的支持,谷米公司便通过与公交公司合作在公交车上安装定位器以获得海量数据。元光公司是“车来了实时公交查询软件 V1.0”(以下简称“车来了”)的计算机软件著作权人。2015 年 11 月至 2016 年 5 月,时任元光公司法定代表人的邵凌霜和技术总监陈昴为了提高“车来了”App 在中国市场的用户量及信息查询的准确度,保证公司更好地经营,由邵凌霜授意陈昴,指使公司员工刘江红、刘坤朋、张翔利用网络爬虫软件获取谷米公司服务器中的实时数据,日均 300 万条至 400 万条。元光公司在获取“酷米客”软件的实时公交信息数据之后,将数据用于自己的公交 App“车来了”并对外提供给公众进行查询。法院认定元光公司行为构成不正当竞争,违反了诚实信用原则和公认的商业道德,并损害了谷米公司的合法权益。

〔3〕 上海汉涛信息咨询有限公司(以下简称汉涛公司)是大众点评网的经营者。大众点评网为网络用户提供者户信息、消费评价、优惠信息、团购等服务,积累有大量消费者对商户的评价信息。北京百度网讯科技有限公司(以下简称百度公司)在其经营的百度地图和百度知道中通过爬虫技术大量爬取使用了大众点评网的点评信息。汉涛公司认为百度公司的行为替代了大众点评网向用户提供内容,百度公司由此迅速获得用户和流量,攫取汉涛公司的市场份额,削减汉涛公司的竞争优势及交易机会,给汉涛公司造成了巨额损失。其行为违背公认的商业道德和诚实信用原则,构成不正当竞争,遂诉至法院请求判令百度公司停止不正当竞争行为,消除影响并赔偿损失。一审法院认为,虽然百度公司的搜索引擎抓取涉案信息并不违反 Robots 协议,但这并不意味着百度公司可以任意使用上述信息,百度公司应当本着诚实信用的原则和公认的商业道德,合理控制来源于其他网站信息的使用范围和方式。百度公司拥有强大的技术能力及领先的市场地位,若不对百度公司使用其他网站信息的方式依法进行合理规制,其完全可以凭借技术优势和市场地位,以极低的成本攫取其他网站的成果,达到排挤竞争对手的目的。故判处百度构成不正当竞争。百度公司不服,提起上诉,二审法院维持原判。

题，尽管其目前并未成为一种“公知”，但必将伴随“数字市场垄断”的加剧而变得越来越明显，我国的《互联网信息服务管理办法》应当对此予以关注。在数字市场中，网络产品和服务具有高度的“用户黏性”，用户业已形成的使用习惯很难被新进入的竞争者改变，这就必然导致数据将越来越集中于少数市场主导者手中，这些数据可能成为其巩固和扩大市场垄断地位的筹码，特别是当主导平台作为“中介平台”的时候，这种“数据垄断”将变得更为常见。2015 年，OECD 将“数据驱动”作为 21 世纪经济发展最为重要的支柱，阻断竞争者的信息访问能力，或未经授权地对合法信息进行访问，这无疑具有更显著的竞争破坏力。可以预见，建立在信息内容利用基础之上的不正当竞争行为将成为区别于传统垄断形态的重要指征，值得持续而深入的研究。

在参照欧盟和美国前期的数字市场反不正当竞争立法和司法实例的基础上，建议我国《互联网信息服务管理办法》在未来可以考虑引入以下竞争管理内容。

（1）明确互联网信息服务竞争管理的规制对象

从欧盟和美国的先期经验判断，目前的互联网信息服务竞争管理主要面向所谓的“头部企业”或“核心平台服务”，从纯粹竞争法的角度考量，这些互联网企业具有典型的“信息内容优势”，很容易形成“信息寡头”，进而阻却数字市场的良性竞争，特别是对市场准入门槛的限制（例如脸书就是通过这种方式迫使 Six4Three 倒闭）。欧盟在《数字市场法》中将这些互联网企业定义为“守门人”，并附加了相应的认定条件，形成了“两步走”的竞争管理规制对象限定策略。

首先，纳入欧盟互联网信息服务竞争管理的企业应当属于“核心平台服务”，包括：在线中介服务，例如交易市场平台、应用商店，交通、运输、能源等在线中介服务；在线搜索引擎；社交网络；视频共享平台；不使用号码的个人社交电子通讯服务（即时通讯服务）；操作系统；云服务；广告服务，包括广告网络、广告交易和其他任何广告中介服务。这与我国目前希望实现的互联网信息服务规制领域基本保持一致，我国《互联网信息服务管理办法》亦可参照这一范围，明确规定需要纳入监管的互联网信息服务的类别。

其次，纳入欧盟互联网信息服务竞争管理的企业除应当属于“核心平台服务”外，还需要满足规模要求，包括对内部市场有重大影响，经营一个或多个接触消费者的重要渠道,在经营中享有或预期享有稳固而持久的市场地位[1]。尽管在一般法理意义上,法律应当具有普适性,适用于所有互联网信息服务提供者。但本章认为,目前互联网信息服务竞争管理的症结仍然凸显于“头部企业”,我国的《互联网信息服务管理办法》也应当“重点突出,直面矛盾”,对希望纳入监管范围的互联网信息服务提供者作出明确的范围限定。

(2)聚焦“内容治理”这一核心要义,明确互联网信息服务提供者的禁止性规定

对互联网信息提供者的禁止性规定主要包括:其一,不得滥用“信息内容控制”,对合法内容进行恶意屏蔽,或未经授权对合法信息进行访问和获取——本章认为,这构成了几乎所有互联网信息服务竞争管理问题的“原罪”——这些要求主要反映为互联网信息服务的“非歧视性”或“透明性”,如欧盟要求对产品和服务进行排名时,不得对守门人自身提供的产品和服务给予更有利的排名,应采取公平且非歧视的原则进行排名。其二,不得在技术上限制终端用户在不同软件应用和服务之间进行切换和订阅的能力,包括对互联网接入商的选择;允许商业用户能够与核心平台提供的辅助服务所接入、使用的操作系统、硬件或软件实现连接和互操作。与此类似,美国司法部的相关建议中也表明,需要回复数字经济中的竞争,其特别强调互联网巨头应当秉承两大竞争管理原则:一是非歧视性,禁止在线平台具有自我倾向性,应为产品和服务提供平等的条件;二是互操作性和数据可移植性,要求在线平台使其服务与各种网络兼容,并使内容和信息在不同平台之间易于迁移。目前,我国在《电子商务法》和《个人信息保护法》中已经存在类似规定(如关于大数据杀熟的禁止性规定)具有较为充实的上位法基础,《互联网信息服务管理办法》可将其具体内容渗透、融合到竞争管理的相关规定中。

(3)协调与专门竞争管理部门之间的监管关系

互联网信息服务竞争管理在本质上仍然是市场竞争管理问题,其监管职能应当归属市场竞争管理部门,如美国针对互联网行业的反垄断调查通常不是由互联网主管机构 FCC 完成,而是由竞争主管机构 FTC 进行。但是,互联网信息服务的竞争管

---

[1] 欧盟《数字市场法》进一步明确道,“重大影响”即企业在过去三个财年内在欧洲经济区的年均营业额达到或超过 65 亿欧元,或企业的平均市值或等值的市场公允价值在上一个财年内达到 650 亿欧元,并且在至少三个成员国内提供核心平台服务。“重要渠道”即企业所提供的核心平台服务在欧盟境内有 4500 万的月活跃终端用户,并且在上一个财年内在欧盟境内有 1 万家年活跃商业用户。“稳固而持续的市场地位”即企业所提供的核心平台服务在过去的三个财年中,每一个财年均在欧盟境内有 4500 万的月活跃终端用户和 1 万家年活跃商业用户。

理具有一定的特殊性,特别是那些主要依赖于"信息内容控制"的反不正当竞争行为同样有充分的法理依据落入互联网信息内容监管部门的管辖范围,在我国,这一矛盾同样存在。

为此,建议《互联网信息服务管理办法》在考虑竞争管理的规制问题时,应当充分协调国家市场监管总局与国家网信办之间的监管边界。一种理想的状态是,在互联网信息服务竞争管理的问题上,采取类似网络安全审查制度的联合执法机制。因为随着互联网信息服务业态的不断丰富,利用信息优势实现反不正当竞争的行为势必变得更加多元和复杂。国家市场监管总局和国家网信办应当充分发挥各自的监管经验优势,对相关案件的细分要素作出更为科学、合理的认定。例如,国家市场监管总局可侧重于对"滥用市场支配地位"进行认定,中央网信办可侧重于对"信息优势"或"信息控制"进行认定。

2020 年 1 月 2 日,国家市场监管总局就《反垄断法》修订草案公开征求意见,其中第 21 条已经关注到互联网领域的垄断问题,该条规定,认定互联网领域经营者具有市场支配地位还应当考虑网络效应、规模经济、锁定效应、掌握和处理相关数据的能力等因素。这是我国在"数字市场垄断"监管方面的重大突破。但结合上述观点可以发现,这一规定在具体的监管细节上仍然有待继续观察。在多元化的复杂技术应用场景下,认定具体的垄断情形通常较为困难。例如欧盟针对谷歌的反垄断调查历时 7 年之久,欧盟委员会在《数字时代的竞争政策》报告中甚至提出了"个案审查"的原则,这表明可普遍适用的反垄断规则在"数字市场垄断"的具体问题上并非总是适当的。但我们仍然支持监管机构预先考虑未来的可能调整,这包括两方面的重点关注:一是平台市场的外部竞争;二是平台市场的内部竞争。其中,通过"数据"实现排他性的市场独占应当被作为重点关注对象。

8.3 互联网信息服务算法管理

2021 年 8 月 27 日,国家网信办发布《互联网信息服务算法推荐管理规定(征求意见稿)》公开征求意见,这意味着"算法治理"开始成为互联网信息服务管理的重要内容。在传统互联网信息服务管理的制度架构中,"算法治理"似乎是被完全边缘化的议题。但近年来,随着人工智能技术的应用普及,互联网信息提供开始大量通过自动化的"算法推荐"方式予以实现,这赋予了互联网信息服务提供者"信息控制"的可怕能力——典型的如我们所熟知的"信息茧房"。从我国互联网信息服务管理注重"内容管控"的核心目的出发,算法治理的需求正在变得越来越迫切。欧盟委员会在《数字服务法》的解释性备忘录中阐述道,基于算法的推荐系统可能会对用户在线检索信息和信息交互的能力产生重大影响,其在某些信息的放大、非法信息的病毒式传播和在线行为的刺激中均发挥着重要作用。

算法概念的出现远远早于第一台电子计算机[1],也就是说,算法并非绝对电子化或信息化的产物,但时至今日,具有共识性的算法概念仍然缺失。在现有的研究成果中,算法本身被视为一种"不证自明"的概念,几乎没有权威的界定。当然,我们并不希望在冗余的概念范畴方面过分纠结,也无意于建构"共识性"的算法概念。我们的初衷是将问题简单化,以适用于更可能多的可预期场景。为此,本章认为,算法即是规则,其决定了执行某项任务的确切顺序或过程,是从给定输入生成输出的逻辑结构。在上述先定观念下,本章将尝试尽可能涵盖目前涉及算法问题的关切点。

8.3.1 权力视角下的算法治理

算法即规则,这表明算法可能影响事物的发展,具有某种意义上的决定力。例如,淘宝平台通过算法可以对用户的支付宝账户采取取消收款、资金止付等强制措施,用户推翻算法决策需要举证。[2] 这也导致"算法权力"观念的兴起,成为进行算法治理重要的考量因素。例如克里斯托弗·斯坦纳在《算法帝国》中形象地阐述道,在现代社会中,"一份食谱,一项招生政策,甚至人根据天气决定穿什么衣服的思维过程,都是具备输入、输出、明确性、有限性和有效性要素的算法"[3]。而这可能导致"数据承载的信息成为社会权力的基础,一方主体通过占有信息并控制另一方主体获取信息的渠道和程度,同样可以构成权力来源"[4]。在解释算法的权力化问题时,我国很多学者的观点具有非常独特的视角,产生了多维度解释张力。

(1)资本维度

陈鹏认为,算法是一种新型的权力形态,算法权力是一种人工智能技术平台的研发者和控制者在人工智能应用过程中,利用自身在数据处理和深度学习算法上的技术优势而生成的对政府、公民、社会组织等对象拥有的影响力和控制力。算法权力从

---

[1] Moschovakis & Y. N., *What is an Algorithm*?, in B. Engquist and W. Schmid eds., Mathematics Unlimited, 2001.

[2] 《淘宝平台服务协议》第6.1条规定:"淘宝可在淘宝平台规则中约定违约认定的程序和标准。如淘宝可依据您的用户数据与海量用户数据的关系来认定您是否构成违约;您有义务对您的数据异常现象进行充分举证和合理解释,否则将被认定为违约。"

[3] [美]克里斯托弗·斯坦纳:《算法帝国》,李筱莹译,人民邮电出版社2014年版。

[4] B. H. Raven, *Power and Social Influence*, Current Studies in Social Psychology, Holt, Rinehart and Winstoon, 1968.

表象上看是一种技术权力,但其背后潜藏着控制算法设计和研发过程的资本的权力,而且在不远的将来,算法权力有可能会脱离人类的掌控并演化成人工智能对于人类的技术优势甚至是霸权。[1] 这种考虑其实并不是对于算法本身的安全担忧,而是对算法背后的"人"的担忧,而这种威胁是通过"资本"的方式表征出来的。例如,陈鹏认为资本可能利用数据来推动霸权,少数企业在数据存储和处理上的技术优势正演变成为对国家和社会的权力优势,并有形成数据霸权的可能,对传统的资本与国家的关系产生深刻的影响,公民的信息安全也会遭到一定程度的危险。

(2)政治维度

张爱军等认为,算法从数字技术逐渐成为一种政治和社会操纵手段,形成一种新的权力形态,这种权力形态比过去更为隐蔽。算法无形中影响、塑造和控制着当今时代社会的治理和公众的行为。一些权势集团能够凭借着"天然优势"形成对公共领域的"权力凝视"。算法在设计操作上的不透明性容易被一些权势集团所利用,通过影响个体行为以达到自身利益。算法技术背后的权力掌控者,无论怀着怎样的政治动机或商业动机都能够对社会现实产生客观的影响。当这些"权势力量"影响公众意志,背离了公共利益原则必然侵害公民权利,侵蚀民主和公平正义。[2]

(3)技术维度

张凌寒认为,算法权力本质上是一种技术权力,其通过三个层面对社会和个人产生影响,成为可以调配社会资源的新兴力量。一是算法通过对数据的占有、处理与结果输出,演化为资源、商品、财产、中介甚至社会建构力量。二是算法直接变为行为规范,影响甚至控制个体的行为。三是算法辅助甚至代替公权力,做出具有法律效力的算法决策。算法的权力化源于其在技术上摆脱了"工具"地位。在技术上,算法的不透明性产生了不可控性。算法技术的失控趋势导致"算法未知",即机器自主学习意味着算法对人类来说太复杂而难于理解。这种技术上的不可控性使得算法与人的行为分离,导致人的行为与引发的责任的分离,传统法律中"行为—责任"的逻辑链条被算法的自动决策切断,从而使传统的规制手段无法有效作用于算法系统。由此,算法摆脱了被人类控制的"工具"的地位而产生权力化趋势。[3]

将算法视为一种权力,这非常类似于"社会控制论"的思路,其突出彰显了算法对

---

〔1〕 陈鹏:《算法的权力:应用与规制》,载《浙江社会科学》2019 年第 4 期。

〔2〕 张爱军、王首航:《算法:一种新的权力形态》,载《治理现代化研究》2020 年第 1 期。

〔3〕 张凌寒:《算法权力的兴起、异化及法律规制》,载《法商研究》2019 年第 4 期。

现代运行的底层支撑作用。从上述各学者的观点来看,尽管出发点和观察视角不同,但均认为算法对“人的生活”具有支配力,特别是在人工智能的场景下,算法的“自主性”逐渐脱离工具化的范畴,“算法权威”开始形成类似传统“公权力”的社会统治力。为此,算法被界定为一种“权力”,而非“权利”。也正是基于上述权力思维,张凌寒对算法规制(主要是法律规制)进行了迭代划分,更为清晰地展示了“权力兴起”是如何影响法律态度,并产生实践层面的治理效果的。[1]

“算法权力”是一种对算法治理或算法应当接受必要规制(包括法律和其他规则)的理论阐释,我们注意到,基于“算法权力”的治理描述很少探讨算法自身技术风险所引发的法律关注,属于典型的外部性视角。算法权力的治理理念可以被理解为一种假设,即算法具有明显的社会控制力,而网络服务提供者(广义)不仅能够影响算法设计,还能够影响算法的部署和应用,有可能并有机会对社会整体及其成员的利益产生负面效果。这也导致网络服务提供者(目前更强调网络平台)成为承担算法责任(主要是侵权责任)的主体。

8.3.2 技术风险视角下的算法治理

在“算法权力”这一宏观理论建构之下,我们可以继续挖掘算法风险的微观表现,对于实务部门来说,这一层面的内容似乎更具有吸引力,也更容易成为理解算法治理必要性的切入点。更为重要的是,算法风险具有技术导向,符合惯用的“风险—责任”合规思维,对于业务开展的指引性更为直观。

目前关于算法风险的认识正在不断深化且开始趋于一致,但能够系统进行阐述的研究成果并不多见。这包括两方面的原因:一是“算法治理”本身仍然属于新兴议题,并且较于其他法律议题更为难于理解,算法治理的研究产出本身有限;二是目前关于“算法治理”的探讨通常具有问题导向性,多集中于特定的算法议题,例如算法歧视、算法伦理或算法漏洞等。在进行了大量的资料梳理和分析之后,本章选择了Deloitte & Touche公司的算法风险框架[2],该框架基本涵盖了目前可观察到的算法风险,对于问题的阐明具有系统的归纳性。

Deloitte & Touche认为,算法风险源于在各种自动化和半自动化决策环境中使用基于数据分析和认知技术的软件算法。算法风险可能出现在数据输入、算法设计和

[1] 张凌寒:《算法规制的迭代与革新》,载《法学论坛》2019年第2期。

[2] Deloitte & Touche, *Managing algorithmic risk-Safeguarding the use of complex algorithmsand machine learning*, 2017.

决策输出这三个主要环节中,并体现为算法歧视、技术缺陷、使用缺陷和安全缺陷等现实问题。基于此种逻辑,Deloitte & Touche 建立了算法风险框架(如图 8 - 1 所示)。

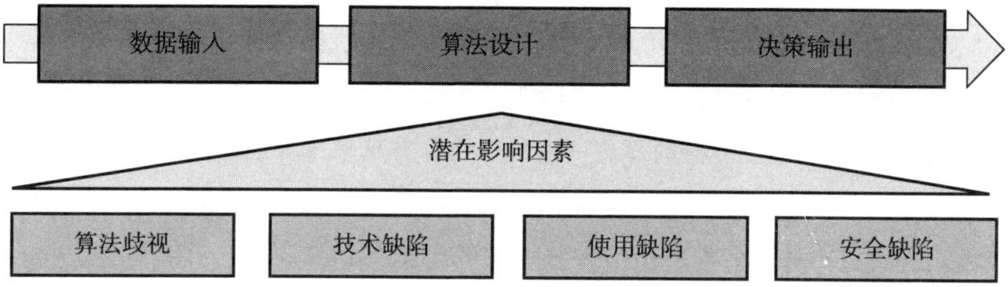

图 8 - 1 Deloitte & Touche 算法风险框架

在该风险框架中,数据输入、算法设计和决策输出本身就被视为潜在的算法风险域,其非常容易受到技术风险的影响。具体如下:(1)数据输入。例如用于训练算法的数据存在偏差;存在不完整、过时或不相关的数据;样本量不足以支撑分析需求;数据收集技术不当;用于训练算法的数据与操作期间的实际输入数据不匹配等。(2)算法设计。例如算法逻辑偏差、假设或判断有缺陷、建模技术不当、编码错误等。(3)决策输出。例如对决策输入的不正确解释、决策的不当使用以及对基本假设的忽视等。

这些受技术风险而导致的潜在影响因素包括:(1)算法歧视。算法模型开发者或用户的认知偏见会导致带有歧视性的错误输出。社会、组织价值观与员工个人行为之间的错位会产生不确定的歧视结果。例如,算法开发人员提供本身就带有偏见性的用户数据来训练图像识别算法,导致算法无法正确识别特定民族。(2)技术缺陷。在算法的开发、训练、测试或验证过程中缺乏技术意义上的严谨性或概念上的稳健性,可能会导致错误的结果输出。例如,交易算法的缺陷将导致股票交易不稳定,价格突然波动。(3)使用缺陷。算法实现中的缺陷,算法与操作的集成或最终用户的使用都可能导致不恰当的决策。例如,现代汽车的驾驶员过度依赖驾驶辅助功能,认为其能够完全自主操作,这可能导致交通事故。(4)安全缺陷。内部或外部威胁均可以通过未经授权的访问输入数据、算法设计或决策输出,操纵算法来引入有风险的输出结果。例如,通过故意将不正确的数据输入到训练面部识别算法的过程中,攻击者能够通过生物认证系统假冒授权用户。

Deloitte & Touche 认为,导致算法风险"泛化"的诱因正在逐步多元化,归集之后大致包括如下几个方面:一是算法变得越来越普及。随着先进的数据分析和机器学习技术的不断采用,算法正在变得越来越普及,算法的使用也相应地更为普遍,成为政务和商务领域不可或缺的一部分。二是机器学习技术变得越来越成熟。计算能力的提高,用于训练算法的数据可用性的提升,均推动了机器学习的进步,神经网络正在成为实现机器学习的流行方法。机器学习技术的这些进步使得技术开发人员能够创建更具预测能力且更复杂的算法。三是算法具有越来越大的能力(这一点非常类似"算法权力"的观点)。不仅算法变得越来越普及,而且赋予算法的能力和责任也在增加。目前,算法被用来帮助做出许多重要的决策,如发现犯罪、分配责任、决定投资、挽救生命等。四是算法变得越来越不透明(算法黑箱问题)。算法通常在后台运行,其内部工作方式和功能在很大程度上对最终用户是不可见的,因此监管算法可能变得很困难。许多新的机器学习技术——如深度学习——表现得尤为明显,以至于几乎不可能理解算法从训练数据中将推断出什么,以及是如何得出结论的,这也就很难判断其正确性。五是算法正在成为易受攻击的目标。机器学习算法已经显现出可被黑客利用的漏洞,即一个常见的漏洞出现在训练算法过程中,当训练数据提交给算法时,攻击者对算法进行操作存在可能性,这会导致产生错误输出的算法模型。此外,攻击者还有可能篡改算法实际应用到的实时数据,以影响通过算法产生的最终决策。

8.3.3 "概念角色"视角下的算法治理

"概念角色"(conceptual roles)是 EPRS 在 2019 年发布的算法治理框架报告[1]中使用的独特分析视角。在该报告中,EPRS 将"透明度"和"可审计性"视为算法应具有的基础性"概念角色",但并没有进一步解释何为"概念角色"。根据报告的分析内容,我们理解,EPRS 是通过借用"概念角色"来表征算法本身的应然属性或客观要求,即算法至少应当具备"透明度"和"可审计性"的条件,才能满足外部伦理或规范对算法的合规性要求。

(1)关于透明度

EPRS 认为,在确保负责任地开发和使用算法系统以改善人权和造福社会方面,透明度是一种工具。根据算法决策系统的类型和用途,对算法透明度的要求可能涉及诸多领域,例如代码、逻辑、模型、目标(例如优化目标)、决策变量等。算法透明性

〔1〕 EPRS, *A governance framework for algorithmic accountability and transparency*, 2019.

可以是全局的，即寻求对任何类型的输入行为进行洞察，也可以是局部的，即寻求解释特定的输入—输出关系。

概括而言，EPRS 希望在三个层面上实现算法透明度：一是系统数据和算法层面，透明度可以帮助组织和用户检查数据和算法中影响系统公平性的偏差，检查和修复漏洞，防范恶意的数据侵害活动；二是目标层面，透明度可以帮助监管机构和公众评估算法相对于其目标的表现；三是合规状态层面，透明度可以帮助监管机构在发生安全事件之后合理追究责任，用户也可以更为有效地评估算法的可信性，了解基于算法的服务的利弊。

但 EPRS 同样认为"透明度"可能并不总是那么"美好"(good)的，在很多情况下，为实现算法透明度会产生与之相关的巨大负面成本，当然这些负面成本并不仅仅是对于企业而言，例如，监管机构必须增加人力成本来监督算法的合规性，企业和其他组织必须创建和维护监管机构要求的流程、规范和法律监督。同时，透明度可能会使正当的商业秘密面临风险，也使算法本身更容易遭受恶意攻击。通过提供额外的透明度干预可以减轻一些潜在的负面成本，例如，可以通过算法的"同行审查"满足透明度要求，而不是直接向用户提供用于训练机器学习系统的数据。

为此，透明度并不总是有益的，企业需要进行适度的利益平衡，这种考虑应当包括审查实现预期目标的其他工具和补救办法。例如，如果用户认为受到了"算法黑箱"的歧视，但并没有提供"算法偏见"的证据。在这种情况下，企业可以对该算法系统进行测试，审查歧视性因素是否决定了输出结果，针对测试过程就可能不需要透明度。

(2)关于可审计性

与透明度要求类似，EPRS 同样认为"可审计性"也是一种工具。但透明度和可审计性之间的一个重要区别是，可审计性主要是个人或组织承担的一项法律和道德义务，即对其活动负责，承担责任，并以透明的方式披露结果。其中，维持透明度、数据日志、代码更改和其他记录保存是可审计性重要的技术支持工具，但最终的可审计性取决于建立明确的责任链。算法可审计性的基本功能是对部署/使用的算法(包括人员)的不负责任或非法行为起到威慑作用，此外也可以为公民和社会的自我反省提供反馈路径，暴露现有的偏见和歧视。

当然，算法的可审计性同样面临许多技术层面的挑战，例如子系统和数据源之间复杂交互，这些交互可能不都在同一个实体的控制下；当没有系统性的正式证明时，不可能针对所有可能的条件进行测试;算法翻译的困难性可能导致不正确的解释;算法推断产生的信息等。

EPRS之所以强调算法应当重视自身“透明度”和“可审计性”的建设,其核心目的是实现“算法公平”。公平是一个多维度的、内在复杂的概念,几乎很难用单一的定义来表达。公平反映了对基于一系列社会价值观的评价,EPRS认为对公平的评价通常取决于事实和目标,因此其必须被理解为“特定于情况或任务”,并且必须在实践范围内加以解决。“算法公平”非常重视社会技术结构中算法的社会效应,强调在具体案例中探讨广泛的社会价值。在算法背景下,公平的概念表现为受算法决策影响的不同利益相关者的共同利益、需求和价值之间的平衡。EPRS认为,新技术——无论其应用如何——通常由更富有的社会阶层和大公司等精英主导。在算法系统中,算法的设计和部署、对算法的访问和使用、影响算法的能力都集中在少数人手中,这可能会妨碍社会公正。

在面部识别的例子中,EPRS的“算法公平”可能更容易被理解。面部识别技术从数字或视频图像中识别和验证面部识别信息,通常这是由算法完成的,算法从源图像中识别面部特征,并在数据集中进行比较。近年来,人工智能和机器学习的进步提高了面部识别技术的先进性,使其成为大众消费品的标准部分,比如iPhone允许用户使用面部信息进行登录。随着面部识别技术的能力和可扩展性的不断提高,其引发的歧视性问题也逐渐凸显。例如微软和IBM的面部识别算法更倾向于准确识别白人男性。同样,谷歌的自动照片标签软件将许多非裔美国人的照片识别为大猩猩或猴子。这些案例产生的争议是,识别错误的原因很大程度上可能在于算法模型的缺陷。例如,微软和IBM的算法模型可能是使用以白人男性为主的照片数据集进行训练的,并没有使用足够的数据来识别非白人,特别是女性。算法正义联盟(Algorithmic Justice League)创始人Joy Buolamwini就认为“这些错误(重新)产生了不平等[1]”。由此可见,对算法缺点维持透明度和可审计性就变得尤为重要,这可以激励服务提供者采取一切必要措施来解决问题。

在理论上,“算法公平”显然已经超越传统“分配正义”的内涵,但正面理解算法公平仍然极为困难,因为其包含了过于宏大的价值结构。针对这一问题,EPRS提出

---

〔1〕 Puri, R. *Mitigating bias in AI models*, 2018. https://www.ibm.com/blogs/research/2018/02/mitigating-bias-ai-models/.

了“算法公平”所应当考虑的情况,这对于实施“透明度”和“可审计性”策略提供非常有益的参照和借鉴。(1)机会均等/结果均等:如果算法或其结果有偏差,可能会阻碍机会均等和结果均等,并系统地对某些社会群体不利。(2)公平性:算法中的偏见可能具有歧视性,这对具有受保护特征的特定人群不利。(3)选择自由。(4)真相:如果算法过程歪曲事实或将虚假信息作为事实呈现,将损害公民判断真相并据此采取行动的能力。(5)自主性:公民的行动和决策能力可能会因算法过程的各种特征而受到损害。(6)同意:在要求用户同意接受算法过程的情况下,可能存在个人不完全了解协议所包含内容的情况。一般来说,用户非常担心条款冗长且充满技术术语,即使用户完整阅读这些条款,也可能很难理解,这意味着真正的知情同意是不可能的。(7)隐私:隐私从根本上与同意有关。扩展人工智能范围的一个关键问题是机器对个人隐私的影响。有争议的应用包括将面部识别技术整合到公共空间,以及在线广告对个人用户的个性化程度。(8)信任:如果算法过程中存在可能产生有害和不均衡结果的风险,就会损害公民对过程本身和使用过程的机构的安全感和信任。算法中的不公平可能由多种原因造成,EPRS 强调了四个关键的潜在来源,即算法设计歧视、训练数据歧视、数据歧视、算法的不适当实现。为此,保持算法在所有进程中的透明度和可审计性都是需要考虑的迫切问题。

尽管 EPRS 报告的论述结构非常复杂,但剥茧抽丝,其基本逻辑仍然聚焦于算法歧视问题。EPRS 认为,受到人为认知和算法训练的影响,算法歧视开始上升为“社会正义”层面的议题。目前,算法系统越来越广泛地被用作决策过程的一部分,对个人、组织和整个社会可能产生重大影响。算法系统——包括人工智能和机器学习——如果使用得当,并适当注意和分析其对社会生活的影响,就具有改善人权和民主社会的巨大潜力。为了实现这一目标,有必要为算法透明度和可审计性建立明确的治理框架,以确保风险和利益的公平分配。已经有越来越多的研究结论提出担忧,除非建立适当的治理框架,否则算法系统的不透明性可能会导致个人乃至整个社会受到负面影响,因为如果信息系统说“不”,并不会附加有意义的解释和纠正机制。

EPRS 并没有过多地对算法歧视的表现形式展开讨论,而仅将其作为一种“待规制”的现象纳入政策考量的范畴。针对“何为算法歧视”这一基本问题,数据伦理和创新中心(CDEI)在 2020 年 11 月发布的算法歧视审查报告[1]中进行了系统性的描述,

[1] Centre for Data Ethics and Innovation, *Review into bias in algorithmic decision-making*, 2020.

可以补足 EPRS 在该问题上的缺失。CDEI 认为,歧视(或称偏见)应当有精确的含义,指的是结果中的系统性偏在性,而且这种偏在性是一种“不公平的偏斜”。CDEI 总结了可能在算法系统中出现的歧视现象,这可以给企业进行宝贵的全面性提示,以在算法开发、训练和应用中尽量避免类似风险。这些歧视现象包括:(1)历史偏见。算法模型在建立、测试和运行过程中使用的数据可能会引入偏见。例如,如果一家公司目前的员工主要是男性,那么无论这种不平衡最初是由有偏见的招聘流程还是其他历史因素造成的,算法都可能强化这一点。(2)数据选择偏见。算法所收集和选择的数据可能不具有代表性。例如,特定记录过多或过少可能意味着算法对某些用户来说不太准确,这是被广泛报道的不同种族的面部识别算法问题的主要原因,解决这一问题的重点是确保训练数据的平衡。(3)算法设计偏见。歧视也可能是由算法设计引入的。例如,CDEI 对 11 个在线目标的审查表明,这些算法将招聘广告进行投放,旨在以给定的成本优化参与度,但这导致此类广告更多地针对男性,因为女性的广告成本更高。(4)人工监管偏见。当算法进行决策时,人工监管被广泛认为是一种有效方法,其降低了纯算法过程无法应用“人的判断”来处理不熟悉情况的风险。然而,这种方法成功的关键取决于人类如何解释或使用算法,当人类将自己有意识或无意识的偏见应用于最终决策时,歧视也有重新进入过程的风险。

8.3.4 垄断视角下的算法治理

从目前的研究现状来看,垄断视角下的算法治理几乎不是主流路径,涉及的相关研究成果非常稀少。但 OECD 将其专门作为一项算法治理问题提出[1],无疑使其具有了一定的示范性和引导力。结合 2020 年下半年我国对数据垄断问题的关注,“算法垄断”或将成为下一个治理热点,本章认为,这同样需要引起关注。

算法垄断与定价算法和市场预测相关,其正在改变许多企业运营的竞争格局以及做出商业和战略决策的方式。虽然这种现象的规模在很大程度上是未知的,但越来越多的企业正在使用算法来改进定价模型、定制服务和预测市场趋势。算法的广泛使用也引起了 OECD 对潜在反竞争行为的关注,因为算法可以使企业在没有任何正式协议或用户交互的情况下实现共谋。无论是在寡头垄断的市场中,还是在其他相关结构特征的市场中,算法都将使共谋变得更容易。

OECD 对算法垄断的探讨主要依据两类商业场景:一是预测分析,例如基于对历

---

〔1〕 OECD, *Algorithms and Collusion: Competition Policy in the Digital Age*, 2017.

史数据的分析,开发和使用算法来预测未来结果的可能性。预测模型可用于估计需求、预测价格变化、预测客户行为和偏好、评估风险、预测可能影响市场环境的内生或外生影响(例如新企业的进入、汇率变化甚至自然灾害)。这些由算法产生的输出结果对于改进决策、有效规划业务战略、促进开发创新和定制服务都具有极其重要的价值。二是优化商业进程,算法能够在一定程度上优化商业进程,例如通过削减生产、调整交易成本、细分消费者或制定有效应对市场环境的最优价格,使企业获得竞争优势。算法优化商业过程的特殊能力是其自动化性质和强大计算能力的结果,这使得算法系统能够处理大型数据集,并且比由人工执行的相同任务成本更低。

使用算法进行预测分析和优化商业流程具有诸多实际应用场景,例如欺诈预防、供应链优化、定向广告、产品推荐、公司安全和动态定价。此外,特别是基于机器和深度学习原理的算法,正在带来突破性的数据驱动创新,并彻底改变现有市场格局。毫无疑问,自动化的算法决策可以成为从数字经济中获取价值的有力工具,有可能促进市场效率、创新,甚至促进竞争。但 OECD 认为,每当新的技术工具对企业的运作方式和相互之间的互动方式产生深刻变革时,一些市场参与者就有可能利用其增强自身权力,来实现与社会目标不一致的私人利益。目前的问题不在于是否应该禁止算法,而在于了解算法可能给竞争过程带来的风险,并找出与创新激励相容的解决方案。

在现有的市场格局下,我们注意到,随着“算法担忧”的兴起,不管企业采用何种算法工具,用户都会担心算法共谋的便利性。在具体问题的分析中,OECD 将“企业数量”和“市场进入壁垒”作为影响垄断风险的两个基本结构性特征,但也同时承认,目前尚不清楚算法是如何影响这两个结构性特征的。对此,OECD 提出了很多非常有意思的观点:(1)在一些典型行业中,算法被用来设定动态价格、细分消费者或提高产品质量。然而,其中许多行业(例如搜索引擎和在线市场)本身就具有自然性质的进入壁垒(例如规模经济、范围经济和网络效应),这些进入壁垒使市场内企业较于其他企业可以更容易地收集数据和开发算法。因此,很难断言算法是形成进入壁垒的原因还是后果。(2)算法对企业进入相关市场可能性的影响也不是一成不变的。一方面,算法可用于快速识别任何市场威胁,允许市场内企业先发制人,收购任何潜在竞争对手,或对市场进入方作出积极反应。另一方面,由于算法的使用,在线数据的可用性不断增加,这可能为潜在的进入方提供有用的市场信息,并提高确定性,从而降低进入成本。因此,算法对于市场进入的利弊同时存在。(3)算法的一个独特之处在于,其使“市场竞争者的数量”成为共谋的一个不太相关的因素。在传统市场中,如果竞争对手很少,则共谋更容易实现,因为较少的竞争者更容易实现妥协条件。但算法在收集和分析数据方面的能力,反而使得竞争者数量不那么重要,算法也可以在集中度较低的市场上进行协调(笔者认为,OECD 想表达的意思是,数据分析和反馈能力可以使共谋意图更为便利地分发给所有竞争者,并通过数据能力整合所有竞争者的利益诉求,这一点非常类似数据垄断能达到的效果)。换言之,企业(竞争者)数量少是算法共谋发生的重要条件,但不是必要条件。

OECD 关注到的另外两个重要结构性特征是"市场透明度"和"互动频率",这两个特征都使企业更容易产生共谋。虽然透明的市场允许企业相互监控彼此的行为,发现协议的价值偏在性,但频繁的互动使企业能够迅速实施报复行动,并积极惩罚任何可能的"逾越者"。与企业数量和进入壁垒不同的是,算法很可能会增强这两个共谋因素,从而对竞争构成威胁。

针对市场透明度,OECD 认为,作为商业模式核心组成部分的算法需要收集详细的实时数据,这些数据可以自动分析并转化为行动决策。因此,为了使企业受益于强大的预测能力和高效的决策规则,企业有巨大的动机收集市场信息,并开发自动化算法,这可以通过在线 cookies、智能卡、条形码、语音识别、射频识别和其他技术来实现。一旦少数市场参与者依赖于技术从"算法竞争优势"中获益,该行业的其余企业就会同样产生强烈的动机实施相同的策略。其结果是,所有市场参与者不断地实时收集和观察竞争对手的行为、消费者的选择和市场环境的变化,从而形成一个容易共谋的透明环境。例如,认识到这一事实可能会鼓励企业在线共享数据,使所有参与者都能访问相同的数据集。市场透明度的提高不仅是因为有更多的数据可用,还因为算法能够作出预测和减少战略的不确定性。

针对互动频率,OECD 认为,数字经济彻底改变了企业做出商业决策的速度和效率,这与实体商业环境明显不同。在实体商业环境中,价格调整的成本很高,而且需要时间来实施。然而在线市场中,价格原则上可以根据企业意愿随时更改。如果通过定价算法实现的自动化决策被添加到定价机制中,价格更可能会实时更新,从而允许对偏离共谋的竞争者进行实时制约和报复。事实上,将机器学习与市场数据相结合,可能使算法能够准确预测竞争对手的行为,并在实际发生之前预测任何偏差。

这与法国和德国竞争主管机构的联合报告观点几乎保持了一致[1],该报告认

---

[1] Autorité de la Concurrence and Bundeskartellamt, Competition Law and Data, 2016.

为,人为提高市场透明度和通过算法提高互动频率很容易造成竞争风险,因为市场透明度可以作为共谋的便利因素,由于先进算法等技术的发展,这一问题获得了新的相关性。例如,通过处理所有可用信息,从而监测和分析或预测竞争对手对当前和未来价格的反应,竞争者之间可能更容易找到一个可持续的超竞争性价格均衡,并达成一致意见。

OECD 同样关注到,一方面,在某一特定行业中,共谋风险也可能会受供需关系的影响。例如,消费者使用算法可以改善他们的决策过程,并在需求较低的时期(通常价格较低的时候)购买产品。但在企业使用算法的维度中,算法不会直接影响市场需求。因此,OECD 认为算法的使用不会通过需求因素显著影响同谋。但另一方面,供给因素可以在共谋安排的可持续性中发挥重要作用。最相关的供应方特征之一是创新。市场的创新性降低了串通协议的现值,也降低了创新性较差的企业的报复能力。在这个问题上,算法是创新的一个重要来源,允许企业开发非传统的商业模式,并从数据中提取更多价值信息,以提高产品质量。特别是在算法构成竞争优势来源的行业,如搜索引擎、导航应用程序等,企业可能面临开发算法的更大竞争压力。类似地,如果算法允许企业以导致"成本不对称"的方式区分其服务或生产过程,则共谋可能不会存在,因为这难以找到协调的焦点,而且低成本导致共谋的动机较低。这表明,数字市场的某些供给特征可能在某种程度上抵销了企业的共谋风险。

上述分析表明,OECD 对于算法垄断问题的考虑仍然是探索性的,目前,简单评估算法是否增加或减少以共谋为代表的垄断风险仍然相当困难,因为算法改变了结构性市场条件和供应方因素,这些因素对共谋产生的影响可能是积极、消极或模棱两可(如表 8-2 所示)。

表 8-2 OECD 对于算法垄断的评价

垄断因素		算法影响
市场结构特征	企业数量	±
	进入壁垒	±
	市场透明度	+
	交互频率	+
需求因素	需求增长	0
	需求波动	0

续表

垄断因素		算法影响
供给因素	创新	-
	成本不对称	-

注:+:积极影响;-:消极影响;0:中立影响;±:未知影响,可能积极,可能消极。

8.3.5 算法治理的逻辑、目标及路径

在看待算法治理问题时,我们非常认同 OECD 的理性态度。需要意识到,对于任何"待规制"的新兴议题,治理都不是目的,而是方法。对于算法而言,这同样构成基本的治理逻辑。算法治理的重点不在于考虑是否应该禁止算法应用,而在于了解算法可能产生的风险,并提出与算法创新功能相一致的缓解措施。

通过梳理不同视角下的算法治理观点,所谓的算法的负面效应在相对稳定的时期内仍然有待观察。至少笔者认为,算法风险目前并不是一项明确的法律议题——因为我们尚无法从法律的禁止性规定中找到算法合规的必要性和可行路径——而更接近于伦理议题,即算法歧视对社会公平的冲击,这种担忧发轫于对算法决策替代"人类自主选择"的"恐惧"。综合上述各方观点,我们可以构建一条简单的算法治理逻辑链,即算法泛化——算法产生对社会运行的控制力——算法权力产生——算法可能存在偏见——算法产生决策歧视——算法影响社会公平——算法需要治理。

在这一逻辑链中,算法主要的风险节点集中在算法的部署和利用过程中,由于算法本身及其决策过程通常不可见,公众无法充分信任决策结果,特别是在决策结果涉及对人身权益和财产权益的消极评价时,这种不信任将被无限放大,并具有天然的"抵触情感"。为此,算法治理的目标事实上在于建立算法本身的"公信力",即保证受众充分了解算法逻辑并知悉决策过程,同时应使大部分群体认可(包括事实认知和情感认知)算法是正确而无偏见的。目前看来,实现这一治理目标无疑是十分困难的,特别是在获得公众认同的问题上,企业需要投入大量的合规精力来解释算法是"如何运作"的。甚至在某些情况下,企业可能不能自发地开展相关治理——例如企业并没有意识到算法具有潜在的歧视特征——这就需要更多的主体参与到算法治理的工作中。为此,我们可以发现,几乎所有的研究成果均要求算法保持一定程度的透明度,一方面,这可以增加公众对于算法决策过程的了解,解决算法黑箱的问题;另一方面,这也可以形成公开的"审查环境",在更广泛的利益诉求中剔除偏见和歧视。为

此，提高算法透明度就成为目前最主要的算法治理路径选择。

本章认为，算法透明度的治理需求并不仅仅包括“公开”和“审查”，其同样蕴含“算法安全”的内在要求，这是算法透明的基础。针对这一问题，Deloitte & Touche 提出了“基于风险”（risk-based）的算法风险管理框架，并强调企业应当制定和采用建立在企业风险管理坚实基础上的新方法，并与企业的业务需求和监管规则保持一致。Deloitte & Touche 的算法风险管理框架包含三个层面的组织要求：（1）战略和治理。创建算法风险管理战略和治理结构，以管理技术和文化风险。这应包括原则、政策和标准，角色和责任，控制过程和程序，以及适当的人员选择和培训。提供透明度和处理查询的流程也可以帮助企业负责任地使用算法。（2）设计、开发、部署和使用。应当开发与算法治理结构相一致的流程和方法，以解决从数据选择到算法设计、集成，再到实际使用的算法生命周期中的相应风险。（3）监控和测试。建立评估和监督算法数据输入、工作和输出的过程，寻求内部和外部各方对算法的客观评价。

这些要求还可以继续细化到相关的实践层面，如表 8－3 所示：

表 8－3　Deloitte & Touche 算法风险管理框架的最佳实践

战略和治理		设计、开发和使用	监控和测试
目标和策略	原则、政策、标准和指南	算法设计过程	算法测试
审计与问责	生命周期和变更管理	数据收集	输出分析
监管合规	员工培训	假设及其局限性	敏感度分析
用户披露	投诉解决渠道	安全和操作控制	持续性监控
风险分类		开发过程	持续改进
		算法使用	独立性验证

在 Deloitte & Touche 的算法风险管理框架中，算法透明度被作为一种治理措施植入到战略和治理流程中。这也正如大部分研究成果所展示的那样，算法透明度几乎成为算法治理框架中不可或缺的组成部分。但在更为宏观的层面上，算法透明度也被作为一种独立的上层结构加以讨论。在前述本章总结的算法治理逻辑中，算法透明度是解决算法问题的根本和关键，这意味着算法治理的路径在很大程度上可以被理解为“算法透明化”的路径。但需要注意的是，算法透明化并不意味着绝对意义上的“公开”或“披露”，完全的算法透明可能并非总是有益的，例如，EPRS 认为透明度可能会使正当的商业秘密面临风险，也使算法本身更容易遭受恶意攻击。OECD 也

认为过于透明化的市场机制可以为算法共谋提供便利。为此,提高算法透明度同样必须考虑适度的利益平衡,这种考虑应当包括审查实现预期目标的其他工具和补救办法。

针对算法透明度问题,2020 年 6 月,美国互联网与社会中心(CIS)发布了专门的政策性报告,建立了较为全面的未来算法治理路径[1]。该报告内容得到了谷歌和脸书的支持和协助,也在一定程度上反映了实务界对算法透明度问题的态度。与 Deloitte & Touche 的算法风险管理框架类似,CIS 所制定的算法透明度治理路径也是模型化的,其中包括事前路径、事后路径、交互路径、审计路径和禁止 AI 黑箱模型五大模块,其核心内容如下。

(1)事前路径

顾名思义,事前路径表明 CIS 强调,企业应当从设计阶段就有目的地构建算法模型的可解释性,这种方法有助于激励算法模型的设计者在开发模型之前(以及在开发过程中)积极考虑算法的目标和影响(包括意外的潜在后果),从而确保更公平的决策结果。同时,也需要意识到,在设计阶段对算法模型施加限制或约束有可能会影响算法模型的性能。CIS 在充分考虑到这种明显冲突的情况下,提出了如下若干可供参考的技术和管理方法(如表 8-4 所示):

表 8-4 CIS 的算法透明度治理路径——事前路径的技术和管理方法

限制算法模型输入变量	限制算法模型的输入变量保证机器学习过程只揭示人类能够理解的有限关系,使用较少特征的变量可能比具有更多特征的变量更易于解释
学习方法	选择适当而便捷的机器学习方法,保证算法模型比使用相对复杂的学习方法(例如神经网络)更容易解析,从而在可解释性和准确性之间产生内在的平衡
学习过程	任何给定的学习过程参数应当以使算法模型更易于解释的方式进行分配。例如,可以限制决策树的大小,使模型更易于人类理解

[1] The Centre for Internet and Society, *Towards Algorithmic Transparency*, 2020.

续表

正则化（Regularization）	正则化是一种在不限制算法模型及其参数的情况下有助于解释性的技术，其可以降低模型的复杂性并缩小独立特征的系数。简而言之，该技术将复杂的模型转换为更简单的模型，从而避免了过"拟合"的风险，降低了计算成本。通过正则化，模型的简单性可以明确地作为学习过程中的一个优化准则，进而使模型更适合人类
软件验证	软件验证即使用数学方法证明软件具有某些属性，或者通过分析现有代码，或者通过使用专门工具构建软件来提取被证明正确的不变量
加密承诺方案	加密承诺是一种方案，通过该方案，参与者可以提交给给定对象的特定值（例如程序的源代码），而无需向其他方透露该值，同时保留稍后披露提交值以供验证的能力。该方案有助于评估自动化决策中的算法透明度
零知识证明（zero-knowledge proofs）	零知识证明是加密承诺的一种常见应用，允许决策者证明在做出给定决策时确实使用了特定的对象值/决策策略
公平性随机选择	如果决策过程使用随机选择，则可以使用公平随机选择的方法来确保模型的随机性是可验证的，从而增加模型结果的透明度

（2）事后路径

这些路径包括各种技术和管理方法，可在算法模型建立后进行应用，以更容易理解的方式建立模型，或识别对特定决策最显著的特征。这种路径的一个优点是，不透明的算法模型可以在事后解释，不会在开发过程中影响算法模型的性能（如表 8－5 所示）。

表 8－5　CIS 的算法透明度治理路径——事后路径

可变特征重要性解释	这种解释形式不是提供完整的解释，而是提供与"特定特征在给定决策中的相对重要性"相一致的有限解释。这种方法不是列出决策中的所有贡献特征，而是确定每个特征的相对贡献，以及确定哪些特征对结果的影响最大
自然语言解释	这种解释方法是指创造一种人类能够理解的叙述或解释（来自各种数据源）。例如 IBM 的 Slamtracker，其将温布尔登网球比赛的数据转换成自动的实时消息
可视化	可视化可以通过各种技术来定性地解释模型的决策结果
局部解释	例如，在神经网络完全映射中，在不可能通过常规方法进行解释的情况下，保持可解释性的一种方法是只解释网络局部依赖的要素

续表

实例解释	这种方法的一个例子是罗格斯大学的研究人员设计的一个解决方案,用户可以直接向人工智能决策模型提出任何相关的问题,并得到解释自动决策原因的示例。例如,用户想要明白为什么一辆自动驾驶汽车做出了一个特定的决定,其解决方案提供了这样的回答,“在类似的情况下,发现做出这个决定的原因是:示例原因 1,示例原因 2”等,这些示例可以是图像或与给定用例相关的任何其他格式

(3)交互路径

提供解释的另一种路径是构建一个与上述路径类似的交互界面,通过该界面,人们可以交互地观察模型的工作原理。这种方法的一个好处是,用户可以提出自己的问题并选择对他们相对重要的要素,而不必知道全部统计数据或变量权重。但这种方法的缺点同样明显,即在具有大量输入的更复杂的模型之间如果出现相互依赖关系的变化,那么仅仅通过用户偏好来更改模型参数,可能无法显示一致性的规则或解释。在这种情况下,交互式方法可能会导致用户认为针对模型输出变化的解释过于简单。例如,奥巴马总统 2015 年在美国推出的大学记分卡模型取代了传统的机构排名模型,因为机构排名模型被证明在过去的 50 年中曾被人为操纵过。对于大学计分卡模型,教育部只需在教育部网站上发布有关大学的联邦数据,学生就可以以互动和透明的方式参与其中。学生可以选择哪些参数对他们最重要(如出勤成本、学生债务等),而无须事先了解统计数据。应用程序根据每个学生的喜好为他们运行不同的模型。

(4)审计路径

用户和监管机构通常会将算法决策视为“黑箱”,尽管算法系统的输入和输出是可见的,但其内部工作是不可见的。为此,CIS 认为,算法的“可审计性”应当成为“负责任算法”的一项基本原则,并被作为算法透明度的监管方法。然而,与 EPRS 的观点类似,CIS 同样指出商业秘密和相关的法律要求往往妨碍进行有意义的审计。由于使用审计对算法模型进行黑箱评估受到各种限制,与白箱测试(审计人员可以访问系统代码)相比,审计是实现算法透明度的必要但不充分的方法。因此,CIS 建议,审计应当与上述任何技术和管理方法结合使用。

(5)禁止 AI 黑箱模型

AI 黑箱模型通常是指那些在审查和问责范围之外的,具有工作不透明性的软件工具。依据黑箱模型进行的决策不仅超出了最终用户的理解范围,而且在很多情况下,设计者也可能不会全面了解黑箱模型(尤其是复杂网络)进行决策的完整内部工作机制。为此,研究人工智能社会影响的纽约大学人工智能研究所(AI Now Institute)已经开始呼吁负责刑事司法、医疗保健、福利和教育的公共机构禁止使用AI黑箱模型,因为这些决策结果通常无法进行解释。[1] 最近,一个典型的黑箱模型例子是被称为惩戒罪犯管理分析(COMPAS)的预测模型被发现具有很强的种族偏见,一个没有再次犯罪记录的黑人被认为比一个没有再次犯罪记录的白人具有高两倍的再犯风险。

当然,除了上述Deloitte & Touche和CIS所关注的技术和管理方法之外,算法治理中的监管因素同样是不可或缺的关键内容。EPRS作为欧盟监管机构的重要智力支持,其在报告中给出了目前不多见的算法监管建议,这对于我国在政策,甚至是立法层面构建算法监管框架提供了很好的借鉴价值,也为企业的算法合规提供了指引性的边界。EPRS认为,算法决策系统对公民和社会的影响目前还不确定,最佳实践的行业标准在这一领域基本上尚属空白。当适用于算法决策时,现行法律的解释具有极大的不确定性,该方面的司法经验严重不足。EPRS解决算法透明度的基本思路是对所有私营部门使用的算法系统实施算法影响评估制度。但针对这一制度,EPRS似乎也未能下定决心,其认为,虽然这样的措施对高影响应用(如自动驾驶汽车)可能有意义,但对于大多数私营部门的算法应用,该制度产生的财务和行政负担可能与风险不成比例。对于算法决策的低风险使用,为了解决这一矛盾,EPRS在算法影响评估制度之外,同样考虑建立一个法律责任框架,要求服务提供者承担更大的侵权责任,以换取降低透明度和算法影响评估要求。

这是一种典型的分级管理思路,为了落实这一制度,EPRS希望建立一个独立的算法监管机构,专门分析算法决策系统,并建立一个外部专家顾问网络。该监管机构的主要任务包括:建立风险评估框架,根据可能对公民造成的负面影响、程度对算法类型和应用领域进行分类;在怀疑(如举报人提供的证据)侵犯公民权利的情况下,调查算法系统的使用情况;就适用于这些机构职权范围的算法系统向其他监管机构提供建议。

8.3.6 我国引入互联网信息服务算法管理的建议

正如本章反复强调的那样,算法治理问题目前不能被认为是一个确定性的法律

---

[1] AI Now Institute at New York University, *AI Now* 2017 *Report*, 2017.

问题,尽管包括算法歧视等在内的算法风险已经暴露出可能侵犯权利,但现行立法对算法规制的可解释性仍然不足。算法治理可以被认为是可实施的业务优化方向,但尚不能成为可期待的规则适用对象,对于算法治理的法律监管,目前仍然尚待观察。但可以肯定的是,机器学习是一个快速发展的研究和实践领域,围绕算法透明性的讨论也是如此,未来对算法进行专门立法几乎是可以确定的事实。具体到实践层面,对于算法透明度,目前没有"一刀切"的解决方案,任何促进算法透明度的方法并不能单独构成完备的"合规清单",在实践中需要相互结合使用。

《互联网信息服务算法推荐管理规定》中已经对"算法透明度"问题有所考虑,这是相当值得肯定的,例如其第 12 条规定,算法推荐服务提供者应当综合运用内容去重、打散干预等策略,并优化检索、排序、选择、推送、展示等规则的透明度和可解释性,避免对用户产生不良影响、引发争议纠纷。第 14 条规定,算法推荐服务提供者应当以显著方式告知用户其提供算法推荐服务的情况,并以适当方式公示算法推荐服务的基本原理、目的意图、运行机制等。第 15 条第 1 款和第 2 款规定,算法推荐服务提供者应当向用户提供不针对其个人特征的选项,或者向用户提供便捷的关闭算法推荐服务的选项。用户选择关闭算法推荐服务的,算法推荐服务提供者应当立即停止提供相关服务。算法推荐服务提供者应当向用户提供选择、修改或者删除用于算法推荐服务的用户标签的功能。

上述规定与欧盟《数字服务法》的规定基本保持了一致。但目前最主要的问题是,我国并没有为算法透明度义务设置必要的边界,这意味着算法推荐服务提供者在任何情况下均需要将算法"透明化"(根据第 14 条的规定)。但是,本章认为,算法透明度义务并不应当意味着绝对意义上的"公开"或"披露",完全的算法透明可能并非总是有益的。例如,EPRS 认为透明度可能会使正当的商业秘密面临风险,也使算法本身更容易遭受恶意攻击。OECD 也认为过于透明化的市场机制可以为算法共谋提供便利。为此,提高算法透明度同样必须考虑适度的利益平衡,考虑算法透明度的豁免情况或替代措施。

此外,尽管在第三部分的治理逻辑中,本章支持不对算法本身进行禁止,但对于某些特定的算法模型(算法开发和利用的方法或途径),应当提出禁止性的要求,典型的如 AI 黑箱算法模型。

为此,此类算法模型是不具备可解释性的,也就不可能达到算法透明的要求,建议《互联网信息服务算法推荐管理规定》实施对此有所考虑。

最后，提一个与算法透明度无关的建议。我国《互联网信息服务算法推荐管理规定》中的诸多规范性内容已经突破了“算法推荐”的范畴。典型的如，其第 20 条规定，算法推荐服务提供者向劳动者提供工作调度服务的，应当建立完善平台订单分配、报酬构成及支付、工作时间、奖惩等相关算法，履行劳动者权益保障义务。这一条回应了近期美团外卖通过算法压缩送餐事件的热点问题，在本质上，这属于算法决策过程，而非算法推荐过程。再如，第 14 条规定，算法推荐服务提供者不得利用算法虚假注册账号、非法交易账号、操纵用户账号，或者虚假点赞、评论、转发、网页导航等，实施流量造假、流量劫持；不得利用算法屏蔽信息、过度推荐、操纵榜单或者检索结果排序、控制热搜或者精选等干预信息呈现，实施自我优待、不正当竞争、影响网络舆论或者规避监管。这也不仅仅是算法推荐事项，其涉及非常广泛的算法滥用问题。这一情况就导致法律规范名称和内容范围不符，容易引发争议。但本章认为这些算法治理问题对于互联网信息服务保证服务质量，维持有序环境，保障他人合法权益均起到了不可替代的作用，应当在治理框架中有所体现，这也为未来扩大算法治理的边界提供了必要的弹性空间。

9　关键信息基础设施保护制度

关键信息基础设施具有“一旦遭到破坏、丧失功能或者数据泄露,可能严重危害国家安全、国计民生、公共利益”的基本特点,其已成为维护国家政治稳定和促进经济繁荣的基础支撑。随着数字经济的不断推进,现实社会和网络社会的高度交织融合,国家安全对关键信息基础设施高度依赖。完善关键信息基础设施保护法律体系,全面提升关键信息基础设施安全保护意识、保障能力和水平,已经成为国家之间网络安全博弈的制胜关键。[1] 2021 年美国发生的成品油供应商科洛尼尔公司(Colonial Pipeline)遭遇勒索攻击一事,再次彰显了关键信息基础设施对维护国家经济稳定和公共利益的重要性,并再一次引发国际社会对关键信息基础设施网络攻击的广泛关注,成为数字经济时代“事件驱动立法”的典型代表。

9.1　关键信息基础设施的网络安全威胁

网络社会是信息技术利用背景下现实社会的嬗变,关键信息基础设施是网络社会的核心部分。然而,信息技术对人类社会所产生的影响已经远远超出其“工具性意蕴”,其对社会的全方位渗透,往往伴随着接踵而来的风险和威胁。国家级网络攻击、勒索攻击、利用安全漏洞的攻击、数据泄露事件等层出不穷,对关键信息基础设施的威胁和破坏程度与日俱增。

9.1.1　国家级网络攻击形势严峻

对于国家安全和公共安全而言,关键信息基础设施的网络安全可谓“牵一发而动全身”。关键信息基础设施安全保护是各国推进数字经济发展、参与国际竞争的重要前提。在国家地缘政治博弈日益激烈的当下,对关键信息基础设施进行恶意攻击的强度和程度持续飙升,甚至很多属于国家支持的黑客发起的高等级网络攻击,以造成

---

[1] 李欲晓:《加强关键信息基础设施安全保护的法治基石》,载中国政府法制信息网,2021 年 8 月 17 日,http://www.moj.gov.cn/pub/sfbgw/zcjd/202108/t20210817_435030.html。

敌对国家的关键服务长时间中断，或者大面积的通信、电力、能源等关键系统或网站瘫痪，从而实现破坏敌对国家社会稳定、经济发展的目的。非战时期，国家支持的黑客针对关键信息基础设施的网络攻击，本质上展示的是国家与国家之间在网络空间的军事较量。

2015 年，乌克兰发生了“名流千史”的断电事件，乌克兰首都基辅部分地区和乌克兰西部的 140 万名居民遭遇了一次长达数小时的大规模停电，至少三个电力区域被攻击，占据全国一半地区。尽管未找到直接证据，但此次断电事件被普遍认为是俄罗斯与乌克兰争夺乌克兰东部电力供给权的网络攻击事件，是俄罗斯支持的黑客旨在实现“动摇当地民众对乌克兰供电能力信心”而发起的网络战役。2020 年，在美国支持下，以色列对叙利亚境内的伊朗武装多次发动军事行动。在双方军事力量极度不对等的情况下，处于弱势的伊朗转而通过网络突袭方式，对以色列的民用供水设施实施精准攻击，以期使以色列的供水设施瘫痪，从而扭转军事战场的局面。2020 年 6 月，澳大利亚总理莫里森表示，澳洲的政府、公共服务和企业受到了来自“国家”黑客的大规模网络攻击，攻击目标包括澳大利亚的各级政府、工业、政治组织、教育、卫生、基本服务提供者和其他关键基础设施运营商。[1] 2020 年 7 月，美国国家安全局和国土安全部下属的网络安全与基础设施安全局发布联合警报，警告针对美国关键基础设施的网络攻击，敦促关键基础设施运营商采取措施，减少遭受网络攻击的风险。警报敦促关键基础设施的所有者和运营商采取必要措施，以确保在短期内出现危机时系统的弹性和安全性。2022 年 1 月，美国外交关系协会发布《2022 年值得关注的冲突》一文，以冲突发生的可能性及影响程度为依据，将“国家或国家支持的组织对美国关键基础设施发动极具破坏性的网络攻击”列为“发生可能性中等，但影响程度高的事件”，呼吁美国政府予以重视。

2020 年以来，新冠疫情肆虐全球，对医疗系统、制药和医学研究部门的攻击成为国家支持的黑客的重点目标，以此寻找与感染率、国家级反应和治疗相关的数据。未来三到五年，新冠疫情与人类并存将成为常态，国家支持的黑客对医疗领域的攻击将会持续，攻击手段和方式将不断升级，也将造成更严重的危害后果。

我国关键信息基础设施也长期遭受来自国家支持的黑客的攻击，造成了严重的

---

〔1〕《澳大利亚称遭受了来自“国家主体”的网络攻击，但拒绝透露是谁》，载《环球时报评论》2020 年 6 月 19 日版。

经济损失。近几年,印度的黑客组织在国家政府的支持下,多次对亚洲各国进行网络入侵,尤其以中国和巴基斯坦为主,而且主要针对的是国家的国防军事和国有企业。2016 年 4 月,习近平总书记在网络安全和信息化工作座谈会上强调,“从世界范围看,网络安全威胁和风险日益突出,并日益向政治、经济、文化、社会、生态、国防等领域传导渗透。特别是国家关键信息基础设施面临较大风险隐患,网络安全防控能力薄弱,难以有效应对国家级、有组织的高强度网络攻击。这对世界各国都是一个难题,我们当然也不例外”。2020 年 9 月,我国国家计算机网络应急技术处理协调中心发布《2020 年上半年我国互联网网络安全监测数据分析报告》,指出“大量关键信息基础设施及其联网控制系统的网络资产信息被境外嗅探,给我国网络空间安全带来隐患”[1]。2021 年 7 月,外交部发言人赵立坚主持例行记者会,他明确指出,“360 公司报告还显示,美国中央情报局的网络攻击组织 APT-C-39 曾对中国航空航天、科研机构、石油行业、大型互联网公司以及政府机构等关键领域进行了长达 11 年的网络渗透攻击。上述攻击严重损害中国的国家安全、经济安全、关键基础设施安全和广大民众的个人信息安全”[2]。

美国等西方国家试图将自己扮演成网络攻击的“受害者”,表面上不断指责中国、俄罗斯等国家对他们实施国家支持的黑客攻击,实质上通过大型互联网企业的后门、安全漏洞等不断进行全球攻击、窃密活动。此外,还频频勾结五眼情报联盟等盟友,企图将“网络攻击”的帽子扣到中国和俄罗斯等国家头上。相比直接进行实战化的传统军事战争,针对关键信息基础设施的攻击成本低、隐蔽性强、后果更加严重,其将可能成为数字经济时代各国网络空间对抗的核心战场,进而发展成为未来战争的优先选择手段。

9.1.2 勒索攻击事件层出不穷

勒索攻击事件由来已久。2006 年就出现首次使用 RSA 加密的勒索软件 Archievus。近年来,加密技术的普及、虚拟货币的盛行(包括恐怖组织的亚国家集团利用虚拟货币旨在增强其经济和政治能力)、勒索软件即服务业的兴起等,为勒索攻击的滋生蔓延创造了条件。勒索攻击事件凸显出三个主要特点:最高赎金要求翻倍

---

〔1〕 CNCERT:《2020 年上半年我国互联网网络安全监测数据分析报告》,载 CN-SEC 中文网 2020 年 9 月 27 日,http://cn-sec.com/archives/143984.html。

〔2〕 葛冲:《中国政府网络长期遭受黑客攻击　美“贼喊捉贼”》,载大公网 2021 年 7 月 21 日,http://www.takungpao.com/news/232108/2021/0721/611481.html。

增加、被攻击者成本损失飙升、多重勒索攻击方式常态化。勒索攻击已成为各国网络安全面临的主要威胁，并呈现出向关键信息基础设施领域大面积扩散蔓延的趋势。

2019 年，世界上最大的铝生产商之一挪威公司 Norsk Hydro AS，在一次有针对性的网络攻击中，遭到 LockerGoga ransomware 勒索软件的破坏，影响了该公司的大部分业务，导致欧洲和美国的生产中断。2020 年，欧洲能源巨头葡萄牙跨国能源公司 EDP (Energias de Portugal) 遭遇勒索软件袭击，被攻击者索要 1580 比特币(折合约 1090 万美元/990 万欧元) 以赎回 10TB 的敏感数据文件。2021 年以来，Kaseya、Colonial Pipeline、SolarWinds 与 Microsoft Exchange 等大规模勒索攻击事件频发，国防、能源、交通、金融、公共服务等关键信息基础设施领域皆成为攻击对象，对现实社会的溢出效应和供应链攻击产生的级联效应使得网络安全态势日趋严峻。最为典型的是 2021 年 5 月美国成品油供应商之一科洛尼尔公司遭遇的勒索攻击事件。该次勒索攻击导致美国东海岸地区 45% 的燃油供应受到影响，5500 英里输油管系统被迫停运，美国国内汽油价格达到 7 年来的最高水平。5 月 9 日，美国宣布多州交通运输进入为期至少 1 个月的应急状态，以应对事件对燃油运输产生的影响。该事件发生后，美国司法部称，“利用技术对企业和地区进行勒索活动是‘21 世纪的挑战’”。

在 30 个国家开展的一项调查显示，以瘫痪关键基础设施往往成为攻击目的，导致平均停机时间从 2020 年第一季度的 15 天增加到 2021 年第二季度的 23 天，并可能会继续增加。此外，随着网络攻击事件的增加，为了减少损失，越来越多的企业将目光投向网络保险，向网络保险产业寻求帮助。这也会导致违法犯罪分子有针对性地对网络保险公司实施有针对性的勒索攻击，这种做法也会间接助长整个勒索软件经济。

9.1.3 网络安全漏洞威胁升级

网络攻击从本质上来说，是网络系统在设计、开发、运行、维护、配置过程即存在系统漏洞或网络系统与生俱来的脆弱性，外部威胁通过利用系统存在的漏洞或脆弱性发动攻击，从而导致安全事件的发生。安全漏洞因其具有监控成本低、破坏性更普遍等网络武器特点，已经成为大多数网络攻击事件的源头，也成为各国获取网络空间战场主动权的关键因素。利用安全漏洞绕过保护措施已经成为全球实施网络攻击、网络间谍或网络破坏活动的主流方法。安全漏洞治理成为各国关键信息基础设施安全保障领域重点关注的环节。

2021 年 3 月，微软公司发布公告表示，有黑客组织利用新发现的 Microsoft

Exchange 本地产品漏洞发起远程攻击,目标包括传染病研究人员、律师事务所、高等教育机构、国防承包商、政策智库和非政府组织等。美国、欧盟等相关网络安全部门随即发布警报,要求使用相关产品的组织立即采取措施修复漏洞。2021 年 11 月,美国网络安全与基础设施安全局、联邦调查局(FBI)、澳大利亚网络安全中心(ACSC)和英国国家网络安全中心(NCSC)联合发布一项警告,表示“目前发现的证据表明伊朗支持的攻击者至少从 3 月就开始利用 Fortinet 漏洞,从 10 月开始利用微软 Exchange ProxyShell 漏洞,以进入美国交通和公共卫生部门的关键基础设施组织,以及澳大利亚的组织”。2021 年 11 月,美国 CISA 发布的约束性操作指令《降低已知被利用漏洞的重大风险》中指出,美国政府认为其一直面临持续的高强度网络攻击,特别是各类行为体利用漏洞发动网络攻击,对美国国家安全和公众隐私构成严重威胁,因此美国政府必须加强防护,对已知被利用漏洞采取强有力的补救措施,减少网络安全事件发生,切实维护联邦信息系统安全。

我国国家互联网应急中心在《2020 年我国互联网网络安全态势综述》中同样指出,我国历史重大漏洞利用风险依然较为严重,漏洞修复工作尤为重要和紧迫。经抽样监测发现,2020 年利用安全漏洞针对境内主机进行扫描探测、代码执行等远程攻击行为多利用的是历史上曾造成严重威胁的重大漏洞。虽然已曝光较长时间,但目前仍然受到攻击者重点关注,安全隐患依然严重,针对此类漏洞的修复工作尤为重要和紧迫。

从“熊猫烧香”到“震网”“火焰病毒”“心脏滴血”等事件,从全球最大的社交网站 Facebook 遭攻击,个人数据泄露,到美国大选被黑客干预,再到 Microsoft Exchange 产品漏洞远程攻击事件。利用软件漏洞对关键基础设施领域实施的攻击层出不穷,几乎每个国家、每个企业都遭遇过不同程度的数据窃密、系统破坏。恐怖分子利用漏洞进行攻击的范围越来越广,从窃取用户个人隐私数据,未经授权访问金融、交通等各大行业,到攻入政府、国家网站进行数据篡改、毁坏,影响国家安全、政治稳定和经济发展。

9.1.4 数据泄露事件不断增加

近年来,全球数据泄露事件依然呈现高发态势,且内部人员的攻击、窃取等恶意行为引发的数据泄露事件不断增加。IBM 和 Ponemon Institute 的 2020 年数据泄露成本报告显示,52% 的数据泄露是由恶意攻击(黑客或内部人士犯罪)造成的,另外 25% 是由系统(IT 和业务流程)故障造成的,23% 是人为失误(玩忽职守的员工或承包商无意中引起数据泄露)。

2019 年 11 月,阿里云计算公司未经用户同意擅自将用户留存在阿里云的注册信息泄露给第三方合作公司。2020 年 2 月,以色列总理内塔尼亚胡领导的利库德集团(Likud)开发的选举应用程序配置中的错误,可能潜在地暴露并损害了近 650 万以色列公民的个人资料。2020 年 11 月,五名圆通内部员工泄露 40 万条个人信息,包括发件人及收件人地址、姓名、电话等,数量超过 40 万条。2021 年 5 月,一家纽约信贷联盟的前雇员朱莉安娜·巴里尔未经授权进入前公司的计算机系统,在 40 分钟时间内报复性销毁 2 万份文件,多达 21GB。

2022 年 1 月,公安部公布 2021 年侵犯公民个人信息犯罪十大典型案例。其中"江苏公安机关破获何某非法获取公民个人信息案"就是内部人员恶意为之。犯罪嫌疑人何某利用为相关单位、企业建设信息系统之机,非法获取医疗、出行、快递等公民个人信息数十亿条,搭建对外提供非法查询服务的数据库,通过暗网发布广告招揽客户,出售谋取不法利益。[1]

关键信息基础设施的数据安全主要体现在个人信息和重要数据的安全方面。综合来看,数据安全呈现风险类型多、威胁来源广、影响范围大三大特点。

第一,风险类型多。数据面临丢失、篡改、泄露、窃取等诸多安全风险,新技术的发展和应用场景的不断增多,催生新的数据安全风险形态。第二,威胁来源广。数据安全威胁有来自针对基础设施的安全威胁,也有来自对数据本身的威胁,渗透在数据生产、流通和消费等整个数据生命周期的各个阶段。危险源既有外部攻击,也有内部泄密;既有技术漏洞,也有管理缺陷。值得注意的是,相比遭遇黑客攻击而造成的损失,内部问题造成的数据泄露占比高达 2/3,具有更大的危害。第三,影响范围大。数字经济时代,数据体量大、传播速度快,辅之以先进技术,一旦发生数据泄露,可能会对多领域多群体造成人身财产等重大损失。

数据安全问题是世界各国一直探索希望解决的重大问题。关键信息基础设施保护的核心问题之一就是防止数据被未经授权的访问,数据被滥用、窃取等。当下,各国及各地区深受数据泄露事件的困扰,数据泄露造成的经济损失不可估量。

9.2 域外关键信息基础设施保护制度的考察

关键信息基础设施的网络安全威胁已成为全球各个国家网络空间最为关注的焦

---

[1] 《"公安 2021"年终盘点报道　打击侵犯公民个人信息犯罪这一年:公安部公布十大典型案例》,载信用中国(新疆·克拉玛依)2022 年 1 月 11 日,http://credit.klmy.gov.cn/fxts/42202.jhtml。

点之一。关键信息基础设施安全保护能力的提升不仅需要依靠资金投入、技术提升等,还离不开政府的高度重视和政策支持,通过对法律法规等制度体系的健全完善来牵引整体保护能力的不断提升,已成为国际社会的普遍共识。各国法律制度的设计均聚焦于以"风险"、"预判"和"攻击"为基础,加强顶层设计,推进关键信息基础设施安全保护的统一、专门立法,并针对当下网络安全威胁通过立法手段防范勒索攻击、治理安全漏洞。新时代背景下,针对美国、欧盟、新加坡、俄罗斯等关键信息基础设施保护的立法规定进行分析,有利于全面考察国际社会关键信息基础设施治理的创新举措,探寻我国的应对路径。

9.2.1 加强顶层设计

美国、欧盟早于20世纪90年代就开始制定战略、行政令等,目前其已经形成基本的关键信息基础设施防护体系。2004年,欧盟启动了"欧盟关键基础设施保护规划",随后欧盟出台了一系列保护措施和政策决议。[1] 新加坡等国家也相继制定了战略、政策文件保护关键信息基础设施,并为立法指明了方向。

(1)美国

1998年5月,克林顿总统采纳总统关键基础设施保护委员会(PCCIP)的建议发布了第62号和第63号总统令,共同建立利用现有政府部门和专业力量实施关键基础设施保护的决策和监督机构。2000年之后,美国通过《信息系统保护国家计划》、《建立国土安全办公室和国土安全委员会的第13228号行政令》、《关键基础设施和重要资产物理保护国家战略》、《保护网络空间国家战略》、《国土安全总统第7号令》(取代1998年第63号总统令以及之前发布的任何总统令)、《国家基础设施保护计划》、《国土安全国家战略》、《信息共享国家战略》、《网络空间国际战略》、《改善关键基础设施的网络安全行政令》、第21号总统令《提高关键基础设施的安全性和恢复力》、《网络空间安全国家行动计划》、《美国网络事件协调总统政策指令》、《强化联邦网络和关键基础设施网络安全行政令》、《确保信息通信技术与服务供应链安全行政令》等多项政策文件,强调关键基础设施保护的重要性。

近两年,美国继续通过制定政策文件改善关键信息基础设施的网络安全,增强国家弹性。2020年2月12日,美国总统特朗普签署《通过负责任地使用定位、导航与授

---

[1] 严鹏、王康庆:《欧盟关键基础设施保护法律、政策保障制度现状及评析》,载《信息网络安全》2015年第9期。

时服务来增强国家弹性行政令》,确保 PNT 服务的中断或操纵不会破坏其关键基础设施的可靠性和有效运行。2021 年 7 月 28 日,美国总统拜登签署《关于改善关键基础设施控制系统网络安全的国家安全备忘录》,要求美国网络安全和基础设施安全局与 NIST 等机构合作,为关键基础设施领域制定网络安全性能目标。

(2)欧盟

自 2004 年开始,欧盟通过《打击恐怖主义活动,加强关键基础设施保护的通讯》《保护关键基础设施的欧洲计划》《关于欧盟理事会制定识别、指定欧洲关键基础设施,并评估提高保护的必要性指令的建议》《关于建立作为安全和自由防卫总战略中 2007—2013"对恐怖主义和相关安全风险的预防,准备和结果控制"的具体战略的第 2007/124/EC 号决定》《2008 年 12 月 8 日关于关键基础设施保护的第 2008/114/EC 号决定》《关键信息基础设施保护:保护欧洲免受大规模网络攻击和中断:预备、安全和恢复力的通讯》《关键信息基础设施保护:"成就与进步:面向全球网络安全"通讯》《"关键信息基础设施保护:面向全球网络安全"的决议》《网络与信息安全指令》(NIS 指令)等一系列通讯、决议、决定文件,旨在保护欧盟境内的关键信息基础设施。

2020 年 12 月 16 日,欧盟委员会通过一项修订 NIS 指令的提案——《欧洲议会和理事会关于欧盟高等级网络安全措施,废除(EU) 2016/1148 指令的提案》,旨在解决 NIS 指令的缺陷,使其适应当前需要,并提出新的立法建议。

(3)新加坡

"9·11"事件促使新加坡国土安全机构开始致力于监测国家关键基础设施的脆弱性并加强关键基础设施的安全保护工作。2002 年,新加坡政府正式宣布推出一项《国家关键基础设施保障计划》,用以深入评估关键国家基础设施的脆弱性以及减少这些脆弱性的必要措施。

2016 年 10 月,新加坡发布《网络安全战略》,旨在为新加坡创建一个更有恢复力的、可信的网络环境。该战略表示,新加坡将会与私营部门的运营者和网络安全机构等关键利益相关方合作,加强关键信息基础设施的恢复能力。该战略还指出新加坡将通过加强关键信息基础设施保护计划、改善部门的反应和恢复计划、举行多部门网络安全演习、制定《网络安全法》等措施加强关键信息基础设施保护。

2021 年 10 月 5 日,新加坡网络安全局发布《2021 年新加坡网络安全战略》,旨在积极捍卫新加坡的网络空间,简化终端用户的网络安全,促进国际网络规范和标准的制定。《2021 年新加坡网络安全战略》将"建设弹性基础设施"作为未来的三大战略支柱之一,目标是加强数字基础设施的安全性与弹性。要实现这一目标,应做到:①实现以关键信息基础设施(CII)为核心的国家网络安全协调方法;②保障关键信息基础设施之外的重要实体和系统的安全。

9.2.2 推进专门立法

鉴于关键信息基础设施的至关重要性,美国、澳大利亚、俄罗斯等国家都在前述政策或战略的指导下,制定了专门的关键信息基础设施保护立法,或在网络安全基础性立法中设置专门章节,以界定关键信息基础设施的相关概念,明确监管机制、信息共享、风险评估等制度框架。

(1)美国

2002年,美国国土安全部发布《关键基础设施信息保护法》,其构成《2002年国土安全法》的一部分,旨在鼓励私营部门与国土安全部之间共享互联网关键基础设施保护信息。该法建立了一套完整详细的漏洞信息保护程序,鼓励经营关键基础设施的机构自愿提交关键基础设施的漏洞信息,确保相应的联邦国家安全和执法部门及州和地方政府迅速、安全地共享漏洞信息,并为漏洞信息提供安全保护措施。[1]

2018年11月16日,美国总统特朗普正式签署《2018年网络安全与基础设施安全机构法》,旨在修订《2002年国土安全法》并对国土安全部的网络安全和基础设施安全机构进行授权。根据该法的规定,《2002年国土安全法》需增加对网络安全和基础设施安全机构的相关规定,该法生效后,美国国土安全部的"国家保护和规划局"更名为"网络安全与基础设施安全局",其主要承担网络安全与基础设施安全保护工作。该法案详细规定了网络安全与基础设施安全局的构成人员及其相应职责。

新冠疫情期间,能源、电力、医疗等关键信息基础设施连续运转至关重要,美国发布人员识别指南确保关键基础设施在疫情期间的弹性运行。2020年3月19日,美国国土安全部下设的网络安全与基础设施安全局发布《COVID-19期间关键基础设施核心工作人员识别指南》,旨在支持州、地方和行业合作伙伴确定关键基础设施部门,识别维持服务和功能所需的必要工作人员,以保障美国人所依赖的关键基础设施能够在COVID-19大流行应对期间弹性运行。

2020年8月18日,美国国土安全部网络安全与基础设施安全局发布最新版本的

---

〔1〕 何治乐、黄道丽、雷云婷:《美国软件漏洞信息披露制度分析与借鉴》,载《中国信息安全》2013年第11期。

《关于关键基础设施人力资源的指南:确保社区和国家在应对 COVID - 19 时的应变能力》,确定从事重点操作和服务的员工类别,包括为运营中心配备人员、维护和维修关键基础设施、运营呼叫中心、施工建设和履行运营职能等。

(2)澳大利亚

2021 年 10 月 20 日,澳大利亚众议院通过《2021 年安全立法修正案(关键基础设施)法案》,旨在修订《2018 年关键基础设施安全法案》,其引入额外的积极安全保护义务,对关键基础设施运营者施加了强制性的网络事件报告义务,同时为应对重大网络攻击,允许政府向相关实体提供援助。该法案要求运营者将准备、预防和缓解活动嵌入关键基础设施的日常运营中,采用和实施关键基础设施风险管理计划;强制要求向澳大利亚信号局的澳大利亚网络安全中心报告严重的网络安全事件;必要时,向关键基础设施资产登记部门提供关键基础设施的所有权和运营信息。

(3)俄罗斯

2015 年 1 月 1 日,俄罗斯联邦法律《俄罗斯联邦法:关于俄罗斯联邦关键信息基础设施安全》生效,为防止计算机事件、保障俄联邦关键信息基础设施安全建立了组织和法律基础,确立了该领域国家管理的基本原则和方法,联邦关键信息基础设施主体与检测、预防、消除计算机攻击联邦信息资源后果的国家系统协作的秩序,确定了俄联邦国家权力机关的权能和俄联邦关键信息基础设施主体的权力、义务和责任。

2017 年 7 月 19 日,俄罗斯国家杜马通过了《俄罗斯联邦关键信息基础设施安全法》,并于 2018 年 1 月 1 日正式生效。该法明确了俄罗斯关键信息基础设施安全保障的基本原则,俄罗斯联邦国家机关在这一领域的职权,关键信息基础设施分级考量因素及分级程序,关键信息基础设施主体的权利及义务等内容。

2018 年 2 月 8 日,俄罗斯联邦政府通过第 127 号决议——《关于确认俄罗斯联邦关键信息基础设施客体等级划分的规定以及俄罗斯联邦关键信息基础设施客体重要性标准参数列表》。该决议作为《俄罗斯联邦关键信息基础设施安全法》的附属性文件,由俄罗斯联邦国家总理梅德韦杰夫签署批准。决议内容包括等级划分规定、关键信息基础设施客体重要性标准参数列表以及划分的参数值。

(4)新加坡

2018 年 2 月,新加坡通过《网络安全法》,旨在建立关键信息基础设施所有者的监管框架、网络安全信息共享机制、网络安全事件的响应和预防机制、网络安全服务许可机制,为新加坡提供一个综合的、统一的网络安全法。该法专门设置“关键信息基础设施”一章,对关键信息基础设施的认定与撤回、关键信息基础设施所有者的义务作出规定,并在附录中确立了11个关键信息基础服务设施领域,具体包括能源、信息通信、水、医疗、银行和金融、安保及应急服务、航空、陆运、海运、政府、媒体。

9.2.3 防范勒索攻击

受大规模勒索攻击事件频发的影响,勒索攻击的防治打击成为关注重点,预防性立法与指导性文件发布逐渐提上日程,多个国家从强制性事件报告义务、事件响应、赎金支付以及国际合作等多角度强化对勒索攻击行为的打击力度。

(1)美国

2000年,美国《计算机欺诈和滥用法》正式编入《美国法典》第18编,将“以从任何个人、公司、协会、教育机构、金融机构、政府组织或其他合法组织勒索任何金钱或其他有价值的东西为目的,在州际或对外交往中发送任何含有威胁损害受保护的计算机内容的信息”的行为明确认定为犯罪。

2014年6月,美国司法部发布了跨州联合打击以“Gameover Zeus”僵尸网络和“Cryptolocker”勒索软件为代表的破坏性软件的成功行动,参与成员涉及全球数国执法、研究机构。该行动围绕勒索软件受害者和实施者具有的全球分散性和普遍性特征展开,体现了各国在打击活动中“分段打击”“分布协同”“并行起诉”的新特点。

2016年9月,美国加利福尼亚州通过参议院第1137号法案(Senate Bill No. 1137 - Chapter 725),旨在修订美国《刑法典》第523节,并在法律层面明确实施勒索软件行为的刑事责任,规定如果某人以获取钱财或其他利益为目的,直接放置或感染勒索软件,或者指示、引诱他人实施类似行为,从而将勒索软件感染到计算机、计算机系统或计算机网络中,在获取利益后为受感染者提供移除或其他方式的恢复服务的,则此人将为该勒索软件负责,视情节严重情况对其处以2年至4年监禁。

2021年以来,拜登政府对勒索攻击开启“反恐模式”,呼吁加强国际执法合作,破坏勒索软件生态系统,解决勒索犯罪分子的“安全港”问题,推动通过《北约综合网络防御政策》。此外,美国出台多项打击勒索软件攻击的政策立法,包括:①2021年5月,美国国家标准和技术研究院发布《勒索软件处理提示及策略》,为组织抵御勒索软件攻击提供支持。②2021年6月,白宫发布《防范勒索软件风险备忘录》,呼吁企业认真对待勒索软件犯罪,确保公司网络防御与威胁相匹配;司法部副部长丽莎·莫纳科(Lisa Monaco)向美国检察官办公室提交《关于勒索软件和数字勒索调查和案件的指导意见备忘录》,要求联邦检察官在启动涉及勒索软件的新案件时通知司法部高级官员,保持与计算机犯罪和知识产权科的协同。③2021 年 8 月,美国国土安全部网络安全与基础设施安全局发布《关于如何防止勒索软件泄露数据的指南》,为政府和私营部门预防勒索软件攻击与数据泄露提供指引;美国参议院引入《2021 年制裁和制止勒索软件法案》《赎金披露法案》等,试图加强勒索软件的监管和制裁。

(2)澳大利亚

澳大利亚的勒索攻击防治立法涵盖强制披露支付信息、加大犯罪惩罚力度、呼吁制裁黑客"避风港"国家等多个方面。2021 年 8 月,澳大利亚参议院引入《2021 年勒索软件支付法案》,要求大型私营公司和公共实体向澳大利亚网络安全中心报告勒索攻击赎金的支付情况,包括实体名称和联系方式、攻击者身份、攻击者要求向其支付赎金的加密货币钱包等信息。

2021 年 10 月,澳大利亚内政部发布《勒索软件行动计划》,从准备和预防、应对和恢复、破坏和威慑三个阶段规定措施,全面预防和打击勒索软件攻击,要点包括:①为受害实体引入强制性勒索软件事件报告规定;②为各种规模的企业制定提高勒索攻击认识的计划;③对澳大利亚网络勒索者和勒索软件攻击者实施更严厉的处罚;④呼吁制裁促进勒索软件攻击或为网络犯罪分子提供避风港的国家(例如俄罗斯);⑤跟踪和拦截已确认链接到勒索软件操作或其他网络犯罪的加密货币交易。

为进一步加强调查和破坏勒索软件攻击的能力,澳大利亚政府正在寻求通过《2021 年监视立法修正案》以获得新权力。修正案将允许澳大利亚执法部门删除在勒索软件攻击中窃取的数据,以及存储在攻击者操作的服务器上用于双重勒索的数据。通过删除这些数据,执法部门希望在受害者不支付赎金的情况下防止潜在的数据泄露。[1]

此外,其他国家也通过专门机构发布指南、咨询文件等方式进行勒索攻击的防范。例如,英国国家网络安全中心发布《缓解恶意软件和勒索软件攻击》指导性文件,法国国家网络安全局发布《勒索软件攻击指南》,加拿大发布《勒索软件咨询》,新加坡计算机应急响应小组发布《保护系统和数据免受勒索软件攻击》的文件,丹麦数据保护机构发布《勒索软件攻击指南》。

9.2.4 治理安全漏洞

当下,各国已经认识到关键信息基础设施安全漏洞一旦被利用将带来不可逆的

---

〔1〕《澳大利亚政府发布反勒索软件行动计划》,载安全内参 2021 年 10 月 15 日,https://www.secrss.com/articles/35137。

危害,纷纷进行立法予以规范,内容包括关键信息基础设施漏洞信息共享、漏洞信息披露、风险评估、减少漏洞的发展措施、漏洞信息的保密等。

美国的漏洞立法较为完善,尤其是在漏洞披露政策方面,其通过多部政策及立法文件进行规制,具有代表性的包括2004年美国国防部发布的《漏洞披露政策》、《2015年网络安全信息共享法》、2017年美国白宫发布的《美国联邦政府漏洞公平裁决政策和程序》、2017年美国司法部发布的《在线系统漏洞披露计划框架》、2017年美国国会提出的《2017补丁法案》、2020年美国管理与预算办公室签署的《改进漏洞识别、管理和补救备忘录》以及2020年美国网络安全与基础设施安全局发布的约束性操作指令《制定和发布漏洞披露政策》等。

美国SolarWinds事件之后,2021年7月20日,美国众议院通过《网络安全漏洞修复法案》,旨在授权国土安全部的网络安全与基础设施安全局协助关键基础设施的所有者和运营商制定针对严重漏洞的缓解策略。[1] 2021年10月8日,美国管理与预算办公室发布备忘录(M-22-01)——《通过部署端点检测和响应改进对联邦政府系统网络安全漏洞和事件的检测》,旨在全力推动建设联邦政府端点检测和响应安全平台,提高美国政府网络安全漏洞和威胁的可见性与检测能力,将网络防御从被动转向主动。

澳大利亚《2021年安全立法修正案(关键基础设施)法案》明确规定,内政部可要求具有国家重要性的系统的负责实体承担一项或多项规定的网络安全活动。其中包括制定网络安全事件响应计划、进行网络安全演习以建立网络准备、进行漏洞评估以识别漏洞进行补救,以及提供系统信息以建立澳大利亚态势感知体系。

2021年1月4日,巴西电信局发布《关于电信设备网络安全要求的第77号法规》,以应对电信行业的技术发展以及电信设备出现的网络安全新风险。该法规定,当申请人向巴西电信局申请电信产品认证时,其必须提交"认识到网络安全要求(包括法规和行政要求)会随着技术发展而不断更新并且会出现新的风险或漏洞"的声明。巴西电信局除了负责识别经认证的产品中任何会影响其用户或该国电信网络安全的故障或漏洞外,还将通知负责人进行整改,并考虑根据通用漏洞评分系统(CVSS)评估漏洞的严重程度。该法还进一步明确电信设备供应商安全漏洞方面的

---

〔1〕《美国众议院通过多项关键基础设施网络安全法案》,载程序员客栈2021年7月29日,https://jishuin.proginn.com/p/763bfbd61232。

要求:①制定明确的产品支持政策,尤其是在提供软件/固件更新以修复安全漏洞方面;②提供沟通渠道,使客户、最终用户和第三方可以报告产品中标识的安全漏洞;③根据国际公认的最佳实践和建议,协调实施漏洞披露流程。

9.2.5 刑事立法规定

鉴于关键信息基础设施的至关重要性,各国不仅在行政立法层面进行规制,还采取措施加强对关键信息基础设施网络犯罪的打击力度。例如,美国虽然通过传统的刑事立法进行规制,但其中包含了对关键信息基础设施犯罪的惩治;俄罗斯、巴基斯坦则直接设置关键信息基础设施相关罪名,且处罚力度较大。

(1)美国

《美国法典》第18编规定了应当受到惩罚的计算机犯罪类型,其中有三种类型可能与关键信息基础设施相关。①未经授权或超出授权故意进入计算机系统,并通过这种行为获取美国政府因国防或外交原因已经通过行政命令或法令要求不得未经授权而泄露的信息,或者是依照美国《1954年原子能法》第11(y)条应该受到限制的数据,并且有理由相信,在此情况下获取的信息将会被用于损害美国的利益。②未经授权或超出授权而故意进入计算机系统,并因此而获取以下三类信息:一是《美国法典》第15编第1602(n)条规定的金融机构或信用卡发行人的金融记录中的信息,或者获取了消费者报告机构关于消费者文件中的信息;二是美国政府所属的任何部门和机构的信息;三是在行为牵涉到州与州之间或者国外通讯时,任何受到保护的计算机中的信息。③未经授权而故意进入美国所属的任何部门或机构的非公众计算机系统,进入该部门或机构特定的、排他的、仅供合众国政府使用的计算机,或者在计算机并非排他的、仅供该种使用但是被美国政府所使用或为其而使用的情况下,该种行为妨碍美国政府的使用。《美国法典》第18编第1030(c)条还针对上述行为规定了处罚措施,最高可处以20年监禁并处罚金。

《美国法典》第943.70条规定了对计算机数据和程序的犯罪,即任何人只要未经授权而故意实施以下行为,将受到该条(b)项和(c)项中所列举的惩罚:一是修改数据、计算机程序或支持文件;二是毁坏数据、计算机程序或支持文件;三是侵入计算机程序或支持文件;四是占有数据、计算机程序或支持文件;五是复制数据、计算机程序或支持文件;六是向无权限者泄露限制进入的密码或者其他限制进入的信息。任何人通过向计算机、计算机程序、计算机系统或计算机网络提交一条或多条消息,超出该计算机、计算机程序、计算机系统或计算机网络的处理能力,从而故意导致服务中断的行为,将受到该条(b)项和(c)项中所列举的惩罚。《美国法典》还特别强调,如果上述罪行中断或削弱了政府操作、公共通讯、交通运输、水及煤气供应或者其他公共服务,则构成F级重罪。

(2)俄罗斯

2018年1月,俄罗斯正式实施《关键信息基础设施安全法》,同时修改与该法相关的俄罗斯联邦《刑法》和《刑事诉讼法》(194 – FZ《与〈关键信息基础设施安全法〉的通过相关的〈刑法〉和〈刑事诉讼法〉第151条修订》),通过增加"非法影响俄罗斯联邦关键信息基础设施"章节,加大处罚力度。其中规定,创建和(或)传播明显用于非法影响俄罗斯联邦关键信息基础设施的计算机程序,包括毁坏、封锁、篡改、复制其中的信息,或者削弱信息保护设备,处5年以下劳役,或2年以上5年以下剥夺自由并处50万至100万卢布罚金或1年以上3年以下工资或其他收入。

非法获取关键信息基础设施中储存的计算机信息,包括使用有害计算机程序,如果损害关键信息基础设施或造成威胁的,处5年以下劳役,并处50万至100万卢布罚金,或者1年以上3年以下工资或其他收入,或并处限制自由2年以下,或处2年以上6年以下剥夺自由。

违反俄罗斯联邦关键信息基础设施或者信息系统中储存、处理和传输计算机信息的设备运行规定,或违反获取上述信息的规定,对关键信息基础设施造成损害或威胁的,处5年以下劳役,或并处剥夺3年以内担任特定职务或从事特定活动的权利;或者处以6年以下剥夺自由,或并处剥夺3年以内担任特定职务或者从事特定活动的权利。

如果上述违法行为是团体预谋实施,或有组织团体实施,或利用职务便利实施,则罪犯可能被处以5年以下劳役,或并处剥夺3年以内担任特定职务或从事特定活动的权利;或者处以3年以上8年以下剥夺自由,或并处剥夺3年以内担任特定职务或从事特定活动的权利。

造成严重后果的行为,处以5年以上10年以下剥夺自由,或并处5年以内担任特定职务或从事特定活动的权利。

(3)巴基斯坦

2016年8月,巴基斯坦正式通过《2016年电子犯罪预防法》,侧重于规定网络相关犯罪及其调查和起诉程序,针对关键基础设施网络犯罪实施更为严厉的刑罚。

该法规定了三个关键基础设施罪名,包括:①未经授权访问关键基础设施信息系统或数据。基于主观恶意,未经授权访问关键基础设施信息系统或数据的,处 3 年以下监禁或 100 万卢比以下罚款,或二者并罚。②未经授权复制或传输关键基础设施数据。基于主观恶意,未经授权复制或以其他方式传输或导致关键基础设施数据传输的,处 5 年以下监禁或 500 万卢比以下罚款,或二者并罚。③干扰关键基础设施信息系统或数据。基于主观恶意,干扰或损害或导致干扰或损害全部或部分关键信息系统或数据的,处 7 年以下监禁或 1000 万卢比以下罚款,或二者并罚。

9.3 我国关键信息基础设施安全保护的现行规定

加强关键信息基础设施安全保护,对于维护国家安全、保障经济社会健康发展、维护人民群众根本利益意义重大。我国高度重视关键信息基础设施安全保护工作。[1] 在 2016 年网络安全和信息化工作座谈会上,习近平总书记强调国家关键信息基础设施网络安全防控能力薄弱,难以有效应对国家级、有组织的高强度网络攻击。此后,我国在一系列政策文件中强调关键信息基础设施安全保护的重要性,在网络安全、密码安全、数据安全领域的基础性立法中均设置关键信息基础设施保护相关制度,并通过相关配套法规、规范性文件等予以完善。

9.3.1 战略及政策文件

2016 年 12 月,国家网信办发布《国家网络空间安全战略》,将国家关键信息基础设施定义为"关系国家安全、国计民生,一旦数据泄露、遭到破坏或者丧失功能可能严重危害国家安全、公共利益的信息设施,包括但不限于提供公共通信、广播电视传输等服务的基础信息网络,能源、金融、交通、教育、科研、水利、工业制造、医疗卫生、社会保障、公用事业等领域和国家机关的重要信息系统,重要互联网应用系统等",将重要互联网应用系统纳入关键信息基础设施安全保护的范畴。这样的规定符合信息化发展的现实需求,在促进以云计算、大数据等新兴战略行业为代表的信息化发展的同时,进一步将其纳入网络安全保障的制度体系框架之内。

2017 年 2 月 17 日,在国家安全工作座谈会上,习近平总书记再次强调关键信息基础设施安全保护的重要性,"要筑牢网络安全防线,提高网络安全保障水平,强化关键信息基础设施防护,加大核心技术研发力度和市场化引导,加强网络安全预警监测,确保大数据安全,实现全天候全方位感知和有效防护"。为贯彻落实习近平总书记的重要指示精神,我国通过政策立法加快关键信息基础设施的安全保护。

---

[1] 冯登国、连一峰:《网络空间安全面临的挑战与对策》,载《中国科学院院刊》2021 年第 10 期。

2020年12月7日,中共中央发布《法治社会建设实施纲要(2020—2025年)》,旨在加快推进法治社会建设。其中要求,完善《网络安全法》配套规定和标准体系,建立健全关键信息基础设施安全保护、数据安全管理和网络安全审查等网络安全管理制度,加强对大数据、云计算和人工智能等新技术研发应用的规范引导。

2021年3月11日,第十三届全国人民代表大会第四次会议表决通过《中华人民共和国国民经济和社会发展第十四个五年规划和2035年远景目标纲要》,明确强调"建立健全关键信息基础设施保护体系,提升安全防护和维护政治安全能力。加强网络安全风险评估和审查"。

9.3.2 法律及行政法规

目前,我国关键信息基础设施保护的法律条款主要包含在《国家安全法》《网络安全法》《密码法》《数据安全法》《个人信息保护法》《关保条例》等法律、行政法规中。此外,《刑法》涉及的"重大责任事故罪"和"拒不履行信息网络安全管理义务罪"也可与关键信息基础设施行政违法行为形成行刑衔接。

2015年7月1日,第十二届全国人民代表大会常务委员会第十五次会议通过新的《国家安全法》,第25条明确要求实现关键基础设施的安全可控,规定"国家建设网络与信息安全保障体系,提升网络与信息安全保护能力,加强网络和信息技术的创新研究和开发应用,实现网络和信息核心技术、关键基础设施和重要领域信息系统及数据的安全可控;加强网络管理,防范、制止和依法惩治网络攻击、网络入侵、网络窃密、散布违法有害信息等网络违法犯罪行为,维护国家网络空间主权、安全和发展利益"。

2016年11月7日,第十二届全国人民代表大会常务委员会第二十四次会议通过《网络安全法》,其中专门设置"关键信息基础设施的运行安全"一节,明确在我国建立关键信息基础设施保护制度。第31条采用"列举+兜底"的立法模式,初步确定了关键信息基础设施的范围,明确关键信息基础设施保护的基本要求为"在网络安全等级保护制度基础上实施重点保护",同时授权国务院制定关键信息基础设施的具体范围和安全保护办法。此外,该节还规定了负责关键信息基础设施安全保护的工作部门的职责、建设关键信息基础设施的安全要求、关键信息基础设施运营者的安全保护和监测评估义务、关键信息基础设施采购的国家安全审查制度、关键信息基础设施有关数据境内存储和向境外提供的要求、关键信息基础设施安全保护的统筹协调机制等内容。

2019年10月26日,第十三届全国人大常委会第十四次会议表决通过《密码法》,

并于2020年1月1日起施行。《密码法》第27条规定了关键信息基础设施商用密码使用要求和进行国家安全审查的要求。该条规定的关键信息基础设施商用密码使用要求是《网络安全法》规定的关键信息基础设施安全保护义务的重要组成部分。法律、行政法规和国家有关规定要求使用商用密码进行保护的关键信息基础设施,其运营者必须使用商用密码进行保护,而且使用的商用密码必须是合规、正确、有效的。

2021年制定实施的《数据安全法》和《个人信息保护法》,主要规范关键信息基础设施领域的数据跨境流动问题。《数据安全法》强调关键信息基础设施运营者在境内运营中收集和产生的重要数据的出境安全管理,适用《网络安全法》的规定。《个人信息保护法》强调关键信息基础设施运营者在境内收集和产生的个人信息应当存储在境内,确需向境外提供的,应当通过国家网信部门组织的安全评估。

值得关注的是,2019年以来,《关保条例》连续三年纳入国家立法计划。经过反复修改完善,2021年7月30日,我国第一部专门保障关键信息基础设施安全的行政法规——《关保条例》正式发布,自2021年9月1日起施行。《关保条例》建立了关键信息基础设施的监督管理体制以及国家网信部门的统筹协调职责;明确了"国务院公安部门负责指导监督关键信息基础设施安全保护工作",推动网络安全等级保护和关键信息基础设施安全保护工作的有效融合;确定了重要行业和领域的主管部门、监督管理部门负责关键信息基础设施的认定工作;细化了省级人民政府有关部门依据各自职责对关键信息基础设施实施安全保护和监督管理。

《关保条例》进一步细化落实了《网络安全法》的要求,规定关键信息基础设施的认定规则,关键信息基础设施运营者的建设管理、安全审查、事件报告、检查配合等责任义务,以及国家网信部门等机构的保障和促进措施等。鉴于关键信息基础设施的安全漏洞不仅是缺陷,还具备资源属性,为了加强监管,《关保条例》针对安全漏洞的测试建立了双重批准或双重授权机制,并进一步要求,"对基础电信网络实施漏洞探测、渗透性测试等活动,应当事先向国务院电信主管部门报告"。在行业分层方面,强调"能源、电信行业"在关键信息基础设施领域的基础保障作用,明确"国家采取措施,优先保障能源、电信等关键信息基础设施安全运行。能源、电信行业应当采取措施,为其他行业和领域的关键信息基础设施安全运行提供重点保障"。

2021年11月14日,国家网信办发布《网络数据安全管理条例(征求意见稿)》,规定数据处理者应当按照网络安全等级保护的要求,加强数据处理系统、数据传输网络、数据存储环境等安全防护,处理重要数据的系统原则上应当满足三级以上网络安全等级保护和关键信息基础设施安全保护要求，处理核心数据的系统依照有关规定从严保护。

刑事立法方面，我国关键信息基础设施运营者违反网络安全保护义务的行政处罚，主要可与《刑法》第 134 条“重大责任事故罪”及第 286 条之一规定的“拒不履行信息网络安全管理义务罪”引起的刑事责任相衔接。

第一，与重大责任事故罪衔接。《关保条例》第 47 条规定，“关键信息基础设施发生重大和特别重大网络安全事件，经调查确定为责任事故的，除应当查明运营者责任并依法予以追究外，还应查明相关网络安全服务机构及有关部门的责任，对有失职、渎职及其他违法行为的，依法追究责任”。结合《关保条例》第 49 条的规定，此处的责任包括“构成犯罪的，依法追究刑事责任”。

《刑法》第 134 条第 1 款“重大责任事故罪”规定，“在生产、作业中违反有关安全管理的规定，因而发生重大伤亡事故或者造成其他严重后果的，处三年以下有期徒刑或者拘役；情节特别恶劣的，处三年以上七年以下有期徒刑”。最高人民检察院、公安部《关于公安机关管辖的刑事案件立案追诉标准的规定(一)》第 8 条对“重大责任事故罪”进行了解释，规定“在生产、作业中违反有关安全管理的规定，涉嫌下列情形之一的，应予立案追诉：(一)造成死亡一人以上，或者重伤三人以上；(二)造成直接经济损失五十万元以上的；(三)发生矿山生产安全事故，造成直接经济损失一百万元以上的；(四)其他造成严重后果的情形”。关键信息基础设施发生重大和特别重大网络安全事件，经调查确定为责任事故的，如有上述第 8 条中第 1 项、第 2 项或者其他造成严重后果情形的，应予立案追诉，构成重大责任事故罪的，应该按照《刑法》定罪处罚。此外，根据《关保条例》第 47 条的规定，“还应查明相关网络安全服务机构及有关部门的责任，对有失职、渎职及其他违法行为的，依法追究责任”。若有关部门的工作人员有渎职违反行为，除可能承担行政处分或者行政处理之外，还可能构成《刑法》第九章规定的渎职犯罪，例如滥用职权罪、玩忽职守罪等。

第二，与拒不履行信息网络安全管理义务罪衔接。《网络安全法》《关保条例》规定关键信息基础设施运营者设置专门安全管理机构和安全管理负责人、对重要系统和数据库进行容灾备份、网络安全风险检测评估、采购网络产品和服务的国家安全审查等义务，并设置相应法律责任。《刑法》第 286 条之一规定拒不履行信息网络安全管理义务罪，明确“网络服务提供者不履行法律、行政法规规定的信息网络安全管理义务，经监管部门责令采取改正措施而拒不改正，有下列情形之一的，处三年以下有期徒刑、拘役或者管制,并处或者单处罚金:(一)致使违法信息大量传播的;(二)致使用户信息泄露,造成严重后果的;(三)致使刑事案件证据灭失,情节严重的;(四)有其他严重情节的。单位犯前款罪的,对单位判处罚金,并对其直接负责的主管人员和其他直接责任人员,依照前款的规定处罚。有前两款行为,同时构成其他犯罪的,依照处罚较重的规定定罪处罚”。

《网络安全法》第59条规定的“拒不改正或者导致危害网络安全等后果”与“拒不履行信息网络安全管理义务罪”中列举的情节及兜底性规定衔接——关键信息基础设施运营者存在拒不改正情形,且具有《刑法》第286条之一规定的“严重情节”,则构成“拒不履行信息网络安全管理义务罪”,按照《刑法》进行刑事处罚。《网络安全法》第65条规定的“关键信息基础设施的运营者违反第35条规定,使用未经安全审查或者安全审查未通过的网络产品或者服务的,由有关主管部门责令停止使用”,如果关键信息基础设施运营者不停止使用,具有《刑法》第286条之一规定的“严重情节”,则构成“拒不履行信息网络安全管理义务罪”,按照《刑法》进行刑事处罚。

“拒不履行信息网络安全管理义务罪”的“有其他严重情节”应当将上述情形纳入考量。《关于办理非法利用信息网络、帮助信息网络犯罪活动等刑事案件适用法律若干问题的解释》(法释〔2019〕15号)第6条对“有其他严重情节”进行了解释,以列举加兜底的方式明确了七个具体行为,其中第六个行为直指关键信息基础设施,即“致使国家机关或者通信、能源、交通、水利、金融、教育、医疗等领域提供公共服务的信息网络受到破坏,严重影响生产、生活的”。

9.3.3 部门规章及其他规范性文件

2021年4月26日,国家安全部公布《反间谍安全防范工作规定》,自公布之日起施行,赋予关键信息基础设施运营者更强的反间谍安全防范责任。第10条规定,关键信息基础设施运营者应对本单位安全管理机构负责人和关键岗位人员进行反间谍安全防范审查;定期对从业人员进行反间谍安全防范教育、培训;采取反间谍技术安全防范措施,防范、制止境外网络攻击、网络入侵、网络窃密等间谍行为,保障网络和信息核心技术、关键基础设施和重要领域信息系统及数据的安全。

2020年4月27日,国家网信办、公安部、国家密码管理局等十二部门联合发布《网络安全审查办法》,旨在确保关键信息基础设施供应链安全,维护国家安全,明确网络安全审查重点评估关键信息基础设施运营者采购网络产品和服务可能带来的国家安全风险。2021年7月10日,国家网信办发布《网络安全审查办法(修订草案征求意见稿)》。2021 年 12 月 28 日,国家网信办、公安部、中国证券监督管理委员会、国家密码管理局等十三部门修订发布《网络安全审查办法》,将网络平台运营者开展数据处理活动影响或者可能影响国家安全等情形纳入网络安全审查,并明确掌握超过 100 万用户个人信息的网络平台运营者赴国外上市必须向网络安全审查办公室申报网络安全审查。[1] 根据审查实际需要,增加证监会作为网络安全审查工作机制的成员单位,同时完善国家安全风险评估因素等内容。

2020 年 7 月 22 日,公安部发布《贯彻落实网络安全等级保护制度和关键信息基础设施安全保护制度的指导意见》,明确公安部负责关键信息基础设施安全保护工作的顶层设计和规划部署,会同相关部门健全完善关键信息基础设施安全保护制度体系。其中提出,网络安全等级保护和关键信息基础设施保护制度的指导思想、基本原则、工作目标及保护措施。

在安全漏洞治理方面,2021 年 7 月 13 日,工信部、国家网信办、公安部发布《网络产品安全漏洞管理规定》,对网络产品提供者提出漏洞报送的具体时限要求,以及对产品用户提供技术支持的义务。对于从事漏洞发现、收集、发布等活动的组织和个人,明确其经评估协商后可提前披露产品漏洞、不得发布网络运营者的漏洞细节、同步发布修补防范措施、不得将未公开漏洞提供给产品提供者之外的境外组织或者个人等八项具体要求。2021 年 9 月 13 日,工信部发布《网络产品安全漏洞收集平台备案管理办法(征求意见稿)》,明确漏洞收集平台的备案要求。此外,《网络安全威胁信息发布管理办法(征求意见稿)》《工业和信息化领域数据安全风险信息报送与共享工作指引(试行)(征求意见稿)》中也具体涉及安全漏洞的发布、信息共享等方面的规定。

2021 年 10 月 29 日,国家网信办发布《数据出境安全评估办法(征求意见稿)》,其中明确规定,向境外提供关键信息基础设施的运营者收集和产生的个人信息和重要数据,应当通过所在地省级网信部门向国家网信部门申报数据出境安全评估。

2021 年 8 月 4 日,《中国共产党党内法规体系》唯一收录的网络安全领域的党内法规——《党委(党组)网络安全工作责任制实施办法》正式向社会公开,从责任主体、责任范围、责任事项、问责主体、启动问责的条件、问责措施等角度对网络安全工作责任制进行明确定义。该办法规定,按照谁主管谁负责、属地管理的原则,各级党

---

[1] 《网络安全审查办法》,载人民网,http://politics.people.com.cn/n1/2022/0104/c1001-32323720.html。

委(党组)对本地区本部门网络安全工作负主体责任,领导班子主要负责人是第一责任人,主管网络安全的领导班子成员是直接责任人。该办法第8条规定了六种需要追究责任的情况,包括关键信息基础设施遭受网络攻击,没有及时处置导致大面积影响人民群众工作、生活,或者造成重大经济损失,或者造成严重不良社会影响的情况。出现此种情况,各级党委(党组)应当逐级倒查,追究当事人、网络安全负责人直至主要负责人责任。协调监管不力的,还应当追究综合协调或监管部门负责人责任。

地方层面,江苏省强化关键信息基础设施的行政执法工作。2021年11月,江苏省公安厅出台《江苏省公安机关依据〈数据安全法〉〈关键信息基础设施安全保护条例〉实施行政处罚的违法行为名称及适用条款》,进一步厘清公安机关在《数据安全法》和《关保条例》中的职责定位,规范公安机关实施行政处罚的违法行为名称和适用条款。该文件明确全省公安机关对《关保条例》中规定的"关键信息基础设施运营者不履行网络安全保护义务""关键信息基础设施运营者未按规定报告重大网络安全事件和重大网络安全威胁""关键信息基础设施运营者拒不配合公安机关开展安全检查检测""从事危害关键信息基础设施网络安全活动"等4种违法行为具备行政执法权力。

9.3.4 行业工作文件

在具体行业层面,我国水利、自然资源、交通运输、医疗等行业也相继发布工作文件,指导本行业、本领域的关键信息基础设施保护工作。

2019年8月9日,水利部发布《水利部关于印发水利网络安全管理办法(试行)的通知》,明确水利部为水利关键信息基础设施的保护工作部门,并确定其职责。其中进一步界定了水利关键信息基础设施的概念,并明确了关键信息基础设施运营者的网络安全管控措施,供应链管理、采购的国家安全审查、检测评估,数据跨境安全评估等义务,同时"严禁非法获取、出售或未经授权向他人提供关键信息基础设施相关资料"。

2020年6月2日,国家自然资源部办公厅发布《2020年自然资源部网络安全与信息化工作要点》。文件将加强自然资源网络与信息化安全作为工作要点之一,要求健全自然资源网络安全管理工作机制,完善自然资源网络,提升网络安全防护能力。具体而言,文件要求压实网络安全工作主体责任,将网络安全工作纳入考核评价和监督问责机制;研究制定行业网络安全等级保护定级指导意见,建立健全自然资源网络安全事件应急工作机制,提升应对网络安全事件能力;落实网络安全等级保护制度,开展网络定级备案、等级测评、安全建设整改和自查等工作;加强关键信息基础设施和重要数据的安全保护,落实保护责任和防护措施;推进国产软硬件产品的应用,推进软件正版化工作。

2020 年 8 月 3 日,交通运输部发布《关于推动交通运输领域新型基础设施建设的指导意见》,要求加强关键信息基础设施保护。建设集态势感知、风险预警、应急处置和联动指挥为一体的网络安全支撑平台,加强信息共享、协同联动,形成多层级的纵深防御、主动防护、综合防范体系,加强威胁风险预警研判,建立风险评估体系。切实推进商用密码等技术应用,积极推广可信计算,提高系统主动免疫能力。加强数据全生命周期管理和分级分类保护,落实数据容灾备份措施。

2021 年 4 月 6 日,国家医疗保障局发布《加强网络安全和数据保护工作指导意见》,要求切实落实关键信息基础设施重点保护要求,加强关键信息基础设施网络安全监测预警体系建设,提升关键信息基础设施应急响应和恢复能力。

9.4 我国关键信息基础设施安全保护实施机制的完善建议

关键信息基础设施是我国经济社会运行的神经中枢,是网络安全保护的重中之重,是构建国家网络空间安全保障体系的坚强堡垒。[1] “加快构建关键信息基础设施安全保障体系,全天候全方位感知网络安全态势,增强网络安全防御能力和威慑能力”是维护国家安全、确保社会大局稳定的基本要素,亦是做强、做优、做大我国数字经济的必要措施。观察域外关键信息基础设施的共性特点,结合我国立法现状和实践情况,下一步,关键信息基础设施立法应着力加强安全漏洞监管、完善安全审查和风险评估制度、推动落实行政执法工作和刑事处罚措施。

9.4.1 加强安全漏洞监管

目前,《关保条例》仅要求国家网信部门统筹指导建立网络安全信息共享机制,及时汇报包括安全漏洞在内的信息。利用安全漏洞进行的网络攻击已经成为影响我国关键信息基础设施正常运转的主要障碍,《关保条例》对漏洞的监管要求远不足以预防利用安全漏洞发生的安全风险。建议至少从以下几个方面完善安全漏洞监管制度:

1)明确漏洞发现的授权机制

根据《刑法》第 285 条的规定,以关键信息基础设施等重要领域为受测对象时不

[1] 冯登国、连一峰:《网络空间安全面临的挑战与对策》,载《中国科学院院刊》2021 年第 10 期。

存在漏洞发现行为的豁免。此条“一刀切”的规定不利于发挥社会各界力量(例如安全研究人员)共同维护关键信息基础设施的安全,应通过授权机制补充《刑法》规定的例外情形。明确授权主体及被授权主体的资质背景要求、授权范围、期限设置、保密义务等,建立关键信息基础设施安全漏洞发现行为的豁免制度。

2)进一步完善漏洞披露制度

建议以协同漏洞披露原则为导向,完善《网络安全法》框架下的厂商、第三方漏洞披露平台、众测平台和政府机构的职责设置,围绕漏洞披露主体、对象、程序和责任豁免进行规则设计,由主管部门授权的网络安全风险监测机构定期发布漏洞信息。

9.4.2 完善安全审查制度

美国多次将中国企业列入“实体清单”的做法,不断警示我们应重视安全审查。目前,我国关键信息基础设施安全审查制度过于笼统和模糊,缺乏可操作性,应从以下几个方面予以完善:

(1)建立有区别的安全审查机制

对于国防、政府、商业应使用不同类别的信息技术产品审查、检测,建立有区别的管理政策和与之相适应的安全审查机制。

(2)完善供应链安全审查措施

在国家关键信息基础设施产品和服务采购中,根据产品来源(国别)、可靠性(国家和生产单位是否可信)进行供应链审查。在关键信息基础设施领域,确保国家科技重大专项持续支持高端服务器、海量存储、中间件、数据库等核心技术和设备的研发,支持产业联盟发展,大力发展集成电路产业,支持产业标准的制定,打造完整、安全可信的信息系统标准体系,鼓励软件厂商和硬件厂商互相认证、协同发展。

(3)建立关键信息基础设施产品和服务清单制度

对关键信息基础设施运营者当前正在使用的产品和服务进行统一检测,与我国正在推动构建的“不可靠实体清单”制度形成联动机制。将符合要求的产品和服务列入“白名单”,将不符合要求的产品和服务列入“黑名单”,公开发布清单,强制性要求关键信息基础设施运营者必须使用列入“白名单”的产品和服务。同时,建立弹性清单制度,根据检测结果适时进行调整,及时告知关键信息基础设施运营者及用户。

9.4.3 完善风险评估制度

《关保条例》关于“关键信息基础设施运营者应当自行或者委托网络安全服务机构对关键信息基础设施每年至少进行一次网络安全检测和评估”的规定过于宽泛,可

考虑从以下几个方面进行完善:

(1)公开有资质的风险评估机构名单

明确《网络安全法》第38条中"网络安全服务机构"的概念和范围,制定公开评审流程和程序,确定具有资质的风险评估服务机构名单并对社会公开发布。

(2)明确风险评估的内容

根据关键信息基础设施的不同领域确定风险评估的频率、内容、流程、结果及上报机制。评估内容应包括遭遇网络攻击所导致的直接和间接后果,以及各种可能成为攻击媒介的已知漏洞和威胁信息。

(3)确定风险管理的优先性

收集和分析风险评估结果,以明确资产、系统和安全风险的全面情况,建立基于风险的优先管理次序,并提供最有效的风险缓解措施。

(4)通过评价体系形成最佳实践指导行业

在国家和部门层面建立评价体系,评估风险缓解措施在保障安全、增加弹性等方面的有效性,经过整理和比较形成最佳实践,供有关部门和关键信息基础设施行业参考。

9.4.4 强化勒索攻击治理

对于最近几年呈爆发式增长的勒索攻击事件,国际社会尚未形成较为成熟、经过实践检验的立法经验,美国虽然一直在推动勒索攻击治理立法,但成效甚微。笔者仅在参考域外有关勒索攻击治理规定的基础上,结合勒索软件自身的特性,提出以下几点建议:

(1)立法机构应继续探索勒索攻击防范治理的立法路径,规范数字货币管理。区分主体的主观意图,明确实施勒索攻击行为的行政责任和刑事责任,对于侵入一般系统和关键信息基础设施系统的处罚措施进行区分规制。

(2)构建安全底层屏障和多层防御体系,通过公私部门间的协调与合作加强信息共享,借助媒体、网站平台等手段加强有关勒索攻击危害的知识传播和安全防范宣传教育,增强防范意识和防御能力建设。

(3)探索和建立更多有效的勒索攻击治理的国际合作模式,积极参与相关国际协议制定和联合执法工作,共同应对勒索攻击的安全威胁。

9.4.5 推动落实行政执法工作

《网络安全法》施行以来,关键信息基础设施保护工作已在行业、领域充分展开,区域、全国层面的关键信息基础设施保护检查行动趋于常态。但实践中缺乏对于关键信息基础设施行政执法的违法行为名称，目前只有江苏省公安厅出台的《江苏省公安机关依据〈数据安全法〉〈关键信息基础设施安全保护条例〉实施行政处罚的违法行为名称及适用条款》，明确江苏省公安机关管辖的违法行为名称及其适用，推动了《关保条例》落地实践。

在国家层面缺乏统一的违法行为名称及其适用，显然会阻碍实践中关键信息基础设施安全保护的行政执法活动。此外，关键信息基础设施清单在各国都属于保密状态，我国也不例外。这也意味着，关键信息基础设施的行政执法与个人信息保护、网络安全等级保护等执法活动存在差异，不可能定期向社会发布典型案例，以发挥警示作用。但如果完全不公开，则会削弱执法公信力，不利于监管效能的提升。因此，应尽快推动国家层面的行政执法工作，由公安部统一发布"《关键信息基础设施安全保护条例》实施行政处罚的违法行为名称及适用条款"。同时，研究关键信息基础设施安全保护行政执法的痛点和难点问题，推动行政执法工作在脱密情况下尽可能地透明。

9.4.6 推动完善刑事处罚规定

为配合我国《关保条例》施行，可参考美国、英国及俄罗斯的刑事立法规定，研究完善针对关键信息基础设施犯罪的刑事处罚规定、关键信息基础设施重大网络安全事件引发的重大责任事故罪衔接等法律问题，制定《刑法》及其司法解释相应条款修订或增设的具体方案。

(1)完善重大责任事故罪

虽然《关保条例》第 48 条可与《刑法》的重大责任事故罪，以及最高人民检察院、公安部《关于公安机关管辖的刑事案件立案追诉标准的规定(一)》对该罪立法追诉标准的规定相衔接，但鉴于目前实践中重大责任事故罪一般发生在生产作业中，在网络安全领域并未适用，因此在司法实践中会产生适用与否的分歧。建议明确关键信息基础设施安全保护责任事故中"其他严重后果"的认定标准，可专门在《刑法》中增加关键信息基础设施运营者的重大责任事故罪，也可修订该罪的立案追诉标准，将《关保条例》第 48 条规定的"关键信息基础设施发生重大和特别重大网络安全事件，经调查确定为责任事故的"规定为立案追诉的标准之一，实现该类违法行为的行刑衔接。

(2)完善计算机信息系统类犯罪

在发布或者实施关键信息基础设施保护立法的同时,对刑事立法进行修订完善成为加强关键信息基础设施保护的重要手段,国外也通常采取这种方式进行规范,例如俄罗斯在《刑法》和《刑事诉讼法》中增加了有关关键信息基础设施犯罪的章节。

我国现行《刑法》第 285 条第 1 款规定的“非法侵入计算机信息系统罪”可考虑适用于关键信息基础设施犯罪。但在司法实践中,该款的适用也存在模糊和不合理之处,因为第 1 款将犯罪对象限定在“国家事务、国防建设、尖端科学技术领域的计算机信息系统”。目前,这三类信息系统与关键信息基础设施之间的关系尚不明晰,从《网络安全法》《关保条例》等相关法律、行政法规来看,不能概括地将上述三类计算机信息系统都认定为关键信息基础设施,只能将“一旦遭到破坏、丧失功能或者数据泄露,可能严重危害国家安全、国计民生、公共利益的国家事务、国防事务、尖端科学技术领域的计算机信息系统”认定为关键信息基础设施。

从对实践中非法侵入计算机信息系统罪的司法案例的观察可知,[1]目前的国家事务领域包括警务、银行、电子政务、社会养老保险管理局、重点项目平台等,范围非常广泛。国家事务是国家机关的活动,无法涵盖其他实体可能所有或运营的关键信息基础设施。这就导致针对关键信息基础设施的侵入行为既无法与一般侵入行为进行区分,也无法完全涵盖在目前的国家事务中。

为推动关键信息基础设施安全保护的行刑衔接,利用刑事处罚提高威慑力,切实加强关键信息基础设施安全保护,可借鉴俄罗斯刑事立法,同步增设关键信息基础设施犯罪。建议修改我国《刑法》第 285 条第 1 款规定的侵入计算机信息系统罪的犯罪对象,将“国家事务、国防事务、尖端科学技术领域”修改为《关保条例》第 2 条规定的“公共通信和信息服务、能源、交通、水利、金融、公共服务、电子政务、国防科技工业等重要行业和领域”,将罪名修改为“非法侵入关键信息基础设施计算机信息系统数据罪”,切实与关键信息基础设施的安全保护关联起来。

关于关键信息基础设施的认定问题,《关保条例》发布之前,结合《关于办理危害计算机信息系统安全刑事案件应用法律若干问题的解释》(法释〔2011〕19 号)第 10 条的规定及目前的司法案例可知,其主要由省级的公安网安部门认定。根据《关保条例》的相关规定,其目前由保护工作部门进行认定,并将认定结果通报国务院公安部

---

〔1〕 总结裁判文书网共计约 90 个案例,选取其中不同国家事务领域的案例进行梳理所得结果。

门,司法解释应同步予以完善。

(3)完善拒不履行信息网络安全管理义务罪的司法解释

建议完善《关于办理非法利用信息网络、帮助信息网络犯罪活动等刑事案件适用法律若干问题的解释》(法释〔2019〕15 号)第 6 条有关“拒不履行信息网络安全管理义务罪”的规定,以列举方式明确关键信息基础设施运营者违反《网络安全法》第 34 条第 3 项“对重要系统和数据库进行容灾备份”,违反《关保条例》第 39 条第 8 项规定的“对关键信息基础设施每年至少进行一次网络安全检测和风险评估”义务,且拒不改正,导致关键信息基础设施运行安全受严重影响的行为属于《刑法》第 286 条之一规定的“有其他严重情节”,构成拒不履行信息网络安全管理义务罪,给予刑事处罚。

10 数字时代保密治理体系的现代化

10.1 研究背景

国家秘密关系到国家安全和利益,诸多国家都建立了国家秘密保护法律体系,对国家秘密进行有效的管理和保护。近年来,国际环境日趋严峻复杂,国家安全的内涵和外延不断扩大,国家秘密保护的战略性上升到新的高度。与此同时,在全球数字化高速发展的背景下,定密和解密的科学高效、数字基础设施的安全保障、涉密人员的安全管理、信息公开和安全保密之间的平衡、新兴技术带来的已知或未知的机遇及挑战等,都对保密治理体系和保密治理能力现代化提出了更高阶、更系统的要求。本章通过对美国、欧盟、俄罗斯、英国等域外保密法律体系进行梳理研究,并就其保密治理体系的主要动向展开研判,以期对我国保密治理体系和保密治理能力现代化建设提供一定的参考。

10.2 数字时代保密治理的理论基础

10.2.1 国家安全的概念

国家安全的意识形态的建立,在各国具有不同时段的悠久历史。从国际法的角度来看,《1648 年威斯特伐利亚和约》终结了神权至上的时代,构建起以保持国家主权稳定为基础的新的国际秩序,并确定了国际关系中应遵守的国家领土和国家独立等原则,为国家安全概念的逐渐丰富奠立了基础。

传统的国家安全通常是把安全等同于不存在军事威胁,或者把安全界定为保卫国家免受外来的颠覆和攻击。而随着全球经济的发展,非传统安全问题逐渐被纳入国家安全的范畴。非传统安全主要包括:第一,发生在国家行为体之间的政治军事层面以外的其他安全问题,如经济制裁、资源夺取和武器非法出口问题;第二,发生在国家行为体与非国家行为体之间的问题,如恐怖主义、民族分离、跨国犯罪、网络攻击等问题;第三,发生在国家行为体与自然界之间的问题,如生态环境、传染病问题等。[1]

随着国际格局体系和世界国际秩序的深度调整,大国间战略博弈不断升温,地区性问题热度不减,国家安全和全球安全之间产生了更为密切的交织关系。与此同时,卫生治理、环境治理、网络治理等安全问题与安全挑战相伴而行。一方面,国家安全和全球安全之间产生了更为密切的交织关系;另一方面,更多安全问题需要多国乃至全球各国的协同应对。2014年4月15日,习近平总书记在中央国家安全委员会第一次全体会议上首次提出了"总体国家安全观"的重大战略思想。"总体国家安全观"具有更为丰富和广泛的内涵和外延,其将传统安全和非传统安全相结合,目标在于构建既包括传统的国民安全、政治安全、国土安全、军事安全、经济安全、社会安全、资源安全,又包括新的文化安全、科技安全、信息安全、生态安全、核安全等各领域总体安全的国家安全体系。在"总体国家安全观"的指导下,2015年,我国颁布新的《国家安全法》,首次对国家安全作出了法律层面的界定。《国家安全法》第2条规定,国家安全是指国家政权、主权、统一和领土完整、人民福祉、经济社会可持续发展和国家其他重大利益相对处于没有危险和不受内外威胁的状态,以及保障持续安全状态的能力。2021年,中央政治局召开会议,审议《国家安全战略(2021—2025年)》。会议强调:必须坚持把政治安全放在首要位置,统筹做好政治安全、经济安全、社会安全、科技安全、新型领域安全等重点领域、重点地区、重点方向国家安全工作。全面贯彻落实总体国家安全观。由此可见,我国正不断推进国家安全治理体系和治理能力的现代化。

10.2.2 国家秘密的概念

国家秘密与国家安全休戚相关。国家秘密是国家安全和利益的信息表现形式,是国家的重要战略资源,保护国家秘密的目标即为保护国家安全。2010年《保密法》第2条规定:国家秘密是关系国家安全和利益,依照法定程序确定,在一定时间内只限一定范围的人员知悉的事项。由此可见,国家秘密具有以下三个特征:一是具有战略性,其本质特征在于其关系到国家安全和利益;二是具有法定性,国家秘密事项经法定程序确定,受到法律保护;三是具有保密性,其在一定时间内仅限一定范围的人员知悉。

从世界其他各国法律关于国家秘密的定义来看,其主要包括三种类型[2]。第一

---

[1] 李少军:《国际政治学概论》,上海人民出版社2005年版,第218~220页。

[2] 全国人大常委会法制工作委员会国家法室编著:《中华人民共和国保守国家秘密法解读》,中国法制出版社2010年版,第7~12、112页。

种是把和国家安全及对外关系相关的,需要控制一定接触范围的事项规定为国家秘密。例如,意大利将国家秘密界定为符合国家利益或国家内外政治利益的一切情报。前联邦德国将国家秘密界定为:使德意志联邦共和国免遭重大损失、仅为特定者所知而对外国势力应保守的秘密事项、物品或知识。第二种是只对国家秘密的基本外延进行规定,没有明确国家秘密的内涵。例如,罗马尼亚《保密法》规定,凡明显标有机密性质的情报、资料、文件以及部长会议决定列为机密的情报、资料和文件等均属国家秘密。美国13526号总统令《涉密国家安全信息》明确规定,应当保护军事、情报、外交、核问题、大规模杀伤性武器、与国家安全有关的科技、经济活动及设施的保护等8个方面涉及国家安全的信息。第三种是既明确了内涵又概括了基本外延。例如,《俄罗斯联邦国家保密法》对国家秘密作出了定义:国家秘密是指受国家保护的、其泄露可能对俄罗斯联邦造成损失的军事、外交、经济、情报、反间谍和侦查领域的信息。在此基础上,该法第5条明确列出了国家秘密信息清单。

整体而言,尽管各国对国家秘密定义的方式不同,但国家秘密关系到国家安全和利益的本质不存在差异。当前,国际力量的变化引发国际秩序的深刻调整,全球经济受疫情影响普遍下滑且增长乏力,传统安全与非传统安全问题交织蔓延,加上新技术新应用的升级迭代,国家安全和利益的范畴发生动态变化,基于此,国家秘密的外延也将进一步扩展。

10.2.3 国家秘密的范围

基于各国所处的发展阶段不同,以及保密文化存在的差异,不同国家基于其最重要的国家安全和利益的诉求,对其国家秘密的范围作出了不同的规定。我国《保密法》第9条明确了国家秘密的范围:①国家事务重大决策中的秘密事项;②国防建设和武装力量活动中的秘密事项;③外交和外事活动中的秘密事项以及对外承担保密义务的秘密事项;④国民经济和社会发展中的秘密事项;⑤科学技术中的秘密事项;⑥维护国家安全活动和追查刑事犯罪中的秘密事项;⑦经国家保密行政管理部门确定的其他秘密事项。政党的秘密事项中符合前款规定的,属于国家秘密。如上国家秘密如果泄露,可能损害国家在政治、经济、国防、外交等领域的安全和利益。

美国2009年第13526号行政令《国家安全信息保密》中明确规定,美国涉密信息主要包括如下内容:①军事计划、武器系统或者作战行动计划;②外国政府情报;③情报活动(包括秘密行动),情报来源、方法或者密码;④美国的对外关系和外交活动(包括秘密来源);⑤有关国家安全的科学技术或经济事项;⑥美国政府保护核材料或设施的项目；⑦与国家安全有关的系统、装置、基础设施、项目、计划或者保护服务的脆弱性或能力；⑧发展、生产或使用大规模毁灭性武器。

俄罗斯2021年修订后的《俄罗斯联邦国家秘密法》中明确规定，俄罗斯的国家秘密由如下三类信息组成：①军事信息。如：俄罗斯联邦武装力量及俄罗斯《国防法》规定的其他部队、军事组织和机关的战略作战计划、行动准备和部署等方面的文件；核武器及其部件的研制、工艺、生产、产量、储存和废弃处理等信息；部队的驻防位置、真实番号、组织结构、装备、人数、后勤保障、军事政策和作战情况信息。②经济、科技信息。如：为国防能力和国家安全所用的基础设施的信息；具有重要国防意义或经济意义，对国家安全有影响的科技成果、科研、实验设计、设计方案和工艺信息；国家贵重金属和宝石库的储藏、开采、加工和使用规模的信息。③外交和对外经济领域的信息。如：对外财政政策（外债综合指数除外）以及财政或金融信贷活动方面，若提前透露可能危害国家安全的信息。④情报、反间谍和侦缉信息，以及反恐、采取国家保护措施保护人员安全的信息。如：关于情报、反间谍和侦缉活动、反恐活动的能力和手段、信息来源、工作方法、计划和成果的信息；与情报、反间谍和侦缉部门秘密合作或曾经合作过的人员信息；有关国家密码方法及其分析方法方面的信息。

综合上述中美俄三国对国家秘密范围的界定，可以看出其基本都覆盖了有关国家安全的国防、经济、外交等领域，并共同关注关乎国家未来发展和竞争力的科学技术。其不同之处在于：一是我国对国家秘密范围的界定相对比较宏观，在具体展开保密工作时需结合配套的法规及政策；俄罗斯则直接把国家秘密信息清单上升至保密法的高度；美国“与国家安全有关的系统、装置、基础设施、项目、计划或者保护服务的脆弱性或能力”的条款，具有长足留白，这也为美国国家安全的泛化埋下了伏笔。二是美俄两国都将“情报”纳入国家秘密的范围，这反映出大国博弈的激烈态势，更在信息化加速落地的时代，加剧了全球范围内各国国家安全的风险和威胁。三是美俄界定的国家秘密范围均涉及密码或其分析方法，这也充分体现出其将关键技术纳入国家秘密的范围予以保护的立法思路。

10.2.4 保密法律体系和保密治理

通常而言，保密法隶属于行政法范畴，用于规范国家对于涉及国家安全与利益、需要作为国家秘密加以保护的事项行使管理职能的活动。保密法可分为狭义和广义两个维度。狭义的保密法，主要是指为了保守国家秘密，维护国家安全与利益，而专门制定的保密法律、法规、规章等，其规范内容主要包括保密主体及客体、保密义务、保密管理以及惩处追责等。广义的保密法是指一个国家的法律体系中涉及保密工作各领域各行为的所有法律规范,包括根本法、基本法和行政法。广义的保密法即为保密法律体系。整个体系的根基是《国家安全法》和《国家安全战略》,核心是通过物理安全、人员安全、载体安全等措施保护国家秘密,防止未经授权的泄露对国家安全和利益造成的损害。

保密法律体系为保密治理提供了法律保障。近年来,各国保密法律体系正不断丰富,推动了保密领域法制化、专业化水平的提高,为国家的保密治理奠定了基础。如图 10 – 1 所示。当前,在国际形势错综复杂和信息化技术高速发展的背景下,保密治理面临以下挑战:一是保密治理始终处于大国持续博弈、地缘政治风险、全球经济乏力等一系列不稳定不确定的时代背景之下;二是网络安全、数据安全以及人工智能、量子计算等新技术新应用给保密治理带来了新的问题;三是政府信息公开、科技进步等客观存在对保密治理的现代化提出了更为迫切的要求。因此,保密法律体系还需要系统、辩证、全面地探求未来发展之路。

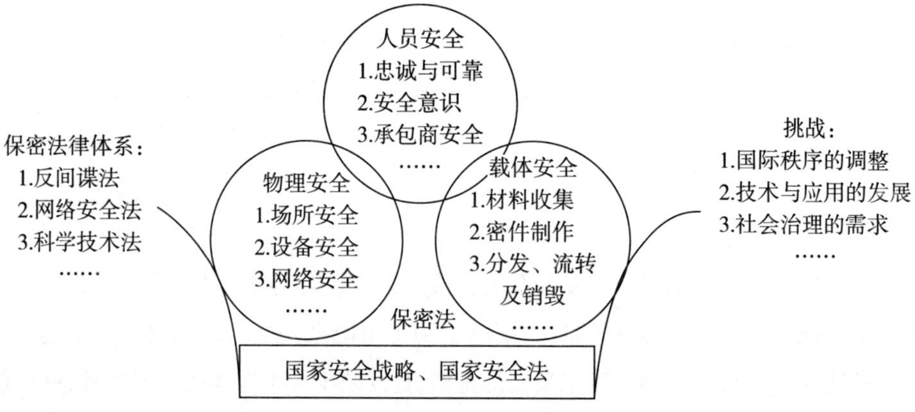

图 10 – 1　保密治理体系

10.3　域外保密法律制度的考察

10.3.1　美国保密法律制度的考察

美国的国家秘密保护体系比较复杂,虽然其并未制定一部单独的保密法,但其《1917 年间谍法》、《1947 年国家安全法》、《1954 年原子能法》、《1966 年信息自由法》、《1976 年阳光下的联邦政府法》、《1978 年总统档案法》、《1980 年涉密案件程序法》、《1982 年情报人员身份保护法》、《2000 年公共利益解密法》和《2004 年情报改革和反恐法》[1]等多部法律和一系列总统行政令共同构成了美国保守国家秘密的法律体系。

美国第一个有关保密的行政令是1940年罗斯福总统签署的第8381号行政令。该行政令要求对重要的军事、海军设备及场所的文件、地图、设计、计划等进行保密。1951年,杜鲁门总统签署的《第10290号行政令》被视为美国现代保密体系之父,其将保密体系扩大至非军事机构、国防机构。1995年,克林顿总统签署的《第12958号行政令》确立了美国的保密制度,之后的《第13292号行政令》和第13526号行政令《国家安全信息保密》在其基础上作出了更新调整。从总体走向而言,尽管美国的保密覆盖范围在扩大,但其已确立了"公开为原则、保密为例外"的保密原则,以在国家保密权和信息公开权之间寻求平衡。

目前,美国以2009年奥巴马总统签署的第13526号行政令《国家安全信息保密》为基本策略,辅以《国家情报总监办公室定密指南》(Office of the Director of National Intelligence Classification Guide, ODNI CG)设立定密、保密和解密的制度,对直接影响美国国家安全的信息加以保护。

(1)定密制度

根据信息泄露后对国家安全造成的影响程度,美国的国家秘密等级分为三级:①绝密(Top Secret),其泄露后会对国家安全造成非常严重的损害;②机密(Secret),泄露后会对国家安全造成严重损害;③秘密(Confidential),泄露后会对国家安全造成损害。

美国的定密分为两种:原始定密(Original Classification)和派生定密(Derivative Classification)。"绝密"的原始定密权只能由总统、副总统、总统指定的行政机构的负责人和官员行使;"机密"和"秘密"的原始定密权除可由上述人员行使外,还可由行政机构负责人授权享有绝密信息原始定密权的部门高级官员行使。原始定密权的授予必须采用书面形式,除行政令另有规定外,定密权不得再次被授予。派生定密是指对已定密的信息进行复制、摘录、总结,或者根据原始材料或保密文件的指示做出密级标识。

---

[1] 孙宝云、赵冬:《论美国保密制度的特点及对中国的启示》,载《理论与改革》2011年第4期。

(2)涉密信息、禁止定密及重新定密

第13526号行政令《国家安全信息保密》中明确规定,美国涉密信息主要包括:①军事计划、武器系统或者作战行动计划;②外国政府情报;③情报活动(包括秘密行动),情报来源、方法或者密码;④美国的对外关系和外交活动(包括秘密来源);⑤有关国家安全的科学技术或经济事项;⑥美国政府保护核材料或设施的项目;⑦与国家安全有关的系统、装置、基础设施、项目、计划或者保护服务的脆弱性或能力;⑧发展、生产或使用大规模毁灭性武器。

该行政令同时规定了禁止或限制被认定为国家秘密的情况。一是在任何情况下,不能因如下目的对信息进行保密或者保持其秘密性不予解密:①掩盖违法行为、效率低下或者行政失误;②防止个人、组织或机构陷入不利局面;③限制竞争;④基于国家安全的利益,防止或延迟发布不需要保护的信息。二是与国家安全无明确关联的基础科学研究信息,不予定密。

该行政令还针对公开信息转化为国家秘密作出如下规定。一是已经解密和根据适当授权向公众发布的信息,不得再次被认定为国家秘密。如必须将其纳入保密范围,需满足以下条件:①机构负责人根据该机构的逐个文件确认,亲自以书面形式批准重新纳入国家秘密的范围,以防止对国家安全造成重大和明显的损害;②该信息可被合理地收回,而不会引起公众的不适当注意;③迅速向总统的国家安全事务助理(国家安全顾问)和信息安全监督办公室主任汇报;④对于国家档案馆实际和合法报关的、可供公众使用的文件,馆长在收到通知后,应暂停对公众的开放使用,等待信息安全监督办公室主任的批准确认。二是机构收到根据《信息自由法》、《总统记录法》(Presidential Records Act)、《1974年隐私法》(Privacy Act of 1974)或者本行政令的强制审查规定提出的要求后,可对以前未根据适当授权向公众披露的信息、按照原保密机构确定的特定日期或事件解密的信息进行重新定密。三是独立的信息未涉密,但汇编后满足国家秘密标准的,可按规定定密。

(3)解密制度

美国国家秘密的解密方式主要有三种:一是自动解密(automatic declassification)。当涉密文件达到定密时设定的时间期限或发生可解密的事件时,该文件可解密。除非含有符合特定具体标准的信息,否则通常涉密文件的保密期限不超过25年。二是系统性解密审查(systematic declassification review),即定期对涉密文件进行审查,以确定是否解密。三是强制性解密审查(mandatory declassification review)。当接收到解密要求时,需要对涉密材料进行专门审查,以确定是否有必要继续保密。

解密工作有利于更好地对国家秘密进行管理和保护,同时也有助于在国家公权和公民私权之间寻求适度的平衡,但解密和公布并非由同一部门完成。以美国国防部为例,通过自动解密审查的文件,由国家档案馆根据国防部的解密审查结果判断是否还需要其他部门进行审查,如果不需要,则由档案馆的工作人员审查是否含有受控非密信息(Controlled Unclassified Information, CUI)需要进行处理。通过审查的文件,将由档案馆向社会公众发布。国防部各部门解密办公室不负责自动解密和系统解密的发布,其专门负责强制解密和外交解密文件的发布。

2021 年 10 月,国防部向国会提交的《关于减少国防部法律要求的积压历史文件解密义务的报告》(Report on Reducing the Backlog in Legally Required Historical Declassification Obligations of the Department of Defense)显示,2017 ~ 2020 年,国防部解密完成度在 50% 左右,强制解密效率略高于自动解密和系统解密。为进一步做好解密工作,国防部一是评估和采用人工智能等新技术,以提高生产力并降低解密成本;二是就不同项目对不同类型的文件进行详细评估,如北约扩张、海湾战争、全球反恐战争等,并充分理解作出解密决定和公开发布之间的重要区别;三是对未来三年等待审查发布的文件进行详细评估,就如何减少积压提出涵盖政策、资源等解决方案;四是在 2022 年新版的《国防部手册》5200.01 系列加入"解密指南"部分,明确解密要求和程序,加强解密职责和管理;五是通过专门的解密预算、对解密工作人员加强对久远历史文件的分类培训、实施和整合电子解密解决方案、修订现有的国防部政策和指示以强化机构职责和问责制等多项措施,减少积压文件,实现科学、高效、负责任的解密。

(4)涉密人员的安全审查

对美国涉密人员的审查包括两类:适岗审查(suitability clearance)和安全审查(security clearance)。适岗审查是指通过对政府雇员和政府承包商雇员性格特征和行为的考察,判断其任职是否能确保岗位服务的完整性。安全审查则从国家安全的角度出发,考量涉密人员的稳定性(stability)、可信赖性(trustworthiness)、可靠性(reliability)、自由裁量权(discretion)、性格(character)、诚实(honesty)、判断力(judgment)和对美国的绝对忠诚(unquestionable loyalty to the U. S.)[1]。因此,涉密

---

〔1〕 https://www. state. gov/security-clearances.

人员应先通过适岗审查,之后需通过不同级别的安全审查。

安全审查分为6个级别:秘密级审查(confidential clearance)、机密级审查(secret clearance)、绝密级审查(top secret clearance)、绝密/敏感隔离信息审查(top secret/sensitive compartmented information)、特别访问项目审查(special access programs)和杨基·怀特审查(Yankee White Clearance)[1]。其中,秘密级审查、机密级审查、绝密级审查分别对应涉密人员可接触到的国家秘密等级。

接触敏感隔离信息的权限要高于绝密级权限,可视为授予涉密人员的最高级别的安全许可。其审查包括无测谎仪的单一范围背景调查、有反情报测谎的单一范围背景调查和全范围(lifestyle)测谎的单一范围背景调查。对敏感隔离信息的访问建立在个案的基础上,时间长短不一。特别访问项目是根据第12958号行政令《国家安全信息保密》指定的安全计划,涉及提供高度机密信息的信息,并采用超过正常机密信息的保护措施和访问限制,此类信息只提供给适当授权可接触的人员。

杨基·怀特审查是对可以接触总统、副总统的联邦雇员和承包商进行的背景调查,此类许可要求非常严格。杨基·怀特人员主要分为三类:一是为总统、副总统工作的敏感岗位人员,如白宫军事办公室参谋长、参谋长助理、总统应急计划办公室主任等;二是为总统、副总统服务的全职或长期人员,如总统机组人员及其相关的维护人员与安全人员、白宫通讯局人员、白宫医疗单位人员等;三是为总统、副总统服务的仪仗队、军乐队人员等。这三类人员需接受不同级别的安全审查。

为更好地开展对涉密人员的管理,2012~2020年,美国国家情报总监先后发布8条安全性审查执行指定工作,旨在对安全性审查执行负责人的权限和职责,使用测谎仪进行安全裁定,对在背景调查和裁定中收集、使用和保存公开的社交媒体信息等做出指导安排[2]。同时,美国还于2016年启动了一项持续评估项目,在定期安全审查周期之间进行"不间断"的持续评估,以加强对涉密人员的实时风险防控。

(5)美国保密治理体系的发展趋势

近年来,美国的保密治理体系呈现出以下发展趋势:

第一,通过国家安全战略扩大国家安全的外延。2021年3月,美国白宫发布《国家安全战略临时指南》(Interim National Security Strategic Guidance,以下简称《战略指

[1] https://federalemployeelawblog.com/2015/06/02/114/.

[2] https://www.odni.gov/index.php/ncsc-how-we-work/ncsc-security-executive-agent/ncsc-policy.

南》)。《战略指南》一是坚持美国应成为世界领导者。其中指出,当前存在诸多重大威胁,例如疫情和其他生化风险,不断升级的气候危机、网络和数字威胁、国际经济衰退、持续的人道主义危机、暴力极端主义和恐怖主义、核武器和其他大规模杀伤性武器的扩散等,“如果美国袖手旁观,这些问题就都无法得到有效解决”。二是渲染“国家威胁论”。《战略指南》中明确表示全球的权力分配正在发生变化。中国是唯一可能有能力将经济、外交、军事力量结合起来的竞争者;俄罗斯依然下决心加强其全球影响力;伊朗和朝鲜等区域行为体正持续追求改变游戏规则的能力和技术。此外,国内外的恐怖主义和暴力极端主义,加上来自国内治理脆弱的挑战,美国正面临各方面的严峻挑战。三是抢滩布局新兴技术。《战略指南》指出,世界主要大国正在竞相发展和部署以人工智能、量子计算为代表的新兴技术,清洁能源、生物技术、5G 等也在迅速发展并得以应用,技术的变革也带来新的治理方面的挑战。四是重视网络安全。《战略指南》指出:在夯实科技基础的同时,网络安全是重中之重,美国将加强其网络空间能力、就绪和弹性。总体而言,《战略指南》明显体现出美国对国家安全概念外延的扩大,这必将关联到以国家安全为核心的国家保密体系,并同时影响其他国家的保密治理体系。

第二,“受控非密”延伸对国家秘密的保护。2010 年 11 月 4 日,美国颁布第 13556 号总统令《受控非密信息》,开始建立“受控非密”信息注册登记制度。对不符合定密标准,不能按照国家秘密的形式进行保护,公开后可能造成某种伤害或者潜在伤害,虽然未必会上升到影响国家安全的层面,但仍需限制公开或者控制其传播的信息进行保护。由此形成对国家秘密保护的补充和延伸。

目前,美国 CUI 分为 20 类 124 子类,其 20 个分类如表 10－1 所示:

表 10－1 美国 CUI 的分类

序号	类型	序号	类型	序号	类型	序号	类型
1	关键基础设施	6	情报	11	北约	16	专有商业信息
2	国防	7	国际协议	12	核	17	临时信息/协议信息
3	出口管制	8	执法	13	专利	18	统计
4	金融	9	法律	14	隐私	19	税收
5	移民	10	自然和文化资源	15	采购和收购	20	交通运输

资料来源:https://www.archives.gov/cui/registry/category-list.

第三,加强对智能设备、移动应用的管理。智能设备、移动应用的普及和流行,给涉密工作带来诸多挑战。近年来,美国先后发布规定,基于个人移动设备和移动应用进行风险防控。2018 年,美国一项新政策规定,国防部雇员、承包商及指定地点的访客将被限制将其个人移动设备带入指定用于处理、讨论保密信息的安全区域。在机密空间发现的未经许可的手机将接受检查,以检查任何可能危及保密信息的摄影、录音及其他材料。健身追踪器如有摄像头、麦克风、手机或者 Wi-Fi 功能,将被禁止使用。[1]

2018 年,美国军方发现军人的数字健康追踪设备(fitbit)可泄露军人所处的位置,并由此可推定其附近的军事基地。此后,美国国防部就禁止员工使用任何具有位置追踪功能的设备,包括智能手机、智能手表以及健身手环。2020 年 8 月,美国国家安全局发布了《限制位置数据泄露》指南,以指导国家安全系统(NSS)和美国国防部以及其他国家安全部门的工作人员在使用移动物联网设备、社交媒体或移动应用程序时,降低共享敏感位置数据有关的风险。由此可见,《战略指南》凸显了限制位置数据泄露的重要性。

10.3.2 欧盟保密法律制度的考察

继 2001 年的 2001/264/EU 和 2011 年的 2011/292/EU 之后,欧洲理事会于 2013 年 9 月 23 日发布了《保护欧盟保密信息的安全规则的决定》(Council Decision on the Security Rules for Protection of EU Classified Information,2013/488/EU,以下简称《保密决定》)。《保密决定》规定了保护欧盟保密信息(EU classified information, EUCI)的主要原则和最低标准,并要求成员国执行该《保密决定》,以确保各国都能为欧盟保密信息提供同等水平的保护。

《保密决定》共有 19 条,分别对保密信息的定义和分级、涉密人员的管理、安全风险管理、交流共享以及保密工作的组织管理等作出相关规定:《保密决定》体现了欧盟保密制度的主要内容:一是对欧盟保密信息进行科学分级,并要求各成员国按此分级标准进行对应分级,如果有调整,将及时修订《保密决定》;二是综合考虑人员、通信信息系统、物理设施等多方面因素,建立综合保护体系,尽量收紧风险敞口,减少失窃密风险;三是对 EUCI 从创建、分发到销毁,进行全流程管控;重视安全风险的响应和管

---

[1] DoD Tightens Rules on Personal Mobile Devices. https://defensesystems.com/cyber/2018/05/dod-tightens-rules-on-personal-mobile-devices/194054/.

理,做好预防和应急预案,并对违反和损害 EUCI 的行为进行处罚;四是对 EUCI 的共享、与第三国或国际组织的信息交流做出规范要求;五是明确保密工作的组织管理和职责分工,建立健全对 EUCI 安全保护的领导、监督、协调和落实。

(1)定密制度

EUCI 是指未经授权而被披露将会对欧盟或其成员国的利益造成不同程度损害的信息或资料。EUCI 来源于欧盟内部、欧盟各成员国,以及与第三方国家或国际组织的交流。

欧盟将保密信息划分为四个等级:绝密级、机密级、秘密级和限制级。根据《保密决定》,秘密级及以上级别的 EUCI 受到更为严格的保护,限制级则相对比较灵活。例如,在一定情况下,秘书长可代表总秘书处将限制级 EUCI 用于与第三国或国际组织之间的交流。具体如下:①绝密级:此类信息或资料如未经授权而被披露,则可能对欧盟或一个或多个成员国的基本利益(essential interests)造成特别严重的损害(exceptionally grave prejudice)。②机密级:此类信息或资料如未经授权而被披露,则可能对欧盟或一个或多个成员国的基本利益造成严重的损害(seriously harm)。例如威胁生命或严重危害公共秩序。③秘密级:此类信息或资料如未经授权而被披露,则可能对欧盟或一个或多个成员国的基本利益造成损害(harm)。例如,损害成员国或者其他国家部队的行动效力或安全,或损害情报行动的有效性。④限制级:此类信息或资料如未经授权而被披露,则可能对欧盟或一个或多个成员国的利益(interests)造成不利影响(disadvantageous)。例如可能使成员国或其他国家部队难以维持行动的有效性或安全。

欧盟的定密要求如下:①信息只有在需要保护其保密性的情况下才进行定密;②密级标识应正确、清晰地标明,无论载体是书面、口述、电子还是其他形式;③文件中不同页、段、节、附件、附录等,需要不同级别定密的,应相应加以密级标识;④如果文件由若干部分组成,文件级别至少应按照组成部分中的最高级别定密;⑤应审查最终文件,经组合后的整体密级可能比单个组成部分要高;⑥在可能的情况下,各部分文件应标出其不同级别的密级,以方便分拆使用;⑦带附件的信件或者说明,需按附件的最高级别定密,但应通过适当的标识,清晰标明其与附件分离时的级别,例如文件为"秘密级",在无附件的情况下,其应为"限制级"。

在创建 EUCI 时,每页都应清楚标明其密级。除了 4 个级别的密级外,EUCI 上还可以有其他标识:一是明确发起人。二是说明文件所涉及的领域,限制分发或使用范围;“机密级”及以上文件,如果要分发,应在每一页上标明副本编号。三是标明在适当的时间或者具体事件后,可降解密的日期。

(2)解密及降密制度

发起人在创建时,应在可能的情况下,对 EUCI(特别是“限制级”信息)是否可在特定日期或事件后降级或解密予以说明。总秘书处应定期审查所持有的 EUCI,以确定其定密级别是否依然适用。此类审查的频率不低于 5 年一次。如发起人一开始就明确标识该信息将自动降级或解密,则可以不审查。

(3)涉密人员的安全审查

涉密人员只有在满足以下条件时方可访问 EUCI:一是“需要知道”;二是涉密人员已经知晓保护 EUCI 的安全规则和程序,并认同其自身应当履行保护信息的责任;三是如果接触的是“秘密级”及以上信息,需通过相应级别的安全审查,或者根据国家法律法规规定,因其职能而被授权。

安全审查将确定人员的忠诚度、可信度和可靠性。审查内容包括:①是否已实施或试图实施与他人共谋或协助他人实施任何间谍、恐怖主义、破坏、叛国或者煽动行为;②是否是或者曾经是间谍、恐怖分子、破坏者;③是否有酒精依赖、使用非法药物的历史;④是否正在或曾经参与勒索或者压力的行为;⑤在适当的情况下,根据国家法律和法规,对个人财务和医疗信息、配偶、同居者或者近亲属的情况也应予以调查。

针对审查的频率,对接触“绝密级”信息的人员 5 年复审一次;对接触“机密级”“秘密级”信息的人员 10 年复审一次。

(4)安全风险管理

EUCI 的安全风险管理以深度防御为指导,贯穿其生命周期全流程。在全生命周期中保护 EUCI 的安全措施,应与其安全等级、信息和材料的形式和数量、存放 EUCI 设施的位置和构造、当地存在或可能存在的恶意和犯罪活动的威胁相匹配。在整个业务连续性计划中要考虑紧急情况下保护 EUCI 的需要,并包括预防和恢复措施。

如果出现违反或者涉嫌违反安全的行为,应立即向主管安全机构报告,主管安全机构将通知 EUCI 的创建人,展开相关调查,评估该事件对欧盟或成员国利益可能造成的损害,采取措施控制风险并防止其再次发生,并将采取的行动通知有关当局。

基于对供应链安全的综合考虑,欧盟在《保密决定》第 11 条中阐述了“产业安全”(Industrial Security),旨在对可接触到保密信息的承包商、分包商进行规范管理,使其在履行保密合同(此类合同不涉及对绝密信息的访问)的全生命周期中,采取措施确保对 EUCI 的保护。各承包商或分包商必须持有相应等级的设施安全许可(Facility Security Clearance, FSC),承包商或分包商人员如果需要接触到机密级、秘密级信息,应取得人员安全许可(Personnel Security Clearance, PSC),并应采取一切相应措施,在保密合同谈判前和执行中保护 EUCI。

(5)欧盟保密治理体系的发展趋势

近年来,欧盟的保密治理体系呈现出以下发展趋势:

第一,"地缘政治欧洲"或提升其保密治理体系的影响力。欧盟委员会主席冯德莱恩于 2019 年定义新一届欧委会为"地缘政治委员会"(Geopolitical Commission),并强调要建设更为外向的欧盟,在全球捍卫欧洲的价值观和利益。目前,欧盟正通过战略自主,加速完成欧洲在全球"从规则制定者到超级大国"的转变,实现欧洲的稳定,并向全球传播欧洲标准,促进"欧洲价值观"。2020 年 12 月,欧盟发布了新的《欧盟数字十年网络安全战略》(The EU's Cybersecurity Strategy for the Digital Decade),旨在通过全面提升网络安全,实现弹性,掌握技术主权和领导力,建设预防、威慑和响应的业务能力,建立起一个具有强大防护措施的全球开放互联网。2021 年 3 月,欧盟发布《2030 数字罗盘:欧洲数字十年之路》,量化阐述 2030 年欧盟数字愿景,呼吁各成员国充分合作,捍卫"数字主权",合力实现欧洲数字化转型目标。2021 年 9 月,欧盟发布了题为《欧盟行动的能力和自由》的年度战略报告,明确欧盟在 2050 年建立全球领导地位的追求,并确定了加强数据治理、人工智能和尖端技术的能力,确保在标准制定全球领先优势等 10 个可加强其行动能力和自由的战略领域。欧盟对数字空间领导力的追求,必然会对保密治理体系提出更高要求。因为欧盟是世界多极化格局中的重要一极,欧盟国家和其他国家的保密法律体系也会受到不同程度的影响。

第二,"数字外交"将扩大欧盟保密体系的影响力。在 EUCI《保密决定》中,理事会根据以下原则决定是否与第三国或国际组织交流 EUCI:①EUCI 的内容和性质;②接收方的需求程度;③对欧盟自身的益处。如果理事会确定与第三国或国际组织有交流 EUCI 的长期需要,应遵循以下程序要求:一是征得该保密信息发起人的书面同意。二是签订信息安全协议或做出行政安排,以确保第三国或国际组织在收到 EUCI 时,该信息应得到与其保密级别相对应的适当保护。三是对第三国或国际组织的安全条例、结构和程序的有效性进行评估,评估的内容包括:①是否存在适用于保护保密信息的监管框架;②接收方的安全政策和安全组织方式可能对交流的 EUCI 保护水平产生影响的具体特点;③实际采取的安全措施或程序;④对将要发布的 EUCI

的安全审查程序等;⑤必要时应进行后续的评估访问,特别是在所发布的 EUCI 等级需要提高,欧盟被告知接收方的安全安排发生根本性变化,可能对 EUCI 保护产生影响,发生包括涉及未经授权披露 EUCI 在内的严重事件的情况下。

追逐于塑造网络空间的领导者地位,欧盟积极开展"数字外交",不断强化其数字地缘政治力量。欧盟在 2021 年《2030 数字罗盘:欧洲数字十年之路》中设计了全面的对外参与计划:①建立西巴尔干和东部伙伴关系国的宽带部署;②通过陆地和海底电缆以及安全卫星与其邻国和非洲的合作伙伴建立联系;③加快实施欧亚互联互通战略等。2021 年 3 月,欧洲议会确定了欧盟——非洲新伙伴关系的战略,强调以"人类发展"为核心,在数字化转型、可持续就业、善治等领域展开更深层次的合作。2021 年 9 月,欧盟发布了题为《连接欧洲和亚洲:为欧盟战略添砖加瓦》的文件,就交通、能源、数字和人员往来四个互联互通的领域明确具体举措。在数字互联互通方面,欧盟承诺推进互联网的自由、开放、普及和可负担,支持加强对消费者权益和个人数据的保护,保障网络安全,并通过欧盟"数字化发展"战略弥合数字鸿沟。显然,数字外交触角的延伸,将扩大欧盟保密治理体系的世界影响力。

第三,欧盟保密治理体系完善的速度正在加快。欧盟的保密工作不仅开展时间较早,还结合环境变化和业务发展需求加速丰富与完善。《2001 年关于采用理事会安全规则的决定》(Council Decision of 19 March 2001 adopting the Council's security regulations, 2001/264/EU)确立了对保密信息的分级、"需要知道"(need-to-know)原则、EUCI 的准备—分发—传输—存储—销毁的全流程、涉密人员的安全审查以及对第三国或国际组织进行信息交流等的整体框架。《2011 年保护欧盟保密信息的安全规则的决定》(Council Decision of 31 March 2011 on the security rules for protecting EU classified information, 2011/292/EU)建立了更为综合的管理体系框架,包括对保密信息的定义和分级、对涉密人员的管理、安全风险管理、与第三国或国际组织的信息交流以及保密工作的组织管理。2013 年版的《保密决定》与 2011 年版相比,更加契合保密和发展的需求,并进一步完善了保密规则,简化了工作流程。2015 年,欧盟委员会 2015/443 决议中界定了敏感的非密信息,其是指由于生效中的条约或法案的规定,或由于其自身的敏感性,欧盟必须加以保护的信息和资料,包括但不限于工作秘密。2019 年欧盟委员会《标识和处理敏感的非密信息》指出,敏感的非密信息是指未授权的披露会对欧盟或其他利益相关群体(如商业、企业、知识产权、个人数据)产生影响的信息。这类信息有"敏感"(sensitive)和"特殊处理"(special handling)的标识。从保密信息安全规则的数次修订完善，到敏感非密信息规则的应用，欧盟保密治理体系正在加速完善。

10.3.3 俄罗斯保密法律制度的考察与借鉴

俄罗斯现行的国家秘密保护法律是1993年制定的《俄罗斯联邦国家秘密法》(1993年7月21日第5485-1号)。该法规定了国家秘密信息的范围，信息的定密、解密和保护，以及国家秘密的安全保障事宜。此后，该法历经十多次修订，目前适用的版本修订于2021年6月。

(1)定密制度

俄罗斯将信息定为国家秘密的原则是合法、必要和及时。合法是指定密的信息必须构成国家秘密信息清单中所列的信息。必要是指在综合考量国家、社会和公众核心利益的基础上，经专家对其定密的合理性、迫切性、经济可行性及公开后可能产生的后果进行综合评估后认为确需定密的信息。及时是指上述信息自其产生或获取之时即应定密以限制其传播。

与泄露时对国家安全造成的损害程度相对应，俄罗斯国家秘密的密级分为绝密、机密和秘密三个等级。

涉密信息载体上需标明密级、对载体进行保密的国家权力机关/企业/机构/组织的信息、解密日期/事件或条件。如载体包含数个不同密级部分，每个部分标识相应密级，载体标识的密级为其所属部分的最高密级。

(2)涉密信息及不应定密的信息

俄罗斯的国家秘密由以下三类信息组成：一是军事信息。如俄罗斯联邦武装力量及《国防法》规定的其他部队、军事组织和机关的战略作战计划、行动准备和部署等方面的文件；核武器及其部件的研制、工艺、生产、产量、储存和废弃处理等信息；部队的驻防位置、真实番号、组织结构、装备、人数、后勤保障、军事政策和作战情况信息。二是经济、科技信息。如为国防能力和国家安全所用的基础设施的信息；具有重要国防意义或经济意义，对国家安全有影响的科技成果、科研、实验设计、设计方案和工艺信息；国家贵重金属和宝石库的储藏、开采、加工和使用规模的信息。三是外交和对外经济领域的信息。如对外财政政策(外债综合指数除外)以及财政或金融信贷活动方面，若提前透露可能危害国家安全的信息。四是情报、反间谍和侦缉信息，以及反恐、采取国家保护措施保护人员安全的信息。如关于情报、反间谍和侦缉活动、反恐活动的能力和手段、信息来源、工作方法、计划和成果的信息；与情报、反间谍和侦缉部门秘密合作或曾经合作过的人员信息;有关国家密码方法及其分析方法方面的信息。

《俄罗斯联邦国家秘密法》规定,对以下信息不应当定密:①有关威胁公民安全和健康的非常时间、灾难及其后果的信息,以及有关自然灾害、对自然灾害的官方预报和后果的信息;②有关生态、卫生、防疫、人口、教育、文化、农业状况以及犯罪状况方面的信息;③有关国家向公民、公职人员、企业、机关和组织提供特权、赔偿和优待方面的信息;④有关侵犯公民及个人权利和自由的事实;⑤有关俄罗斯国家黄金储量和外汇储备规模的信息;⑥有关俄罗斯联邦高级官员身体健康状况的信息;⑦国家权力机关及其公职人员违反法律的事实。

(3)解密制度

《俄罗斯联邦国家秘密法》《解密和延长保密期顶层规定》中明确规定,在出现以下情形时,涉密信息可被解密处理:①国家秘密信息的保密期已满,且在保密期期满前未收到有关延长保密期的申请及相关决议时,应按期予以解密;②国家秘密清单重新调整后,对未纳入清单的相关信息应予以解密;③有权将信息确定为国家秘密的国家权力机关、企业、机构、组织负责人可在其权限范围内将下属人员不当定密的信息予以解密;④已确定为国家秘密的信息在其保密期期满之前,因其确定为国家秘密时的客观环境、定密组织等情况发生变化,导致原定密的信息无须或无法再实施保护,具有法定定密或解密权限的人员可依据相关程序对该信息进行提前解密;⑤出于履行国际义务、开展国际合作或进行信息情报交换的需要,可对部分国家秘密信息进行解密;⑥应公民、企业、机构、组织和国家权力机关的合理要求,对相关涉密信息进行解密;⑦档案机构在获得国家档案馆涉密馆藏文件所有者或其合法继承者的授权后,可对相关馆藏档案文件进行解密;⑧依据司法判决对相关信息进行解密。

(4)涉密人员的安全审查

《俄罗斯联邦国家秘密法》《关于公职人员和公民接触国家秘密程序的实施细则》等法律法规中规定以下人员不能接触国家秘密:①法院认定其无行为能力、限制行为能力,或者因犯罪正在被侦查、审判、服刑或有犯罪前科;②根据负责卫生和社会发展的联邦行政机构确定的清单,对于从事涉密工作具有医学禁忌的人员;③本人和(或)亲属长期居住在国外和(或)正在办理赴国外长期居住相关手续;④被列入外国间谍清单,或者经检查发现对俄罗斯联邦安全造成威胁的人员;⑤回避检查并(或)提供明显虚假的调查表数据的人员。

当出现因改组、整编而与涉密人员解除劳动协议,或涉密人员单次违反劳动协议所规定的保守国家秘密义务的情形时，可终止其接触国家秘密的权利，但不解除其所承担的保守国家秘密的义务。

涉密人员按照劳动协议规定，在一定期限内限制出境。因办理接触国家秘密许可而进行检查时，该人员私生活不可侵犯的权利可能会受到临时限制。

（5）俄罗斯保密治理体系的发展趋势

如前所述，俄罗斯的保密治理体系呈现出以下发展趋势：

第一，国家安全战略重心调整。2021 年 7 月，俄罗斯总统普京签署国家安全领域最高战略规划文件《俄罗斯联邦国家安全战略》（以下简称《安全战略》）。该战略是俄罗斯国家安全领域的最高战略规划文件，用于确定俄罗斯国家利益、国家战略优先方向和国家安全保障措施。《安全战略》认为，现代世界正处于一个转型期，国际秩序正发生变化。新的全球和区域领先国家立场的加强，正促生新的架构、规则，进而引发世界秩序的结构性变化。现实的复杂性体现在以下几个方面：一是全球面临深刻危机。国际组织影响力削弱，全球安全体系的有效性遭到质疑。与此同时，西方国家依然企图维护其霸权地位，社会不对等和发展不平衡加剧了国家间矛盾。二是世界不稳定性加剧。激进和极端主义情绪增长，并试图通过寻找内外部敌人来解决日益增长的国家间矛盾，破坏经济和传统价值观，忽视基本人权和自由。三是全球经济发展遭遇困境。主要经济体停滞不前或出现衰退，全球货币和金融体系的稳定性下降，不公平竞争的做法越来越普遍。在新的国内外形势下，俄罗斯国家安全观进一步丰富和延展。一是增进民生福祉发展。《安全战略》明确现阶段的国际利益的第一项为“保护俄罗斯人民，开发人类潜能，提高公民的生活质量和福祉”。二是改变战略合作架构。在国家层面，新版《安全战略》中删除了此前有关与美国建立合作关系、与欧洲开展互利合作等内容，首次明确提出要发展与中国的全面伙伴关系和战略协作，这或许能够拉开中—俄—美战略三角边长。在国际层面，俄罗斯表示要增强其国际权威，加强国际安全，促进国际关系体系的稳定。三是重视网络空间安全。《安全战略》肯定了网络安全与文化安全、经济安全和国家安全的密切关系，并明确了信息安全领域的 16 项目标。

第二，评估网络空间威胁，并坚持国家安全观，加强俄罗斯在信息领域的主权。《安全战略》对俄罗斯网络空间威胁展开了新一轮评估。一是随着人民生活和社会发展对信息和通信技术依赖度的增加，利用信息和通信技术干涉国家内政、破坏国家主权和侵犯其领土完整性的现象也日益增多；二是外国特种部队在俄罗斯信息空间开展情报和其他行动的活动越来越活跃;三是俄罗斯遭受到越来越多的网络攻击,很多攻击来自国外,尤其是关键基础设施领域对国外产品的使用会增加风险暴露面;四是互联网上恐怖主义和极端主义组织的信息传播,对社会稳定造成冲击;五是跨国公司控制信息资源,并具有排他性,其平台上对历史事件的不实描述会歪曲人们的认知;六是通过信息和通信技术实现匿名性,增加了打击犯罪的难度;七是网络空间的"俄罗斯威胁论"影响了俄罗斯国际声誉,并使得生活在国外的俄罗斯人受到不公正待遇。《安全战略》明确指出,保障信息安全的目的在于加强俄罗斯在信息领域的主权,这是对其国家安全观的坚持。为实现这一目标,俄罗斯决定采取 16 项举措,其中多项举措关系到保密治理体系。如:①为可靠信息的流通创造一个安全的环境,防止破坏性影响;②优先使用俄罗斯自有产品,提高俄罗斯信息基础设施的安全性及稳定性;③开发网络安全威胁感知系统;④提高打击网络犯罪的能力;⑤加强军队及其供应商的信息安全;⑥打击极端主义和恐怖组织的破坏性信息影响;⑦利用人工智能、量子计算等先进技术保障网络与信息安全。

第三,加强对涉密人员的权益保障。2021 年 6 月修订后的《俄罗斯联邦国家秘密法》第 21 条"职责人员和公民接触国家秘密"规定,为长期接触国家秘密的职责人员和公民设立如下社会保障:根据所接触秘密事项的密级享受一定工资比例的津贴。在国家权力机关、企业、机构和组织的改组和(或)整编中,涉密工作人员享有同等优先留职权。保密工作部门的工作人员,除享受长期接触国家秘密的职责人员和公民的社会保障外,还可根据在保密工作部门的工作年限享受一定工资比例的津贴。同时,俄罗斯高度重视涉密人员的个人信息保护,加强风险防控。其第 5 条国家秘密信息清单规定,采取国家保护措施确保相关人员安全的能力、手段、信息来源、工作方法、计划和成果信息,以及可能导致泄密的相关经费支持信息,被保护人员的信息,并将与情报、反间谍和侦缉部门秘密合作或曾经合作过的人员信息纳入国家秘密清单。

10.3.4 英国保密法律制度的考察

英国于 1889 年颁布首部《官方保密法》(The Official Secrets Act),其是世界上第一部完整的成文保密法。该法于 1911 年、1920 年、1939 年和 1989 年经历数次修订,最终形成的英国《1989 年官方保密法》适用至今。此外,英国与保密相关的法律还包括《1958 年公共档案法》(Public Records Acts 1958)、《1967 年公共档案法》(Public Records Acts 1967)、《1989 年安全服务法》(Security Service Act 1989)、《1994 年情报服务法》(Intelligence Services Act 1994)、《1998 年公共利益披露法》(Public Interest

Disclosure Act 1998)、《数据保护法》(Data Protection Act)[1]、《信息自由法》、《2001年反恐、犯罪和安全法》以及于2022年1月生效的《2021年国家安全和投资法》(National Security and Investment Act 2021)。

(1)定密制度

2014年4月,英国《政府安全信息定密策略》(Government Security Classification Policy,以下简称《定密策略》)正式施行。此前,英国采用欧盟的保密信息分类标准,将保密信息分为四个等级。《定密策略》实施后,英国将保密信息分为三个等级,其保护机制和欧盟相应级别对应。

绝密级:最敏感的信息,需要最高级别的保护,以抵御最严重的威胁。例如泄露可能导致大面积生命损失,或威胁到国家或友好国家安全和经济运行的信息。

机密级:非常敏感的信息,明确有必要加强保护措施以防范目的明确、鉴定、能力强的威胁者行为。例如泄露后可能严重危害军事能力、国际关系或者调查有组织犯罪的信息。

官方敏感信息:官方部门发布或处理的大部分信息,包括日常业务操作和服务,其中一些泄露、丢失、误用或者在媒体上发布可能会造成破坏性后果,但不会造成更严重的威胁。

(2)涉密人员的安全审查

英国涉密人员的安全审查分为如下级别[2]:

①基线人员安全标准(Baseline Personnel Security Standard, BPSS)。这是招聘政府雇员、部队人员、各部门的临时工作人员以及普通政府承包商时的入职前考察,从严格意义上来讲,其并非正式的安全审查,但其是后期审查的基础。此类审查的内容包括身份信息、过去3年的就业历史、国民和移民身份、是否有犯罪记录。此外,如在过去3年中存在合计6个月或以上的海外生活经历,需进行说明。

②认可检查(Accreditation Check, AC)。此类审查认证主要是为在无护卫情况下进入英国机场的安全限制区的人员设立的。检查可由雇主、机场运营商或航空公司进行,有效期为1~5年。此类审查的内容包括身份、过去5年中的就业和教育情况、是否有犯罪记录,并结合英国政府或其他机构的既有记录进行核查。

---

[1] 该法于1998年出台,并于2018年完成第三次修订。

[2] National Security Vetting:Clearance Levels. https://www.gov.uk/government/publications/united-kingdom-security-vetting-clearance-levels/national-security-vetting-clearance-levels.

③反恐检查(Counter Terrorist Check, CTC)。此类审查主要面向的是可以接近被评估为特别有可能遭受到恐怖袭击公众任务的人、可以接触到被评估为对恐怖分子有价值信息或材料的人、需要在无护卫的情况下进入某些被评估为特别容易受到恐怖袭击的军事、民用、工业或商业机构的人。此类审查的内容包括个人档案、员工报告、病假报告、犯罪记录以及检查安全局(M15)的记录等。

④安全检查(Security Check, SC)。此类检查主要面向的是长期、经常、不受控制地接触机密级资产的岗位人员;偶尔、受监督地接触绝密级资产的岗位人员;虽不在前述岗位上,但却能直接或间接造成同等程度损害的个人;具备充分的知识、可以全面了解某项机密计划、政策或项目情况的个人;需要接触来自其他国家或国际组织的某些级别的秘密材料的人员。此类审查的内容除 BPSS、CTC 的内容外,还需要检查其信用和财务历史、可能的更进一步的安全或财务审查,审查范围可能会扩大至与其有关联的第三方。

⑤增强安全检查(Enhanced Security Check, ESC)。此类审查主要面向的是需要接触机密代码材料的人员、需要接触某些特定信息系统的人员、某些被评估为可能面临重大间谍威胁和/或管理监督水平低于平均水平的海外岗位。此类审查的内容在 SC 的基础上有所增强,如对个人财务的全面审查将包括对个人资产、负债、收入和支出的评估,以个人为基础并考虑到和配偶或伴侣的共同状况;由专业的调查人员与之详细面谈。

⑥深度审查(Developed Vetting, DV)。此类审查主要面向的是需要经常、不受控制地接触绝密资产或代码的岗位人员;虽不在前述岗位,但却能直接或间接造成同等程度损害的人;需要经常、不受控制地接触类目一中的核材料的人;需要接触来自其他国家或国际组织的某些级别的秘密材料的人员。此类审查的内容在 ESC 的基础上更深入,如专业的调查人员与其推荐人进行面谈等。DV 许可不超过 7 年,可能会被要求做深度审查更新(Developed Vetting renewal)。

⑦增强深化审查(Enhanced Developed Vetting, EDV)。此类审查是面向极少数、比 DV 更高层次的岗位需要的人。由涉密审查主管机构和内阁办公室共同决定是否审查。

(3)英国保密治理体系的发展趋势

近年来,英国的保密治理体系呈现出以下发展趋势:

一是国家网络安全战略提升保密安全能力。2016 年 11 月,英国政府启动《国家网络安全战略 2016—2021》,旨在加强互联网安全建设,防范网络攻击,维护英国经济及公民信息安全,推动英国建立蓬勃发展的数字社会,并成为安全的数字国家。该战略明确了防御、威慑和发展三大战略目标,并设立了相关行动计划:①开展“国际行动”,使得全球网络空间的发展朝着有利于英国经济和安全利益的方向发展,发挥英国的影响力,通过与欧盟、北约、联合国以及其他国际伙伴的合作,加强网络安全。②加大干预力度,提升英国的网络安全标准,加强关键国家基础设施的网络安全,推动网络安全领域的改进,使其符合英国的国家利益。③确保武装部队具有网络弹性以及强大的网络防御能力,从而能够捍卫其网络和平台的安全,并能够协助应对重大的国家网络攻击。④提升互联网技术,包括进攻性网络能力以及加强密码技术。其中指出,密码技术是保护敏感信息和国家安全的基础,英国有信心通过政治管控(political control)来管控事关英国国家安全的密码技术,以确保英国的敏感信息和秘密不会被未经授权的披露。

二是促进数据战略能力的提升,建立现代化的数据保护框架。2000 年,英国《信息自由法》明确了政府数据信息应向社会开放的义务,而公民则有获取政府持有信息的权利。2012 年 6 月,英国《开放数据白皮书》推进公共服务数据开放,并针对个人隐私保护进行了规范:其一,在公共数据开放机构中设立隐私保护专家,要求各个部门配备隐私保护专家。其二,要求所有政府部门在处理涉及个人数据时都应执行个人隐私影响评估制度。《2013 年把握数据带来的机遇:英国数据能力战略》确定了推动研究与产业合作、确保数据被安全存取和共享等举措。2018 年的《数据保护法》寻求现代化的数据保护框架,以应对互联网上数据收集的广泛性。

三是科学管理保密数字化基础设施。不同密级的数字资产都建立了相应的安全控制措施,并针对典型的威胁提供适当的保护。同时,加强对 ICT 系统和服务的控制,以管理汇总数据的相关风险,并管理完整性、可用性问题。对于物联网等新兴技术和应用,英国积极展开探索性监管。英国提出,通过设计将强大的网络安全内置于物联网产品中,以增强公众信任。2018 年,英国发布了世界领先的《消费者物联网业务守则》,以支持参与安全物联网产品开发和制造的所有各方。七国集团就支撑《消费者物联网业务守则》的原则达成协议,通过欧洲电信标准协会制定一套紧密基于该守则的国际认可的行业标准。2018 年 4 月《英联邦网络宣言》达成一项协议,致力于为联网设备提供一致的方法,以促进默认情况下的用户安全。

10.4 我国保密法律制度的现状及趋势

我国保密法律体系的主体部分表现为法律和行政法规。《保密法》即为行政法性质的法律。其和与之相配套的一系列规章制度和法律共同构成了以法律、行政法规为主体的保密法律体系。

10.4.1 总体国家安全观下的保密法律体系

2014 年 4 月 15 日,习近平总书记在中央国家安全委员会第一次全体会议上首次提出"总体国家安全观"的重大战略思想。自此,我国逐步构建起既包括传统的国民安全、政治安全、国土安全、军事安全、经济安全、社会安全、资源安全外,又包括新的文化安全、科技安全、信息安全、生态安全、核安全等各领域总体安全的国家安全体系。

在我国的保密法律体系中,除《宪法》中有关于保密的规定外,多部法律、行政法规、部门规章等均有涉及。2010 年 4 月 29 日第十一届全国人民代表大会常务委员会第十四次会议修订通过《保密法》。2014 年 3 月 1 日,《保守国家秘密法实施条例》正式施行。《保密法》是我国保密法律体系的主干,其与我国《刑法》《国家安全法》《国家情报法》《反恐怖主义法》《公务员法》《档案法》《测绘法》《网络安全法》《密码法》《数据安全法》等法律,《政府信息公开条例》《关保条例》等行政法规,以及《科学技术保密规定》《反间谍安全防范工作规定》等部门规章和规范性文件共同构筑起我国保密法律体系,为我国保密治理体系和保密治理能力现代化提供了法律保障。

10.4.2 《宪法》中关于保密的条款

《宪法》是中华人民共和国的根本大法,其具有最高法律效力。《宪法》第 53 条规定,中华人民共和国公民必须遵守宪法和法律,保守国家秘密,爱护公共财产,遵守劳动纪律,遵守公共秩序,尊重社会公德。第 54 条规定,中华人民共和国公民有维护祖国的安全、荣誉和利益的义务,不得有危害祖国的安全、荣誉和利益的行为。

10.4.3 党内法规制度中关于保密的条款

《中国共产党章程》第 3 条"党员必须履行下列义务"第 4 项规定:自觉遵守党的纪律,首先是党的政治纪律和政治规矩,模范遵守国家的法律法规,严格保守党和国家的秘密,执行党的决定,服从组织分配,积极完成党的任务。

《中国共产党党务公开条例(试行)》第 2 章"公开的内容和范围"第 7 条第 1 款和第 3 款规定:党的组织贯彻落实党的基本理论、基本路线、基本方略情况,领导经济社会发展情况,落实全面从严治党责任、加强党的建设情况,以及党的组织职能、机构等情况,除涉及党和国家秘密不得公开或者依照有关规定不宜公开的事项外,一般应当公开。党务公开不得危及政治安全特别是政权安全、制度安全,以及经济安全、军事安全、文化安全、社会安全、国土安全和国民安全等。

《公务员法》第 2 章"公务员的条件、义务与权利"第 14 条"公务员应当履行下列义务"中规定的义务包括保守国家秘密和工作秘密。

2021 年 5 月印发的《中国共产党组织工作条例》第 41 条第 2 款规定:加强组工干部队伍建设,强化政治纪律和政治规矩教育,严守组织人事纪律和保密纪律,坚持清正廉洁,着力提升专业化能力,确保政治上绝对可靠、对党绝对忠诚。

2021 年 8 月,中共中央组织部制定的《公务员录用考察办法(试行)》第 8 条第 4 项规定:对于报考机要、国家安全等涉密职位的人员,一般应当考察家庭成员和主要社会关系的有关情况。

10.4.4 《保密法》的相关规定

1989 年,我国开始实施《保密法》。随着国内外形势的深刻变化以及信息化环境的演进,2010 年 4 月 29 日,第十一届全国人民代表大会常务委员会第十四次会议修订了《保密法》。

《保密法》第 2 条明确了国家秘密的概念,即国家秘密是关系国家安全和利益,依照法定程序确定,在一定时间内只限一定范围的人员知悉的事项。

《保密法》总则第 3 条第 1 款和第 3 款明确规定:国家秘密受法律保护。任何危害国家秘密安全的行为,都必须受到法律追究。《保密法》第 4 条第 1 款还明确:保守国家秘密的工作,实行积极防范、突出重点、依法管理的方针,既确保国家秘密安全,又便利信息资源合理利用。

《保密法》第 9 条明确了国家秘密的范围:①国家事务重大决策中的秘密事项;②国防建设和武装力量活动中的秘密事项;③外交和外事活动中的秘密事项以及对外承担保密义务的秘密事项;④国民经济和社会发展中的秘密事项;⑤科学技术中的秘密事项;⑥维护国家安全活动和追查刑事犯罪中的秘密事项;⑦经国家保密行政管理部门确定的其他秘密事项。政党的秘密事项中符合前款规定的,属于国家秘密。如上国家秘密如果泄露,可能损害国家在政治、经济、国防、外交等领域的安全和利益。

《保密法》第 10 条规定:国家秘密的密级分为绝密、机密、秘密三级。绝密级国家秘密是最重要的国家秘密,泄露会使国家安全和利益遭受特别严重的损害;机密级国家秘密是重要的国家秘密,泄露会使国家安全和利益遭受严重的损害;秘密级国家秘密是一般的国家秘密,泄露会使国家安全和利益遭受损害。

10.4.5 我国保密治理体系的发展趋势

一是完善国家安全法律制度保障体系,规范和加强反间谍安全防范工作。2021年4月26日,国家安全部公布《反间谍安全防范工作规定》,督促机关、团体、企业事业单位组织和其他社会组织落实反间谍安全防范工作,并提高公众反间谍安全防范意识,通过专门工作与群众路线的结合,加强国家安全建设。同时明确,严格遵守法定权限和程序,尊重和保护人权,保护公民、组织的合法权益。

二是协调、严格、规范查办国家秘密失泄案件。2020年印发的《人民检察院、保密行政管理部门办理案件若干问题的规定》《人民法院、保密行政管理部门办理侵犯国家秘密案件若干问题的规定》强调了为保守国家秘密,维护国家安全和利益,加强人民法院、人民检察院和保密行政管理部门办理侵犯国家秘密案件的协调配合。2021年7月,国家保密局审议通过了《国家秘密鉴定工作规定》,其中,国家秘密鉴定是指保密行政管理部门对涉嫌泄露国家秘密案件中有关事项是否属于国家秘密以及属于何种密级进行鉴别和认定的活动。办理涉嫌泄露国家秘密案件的纪检监察、侦查、公诉、审判机关可以申请国家秘密鉴定。其为切实维护国家安全和利益,从申请和受理、鉴定程序、复核、监督管理等方面对国家秘密鉴定工作进行了全面、系统的指导。

三是数据监管领域有效衔接。2021年6月10日,第十三届全国人大常委会第二十九次会议通过了《数据安全法》。该法既是数据领域的基础性法律,也是国家安全领域的一部重要法律。《数据安全法》第7章"附则"第53条第1款规定:"开展涉及国家秘密的数据处理活动,适用《中华人民共和国保守国家秘密法》等法律、行政法规的规定"。2021年7月,中共中央办公厅、国务院办公厅印发《关于依法从严打击证券违法活动的意见》,在"进一步加强跨境监督执法司法协作"第19条中规定:加强跨境监管合作。完善数据安全、跨境数据流动、涉密信息管理等相关法律法规。

四是关键基础设施领域扎实推进保密工作。2021年4月,《关保条例》通过。其第50条规定:存储、处理涉及国家秘密信息的关键信息基础设施的安全保护,还应当遵守保密法律、行政法规的规定。关键信息基础设施中的密码使用和管理,还应当遵守相关法律、行政法规的规定。

五是政务信息公开和保密工作同步发展。2021年1月,中共中央印发了《法治中国建设规划(2020—2025年)》,在第4条"建设高效的法治实施体系,深入推进严格执法、公正司法、全民守法"中明确:2022年年底前建成全国一体化政务服务平台,除法律法规另有规定或涉及国家秘密等外，政务服务事项全部纳入平台办理，全面实现“一网通办”。2021 年 8 月，中共中央、国务院印发了《法治政府建设实施纲要（2021—2025 年）》，在第 9 条“健全法治政府建设科技保障体系，全面建设数字法治政府”第 30 款“加快推进政务数据有序共享”中明确：在依法保护国家安全、商业秘密、自然人隐私和个人信息的同时，推进政府和公共服务机构数据开放共享，优先推动民生保障、公共服务、市场监管等领域政府数据向社会有序开放。

六是加强科学技术保密。2015 年修订的《科学技术保密规定》旨在保障国家科学技术秘密的安全，促进科学技术事业的发展。2021 年 12 月，第十三届全国人民代表大会常务委员会第三十二次会议修订通过《科学技术进步法》，其第 106 条规定：国家实行科学技术保密制度，加强科学技术保密能力建设，保护涉及国家安全和利益的科学技术秘密。国家依法实行重要的生物种质资源、遗传资源、数据资源等科学技术资源和关键核心技术出境管理制度。

10.5 数字时代保密治理体系现代化面临的挑战及建议

在世纪疫情冲击下，百年变局加速演进，保密工作面临的外部环境更趋复杂严峻和不确定。与此同时，数字技术和数字经济带来的结构性变化也对保密治理体系现代化提出了新的挑战。

一是国家安全处于更为复杂的国际环境中。全球性共同风险沉疴未去、新忧不断，疫情反复之下各国经济正艰难地缓慢复苏，大国博弈和区域冲突再度加剧全球动荡，指向性竞争和敌意性攻击日趋激烈。在此背景下，国家安全面临各种可预见和难以预见的风险。以保护国家安全和利益为核心的保密治理体系，必须坚持全面贯彻落实总体国家安全观，将法律、管理、人员、技术等要素纳入综合防范体系，全面提升安全基线，把牢反窃密防泄密的关口，于变局中筑牢国家安全保密防线。

二是数字环境下的风险敞口亟待排查封堵。其一，一些国家或组织运用其领先的信息技术和网络攻击能力，持续、隐蔽地向关键行业、关键领域发起网络间谍攻击等活动，对国家安全造成严重威胁。其二，随着网络应用的发展，外国情报机构通过约会网站、游戏网站、即时通讯软件等策反、招募涉密工作人员，窃取国家秘密。其三，涉密人员在网络环境中无防范意识地泄露国家秘密更难有预见性。因此，需要提升技术支撑能力、实施人员动态审查、增强保密防范意识，排查封堵风险敞口，在情报与反情报、间谍与反间谍、窃密与反窃密的长期艰巨斗争中夺取胜利。

三是统筹安全和发展，以保密治理能力现代化推动社会数字化进程。其一，随着保密对象的增多、保密内容的丰富以及保密防范领域的扩大,保密工作体量不断增大,保密成本和风险也同步增加。因此,需要科学区分国家秘密、工作秘密、敏感信息,做好定密和解密工作。其二,政府信息对社会经济发展起到积极的推动作用,政府信息公开有助于提高政府工作的透明度,并保护公民的信息知晓权利。保密工作需要在数字化进程中,统筹安全和发展,以保密治理体系现代化服务国家发展大局。其三,数据规模的爆炸式增长、数据全生命周期的安全、大数据聚合分析后的结果等,使得密与非密的界限渐趋模糊化,并增加了泄密的可能性。因此,需要对大数据和国家秘密的关系进行实时对应,将符合条件的数据纳入国家秘密保护范畴,有效管控风险,以安全为基础,充分发挥大数据作为国家战略性资源的价值。

11 数据主权

11.1 研究背景

2020年2月，欧盟委员会新任主席冯德莱恩首提"技术主权"(technological sovereignty)的概念，并将其作为支撑欧盟数字战略和AI白皮书的数字化转型战略。冯德莱恩站在"技术乐观主义"的角度总结了"技术主权"的本质，认为技术是造福人类力量的信念，而"技术主权"这一概念描述了欧洲在数字化转型中必须具有的能力，即"根据自己的价值，遵守自己的规则，做自己的选择"。作为一种新的政治观点，"技术主权"并不倡导制定更多的规则——这是希望融入欧洲"单一数字市场"的全球参与者所普遍关心的问题——而是提供更为实用的保障措施、问责制和纠纷解决机制。这意味着"技术主权"的潜在影响不太可能泛化为更广泛的不确定因素，而是专注于对现有规则体系的塑造和调整。在"技术主权"的若干要素中，"隐私"仍然是最为核心的组成部分。

11.2 "技术主权"及相关概念辨析

"技术主权"在语义表达上更贴近于传统主权向数字空间的延伸。本质上，主权是对政治实体(政体)最高权威的概念化，表明最高权威的"合法"。在当代，其仍然是国际社会秩序中的一个主要建构性概念，是构成国际关系的基础框架。"主权"[1]的概念是指一个管理机构对国家领土和国内事务的最高权威，不受外部权力的干涉。[2] 随着时代的发展与人类活动范围的扩展，"领土"的标签也不再局限于陆地，其逐渐扩展至定义陆地上的资源(地表以下或邻近海域的页岩气、石油等)、深海外空

〔1〕 国家主权，也可称为威斯特伐利亚主权，《1648年威斯特伐利亚和约》是象征欧洲三十年战争(1618—1648年欧洲爆发的大规模国际战争)结束而签订的一系列和约，《1648年威斯特伐利亚合约》创立了以国际会议解决国际争端的先例，确定了国际关系中应遵守的国家主权、国家领土与国家独立等原则，对近代国际法的发展具有重要促进作用。

〔2〕 虽然主权权威是至高无上的，但也可能受到国际、地区性条约或气候变化、传染病等全球性挑战的限制或影响。

甚至网络空间,是对国家在这些领域有权实施管辖的集中表达。

近年来,随着信息技术的应用普及,"主权"研究出现向数字世界倾斜的趋势,产生了包括"数字主权"(digital sovereignty)、"数据主权"(data sovereignty)、"技术主权"等在内的一系列新的概念和范畴。这些概念通常用于主张对数字内容或关键信息基础设施的管理和控制,均涵盖了管控数字信息、通信和基础设施的权利、数据隐私、数字信息安全的内容,但是其概念边界并不十分清晰。例如,在欧洲议会于2020年7月发布的《欧洲数字主权报告》中,"技术主权"和"数字主权"实际上是相互混用或等同使用的,该报告开篇即指出,"技术/数字主权"是促进欧洲在数字领域提升领导力和捍卫战略自治的途径。由此可以看出,在不同的"主权"主张中,三者之间具有较强的概念关联性和延续性,但在语义表达上,其内涵又各有侧重。

技术主权不仅包括了数字主权、数据主权的绝大部分内容,而且有团结欧洲、振兴欧洲,以应对未来技术发展竞争和安全挑战的指向;数据主权已被世界范围内广泛使用,重点在于对网络空间数据的存储、传输和使用的管理和控制;数字主权出现较早,字面上还包括了对数字转换等数字技术的管控权力,同时也被企业等主体广泛使用,以表达对数字产品及服务拥有的权利。

本部分将对"技术主权""数据主权""数字主权"进行初步的概念分析,以辨明三者之间的细微差异。本章认为,"技术主权"作为欧盟在数字化转型中的新的战略支撑点,涵盖了"数据主权"和"数字主权"的核心内容,更加强调欧洲在技术(主要指信息技术)利用方面的自主性(控制力),代表了欧盟在未来相当长一段时间内的行动方向。

11.2.1 数字主权

数字主权定义行动者在多大程度上能够控制、管理、行使和使用数字信息和通信技术的限度。尽管自1996年以来,许多学者(包括政治科学家和科技伦理学家等)和利益攸关方一直在研究数字主权的定义,但这一概念的发展实际上仍在不断变化与完善中。虽然数字信息所在的网络空间属于非物理领域,但其在很大程度上影响着物理领域的事物发展,这就引发了关于数字领域国家地位及其政治后果的重要辩论。

数字主权的概念本身就对民族国家的先决条件提出了诸多根本性的挑战,如领土(无物理领土及界限)、人民(匿名的网络空间活动者)和政府(模糊的网络空间治理主体)等多个方面。加之数字主权与各种传统问题的高度交叉,如安全、政治、经济、社会、文化、法律和人权等,都使数字主权的内涵极为丰富。

在国际关系领域，数字主权最早的学术概念可在吴茂迪的著作(1997 年)[1]中找到。他利用网络空间主权来解释并描述国家管理者在网络空间领域的两项能力：内容监管和活动监管。2006 年，Posch 提出了数字主权的定义，即“个人或社会充分了解和控制数据访问者以及数据传输地的权利”[2]。Gourley 则认为，必须根据主权领土原则将网络领域视为与陆地、天空、海洋类似的领域，并认为有必要区分网络领域主权和网络空间主权。[3]

事实上，关于数字主权的定义和概念，除了学术界愈发激烈的探讨与挖掘外，还有来自政府机构智库、研究中心、深度介入互联网行业的其他机构等的“界定”。早在 1967 年加拿大科学委员会的文件[4]中，其就将“数字主权”描述为发展和控制技术的能力，并进一步将其作为支持国家主权的手段。在 2014 年法国国家数字委员会的磋商中[5]，有一些提案强调了强大的数字主权在国家主权中发挥的关键作用。其后法国国内发展数字技术过程中也有声音认为“法国对数字网络的发展缺乏控制，就是一种主权的丧失”。

目前，以国家为中心的解读仍然是数字主权定义的一个主要方向。从本质上讲，主权问题本身就是民族国家的核心支柱。然而，随着网络社会的不断发展和融合，在数字领域也逐渐出现了不同的主权对话者，包括但不限于私营公司、非政府组织甚至个人[6]。基于上述讨论，本章将数字主权解释为，“行为者在多大程度上可以控制、治理、行使、转移和使用数字信息、通信和基础设施的权利”。

11.2.2 数据主权

数据主权受其所收集国家的法律和治理结构的约束。数据主权的概念与数据安

---

[1] Wu, Timothy, *Cyberspace Sovereignty—The Internet and the International System*, Harvard Journal of Law & Technology, 10(3): 647 - 666.

[2] Posch, Reinhard, *Digital Sovereignty and IT-Security for a Prosperous Society*, in Informatics in the Future. Vienna: Springer.

[3] Gourley, Stephen K, "*Cyber Sovereignty*", *in Conflict and Cooperation in Cyberspace: The Challenge to National Security*. Ed. Panayotis A. Yannakogeorgos & Adam B. Lowther. Boca Raton: Taylor & Francis.

[4] Couture, Stephane & Toupin, Sophie, *What Does the Notion of "Sovereignty" Mean When Referring to the Digital?*, New Media & Society, 21(10):2305 - 2322.

[5] Nicolas Colin and Henri Verdier, "*Souveraineté numérique: la piste industrielle*" Digital sovereignty-the industrial path, paristechreview. com, 30 June 2014.

[6] 比如面对 GAFA(谷歌、苹果、脸书和亚马逊)日益增长的经济影响力，用户们的隐私诉求如何满足。详见“Les géants du Web menacent-ils la souveraineté des États?” [Are the giants of the web threatening State sovereignty?], a video from the forum "Qui gouverne Internet?" [Who governs the Internet?] organised by the newspaper Libération on 21 May 2016。

全、云计算和技术主权密切相关。与技术主权不同,技术主权的定义模糊,可以作为决策的总括术语,数据主权则具体涉及围绕数据本身的问题。数据主权通常通过两种方式进行讨论:①与土著群体和来自后殖民国家的土著自治有关;②与跨国数据流有关。[1] 随着云计算的兴起,许多国家都通过了有关数据控制和存储的各种法律,这些法律都体现了数据主权的影响。

当前围绕数据主权的许多担忧涉及执行隐私法规和防止存储在外国的数据被东道国政府访问。云计算服务的广泛采用以及数据存储的新方法,比以往任何时候都更加打破了传统的地缘政治壁垒。作为回应,许多国家通过修改其现行法律或颁布新的法律来规范新的合规要求,这些法律要求将客户数据保存在客户居住的国家境内(数据本地化)。然而,很难验证数据是否只存在于允许的位置。其要求云客户相信他们的云服务提供者是完全诚实和开放的,并严格遵守服务水平协议(SLAs)。

数据主权的出现与全球可信环境的恶化息息相关。2013 年,斯诺登披露的 NSA 棱镜计划为全球数据主权的讨论提供了催化剂。该计划旨在"接收"电子邮件、视频片段、照片、语音和视频通话、社交网络详细信息、登录信息以及一系列美国互联网公司(如脸书、苹果、谷歌和推特等美国科技公司)持有的其他数据。在这一事件曝光后,各国越来越关注谁能获得本国信息及其潜在影响。美国基于反恐需求所制定的《爱国者法》更进一步加深了各国的担忧。根据该法,美国官员可以访问美国境内的任何实体信息(如服务器场),而不管这些信息的来源。这意味着美国服务器收集的任何信息都不会受到美国法律的保护。

另一个让数据主权成为热议焦点的例子是微软和美国政府之间的"执法抗辩"。2013 年,美国司法部要求微软允许司法部访问"与爱尔兰境内一个 Hotmail 账户的毒品案件有关"的电子邮件。微软明确拒绝,并称这一做法将导致违反数据本地化和欧盟数据保护相关法律。最初的裁决有利于美国政府,法官詹姆斯·弗朗西斯(James Francis)的结论是,美国公司"在收到美国执法机构的有效搜查令后,必须交出私人信息"。微软要求上诉,并于 2016 年再次开庭审理微软诉美国一案。微软负责欧盟政

---

〔1〕 例如,在 2019 年印度《国家电子商务政策》(National e-Commerce Policy)草案中,印度政府明确主张:"印度及其公民对其数据享有主权,这种权利不应扩展至非印度人(类似地,非印度人对印度煤矿也不享有任何原初权利或诉求)。这种理解来自该等确认之上,即与印度人相关的数据是其自身的数据。即使在匿名化之后,个人的利益也不能与通过分析和推断某组数据可能获得的衍生品完全分开。因此,数据最好被比喻为一种社会公共品(Commons)。各种形式的国家数据均是国家资源,所有印度人都应公平地获取。就如非印度人不能像印度人一样平等地获取国家资源一样,非印度人也没有获取印度数据的平等权利。"

府事务的副总裁约翰·弗兰克(John Frank)在2016年的一篇博客文章中表示,美国上诉法院判决微软胜诉,支持“美国的搜索许可证无法到达存储在国外的客户数据”的观点。2017年10月23日,微软表示,由于美国司法部的政策改变,微软将撤销诉讼。

事实上,“数据主权”或者说数据资源控制立法的浪潮将伴随信息技术的利用长期存在,并延续为“技术主权”的核心内容。随着大数据、云计算、物联网以及移动互联网等新一代信息技术的普及推广,个人数据的安全保护以及数据资源的开发利用已迅速在主要司法辖区之间铺开,不同国家/地区对于数据安全和数据资源的高度重视不约而同地具化成为数据本地化和跨境数据传输等法律规则。欧盟《通用数据保护条例》以普遍适用(包含所有针对欧盟用户提供产品和服务的企业)的同等保护水平从安全角度建立了个人数据外流的管控体系,反映出对数据管控的考量和关注。

综合而言,从立法技术上看,目前各司法辖区主要通过两种路径确立对数据的控制:

(1)以地域为主的控制,即对司法辖区内收集、产生的数据提出控制要求,例如印度中央银行要求位于印度的支付企业在印度本地存储数据;

(2)以本地公民和/或居民为主的控制,即对收集本司法辖区公民和/或居民数据的企业或组织进行控制,例如欧盟的《通用数据保护条例》和美国的《2019国家安全与个人数据保护法》等。

同时采取两类路径“双管齐下”无疑将取得更好的数据管控收效,但也会引发秩序重构的紧迫必要性。以美国“云法案”(Clarifying Lawful Overseas Use of Data Act, the CLOUD Act)和欧盟《通用数据保护条例》为例,对于在美国设立的而在欧盟境内存储用户数据的企业(例如CLOUD Act立法背景下的微软公司),按照美国CLOUD Act的规定,美国国内司法部门将有权向其调取境外存储的数据证据;相对而言,《通用数据保护条例》则对个人数据从欧盟输出进行了严格的限制,除非满足充分性认定、保障措施、国际协议等前提条件,否则个人数据将难以对外传输。为此,该等企业一旦面临美国国内司法部门的调取要求,将需要在美国和欧盟两类法律体系之间进行协调和应对。

为此,类似的法律秩序重构将无法避免短期内的冲突与矛盾,尤其是当全球化的跨国企业尚未能在数字经济时代发展出完善的全球性合规应对实践时。事实上,欧盟数据保护委员会也在2019年7月10日的报告中指出,“美国的CLOUD Act并不能够为GDPR框架下将个人数据传输给美国提供充足的法律基础……GDPR或其他欧盟成员国法律下控制个人数据的服务提供者很可能会面临美国法与GDPR之间的法律冲突”。2020年7月16日,欧盟法院(CJEU)判决欧盟—美国的“隐私盾协议”无效,该协议提供的保护不充分,因此其不再是将个人数据从欧盟转移到美国的法律工具。同时,欧盟法院强调,将个人数据转移到在第三国建立的数据控制者和/或处理者的标准合同条款仍然有效。这意味着未来基于双边协议的数据跨境将具有更明显的不确定性,获得欧盟的“充分性认定”将成为数据业务最有利的政策保障。2019年,日本通过了欧盟的“充分性认定”,建立了全球最大的数据自由流动贸易区,目前,韩国也在积极完成欧盟的“充分性认定”工具。

由此可以看出,“数据主权”更强调“数据管控”本身,通常会按照保护原则(属人+属地)限制获取本国数据的范围,以规避包括外国政府在内的第三方所进行的“未经授权的数据访问”。

11.2.3 技术主权

2020年2月,欧盟委员会新任主席冯德莱恩首提“技术主权”的概念,并将其作为支撑欧盟数字战略和AI白皮书的数字化转型战略。许多技术主权的概念都围绕着数据隐私、信任和可靠内容展开(如Popp 2019、Benhamou 2018、Goujard 2018、Pohlmann 2014)。在新欧盟委员会的政治指导方针中,冯德莱恩指出:“在这一领域(保护个人主权并确保他们完全控制自己的数据),欧洲是从一个共同的力量立场采取行动的。”在谈到《通用数据保护条例》时,冯德莱恩则明确表达维持“我们的欧洲道路”的意愿,平衡数据的流动和广泛使用,同时保持高度的隐私、安全和道德标准。

在有关欧洲技术主权的辩论中,成员国和欧洲议会的决策者发表了有关重获技术主权的声明。“技术主权”作为一种新的主权观念,融合了“数据主权”和“数字主权”的关键内容,并客观反映出欧盟希望在数字化转型的新浪潮中掌握技术主动的意愿,即“欧洲必须具有根据自身价值,尊重自己的规则,做出自己的选择的能力”。

“技术主权”所包含的内涵极为丰富,按照冯德莱恩的表述,其基础应当涵盖四个方面:文化、控制、竞争力和网络安全。[1]

(1)文化。技术主权的“文化”方法始于一种假设:在捍卫价值观和市场规则方

---

[1] Matthias Bauer Fredrik Erixon, *Europe's Quest for Technology Sovereignty: Opportunities and Pitfalls*, ECIPE (May, 2020), https://ecipe.org/publications/europes-technology-sovereignty/.

面,欧洲不同于世界其他地区,例如在数据保护权方面。这种观点的核心基于这样一种观点:数字监管是个人权利和商业自由之间的一种基本选择,欧洲已做出选择,保护人类价值观和权利,而不是商业自由。

(2)控制。欧盟及各成员国需要有政策工具来控制总体数字经济的成果,以及公民和公司如何使用现代数字服务。

(3)竞争力。欧洲跨国企业在世界市场上竞争的未来能力,以及欧洲相对于其他标准制定国的影响力。

(4)网络安全。需要新的政策来保护个人和商业数据,并拥有保护数字完整性和数字弹性所需的所有工具和技术。

概括而言,技术主权反映了一种政治观点,其认为信息通信基础设施和技术应当符合用户所在国的法律、需要和利益,需要满足欧盟对于信息和技术自主权的要求。数据主权或信息主权有时会与技术主权重叠。

11.2.4 技术主权、数据主权和数字主权的关系

在目前的概念使用场景中,技术主权虽然包括了数字主权、数据主权的绝大部分内容,但三者之间仍然存在细微的差异,即技术主权更强调团结欧洲、振兴欧洲,以应对未来技术发展竞争和安全挑战的指向;数据主权强调网络空间数据的存储、传输和使用的管理和控制;数字主权强调对数字技术的管控权利。三者之间的区别和联系如表 11－1 所示:

表 11－1 技术主权、数据主权和数字主权的区别和联系

比较项	与其他概念的区别	与其他概念的联系
技术主权	技术主权中的数据安全、隐私保护和基础设施建设,面向 AI、物联网等新兴技术的兴起和运用。其主权涵盖内容从数字、数据到新技术,更加具有容纳力	数据主权或数字主权的内容涵盖面有时与技术主权相重叠,尤其是在信息技术涉及的数字权力方面,三者基本是一致的

续表

比较项	与其他概念的区别	与其他概念的联系
数字主权	时间:虽然其在理论上出现最早,但在官方宣传中,其比数据主权更晚使用,比技术主权则要早。2018年欧盟《通用数据保护条例》制定和公布后,"数字主权"这一概念被欧洲官员更广泛地使用 内容:与数据主权基本相同。但其内容相比技术主权要狭窄,基于其提出背景,数字主权更强调对数据的控制、隐私安全、欧洲数字基础设施的建设和发展。技术主权基本涵盖了数字主权和数据主权的内容,但不限于数字技术控制,而是着眼未来AI、物联网等技术的发展,在更大技术发展范围内强调隐私和安全 范围:受网络主体多元化、网络治理"多利益攸关方"理论的影响,数字主权有时被延伸至个人、企业或组织对数据的控制权。而从个人角度来看,要实现个人数字主权,必须尊重个人隐私①	数字主权经常和数据主权混同使用②。二者都要求以二进制数字形式存储在云端的个人数据必须保存在个人所在国家,并且必须遵守该国的法律。 数字主权的内容基本被包含在技术主权中。三者都将欧盟看作一个主权主体,在概念上促进欧盟的一体化,在功能上,培育欧洲数字市场的竞争力
数据主权	内容:数据主权通常通过两种方式进行讨论,即与土著群体和来自后殖民国家的土著自治有关,或与跨国数据流有关。随着云计算的兴起,许多国家都通过了有关数据控制和存储的各种法律,这些法律都体现了数据主权的影响 范围:与技术主权不同,技术主权定义模糊,可以作为决策的总括术语,数据主权则具体涉及围绕数据本身的问题	数据主权的内容在网络数据的流转、隐私保护和安全方面的内容,与数字主权一致,其同样也被纳入技术主权的范畴,与技术主权的内容发生重合

①Michael Becker, *The Right to Digital Sovereignty*, http://www. adotas. com/2017/01/the-right-to-digital-sovereignty/.

②比如认为两者可以通用,都是要求以二进制数字形式存储在云端的个人数据必须保存在个人所在国家,并且必须遵守该国的法律:Digital sovereignty or Data sovereignty is all about storage and protection of an individual's personal data in digital form on cloud. Data sovereignty demands that the individual's data which is stored in the binary digital form in the cloud, must be kept within the country in which the individual resides and it must be subject to the laws of that country. https://www. gktoday. in/gk/digital-sovereignty-meaning-importance-and-issues/。

由此可见,技术主权、数据主权和数字主权之间的关系如图11-1所示:

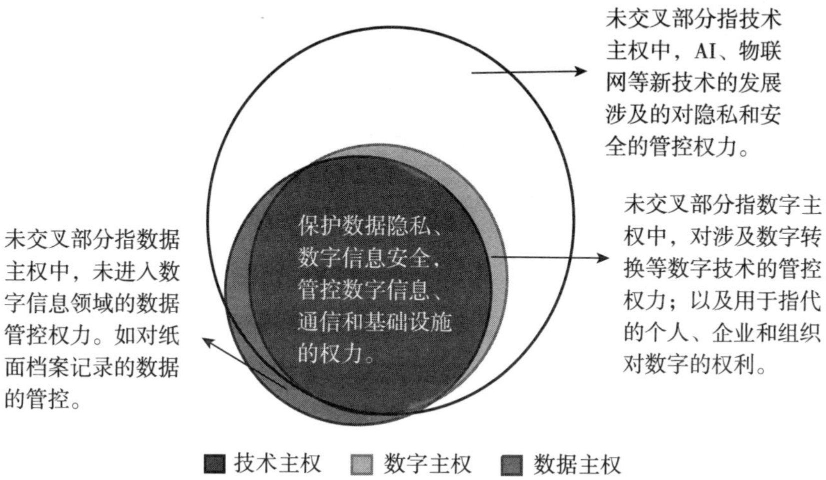

图 11-1 技术主权、数据主权和数字主权的关系示意

11.2.5 "技术主权"指向的未来欧洲政策与法律发展走向

欧洲是个地区,欧盟在该地区的管理既不是集权式,也缺乏强制力,而提出技术主权,并将"保护隐私"作为主权概念中的重要内容,就能为欧盟管理和控制数据,并为未来更好地发展人工智能技术,提供理论上的认同以及公民普遍文化上、心理上的认同。这一概念能顺利地将公民隐私权保护上升为公权力,符合欧洲传统,有利于欧盟实现集体管理,促成欧洲经济增涨、数字独立(比较我国,我国提出为了国家安全或集体安全而进行管控,反而容易接受)。由此,欧洲地区的安全政策和法律必定与保护公民的权利联系在一起。"保护隐私"等主张和法律在这些主权概念下,不但不会减弱,反而会不断加强和完善,即使和未来技术发展产生矛盾,也不会被放弃。

在"技术主权"的旗帜下,欧盟正紧锣密鼓地制定《数字服务法》(Digital Service Act,DSA)和《2021 年数据法》(以下简称《数据法 2021》),以监管数字服务和促进数据共享。这两大法律在制定时不仅不主张改变《通用数据保护条例》对公民隐私权的保护,反而非常关注在管理数据内容和使用、共享数据时保护公民隐私权,遵守《通用数据保护条例》的相关规定。

11.3 欧盟数据战略项下的立法调整

作为直接体现"技术主权"的战略文本,欧盟数据战略明确提出了制定《数字服务法》和《数据法 2021》的立法动议,其均可能对企业数据业务产生潜在的实质性影响。

为塑造单一数字市场,消除羁绊,合作共赢,完成产业的数字化转型,欧盟先后发布了《2010年欧洲数字化议程》、《2015年数字化单一市场战略》、《通用数据保护条例》,以及2020年的《塑造欧洲的数字未来》《人工智能白皮书》和《欧洲数据战略》,欧盟正在试图领导各成员国重新夺回技术主权,以确保在全球数字化发展的浪潮中,欧洲能处于世界领先地位。

在上述一系列举措中,可以发现欧盟政策正在从"数据主权"演变为"技术主权"。"数据"对于欧盟来说,不仅涉及以《通用数据保护条例》为旗帜的个人信息保护,还构成促进数字经济发展的生产要素,欧盟更希望通过新数据战略实现数字化的三个关键目标:

(1)为人民服务的技术;

(2)公平、竞争的数字经济;

(3)开放、民主和可持续的数字社会。

虽然欧洲数字产业目前并不占优势,但欧盟计划通过监管和规范外来企业的运营,同时为欧洲本土产业打造更好的成长环境,形成有利于促进政府、企业、研究机构、消费者等有效、安全利用数据的"欧洲数据空间"。

为此,欧盟在2020年12月15日公布《数字服务法(草案)》和《数据法2021》,两部法案的共同目标是建立更加开放、公平、自由竞争的欧洲数字市场,促进欧洲数字产业的创新、增长和竞争力,为消费者提供更加安全、透明和值得信赖的在线服务,向全世界推广欧洲新"数字理念"和价值原则,成功塑造"欧洲的数字未来"。本章将对《数字服务法》和《数据法2021》这两部欧盟未来重点打造的"技术主权"标志性立法进行内容解析,以客观反映欧盟在数字化转型中所关注的数据治理重点。

11.3.1 《数字服务法》解析

(1)《数字服务法》的制定背景

冯德莱恩在欧洲2019~2024年的政治方针中提出六大政治目标,"一个适合数字时代的欧洲"即为其中的重要内容。为此,欧洲正在"评估和审查数字服务竞争规则,以确保其符合欧盟宗旨"。2019年7月16日,冯德莱恩在布鲁塞尔宣布:"作为确定未来五年立法方针的政治方针的一部分,要建立《数字服务法》——该法将升级我们的数字平台、服务和产品的责任以及安全规则,完成我们的数字单一市场。"

尽管《通用数据保护条例》被批评为科技保护主义,但《通用数据保护条例》一是扩大了隐私法规范围，被遗忘权、隐私设计以及数据自动化处理权等使得消费者个人权利得以加强；二是明确了数据的管辖，如来自欧盟用户的个人数据必须存储在欧洲；三是加强了执行力度。对谷歌、脸书等全球运营的互联网公司的约束，体现出欧洲的决心和力量，为全球其他国家树立起样板。

但是，欧盟仍然希望从通用数据保护展开进阶思考，其核心内容就是强化对平台服务商的监管，运营商对消费者的拘囿，运营商对网络平台所承载之内容的潜在责任等。尽管可能被指为“科技抵制”（techlash）或过度监管，但欧盟在《通用数据保护条例》取得成效之后，计划出台的《数字服务法》将以更全面、更深入、更严格的规范管理全球运营的大型数字平台运营商。

其中隐含的逻辑是：欧盟认为自身正在失去对数字市场的控制力。2020 年 5 月 22 日的收市数据显示，微软、苹果、亚马逊市值都在万亿美元之上。2019 年度，微软的员工年均营收最高，脸书的员工年均利润最高，而这些科技巨擘的数据安全现状并不能令欧盟满意。例如，脸书因用户数据泄露、隐私缺乏监管、虚假新闻泛滥，特别是“剑桥分析丑闻”，导致其品牌美誉度大幅下降，但能拿出这样的成绩单，与其高黏性的社交媒体属性以及在市场成就的主宰地位密不可分。换言之，消费者没有选择的权利，这无疑让欧洲当局倍感担忧。

（2）各方关于《数字服务法》的修订意见

2019 年年末，由通信网络、内容和技术总局（DG CONNECT）编写的一份初步内部概念文件流出，其中提出欧洲面临的问题：一是各国对网上仇恨言论的定义和管理办法不同，欧洲缺乏对网络空间，特别是社交媒体上的仇恨言论的共同约束性规则；二是缺乏对网上广告服务的共同法律约束，而跨境广告中目标政治广告或者虚假信息宣传问题需要得到重视和统一管理；三是监管能力不足、成本过高，以及协作匮乏，使得数字化协作经济服务越来越多地面临着国家甚至区域性的不协调问题。总体而言，文件体现出对全球经营的数字服务提供者不可控的担忧，并希望通过专门的“平台监管机构”建立并推行有效的监管机制，并将规则转化成可实施的技术方案，重塑欧洲可信赖的数字服务体系。

2020 年 12 月 15 日，欧盟委员会发布《数字服务法（草案）》，这是欧盟第一次在整个单一市场上制定的一套关于平台等中介机构的法律义务和责任的共同规则，其将为跨境提供数字服务开辟新的机会，同时，无论用户生活在欧盟的哪个地方，都将确保他们得到高水平的保护。《数字服务法》也为建立真正的欧洲互联网服务治理体系提出了基础性建议。随后,议会公民自由、司法和内政委员会(Committee on Civil Liberties, Justice and Home Affairs, LIBE)、内部市场和消费者保护委员会(Internal Market and Consumer Protection Committee, IMCPC)、法律事务委员会(legal Affairs, JURI)、文化和教育委员会(Culture and Education, CULT)、运输和旅游委员会(TRAN)分别就《数字服务法》的倡议(INI)提出意见草案。

第一, LIBE 以"数字服务法和基本权利问题"为主题,提出如下建议:

1)处理网上非法内容要和处理线下非法内容一样严格;对于非法内容,必须迅速和一贯地删除,以处理犯罪和侵犯基本权利的问题。另外,还需要加强服务提供者和国家主管部门之间的合作,非法内容在网络平台删除后,还应由执法部门和司法部门跟进,提供司法补救的可能性。

2)强调确保公平的数字生态,其中,基本权利和数据保护能得到尊重。在实践中,建立关于内容审核或政治广告政策的增强透明度规则,根据必要性和相称性原则进行最低限度的干预,以确保删除和阻止有害内容仅限于绝对必要。欧盟数字服务的法律框架需要更新,以应对新技术带来的挑战,确保法律的明确性和对基本权利的尊重。但改革依然建立在欧盟现有法律的坚实基础之上,特别是《通用数据保护条例》和《隐私和电子通讯指令》。

3)数字服务商的服务条款应该明确、透明。要求数字服务提供者采用有效、连贯、透明和公平的程序和程序保障措施,按照欧洲价值观删除非法内容,从而保持数字单一市场的开放和竞争力。网络平台需要承担更多但又相称的责任。

4)支持设立一个独立的欧盟机构,对数字服务进行有效监管。其主要职责包括:一是加强程序保障和透明度建设,对形式合法但是有害的内容进行认定,并提供快速、可靠的指导意见。二是数字平台和国家主管部门编写透明度报告,提交给这个独立的欧盟机构,该机构应负责起草年度报告,对欧盟一级的非法内容删除和封锁进行结构化分析。三是不应承担内容主持人的角色,而是根据投诉或主动分析数字服务提供者是否以及如何放大非法内容;如果平台未能按要求及时提供有关程序或者算法的充分信息,该监管机构有权实施相应的罚款或者采取其他纠正措施。

第二,IMCPC 以"提高单一市场的运作"为主题,认为电子商务市场应当在公平和规范的竞争环境下运作,从而释放数字单一市场的潜力,提升消费者信任,创新新产品,推动中小企业可持续增长,并增加就业岗位。目前,电子商务以各种形式迅速转型和扩张,有 20 年历史的《电子商务指令》(E-Commerce Directive)难以应对多样化的电子商务内容并管理服务提供者,各成员国在处理网上非法内容方面也缺乏相应的执法合作,疫情暴露出现有的监管体系的缺陷。为了防患于未然,防止市场碎片化,打造公平竞争的环境,使欧洲企业从数字市场中获利并在世界舞台上更具有竞争力,《数字服务法》的出台有着重要的意义。

《数字服务法》应充分尊重欧洲基本权利,保护公民的利益,创造一个丰富多样的网络生态系统,塑造良好的数字环境,释放数字单一市场的权利。法案将为欧洲创造一个机会,使其不仅在欧洲层面塑造数字经济的核心方面,还成为世界其他地区的标准制定者。

具体而言,在通用原则方面,一是《数字服务法》既要保证数字服务的自由流动,又要保证一个高的消费者保护水平,包括用户在线安全的提高,从而加强内部市场;二是法案应保证线上线下经济活动被公平对待,即"线下非法的,线上亦非法";三是法案要为消费者和经济经营者,特别是中小企业,提供法律的确定性和透明度;四是应尊重欧洲基本权利的广泛框架,保护消费者隐私、不歧视、尊严、公平和言论自由;五是法案应以目前适用于在线市场的规则为基础,即《电子商务指令》和《商务监管平台》(Platform to Business Regulation)。但需要与时俱进,明确与删除网上非法内容有关的明确的、详细的程序和措施,包括统一的具有法律约束力的"通知—行动"机制,展开有效的监管、合作和制裁。强制数字生态中担任"守门人"角色的大型平台承担义务,并辅以有效的制度执行机制。

在范围方面,一是需要明确数字服务的范畴,《数字服务法》不仅适用于在线平台,还适用于所有数字服务(特殊规定的除外);二是地域适用范围也应扩大到在其他国家设立的,但向欧盟消费者提供服务或者商品的服务提供者;三是设立更高的消费者保护水平,在欧盟法律框架下追求合法的公共利益目标;四是需要保持和其他法律制度的协调性,例如《通用数据保护条例》和《视听媒体服务指令》(Audio Visual Media Services Directive),以及最近通过的关于地域封锁、产品安全和消费者保护等相关规则。

在定义方面,一是明确"新数字服务"中的哪些、在什么程度上属于《数字服务法》的范畴,"新媒体服务"包括社交媒体、协作经济服务、搜索引擎、Wi-Fi 热点、在线广告、云服务、内容交付网络和域名服务等;二是对内容平台(提供文本、图像、视频或者音频服务)和商业在线市场(销售实务)的性质予以区分;三是对是否属于商业目的予以区分,例如广告和营销属于商业目的,数字市场上还存在非商业目的的活动和内容;四是澄清“非法内容”的定义,明确违反欧盟关于消费者保护、产品安全或者食品供应链安全规定的,或者销售烟草制品和假药的,都应属于“非法内容”范畴;五是建立一套经济指标来定义“系统操作者”,使监管机构能够清晰了解“守门人”平台在在线经济中的作用。指标中可考虑以下因素:在多方面市场的活跃度、网络规模(用户数量)、财务实力、数据访问、纵向整合以及其活动对第三方获得供给和市场的重要性等。

在尽职调查义务板块,一是在通用信息要求方面应加强《电子商务指令》第5条中的信息要求,并引入“了解你的业务客户”原则,服务提供者应核实其业务伙伴的身份,包括其公司注册号或任何同等的身份识别手段,必要时核实其最终受益人的国民身份;该信息应准确无误且为最新信息,当其业务客户的身份是虚假的、具有误导性的或存在其他无效的情形时,不允许服务提供者提供服务。该措施应仅适用于企业对企业的关系,且需和《不公平合同条款指令》(Unfair Contract Terms Directive 93/B/EEC)、《消费者权利指令》(Consumer Rights Directive)以及《业务监管平台》(Platform to Business Regulation)中规定的信息要求保持一致。二是在公平的合同条款及一般条件方面,《数字服务法》应要求服务提供者采用公平和透明的合同条款和一般条件,至少符合如下要求:①明确规定服务提供者不会储存非法内容;②明确提及根据欧盟或适用于所提供服务的国家法律,哪些内容应被理解为非法内容;③合同条款和一般条件需易懂、明确、清晰;④确保合同条款和一般条件符合这些和联盟法律规定的所有信息要求,包括《不公平合同条款指令》、《消费者权利指令》和《通用数据保护条例》;⑤在合同条款和一般条件中明确无误地说明其人工智能系统的确切参数,以及如何影响用户的选择或行为,并说明这些参数的原因和重要性。三是在商务沟通的透明性要求方面,应确立设计透明和默认透明原则,建立平台和消费者关系的透明度新框架。如对广告在搜索结果中的付费排名,应以清晰、简明、易懂的方式说明谁付费、直接或者间接付款或者任何其他费用等相关情况。这将帮助政府追究虚假或者误导性广告的责任。同时对消费者面对“未经请求的网上商务沟通”提供保护。四是在人工智能和机器学习方面,建议制定包括不歧视、透明、监督和风险评估等在内的全面规则,对人工智能驱动的服务算法进行评估,建立起明确的问责和补救机制,建立安全原则和隐私设计,从而减少人工智能和机器学习应用带来的伤害,以更高的水平保护消费者。

在打击网上非法内容的措施方面,一是需要明确任何删除或禁止访问非法内容的行为不应影响用户和消费者的基本权利和合法利益；二是加强网络平台在促进公众辩论和自由传播事实、观点和思想方面所发挥的作用；三是维护基本的法律原则，即网络平台不应为其用户的行为直接承担责任，可以在公平、透明的服务条款和条件下继续对合法内容进行审核，但条件是这些条款和条件必须以非歧视性的方式适用；四是引入新的透明度和对内容审核的独立监督，以及与删除网上非法内容有关的程序和工具，但这类程序和工具必须可被独立机构审查和测试。因此，在具体举措上，《数字服务法》首先应建立一个统一的、可依法执行的通知和行动机制，其基础是一套明确的程序和每个步骤的准确时限；其次建立与通知和行动机制有关的庭外争端解决方法；再次保持通知和行动机制的透明度，由此，网络平台有义务就此发布年度报告；最后区分数字平台的主动性与否，以适用《电子商务指令》中的"安全港"原则。

在网上市场方面，《数字服务法》应为网上销售产品和服务提供具体规则。一是涵盖所有向欧盟消费者提供服务和产品的实体，并需要说明产品或者服务是由哪个国家提供的，无论它是否由第三方或者销售商提供，位于欧盟境内或者境外。二是将网上市场和其他服务提供者区分开来，只要一个公司中提供的某些服务符合必要的标准，该服务就必须合规，而不论公司内部组织情况。三是任何误导性的保证或者声明都将被删除；被欧盟快速预警系统认定为"不安全的产品"需强制下架，于 24 小时内从网上市场删除。网上市场需要在 24 小时内将安全问题通知消费者，以便于召回处理。四是如果没有制造商，在欧盟设立的进口商或分销商可被追究责任。五是延展电商自愿的"产品安全承诺"（product safety pledge），其中部分承诺可能变成强制性的。

在系统性平台的事先监管方面，《数字服务法》一是需要建立事先机制对平台进行业务监管，防止其不公平的市场行为（包括对数据的适用）对后来的市场者，特别是中小企业形成排斥，防止市场失灵；二是实施高水平的互操作性措施，要求系统平台共享部署适当的工具、数据、专业知识和资源，以限制用户和消费者被绑定到一个系统平台。通过不同技术、开放标准和协议等手段，使竞争平台也可对接到系统平台，并与之交换信息。

在监管、合作和执行方面，中央监管机构一是需要优先考虑成员国之间的合作，以便解决复杂的跨界问题；二是需要协调不同机构处理非法在线内容、强制合规、罚款，以及对数字平台审核等事宜；三是中央监管机构以"平台记分牌"（platform scoreboard）的方式评估平台的表现，并向欧盟相关机构汇报。

第三,JURI以《调整商业实体网上经营的商事和民事法律规则》(adapting commercial and civil law rules for commercial entities operating online)为主题,认为数字服务作为欧盟经济和公民生活的基石,需要兼顾尊重公民权利和支持经济发展加以监管。在过去几十年中,数字领域加速发展,新的商业模式层出不穷,问题也接踵而来。

首先,占据市场支配地位的数字服务企业本身数据驱动力很强,使后来进入市场的企业难以成长并与之竞争;单靠事后竞争执法无法有效解决某些网络平台的市场支配地位对数字单一市场公平竞争的影响。获得数据是数字经济增长的重要因素,而数据的互操作性需要消除锁定效应,从而形成公平的市场。

其次,内容托管平台正成为复杂的机构和市场参与者,特别是在收集和利用使用数据的社交网络方面,他们可以决定向用户展示哪些内容,进而影响到人们的信息获取和沟通。平台的条款和条件基本上是不可谈判的。内容托管平台事实上已经成为数字领域的公用空间,其管理方式必须尊重用户的基本权利和民法权利,用户有合理理由期望有公平条款使用内容托管平台。

最后,目前内容托管平台使用的一些手段值得关注:①自动内容删除,可能会伤及言论自由。②生成大量分析数据,并依此推荐新闻或者定向投放广告,引起用户不适。而推荐系统背后的算法逻辑,几乎没有公众监督的可能性。③居市场支配地位的内容服务平台,通过使其用户可以使用他们的个人资料登录到第三方网站,从而允许平台跟踪他们的活动,即便是在平台环境之外。这构成了访问内容固化算法数据的竞争优势。④智能合约可实现去中心化,并保持记录的可追溯,但目前只在部分领域使用且缺乏有效的法律框架,特别是在跨境情况下存在诸多不确定因素。

因此,《数字服务法》中应包含相关条例以解决如上问题:一是在规范内容管理的合同权利方面,建立透明、有约束力和统一的标准和程序,并保证可诉诸司法补救和独立诉诸司法补救。二是对累积数据、定向广告要有更严格的监管,用户同意与否以及选择退出非常关键。三是寻找数据共享的路径,探索促进互操作性和可移植性的数据,以解决市场力量失衡的问题。四是对包括区块链在内的技术予以评估,对智能合约,特别是跨境智能合约的合法性和执法问题,提出相应的法律框架建议。五是建议成立相关机构,例如,建立独立机构负责监测在内容管理、自动内容审核和管理方面的算法,并加强处罚违规行为;建立独立的争端解决机构解决有关内容审核的争议。对用户生成内容合法性做出任何最终决定的,是独立的司法机构,而非商业实体。

(3)科技巨头企业对《数字服务法》的回应

微软一直致力于塑造“隐私倡导者”的形象,其相关举措包括:一是微软、Adobe和SAP联合展开开放数据计划(Open Data Initiative),其核心原则是用户能够控制自己的数据;微软和Mozilla等美国科技巨头已经与七家欧洲贸易机构签署了一项自愿行为准则,以打击虚假新闻。二是开发“反向隐私”项目。如果一条个人信息可以由某一方访问,而其创建者/用户却不能访问,则这条信息就是反向隐私。这项代号为“巴厘岛”(Bali)的项目,使用户能够存储并控制由其生成的所有数据,包括原始数据和衍生数据,并允许用户可视化、管理、控制、共享和货币化这些数据,并能够删除所有连接和账户信息。三是增设“数据尊严”(data dignity)团队,研究如何让用户更好地掌控自己的个人数据。

脸书也表现出赞同和高度配合,其一方面表示将与国家政府主管部门,如法国最高视听委员会,以及其他利益相关方密切配合,打击在线仇恨内容;另一方面声明自己有明确的规定反对仇恨言论,并在技术和人员层面加大投资,从技术着手,更好地识别和消除在线仇恨内容。同时,脸书将于2020年开始实施在Facebook Messenger、Instagram和WhatsApp等消息平台上进行端到端加密通信的计划,受到隐私保护人士的欢迎。

Twitter则表示公司致力于建立“更安全的互联网”,解决非法在线仇恨问题。

(4)趋势:更为严格的数字服务监管

欧盟将实施更为严格的数字服务监管,并正在寻找三个平衡点。

第一,言论自由和公民保护的平衡。从政治学角度来看,一个开放的民主社会有赖于公民自由而平等地参与公共事务讨论,表达其思想意志。《欧盟基本权利宪章》第11条和《欧洲人权公约》第10条规定了言论自由是自由和民主社会中健全决策的必不可少的推动因素。言论自由延伸适用至印刷、广播和网络媒体,包括持有意见、接收和传播信息和思想的权利,以及接收和传播媒体自由和媒体多元化的整体价值观的权利。

安全港规则是法律中规定的网络服务提供者的免责条款,最早适用于版权领域,后来也被应用在搜索引擎、网络存储、在线图书馆等方面。但是,机构“守门人”、技术“守门人”都强调对用户在前台公开言论信息的监管。而随着算法“守门人”的出现,数字服务平台必须承担更多的法律责任。大数据、人工智能实现了信息服务的自动化、个性化与智能化,算法“守门人”可以通过提高网络公用环境中用户身份的透明度和曝光度,从而实施覆盖面更广的用户监控;平台会以个人信息收集和分析为基础,进行“轻推”(nudging),实现其商业目的对用户决策的引导或者干预,而一般用户对这种引导或者干预难以发现和拒绝。

同时,什么样的信息需要被删除,判定难度比较大。如果是算法自动筛选,算法本身的公平性需要被审查;如果是人工筛选,为了降低成本,数字服务商的一些删除工作会外包到第三方,对内容的认知也有所不同——“大量的网络审查员会在不了解法国文化和法律的背景下任意评估和删除平台内容”。同时,也存在某种言论在欧盟中的一个成员国认为必须删除,但在另外一个成员国被认为可接受的情况。

数字平台为了规避巨额经济处罚的风险,可能对内容进行过度审查,而广泛使用自动化程序来检测信息容易导致审查权力的滥用,这又造成了一些媒体或者民众认为自己的言论自由权被侵害。

《数字服务法》框架下,将成立专门机构,统一术语,确定较比清晰的内容边界,加强程序保障和透明度建设,保障民主权利,打击虚假及非法信息。

第二,政府权力和公司权利的平衡。首先,政府需要重塑人们对互联网的信任。欧洲原有的纵向筒仓式(silo-based)监管是对电子通信、线性视听、非线性视听以及信息社会服务领域实施监管。在数字服务快速发展的今天,欧洲横向层面(layer-based)监管正在逐步建立,对数字基础设施和数字服务采用不同的监管框架。科技巨头拥有大量的用户,数字平台上虚假信息、有害信息、不能保证安全的产品有泛滥的趋势。即便是实施了高强制要求的《通用数据保护条例》,也只能解决隐私和个人信息保护的问题,并不能解决人们对互联网的信任问题。《数字服务法案》的酝酿,是欧盟进一步加强政府权力的标志。其次,数字服务生态必须由政府监管。数字服务生态呈现高度复杂化态势。从责任主义角度来看,当前的数字传播环境中包括四类责任主体:一是数字服务平台;二是意见领袖,包括组织、群体及个人;三是专业类媒体;四是负有监管职责的管理部门。从服务类型而言,数字服务包括了社交媒体、搜索引擎、Wi-Fi热点、在线广告、云服务、内容交付网络和域名服务等。从技术复杂度而言,数字服务平台多为高科技企业,且正面向未来不断开发和应用新的技术。如此负责的数字服务生态,仅依靠数字服务平台的自律是远远不够的。数字服务平台纯粹的自律并不能向公共当局、民间社会和用户提供足够的透明度,让他们了解平台如何处理非法和有害内容,而且,欧盟意在通过事先监管,将数字服务平台推出“通知—删除”

的舒适区,让他们承担更多的责任。最后,“虚假信息”(disinformation)可能动摇欧盟“合众为一”的根基。多元化和包容性的公共服务型传媒体制在数字服务高速发展的时期遇到了棘手的问题。网络上的虚假信息和非法信息等侵蚀了人们对于政府、媒体等公共机构的信任,也使各成员国之间的不信任感增强,从根本上动摇了欧盟体制的基础——“欧洲如果不团结,就会被日益强大的中国忽视”。欧洲对“虚假信息”的定义是可被证实为错误或误导性的信息。这些信息“出于经济收益或欺骗公众的目的被创制、发布并散播”“可能损害公共利益”,蓄意“威胁民主政治与政策制定过程,以及关于欧盟公民健康、环境与安全的公共利益”。其并不包括误导性广告、非主观恶意的偏差性报道、讽刺、戏仿或可以被清晰识别的党派新闻与评论等。当数字服务平台不仅仅是内容托管的角色,还在民意走向中发挥重要作用时,政府权力必须被加强。谷歌曾保证在2019年春季大选开始前全面启用新的事实核查机制,并推出新的信息服务工具,令用户更容易检索和收藏通过真实性校验的时政资讯。

第三,产业政策和竞争政策的平衡。以科技巨头为代表的数字服务提供者已经拥有大量用户数据,并可以对数据展开分析获得超乎寻常的能力。一方面,其通过“朋友圈”等方式,将用户限制在一个系统平台上。用户一旦选择其他平台的业务,可能无法与朋友互动。由此,其丧失了选择权。另一方面,数字服务提供者更多元的业务,其从网络效应、先行优势到创新商业模式和技术带来有机增长,形成赢者通吃的局面。而欧盟统一的严格监管对科技巨头固然形成约束,但本地企业也同样需要遵从。客观的差异是,大公司拥有强大的法律团队和专业人士,成长中的中小企业毕竟精力和资金有限,在合规方面也需要不少投入。

目前,统一的产业政策不利于“欧洲冠军”的养成。例如:反垄断监管给以美国公司为代表的全球性数字平台施加了压力,也制约了欧洲在轨道交通等多个领域的企业间并购。在上市融资方面,欧洲本土程序烦琐,而美国公司携雄厚资本在欧洲开拓业务。部分欧盟成员国正呼吁内外有别的产业政策。2019年7月,德国、法国和波兰签署了共同宣言,要求欧盟委员会在反垄断监管上放松对欧洲企业的并购审批,加强对硅谷巨头的监管,重新评估外国企业,特别是美国科技企业对欧洲初创公司的“恶意”收购,同时强化产业政策支持,以欧盟委员会牵头促进欧洲企业间合作等。

《数字服务法(草案)》已经要求数字服务平台开放相关技术和标准,允许竞争对手的平台和系统平台接入,避免数据垄断,市场失灵。

综上所述,《数字服务法》所涵盖的核心内容应包含如下几个方面:①建立独立的监管机构,负责统筹推进,并协调成员国。具有强制执行力,可处以罚款。②针对虚假信息、非法信息、仇恨言论、定向广告(政治广告)等内容进行细化管理。③建立透明、连续、公平的程序和流程。④加强对数字服务平台的事先监管,同时考虑执法和司法补救。⑤利用经济指标和记分牌对数字服务平台展开常规性管理,数字服务平台应证明供应链安全。⑥实施高水平的互操作措施,维护健康的竞争环境。⑦对人工智能、区块链等新技术予以评估。

2021 年 12 月 14 日,欧盟议会 IMCPC 以 36 票同意、7 票反对和 2 票弃权通过了《数字服务法》提案,修正后的提案已列入 2022 年 1 月的日程。

11.3.2 《数据法 2021》解析

(1)《数据法 2021》的制定背景

《欧盟数据战略》中,欧盟委员会明确指出为了促进数据的共享和使用,将在战略部门和公共利益领域建立九个共同欧洲数据空间,即共同的欧洲工业(制造业)数据空间,共同的欧洲绿色协议数据空间,共同的欧洲移动数据空间,共同的欧洲卫生数据空间,共同的欧洲金融数据空间,共同的欧洲能源数据空间,共同的欧洲农业数据空间,共同的欧洲公共行政数据空间,共同的欧洲技能数据空间。

为了实现数据共享共用,释放数据潜能的目标,欧洲计划推出《数据法 2021》。该法案将“促进企业与政府之间的数据共享,以维护公共利益”,支持“企业对企业的数据共享,特别是解决与共同生成的数据(如工业环境中的物联网数据)的使用权相关的问题,通常在私人合同中规定”。该法案希望通过“符合公平竞争和合同原则的方式共享数据”,进一步提高数据生成,尤其是通过智能互联产生的数据。在涉及个人所产生的数据时,需要确保遵守数据保护规则。拟议中的《数据法 2021》规定:“只有在特定的情况下”“在公平、透明、合理、相称和/或非歧视性的条件下”,才会强制要求用户获取数据,评估知识产权框架,以进一步加强数据的获取和使用。

欧洲非个人工业数据和公众数据量不断增加,其存储和处理将成为一个潜在的增长和创新来源。欧洲数据共享政策旨在确保欧盟成为“真正的单一数据市场”,以及一个“通过数据授权在商业和公共部门做出更好决策”的社会,通过解决“数据可用性和获取有限”的问题,使欧盟在全球数字经济中发挥重要作用。

目前,欧盟只有解决对数据的访问限制问题,才能充分运用数据动能。在政府对企业数据共享方面,欧盟已经推出开放数据指令和其他立法,但是在欧盟各地,高价值数据集在相同条件下不可用。例如公共数据库中的卫生数据不能用于研究目的。

因此,政府还需要做更多的工作。在企业与企业之间,激烈的经济竞争的缺乏,害怕失去竞争优势,“经济经营者之间缺乏信任,认为数据将按照合同协议使用”,以及谈判力量不均衡等,导致企业之间的数据难以共享。政府之间的数据共享也十分有限。《数据法 2021》的推出,主要是为了解决企业与政府、企业与企业之间的数据共享问题。

工业数据是《数据法 2021》要解决的一个问题。欧洲的工业技术和基础曾领先于世界,但今天,美国等其他国家的数字基础设施和数字服务越来越多地参与到欧洲工业运营中,数字服务和系统的关系非常密切,欧洲工业发展离不开非欧洲企业的服务。欧洲工业界一方面担心自己的知识产权会在采用非欧洲产品时被窃取,另一方面也因为工业发展中产生大量来自传感器、物联网的数据,他们担心自己无法保留对数据资产的完全控制权。从“数据主权”到“技术主权”,欧洲希望能完全掌握自己的数据,并从中再分析利用,生产出更多的价值。毕竟,人工智能、大数据等先进技术需要有海量数据为基础,而欧洲要想重振工业界的辉煌,就必须通过数据安全、数据共享发展技术,重塑竞争力。

(2)《数据法 2021》的应然内容

基于以上立法背景,《数据法 2021》的基本内容大致会对欧盟目前业已形成的“数据共享”框架进行细化。

2018 年 4 月,欧盟委员会发布了《欧洲数据经济中的私营部门数据共享指南》,对企业对企业(B2B)和企业对政府(B2G)数据共享的主要原则和具体方法展开讨论。但因为其本身是工作文件(working document),并不具有法律约束力。

该指南在开篇便明确“为确保物联网对象及由对象创建的数据所生成的产品和服务的市场公平性”,B2B 和 B2G 数据共享的原则如下:①透明性。相关的合约协议应以清晰的方式明确可获取有关产品或者服务数据的个人或者实体,该数据的类型和详细程度,以及使用该资料的目的。②价值创造共享。相关的合同协议应该承认多个缔约方对有关产品或者服务的数据生成所做出的努力。③相互尊重商业利益。相关的合同协议应保障资料持有人及资料使用者的商业利益及商业机密不被泄露。④确保良性竞争。在交换商业敏感数据时,相关的合同协议应促进良性竞争。⑤最小化数据锁定。公司应该尽量确保并支持与其产品或者服务相关的数据的传输性。根据自身经营市场的特点,公司可以考虑不提供或者有限提供相同产品或服务相关数据的传输。

在 B2B 的数据共享方面,B2B 的数据共享模型有很多,比较常用的有开放式交换数据、数据平台交易、封闭平台交易等。B2B 数据使用许可协议必须明确什么样的数据可用、谁可以访问及使用数据,以及数据被用来做什么。B2B 数据共享的技术包括:①数据持有方直接提供数据给使用方,例如通过应用程序编程接口(API)等;②数据持有人通过中介(数据交易市场)提供数据给一个或者多个使用方,对数据的后续使用拥有一定的管理能力;③数据持有人通过中介(数据空间或者平台)提供数据给一方或者多方使用,并且对数据的后续使用拥有很强的控制能力和跟踪能力。

在 B2G 的数据共享方面,首先,公共部门在遵循一定原则下可以特惠条件使用私营部门数据:①私营部门数据使用的相称性。以公开透明的公共利益为目的,确保做到具体详细、相关联和数据保护。②目的限制。明确政府使用私营部门数据的目的及期限。③不造成伤害。需保护商业机密和其他商业敏感信息的正当权益。④数据再利用的条件。企业与政府互惠互利,通过给予公共部门优于其他客户的优惠条件以确保公共利益。其次,B2G 的数据分享模型包括:①数据赠与。②奖项。③企业对政府数据合作。公共机构可以和拥有成熟数据分享体系的私人企业合作,并遵从欧盟"开放数据和公共部门信息再利用的指令"(PSI)分享信息。④中间人。当公共机构和企业均无合作经验且缺乏信任时,中间人发挥作用。⑤城市数据共享。公共部门需遵从数据保护法律,授权并控制私人公司获得个人数据。最后,在 B2G 的合作技术方面有数据平台、数据算法、隐私保护计算等。

2019 年 4 月,欧盟 PSI 发布,该指令旨在改善公共部门和公共资助数据的可用性和创新性使用,从而推动商业市场,特别是人工智能等高技术企业的发展。其主要目标包括:一是限制公共机构对其数据的重复使用收费超过边际成本,减少市场准入壁垒;二是将新类型的公共资助数据纳入指令范围来增加数据的可用性;三是通过要求制定更加透明的公私数据协议,避免排他性协议,尽量减少过度的先发优势风险;四是要求公共部门机构通过 API 提供数据,增加商业机会。PSI 的主要内容包括:

一是界定了该指令的适用范围。通过修订,该指令的适用范围扩展至《关于水、能源、运输和邮政服务部门实体采购的指令》(2014/25/EU)中所界定的水务、能源、运输和邮政业实体采购范围内从事活动的公共事业组织所持有的文件,以及根据《欧洲议会和理事会第 1370/2007 号条例》的规定,是根据成员国法律或其他具约束力规则所界定的为一般利益提供服务的一部分。另外,适用范围还扩展到特定的研究数据,这是作为科学研究的一部分而形成的特定类别的文件,如科学实验基础上的科学事实调查过程所产生的结果,而由于在权利管理方面带来了额外的挑战,科学期刊上的出版物继续被排除在适用范围之外。

二是对公开条件及数据可供重新利用的方式进行了调整。如考虑到实时数据(动态数据)日益增长的重要性,PSI 要求公共部门机构通过 API 提供此类数据,对于研究数据和高价值数据集可以免费提供文件。会员国应通过旨在使所有公共资助的研究数据公开的国家政策和公共行动,以支持公共数据的提供。“开放获取”研究数据库中已有的数据应根据指令的规定可重复用于商业和非商业目的。

三是明确禁止排他性协议,这包括没有明确授予文件再使用专有权但可能导致只有一个或很少几个再使用人有权使用文件的协议。

四是明确定义了“高价值数据集”。高价值数据集是该指令根据其第 1 条适用的文档的子集,对这些数据重复使用将产生重要的社会经济利益。此类高价值数据集的清单应根据《欧盟运作条约》(TFEU)第 290 条在授权法中确定。该授权法还应规定其发布和重复使用的方式。原则上,重新使用这些高价值数据集应该是免费的,对于动态内容,应使用 API 作为传播手段。

综上所述,《数据法 2021》将有力支撑欧洲数据战略,其核心内容应当包含如下方面:①加强企业和政府、企业之间的数据共享。②支持工业发展是重点内容之一。③将解决 B2B、B2G 数据共享安全、商业机密保护等问题并完善共享机制。④扶植欧洲本地企业在新数字环境下成长。

2021 年 10 月 27 日,欧盟监管审查委员会对《数据法 2021》的影响评估进行质量检查,最终以“没有就公共机构获取数据的条件、企业赔偿及与其他立法措施的关系方面提供足够的信息”否决提案。委员会建议在《数据法 2021》中不提供数据共享的技术特征或标准,而是留出通过与标准制定过程或具体的授权转换标准有关的次级立法的可能性。

(3)趋势:以隐私权为保护基石,实施积极主动的数据战略

随着大数据、人工智能等技术的发展,数据作为基础凸显出其重要性。促进跨部门、跨行业、跨区域的数据共享成为欧洲实现“数据战略”的重要环节。2020 年 2 月 19 日,欧盟委员会发布《欧盟数据战略》,明确欧盟委员会的目标是创建一个单一数据空间——一个真正的数据单一市场且面向世界开放,其中个人和非个人数据(包括敏感的业务数据)都是安全的,企业也可以轻松访问无限的高质量工业数据,并利用数据促进经济增长、创造价值,同时最大限度地减少人为碳排放和环境破坏。

首先,规划适合欧洲自身数据发展的道路。“为了充分释放欧盟的潜力,欧盟必须制定适合自身数据发展的道路,平衡好数据自由流动和数据广泛使用之间的关系,同时确保遵守严格的隐私、安全和道德标准”。《数字服务法》《数据法 2021》是欧盟数字战略目标实现的重要保障。

其次,数字化欧洲使得多方受益。通过两部法律及其他举措,欧洲将建立九个共同欧洲数据空间,形成共享共建的数据公地(data commons)。同时,“公民应当被授予从非个人数据中使用数据洞察的权利,以便更好地进行决策。此外,这些数据还应该向全社会开放。无论是公共部门还是私营部门,大型企业还是小型企业,抑或是初创企业或者行业巨头都应该能够使用这些数据。这将有助于社会最大程度地发挥创新和竞争的作用,并确保数字红利惠及所有社会公众。这个数字化的欧洲应当反映出欧洲最好的特点——开放、公平、多元化、民主和自信”。

最后,从“数据主权”到“技术主权”的跃变。欧洲不满足于停留在数据权属的辨析阶段,最终必然是夯实数据基础,发展核心技术,重回全球技术的高地。目前,欧洲的 GAIA-X 项目,推出自主的云服务和数字基础设施,面向欧盟国家乃至全球提供公共产品及服务,同时对参与欧洲云服务建设的国外企业设立其必须遵循的规则,“将在国家、工业和研究之间的对话中建立一个高效、安全、分布式和主权的欧洲数据基础设施,为欧洲工业和用户建立一个主权数字生态系统”。欧洲的这一战略发展趋势,揭示了欧洲以“保护隐私权”为开放和技术发展的底线,积极谋求本地区数字经济增长和一流的数字技术发展及应用。

根据欧洲议会7 月 14 日发布的报告,目前,欧盟已经采取了多项行动计划来配合和推进“技术主权”(包括“数字主权”)实现上述愿景,这些行动计划体现了欧盟现阶段和未来所看重的“可信要素”,也划定了企业在“技术主权”下的重点“合规域”,在此方面遵从和配合欧盟的方法和措施,将有助于企业提升自身的“可信程度”。其中,与“隐私”或数据安全相关的行动计划如表 11 -2 所示:

表 11 -2　与“隐私”或数据安全相关的欧洲行动计划

行动计划	实施部门	具体描述
欧洲云和数据基础设施	欧盟委员会、欧洲议会、欧洲理事会	促进建立符合数据战略的欧盟云基础设施

续表

行动计划	实施部门	具体描述
欧盟数据规范框架	欧盟委员会、欧洲议会、欧洲理事会	基于创新目的，采取新的措施促进欧盟的个人和非个人数据的访问（例如政府数据开放）；评估公共采购合同中的"数据主权"条款
年度财政框架	欧盟委员会、欧洲理事会	采用多年度财政框架，支持前沿技术投资
《通用数据保护条例》审查	欧盟委员会、欧洲议会、欧洲理事会	持续审查和修订《通用数据保护条例》，提供特殊环境下的数据保护指导，为人工智能创新提供有利环境
《电子隐私指令》修订	欧盟委员会、欧洲议会、欧洲理事会	完成《电子隐私指令》的修订，确保所有公共网络中的数据安全和隐私保护
建立强制性网络安全认证	欧盟委员会、欧洲议会、欧洲理事会	修订欧盟网络安全认证框架，要求强制性的网络安全认证
修订 NIS 指令	欧盟委员会	修订 NIS 指令，加强欧盟关键数字部门的保护
决策系统透明度	欧盟委员会、欧洲议会、欧洲理事会	通过立法协调"决策系统"的透明度规则
人脸识别技术使用框架	欧盟委员会、欧洲议会、欧洲理事会	通过立法针对人脸识别技术的使用制定道德规范，并落实保障和问责措施
欧盟产品的安全和责任机制	欧盟委员会、欧洲议会、欧洲理事会	修订欧盟产品的安全和责任制度，解决物联网和人工智能等新技术产生的安全和责任问题
数字服务法（电子商贸指令）	欧盟委员会、欧洲议会、欧洲理事会	修订现行适用于网络平台的责任规则，加强网络平台问责制
评估欧盟高科技企业收购	欧盟委员会、欧洲议会、欧洲理事会	采用新的监管工具评估欧盟高科技公司的收购
欧盟数字税收框架	欧盟委员会、欧洲议会、欧洲理事会	探索采用统一的数字税的可能性；探索通过具体的创业相关税收立法，促进欧盟高科技创业企业发展壮大
控制数字守门"Gate Keeper"	欧盟委员会、欧洲议会、欧洲理事会	探索实施事前规则（如算法透明、中立性、数据共享），更好地控制数字平台的行为，促使其承担"数字守门人"的角色
培育开放的数字生态系统	欧盟委员会、欧洲议会、欧洲理事会	评估欧盟是否应该推动数字工具和解决方案（如操作系统），避免欧盟被技术封锁和打造更开放的数字生态系统

11.4 欧盟“技术主权”视域下我国企业的合规建议

“技术主权”目前仍然是一个“待开发”的概念——其既不像传统主权那般具有确切的法定边界,又不像“数据主权”那般具有系统的法律支撑。尽管欧盟委员会新任主席冯德莱恩赋予了“技术主权”极为丰富的内涵,其在规则领域的现实表征却并不清晰,但技术主权中包含的四个因素是明确的,即“4Cs”:文化(Culture)、控制(Control)、竞争力(Competitiveness)和网络安全(Cybersecurity)。这四个要素在欧盟推行的行动计划里都能清晰地找到其内容。

由此,对应“技术主权”下欧盟新数字战略的实施,建议吸纳技术主权的“4Cs”因素,在企业文化、治理结构和具体政策方面,应当做出现在、未来发展的应对。

11.4.1 关于文化——突出“尊重隐私权文化”

在欧洲子公司的文化建设中突出“尊重隐私权文化”建设,并将其作为企业价值观的重要组成部分,通过公司管理,把它贯穿到企业的业务层面、技术研发层面和应用层面。

技术主权的“文化”始于一种假设:在捍卫价值观和市场规则方面,欧洲不同于世界其他地区——例如在数据保护权方面。这种观点的核心是:数字监管是个人权利和商业自由之间的一种基本选择,欧洲已做出选择,保护人类价值观和权利,而不是商业自由。这种文化的要素并不是“技术主权”概念的创造,而是对欧洲人民向来注重个人权利这一现实的尊重,并在新技术发展也予以保护的宣誓。另外,《欧盟数据战略》里也提出了一项要求,即坚持欧洲价值观中实现数据可用和赋能个人行使权利,我国网信出海企业的文化设计需要能有效应对这一疑问。

(1)企业文化设计上突出尊重隐私权文化

建议将“尊重公民隐私权”写入公司文化,并体现在公司的各种文化宣传中,并且确实让员工了解这种文化对于公司在欧洲生存和发展的意义。通过设立意识培养制度、奖惩制度,保证尊重隐私权文化得以真正树立。在设计公司产品生产和服务系统以及商业处理流程时,遵循隐私设计保护的七大原则,预先考虑隐私保护(隐私默认设计),积极探索使用新的方法和技术,进一步改革和完善“通知 & 同意”的隐私保护机制。这一全流程的隐私设计如图 11 - 2 所示,具体要求如表 11 - 3 所示。

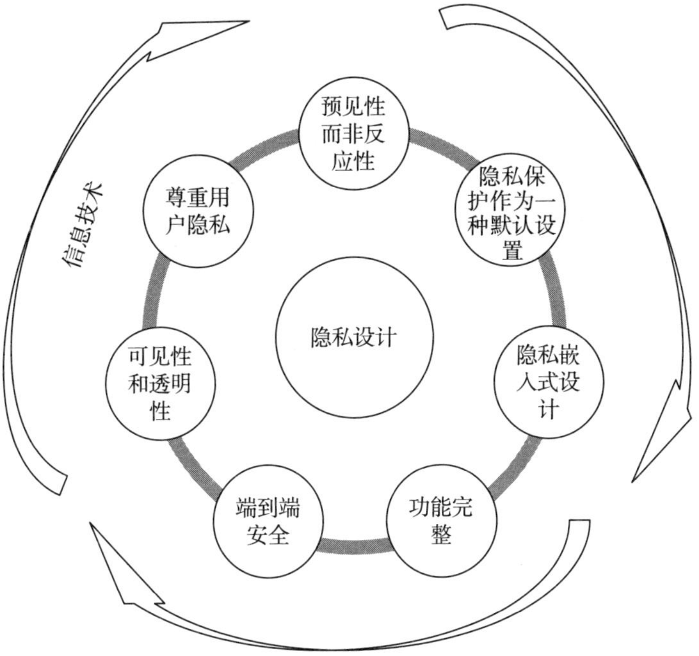

图 11－2　欧盟《通用数据保护条例》合规下的尊重隐私权设计流程

表 11－3　尊重隐私权的产品生产和服务系统以及商业处理流程

物理设计 & 网络基础设施	信息技术研发阶段	商业贸易阶段	最佳实践举例
具有功能完整的网络基础设施。能够实施隐私增强技术（Privacy-enhancing technologies, PET）	隐私权保护工程（PbD）的最终目标是通过系统程序的开发和实施来确保隐私保护和系统的一体化。如果隐私被嵌入在一个 IT 系统的结构中，成为其某一代码，那么对个人信息的隐私保护将更有保障	可视性和透明度：保持开放性，一个优秀的隐私保护系统的标志是可视性和透明度。公司需要清楚地告知用户其将被收集的个人信息范围、该产品或服务如何去使用其个人信息等内容	Twiter 在新增的“你的 twitter 数据（Your Twitter data）”中给予了用户更多的数据控制项，并清晰地展示各项资料的收集情况，用户还可以下载读取其个人信息的广告商名单并加以控制

续表

物理设计 & 网络基础设施	信息技术研发阶段	商业贸易阶段	最佳实践举例
采用“数据最小化”原理,采用PbD。第一,将隐私积极构建入整个运营系统中,以便隐私保护能够从开始就根植于技术中;第二,最小化不必要个人数据的收集和使用;第三,增强数据安全性,允许更大程度的个人控制	主动而非被动,预防而非补救。“主动而非被动,预防而非补救”是PbD的一个核心原则。这个原则要求企业在开发某一产品或者设计系统时,从设计、开发之初就要考虑到用户的隐私问题,并且积极主动的将隐私保护纳入设计开发的理念和原则中,有效的预防信息泄露等安全问题的产生	《通用数据保护条例》第25条——默认情况下的数据保护:数据控制者在处理数据时需要实施必要的技术手段,如匿名化,以及实施数据保护原则。数据控制者应该实施适当的技术来确保,在默认情况下只有必要的个人数据才能被收集使用。未经用户的同意,这些数据是不可以被访问收集的	为了避免隐私权争议,谷歌利用研发的自动人脸识别技术,在谷歌Maps及谷歌Earth街景服务中,将人脸进行模糊化处理(脸上打马赛克)。在用户使用谷歌街景功能时,将不会识别到这些人物的身份,有效保护用户隐私
端对端的安全设计:全生命周期的保护,该原则要求在默认情况下对个人信息实施加密,特别是对容易被盗窃或意外丢失的数据,此外,在数据的生命周期结束时需要对相关数据进行销毁	尊重用户个人隐私:以用户为中心,该原则要求开发人员在开发系统或应用程序的时候要重视用户隐私,隐私权的默认设置、明确告知用户相关信息是关键。特别是在复杂系统(例如社交网络)中,用户应获得更大程度的隐私授权选项	欧盟网络安全局(ENISA)报告要求加密和解密操作必须在本地执行,而不是由远程服务执行,指出只有数据所有者(而不是云服务)拥有解密密钥,远程云上的外包数据存储才是实用且相对安全的。此外,报告提出了最小化、隐藏化、区隔化、聚集化、通知、控制、强化、展示八项隐私设计策略	微信“附近的人”功能在用户首次使用时会通过弹窗的形式明确告知用户,当开启该功能后,将会获取用户的地理位置信息,同时提醒用户可以随时手动清除地理位置信息。此设计充分尊重了用户的隐私权,并且防止用户在不熟悉产品和隐私设置的情况下泄露个人信息

(2)在业务开展中充分保障欧洲公民数据权利的实现

欧盟设置了非常广泛的个人数据权利,这些数据权利的内容随着“技术主权”的提出也发生了显著的变化。迄今为止,欧盟范围内的处罚实例均未超出《通用数据保护条例》和e-Privacy的适用范围。在《通用数据保护条例》实施两周年的审查报告中,欧盟委员会认为充分性的《通用数据保护条例》遵从是重塑公民数据控制权的有效途径。虽然部分企业在隐私和数据安全合规领域已经积累了大量经验,但在业务开展时,仍然需要关注欧盟数据保护机构针对《通用数据保护条例》持续发布的指南,这些指南尽管很少具有法律意义上的强制力,但同样被作为评估企业隐私保护有效性的依据。欧盟数据权利内容的变化如表 11 -4 所示:

表 11 -4 欧盟数据权利的内容和发展变化

比较项	《通用数据保护条例》里的数据权	技术主权下数据战略中数据权的发展
性质	人权,数据主体权(Data Subject Rights)	财产权
内容	知情权、访问权、更正权、删除权、限制处理权、可携带权、反对权及不受制于自动化决策的权利等	促进数据共享,通过数据信托,享受数据红利
价值观	数据使用的自主、平等、透明	权利化是保护数据的重要手段,而共享数据是实现权利的重要手段和义务

(3)在新技术发展应用方面实现隐私保护

首先,在研发新技术时,应嵌入"隐私权保护的内容",例如,在人机交互方式不断发展,人工智能技术得以应用的场景下,探索用户授权同意的新方式,从"以人为本"的角度,探讨数据隐私保护的新方法。例如,谷歌作为全球最大的科技公司之一,除了遵循数据安全法律法规规定之外,也采取了一系列技术手段保护公民隐私,主要有"联邦学习"、"安全多方计算开源库"和"差分隐私"。2017 年,谷歌提出"联邦学习"的训练方法,并发表了相关文章 *Federated Learning: Collaborative Machine Learning without Centralized Training Data*,从这篇文章可以看出来谷歌对于"联邦学习"的基本定义是,无须通过中心化的数据,即可训练一个机器学习模型。根据该训练方法,2020 年 5 月,谷歌又推出隐私保护的计算框架——联合分析。例如,确保数据库中包含真正流行的歌曲。谷歌声称,在其第一次改进迭代中,联合分析使全球所有 Pixel 手机的总体歌曲识别率提高了 5%。2019 年,谷歌推出了隐私加入和计算(Private Join and Compute)的开源库,这是一种新型的安全多方计算(MPC),它增强了核心 PSI 协议,帮助组织与机密数据集协同工作,同时提高了隐私保护水平。隐私加入和计算提供了一个类似于法律合约的功能,无须法律合同就能够让你知道想知道的,却不会知道得更多。这一切都是通过密码学协议保证的。2019 年 9 月,谷歌宣布将发布差分隐私库的开源版本。差分隐私仍是一种相对较新的数据科学形式。使用这种技术,科技公司可以在不侵犯用户个人隐私的情况下挖掘大量用户数据。这种技术可以将随机噪声注入用户数据中,确保科技公司无法识别出每个用户。

其次,加强隐私增强技术的应用。隐私增强技术将能够有效地在系统设计中融入隐私保护,便于增强隐私控制。在“数据公地”的建设中,数据不仅要满足促进产业发展的初衷,还需要保护个人信息。在这方面,欧盟机构和国家公共权力机关正在制定更为详细的执行方案,我们应及时跟进并率先遵循。

最后,在应用中关注《通用数据保护条例》在各成员国中的“非一致性”内容,例如“儿童同意年龄”和“除外适用条件”。这可能给在单一市场中适用数据权利产生不确定性,也给开展跨境业务带来挑战。企业应当充分识别欧盟范围内各成员国之间在隐私保护方面的“非一致性”,并根据目标市场制定差异化的服务提供策略。

11.4.2 关于控制——建立可信赖企业形象

在欧洲,对外国技术潜在依赖的日益加深,加剧了欧洲对隐私与数据保护的担忧。大型科技公司正在收集大量的个人数据,其经济模式主要是基于收集和利用用户数据来产生广告收入。“剑桥分析丑闻”也表明互联网平台可能出于政治目的收集个人数据。这意味着欧洲公民如何恢复其对数据的控制权是“技术主权”所强调解决的首要问题。由此,技术主权中的指挥和控制观点认为,欧盟或个别成员国需要有政策工具来控制总体数字经济的成果,以及公民和公司如何使用现代数字服务。《欧盟数据战略》明确提出了要减少依赖,并考虑应对外国司法管辖区法律应用的不确定性。例如,美国《云法案》授予美国执法部门获取刑事调查数据的权利,其带来欧盟数据保护的不确定性。

增加企业“独立性”。尽管企业的“独立性”、内外资性质及治理结构目前并没有在欧盟“技术主权”中成为一项被特殊考虑的事项,至少在官方文件层面,目前没有体现出对企业“内外有别”的规制要求,但欧盟在此方面的顾虑可能加速这一内容成为一种普遍性的安全担忧。企业在欧洲的业务应当相对独立,这包括决策独立、运营独立和责任独立。

企业的独立性首先可以通过改变股权结构的变化来实现,采取吸收更多外来股份或公司上市的方式,使欧洲子公司企业在法律地位上更加独立。

因为股权结构会涉及企业的盈利状况、知识产权状况和业务控制力,所以如果在股权结构上无法立即体现子公司的独立性,那么至少应当做到增加公司治理的透明度,吸收当地专业人员进入董事会、监事会或担任公司高层管理人员。同时,我们建议企业与欧洲业务的联系尽量避免选择"母子公司"的模式,从而避免产生责任牵连。

考虑将"并购"转变为"投资"。目前,欧盟针对高科技企业的"并购"监管策略呈现收紧的趋势,并成为未来欧盟重点实施的行动计划,这是"技术主权"下振兴欧洲本土企业的必然做法。由于"并购"涉及"数据资产"转移的问题,这便产生了公民对数据控制力削弱的担忧。此外,针对高科技企业的"并购"可能影响欧盟数据战略的实现,降低本土企业的竞争力。因此建议企业应当筛选重点实施"并购"的对象,在大部分情况下,可以考虑通过"投资"的方式实现"并购"目的。虽然"投资"并不一定实现控制权,但"并购"在现有欧盟政策框架中具有较高风险,特别是在企业属于中国企业的前提下。一方面,企业可以据此规避并购审查,降低可信性减损;另一方面,投资新技术等创新产业在欧盟受到政策鼓励,企业据此可以建立良好的信任基础。一般而言,控制实施是基于不信任,因此企业在欧洲的子公司还要注重建立自身可信赖形象。

首先,可以配合实施欧洲"数据本地化"策略,尽量减少因数据收集和处理而导致的数据离境情况,保证"欧洲公民的数据在欧洲境内存储和处理"。特别是在云服务中,应保证数据中心的本地化。2020 年 7 月 16 日,欧盟法院判定欧美"隐私盾协议"无效,这更加强化了数据跨境传输的不确定性。

数据的本地化要求是一种试图在数据安全和数据价值实现、促进发展的两难境地中寻找解决方案的尝试。[1] 现在各国普遍采取三种模式:一是禁止数据离境。这一模式能严格保护涉及国家核心或敏感数据的安全,但执法过程中对数据客体的认定标准以及政策执行力的要求较高。二是要求数据中心建在境内,以提升国家对于数据的控制力,满足执法需求,但建设数据中心成本高昂,容易造成对外企的吸引力降低的不利影响。为避免"蜜罐"效应,也需要国内网络环境有较高的数据保障能力

---

〔1〕 自 20 世纪 70 年代初以来,对于数据的跨境流动一直存在两种互相对立的观点。第一种支持少管或者不管来促进更深层次的数据自由流动,即小心控制数据,它们给国家所带来的责任可能会超过好处。第二种观点认为,为了使信息能够自由流动,有必要精确地规范跨境数据的传输,即为了保持平衡和自由,国际数据流动必须加以规制。但随后的发展印证了这种数据的自由流动与管制之间的紧张关系是建立在一个错误的二分法上的。允许数据跨境自由流动对言论自由以及其他重要的权利和价值来讲至关重要。同时,数据流动使社会和经济价值日益增加,这意味着数据在传输时应当持续得到保护。数据本地化策略一方面弥补了数据跨境流动方面的管理缺口,建立起科学的管理方式,加强数据安全性,保障经济安全发展。另一方面,良好的数据安全环境也可以为企业发展营造社会和舆论氛围,为企业"走出去"和"引进来"创造条件。例如,将数据中心建在境内等要求还可以促进国内信息产业基础设施建设投资,并且海量数据的集中可以倒逼企业提高安全技术水平和改善内部运营管理体制,长远来看也有助于整体产业环境的发展与优化。未来趋势会在激发数据价值与维护数据安全之间进行平衡,更多寻求国际合作的国家地区会向数据传输前进行安全评估这一类型靠拢。

和技术发展水平。三是数据传输前进行安全评估。数据出境前的安全评估虽然对数据离境有所限制,但在经过一定程序后仍可以传输,可以较好地实现数据自由流动与数据安全之间的平衡,并且在此过程中国家掌握了主动权。不过,由于评估对象和评估范围的确定易带有主观倾向,评估内容过于宽泛或精细都不利于实践中的执行,因此需要审慎制定评估的具体办法。欧盟2018年生效的《通用数据保护条例》中规定,由欧洲数据保护委员会(European Data Protection Board,EDPB)对数据接收国的法治水平、监督管理能力和承担的国际义务等内容进行评估,从而确保保护水平的同等,或是经数据主体同意或在部长特别指定地区进行传输。基于《欧盟数据战略》,欧洲正在激发数据价值与维护数据安全之间寻求平衡,由此,欧洲会和更多期望国际合作的国家、地区一样,向数据传输前安全评估这一类型靠拢。企业应结合目标市场政策环境,更灵活地运用包括以上三种在内的多种数据本地化策略以应对地区数据管控。

其次,在具体业务操作中,需要重视体现中立、公平、透明、非歧视等重要原则。例如,在线广告和排名推荐业务中如果出现推荐或者排名,特别要注意避免假冒、危险、非法类产品的广告,以及误导性广告,对于政治广告也应尽量避免。要树立"诚实企业"的形象,避免误导和虚假宣传,企业应审查自身产品和服务是否存在以"隐私保护"吸引消费者的误导或虚假言论,保证产品和服务严格按照"隐私政策"的表述收集和使用用户数据。2020年6月,谷歌遭遇集体诉讼,用户发现Chrome浏览器中的"隐身模式"仍然在跟踪用户的互联网使用情况。"隐身模式"本是隐私增强技术的良好实践,但在该案中,谷歌所宣称的"隐身模式"显然具有误导性。这种不诚实做法最终导致谷歌法律上的被动。这些都值得企业警惕和避免。

11.4.3 关于竞争力——依托卓越技术提高欧洲数字竞争力

"技术主权"谋求发展欧洲的数字竞争力,尤其是欧洲跨国企业在世界市场上竞争的未来能力,这也表现出对欧洲相对于其他标准制定国影响力下降的忧虑。卓越企业一般都提倡共赢和赋能,由此,企业的欧洲子公司应积极加入欧洲经济建设,帮助当地提高数字竞争力,以缓解《欧盟数据战略》里提到的国外平台造成的市场失衡及本地区大数据和分析技能短缺的疑虑。

(1)以帮助当地提高竞争力作为企业愿景之一

应将"提高当地竞争力"作为公司子公司在当地宣传的企业愿景,以表达作为一个卓越企业的先进文化。这种愿景事实上也有利于建设数字生态系统的开放性、包容性和安全性。具体途径有:帮助地方建设有弹性和安全的数字基础设施,帮助培训有能力的数字服务提供者和劳动力，以及授权数字服务的最终用户。在供应链（包括产品和服务供应链）中尽量选择欧洲本土合作伙伴，以增强产品和服务在隐私保护方面的可信性，还可以有效在供应链渗透等安全事件中澄清自身的责任。另外，也要注意在数据处理的“自动化决策”过程中，增加算法的透明度和中立性，并增加人工干预的可能，避免对用户产生的服务歧视。

（2）以服务当地数字经济发展作为企业愿景之二

应把“服务当地数字经济发展”作为公司子公司在当地宣传的企业愿景。在这方面，可以借鉴美国国际开发署的《数字战略（2020—2024）》，美国国际开发署为提升美国数字企业在其他国家的影响力，提出了多种支援当地经济建设的方式，如：服务弱势群体，使其能够利用和受益于数字生态系统；为当地媒体和社团效力以及提供帮助，特别关注由妇女、青年、宗教和少数民族人士以及土著人民领导的组织；帮助个人和微型、小型和中型企业参与数字生态系统，以获得市场、信息和金融服务。

另外，还要特别注意规避通过业务转移的避税活动。在欧盟范围内建立统一的“数字税”[1]框架已成为不争的事实，特别是在爱尔兰等低税率国家设立公司开展欧洲业务[2]时，必须重视这一举措可能产生的潜在影响。

此外，还可通过技术优势促进“数据可携带权”的实现。“数据可携带权”是新加坡和欧盟极力打造的新型个人数据权利，有助于个人数据在不同服务提供者之间流转，从而将用户置于数字经济的中心，促进竞争和支持创新。欧盟委员会在《通用数据保护条例》实施两周年的审查报告中，专门针对“数据可携带权”的实施现状表达了不满，其认为在《通用数据保护条例》规定的诸项权利中，数据可携带权并没有得到充分利用，该权利的适用目前仅限于少数部门（例如银行和电信），数据控制者和数据处理者并没有在该项权利的实现方面达到与其他权利同等的重视程度。

---

〔1〕 欧盟一直致力于建设单一增值税区（Single EU VAT area），2018年3月，欧盟提出了制定公平的数字经济所得税的建议。在该建议中，欧盟提出，数字税的征课对象是用户对价值形成有重大作用的收入活动，包括在线广告销售、用户直接沟通并增加销售额的数字中介活动、用户提供信息的数据销售等所创造的价值，这些项目在传统税制下通常最难确定。

〔2〕 数字税的落地与美国互联网企业多年来利用爱尔兰等低税国家设立欧洲子公司，通过转让定价手段逃避税收的做法息息相关。早在2016年5月24日，法国税务稽查突击核查了谷歌巴黎办事处，法国政府认为，长期以来，谷歌从法国获得大笔经营收益，但却逃避了33%的公司所得税，且仅仅按最低公司所得税纳税，还将在法国的营业收入转到税率仅为12.5%的爱尔兰，因此必须补税。同样，欧盟层面在此问题上也态度坚决，2014年10月，欧盟裁定亚马逊向卢森堡补缴税款2.5亿欧元。2016年，欧盟裁定爱尔兰向苹果公司补征罚税130亿欧元。数字税无疑会对目前的国际业务模式产生深远影响，或将成为一种新的数据价值调配方式。

企业应当充分理解并重视欧盟对该项权利的强调,并考虑在现有业务模式下保障“数据可携带权”的有效实现,特别是在“实时转移数据”方面设计可行的隐私政策和服务协议模板,并采取必要的技术措施促进该项权利的实现。同时,还要避免“数据垄断”,这与“数据可携带权”的实现息息相关,应保证自身所持有的数据(不包括经过加工处理的数据)在合理条件下能够自由流动,遵从用户和授权第三方的有效数据访问。

11.4.4 关于网络安全——以全面网络安全措施塑造可信赖企业

欧盟的“技术主权”也基于这样一个事实:人们越来越需要新的政策来保护个人和商业数据,并拥有保护数字完整性和数字弹性所需的所有工具和技术。由于担心大型的在线平台越来越可能会成为主导欧盟经济的市场主体,对本国境内产生的数据失去控制力,欧盟在“技术主权”下十分强调“信赖环境”,即确保产品和服务符合欧盟的价值观和安全原则。《欧盟数据战略》也提出:“数据驱动的产品和服务的安全和广泛使用将取决于最高的网络安全标准。欧盟网络安全认证框架和欧盟网络安全局(ENISA)将在应对威胁中发挥重要作用。”

(1)加强技术和应用上的安全

第一,重视网络安全认证。

目前,欧盟建立了多样化的网络安全认证框架,企业可以根据自身业务情况选择通过匹配的网络安全认证。未来欧盟可能会将目前自愿性的认证过程变为强制性。事实上,本章认为这对于我国出海的网信企业而言是机会而非挑战,网络安全认证,特别是强制性的网络安全认证具有“政府背书”的效果,企业可以通过实施网络安全认证项目来提升用户信任。

欧盟在2019年6月正式实施的《网络安全法》首次在欧盟范围内建立了统一的网络安全认证框架,这改变了以往欧洲各国分散认证的体系结构。与网络安全风险相适应,网络安全认证分为三个级别,通过的相关认证将在所有欧盟成员国得到认可,从而使企业更容易进行跨境贸易,目前ENISA正在针对不同的网络产品和服务制订相关的网络安全认证计划。需要引起企业关注的是,欧洲议会在2020年7月发布的《欧洲数字主权报告》中明确提出,欧洲在未来的技术主权进路中将继续强化信赖环境,而其中的一项重要举措便是建立强制性的网络安全认证框架。欧洲议会计划在2023年之前对欧盟目前的网络安全认证框架进行审查,并考虑将现有的自愿性认证计划变更为强制性的认证计划,这意味着网络安全认证可能成为欧盟数字市场准入的前提。对此，企业应当提前进行部署，跟踪欧盟各项网络安全认证计划的进展。无论该认证框架是否最终会转变为强制性，我国网信出海企业均应当积极通过相关认证，这是提升自身可信性水平的最有效途径。同时，本章建议我国网信出海企业选择相对高水平的成员国认证标准（例如英国的《网络要素体系》），而非一般性的认证标准（例如 ISO27K 系列）。

第二，审查产品和服务中第三方插件（例如 SDK）访问用户数据的可能性，应极力避免此类情况。

《欧盟数据战略》提出，确保跨数据价值链中访问控制的连续性（如何管理和确保数据的安全属性）将是促进数据共享和确保欧洲数据生态系统不同参与者之间信任的关键且严格的先决条件。在企业的消费者业务中，App 的大量应用将使第三方 SDK 的隐私合规问题变得极为重要。SDK 在本质属于辅助开发 App 的相关文档、范例和工具的合集。为了提高开发效率，公司可能会将某项 App 功能交于第三方开发，第三方将服务封装为 SDK 供公司使用。在这一过程中，第三方 SDK 可能会在公司不知情的情况下收集和使用用户数据，进而引发潜在的隐私合规风险。例如，2019 年 2 月，脸书就曾被曝光在未告知用户的情况下，利用 App Events 统计分析工具从 11 个应用程序中收集用户的个人敏感数据。在 2020 年的央视 315 晚会中同样曝光了 SDK 违规收集用户数据的问题。在 SDK 的隐私合规问题上，我国网信出海企业应当针对 SDK 收集和使用用户数据的方式进行数据控制者和数据处理者的区分，清晰定义 SDK 的隐私合规责任，而且这种责任最好通过双方的合作协议固化下来。特别是在 SDK 通过嵌入 App 来提供服务的情况下，SDK 的用户数据收集和使用情况可能对于公司来说都是不可见的，这需要公司对 SDK 收集和使用哪些用户数据进行技术验证，在隐私政策中明确阐述 SDK 收集和使用用户数据的情况，并获取用户同意。此外，公司应当保持对第三方 SDK 持续而有效的监管，定期审计 SDK 收集和使用用户数据的情况，避免未经授权的数据活动。

（2）注重信息和数据的使用安全

第一，注重网络知识产权保护，严格适用通知—删除规则，适用红旗标准和共同责任原则。在网络服务提供者收到版权人的通知后，应立即采取必要措施阻止涉嫌版权侵权的行为，如删除、屏蔽或断开侵权作品的链接等。

第二，在未来可能强化的数据共享环境中，企业应当有选择能够支持其遵守法律的数据共享者。这间接要求共享方同样必须遵守数据设计保护和数据默认保护的义务。B2B 数据使用许可协议必须明确什么样的数据可用、谁可以访问及使用数据,以及数据被用来做什么。

第三,针对数据访问采取“职责分离”制度,这有助于减少用户和监管机构对外部第三方未经授权访问用户数据的顾虑(例如“剑桥分析丑闻”)。企业应对目前所采取的类似措施进行明确的展示,以表明自身在数据安全和隐私方面的有效性。

第四,由于担忧中国安全法律的执法可能造成欧洲数据的失控,中国企业面临的较大的可信障碍,必须通过增加协助执法情况的透明度予以解决。这一问题是其核心仍然涉及公民隐私保护问题[1],带来服务提供者在数据保护等方面的不确定性。企业同样需要深入考虑这一现实矛盾,在增加协助执法情况的透明度之外,更为有效的方法是通过“公司独立性”和“职责分离”的努力来减少跨境协助执法的可能。

---

〔1〕 欧盟委员会在《欧盟数据战略》中毫不掩饰地指出,在欧盟运营的服务提供者可能也会受到第三方国家法律的约束,可能会导致欧盟公民的数据被与欧盟数据保护框架相抵触的第三国司法管辖区获得。欧盟委员会特别强调对几部与网络安全和国家情报有关的中国法律表示担忧。